思想的・睿智的・獨見的

經典名著文庫

策劃　楊榮川

五南圖書出版公司 印行

經典名著文庫

學術評議者簡介（依姓氏筆畫排序）

經典名著文庫172

論美國的民主（上）

De la démocratie en Amérique

亞歷西斯・德・托克維爾 著
（Alexis de Tocqueville）
董果良 譯

經典永恆・名著常在

五十週年的獻禮・「經典名著文庫」出版緣起

總策劃 楊榮川

五南，五十年了。半個世紀，人生旅程的一大半，我們走過來了。不敢說有多大成就，至少沒有凋零。

五南忝爲學術出版的一員，在大專教材、學術專著、知識讀本出版已逾壹萬參仟種之後，面對著當今圖書界媚俗的追逐、淺碟化的內容以及碎片化的資訊圖景當中，我們思索著：邁向百年的未來歷程裡，我們能爲知識界、文化學術界做些什麼？在速食文化的生態下，有什麼值得讓人雋永品味的？

歷代經典・當今名著，經過時間的洗禮，千錘百鍊，流傳至今，光芒耀人；不僅使我們能領悟前人的智慧，同時也增深加廣我們思考的深度與視野。十九世紀唯意志論開創者叔本華，在其〈論閱讀和書籍〉文中指出：「對任何時代所謂的暢銷書要持謹慎的態度。」他覺得讀書應該精挑細選，把時間用來閱讀那些「古今中外的偉大人物的著作」，閱讀那些「站在人類之巔的著作及享受不朽聲譽的人們的作品」。閱讀就要「讀原著」，是他的體悟。他甚至認爲，閱讀經典原著，勝過於親炙教誨。他說：

「一個人的著作是這個人的思想菁華。所以，儘管一個人具有偉大的思想能力，但閱讀這個人的著作總會比與這個人的交往獲得更多的內容。就最重要的方面而言，閱讀這些著作的確可以取代，甚至遠遠超過與這個人的近身交往。」

爲什麼？原因正在於這些著作正是他思想的完整呈現，是他所有的思考、研究和學習的結果；而與這個人的交往卻是片斷的、支離的、隨機的。何況，想與之交談，如今時空，只能徒呼負負，空留神往而已。

三十歲就當芝加哥大學校長、四十六歲榮任名譽校長的赫欽斯（Robert M. Hutchins, 1899-1977），是力倡人文教育的大師。「教育要教眞理」，是其名言，強調「經典就是人文教育最佳的方式」。他認爲：

「西方學術思想傳遞下來的永恆學識，即那些不因時代變遷而有所減損其價值的古代經典及現代名著，乃是眞正的文化菁華所在。」

這些經典在一定程度上代表西方文明發展的軌跡，故而他爲大學擬訂了從柏拉圖的《理想國》，以至愛因斯坦的《相對論》，構成著名的「大學百本經典名著課程」。成爲大學通識教育課程的典範。

歷代經典．當今名著，超越了時空，價值永恆。五南跟業界一樣，過去已偶有引進，但都未系統化的完整舖陳。我們決心投入巨資，有計劃的系統梳選，成立「經典名著文庫」，希望收入古今中外思想性的、充滿睿智與獨見的經典、名著，包括：

- 歷經千百年的時間洗禮，依然耀明的著作。遠溯二千三百年前，亞里斯多德的《尼各馬科倫理學》、柏拉圖的《理想國》，還有奧古斯丁的《懺悔錄》。
- 聲震寰宇、澤流遐裔的著作。西方哲學不用說，東方哲學中，我國的孔孟、老莊哲學，古印度毗耶娑（Vyāsa）的《薄伽梵歌》、日本鈴木大拙的《禪與心理分析》，都不缺漏。
- 成就一家之言，獨領風騷之名著。諸如伽森狄（Pierre Gassendi）與笛卡兒論戰的《對笛卡兒沉思錄的詰難》、達爾文（Darwin）的《物種起源》、米塞斯（Mises）的《人的行爲》，以至當今印度獲得諾貝爾經濟學獎阿馬蒂亞．

森（Amartya Sen）的《貧困與饑荒》，及法國當代的哲學家及漢學家余蓮（François Jullien）的《功效論》。

梳選的書目已超過七百種，初期計劃首爲三百種。先從思想性的經典開始，漸次及於專業性的論著。「江山代有才人出，各領風騷數百年」，這是一項理想性的、永續性的巨大出版工程。不在意讀者的眾寡，只考慮它的學術價值，力求完整展現先哲思想的軌跡。雖然不符合商業經營模式的考量，但只要能爲知識界開啓一片智慧之窗，營造一座百花綻放的世界文明公園，任君遨遊、取菁吸蜜、嘉惠學子，於願足矣！

最後，要感謝學界的支持與熱心參與。擔任「學術評議」的專家，義務的提供建言；各書「導讀」的撰寫者，不計代價地導引讀者進入堂奧；而著譯者日以繼夜，伏案疾書，更是辛苦，感謝你們。也期待熱心文化傳承的智者參與耕耘，共同經營這座「世界文明公園」。如能得到廣大讀者的共鳴與滋潤，那麼經典永恆，名著常在。就不是夢想了！

二〇一七年八月一日 於

五南圖書出版公司

導讀

一場偉大的民主革命正在我們中間進行——美國立國五十年後出現的最大讚美

作爲人類第一個民主共和國，美國的民主自然備受討論。與西方主要民主共和國比，它早於法國第三共和近一百年，而較德國威瑪共和之出現更是領先了約一個半世紀之久。它最早出現，但亦最爲穩定。每個人都想知道爲什麼？但是美國人自己看這問題，跟外國人可能不一樣。外國人通常是褒獎處多，這以法國人托克維爾《論美國的民主》（*Democracy in America*）一書爲代表；美國人自己則是不吝於自省，**Richard Hofstadter**所著的《美國的反智傳統》（*Anti-intellectualism in the American History*）可見一斑。前者出現於十九世紀中葉，而後者晚了一世紀多一點兒，當然這一百多年內美國也有發生變化，但是無害於有興趣者把這兩本書作爲對比，同時也可看出了只花一年多時間訪問美國的托克維爾頗佳的預言能力。

《論美國的民主》分爲上下卷，上卷以介紹制度爲主，下卷則是從文化、社會、經濟與心理等層面剖析美國社會。我們在此的討論將以下卷爲主。作爲一個國家／政治體，作爲一個社會／生活共同體，美國不但跟歐洲舊大陸不一樣，也幾乎跟世界其他地方都不一樣。因爲它太特別了，所以討論它別具意義，但其實又沒有意義——因爲無法複製，它即使再好，吾人又能如何？（雖然托克維爾說他寫此書的目的就是要「借鏡美國經驗」，但是我們於今已可看出，美國就是美國，法國就是法國……）美國特別處在於它的新，它的雜，與它的大。要說新，它與亞、非、拉丁美洲的新國家是不同的——美國不是時序上的新，而是性質上、品類上的新；要說雜，美國不僅是組成族裔的雜，而且是各自思想價值與文化傳統的雜；要說大，美國不只是地大，更是個人選擇空間與自由發展維度的大。任何國家要仿效美國都很不容易，但是指出美國社會的特色這項工作本身，就已是很有意義的事。

因此我們在閱讀《論美國的民主》時，最要注意的就是托克維爾所寫的〈緒論〉，因爲這個部分乃是討論美國社會各項特色的源頭何在——什麼是「讓美國成爲美國的最根本因素」？他發現「有一件大事」對美國社會的進展「發生重大影響」，這就是「身分平等」：「它賦予輿論以一定的方向，法律以一定的方針，執政者以新的箴言，被治者以特有的習慣。」因此，托克維爾自承，他把美國人的彼此平等，視爲全書「整個考察的集中點」。

托克維爾雖在本書的下卷中談論到美國特殊的平等精神對於社會的影響，例如對智識活動、對道德意識、對民情與對政治社會的影響，但是他卻沒有放大處理美國人的平等精神是怎麼來的？而這個部分，卻是前面提到的《美國的反智傳統》一書做了很好的剖析。美國建國前後最重要的歷史特徵，就是它是一個「移民社會」，大部分的人來此，是謀求一個「嶄新的開始」！既然空手來到了一個新世界打拼，每個人都拋棄了舊世界的包袱與身分，價值與情緒，因此是平等地站在這塊大地之上！「生存」是唯一的目標，「成功」是心中最後的渴望。新大陸無數的移民者，就是在這樣一個狀態下彼此平等——擁有資源的機會平等，各種精神上的依靠也是平等。當然，在這基本的平等氛圍下，伴隨而來的心裡特質便是：獨立自主、強悍堅毅、合作互助與渴盼成功。這樣的一群人，發展出來的國家，群聚成的社會，會是什麼樣子呢？

對此，托克維爾提出了非常正確的觀察：那就是不尚抽象理論、玄虛哲學而求務實與成效的實用主義心態！在平等主義與實用主義的雙重基礎上，這個社會就傾向於以「多數決」的民主來解決一切事情——這是政治上，而崇尚「白手起家」、「辛勤致富」的人生哲學——這是經濟上。這樣的社會，說穿了就是「沒有階級」、「沒有傳統包袱」、「沒有高深文化底蘊」的小老百姓社會，時至今日，就成爲在世人心中以「牛仔褲」、「麥當勞」與「棒球觀眾席上喝可樂的人」爲標記的平民化社會。

托克維爾的觀察很細微，也對諸多美國社會現象多有稱讚。他實是帶著歐洲傳統階級社會的一分子之心態（他是不折不扣的法國貴族）來看這個令人好奇的新世界，在相信人類必然邁向民主的認知前提下，他興沖沖地描述這個走在最前面的「指標性社會」。基本上他是「七分稱讚，三分保留」。最保留之處當然是「缺乏精緻文化」與「多數決暴力」這兩個問題。這兩個問題都來自於美國沒有貴族，沒有菁英階層，它是由無數平等的移民所組成的國家，這是它的先天體質。而後天上，造成它日趨「平等化」與「平民化、平庸化」的重大關鍵乃是這部聯邦憲法。

我們都知道，美國在一七八七年開始的制憲辯論，由代表北方工商業勢力的「聯邦派」（Federalism）與基本上是南方「莊園」經濟的「邦聯派」（confederalism）。當然，「莊園」就代表了菁英與階級，維吉尼亞州的傑弗遜總統就是邦聯派的莊園主代表——這些莊園主「知書達禮」。如果當初邦聯派獲勝，則南方的社會階層化現象應該會減緩美國的「平等化」風格之建立。因此，十八世紀末美國的制憲，不但決定了這個國家的政制，也間接塑造了工商業社會下的「平等美國大眾」——至少加速其成形。

沒有精緻文化、也不重視精緻文化，以及「多數決暴力」這兩個問題，托克維爾身為訪客，只有客氣點到為止，但是霍芙茲達特作為自家人的美國知識分子，就繼續追擊這兩個問題了。他指出，這兩個問題形成了美國的「反智傳統」，它們是美國的特色，打造了美國社會的若干優點（實用主義與務實），但是也帶來了隱憂。這個隱憂就是常識與直觀代替了知識，經驗代替了專業。托克維爾在一八三〇年代時無法看見「知識」與「專業」被替代的重大影響，但是一百多年後的二十世紀，這會是越來越明顯的問題。也就是說，美國的民主有時候會流於把「知識」與「專業」也民主化，因此就給了煽動的政客、浮誇的牧師與吹牛的商人大好機會，造就出一個「表演型」的社會，公共生活、商業宣傳、娛樂事業與運動球賽，在精神上通通結合在一起。好萊塢成為美國的具體表徵，而演員雷根可以當八年總統。

而我們在讀《論美國的民主》時可能需要念茲在茲的一件事情是：托克維爾在〈緒論〉中明確表達了對於自由與平等的重視與堅持，認為它們是人之所以為人的條件，是歷史發展的最後目標。自由與平等之結合，就是民主，「企圖阻止民主就是抗拒上帝的意志」。而美國人在實現自由與維護平等上，起了什麼示範作用？我們覺得，他在全書漫長篇幅中所透露出來的，就是新大陸人民的自尊、自重、自立、自主的個人主義與個體意識。當然，這其中免不了夾雜有若干自我、自私與自傲，但是總的來說，這群移民者在美洲建立了一個良好的模型：一群自由而平等的人，他們之間互動的總成果，會是正面的與進步的。舊大陸的包袱太重，首先有貴族，然後是宗教，層層的桎梏讓改革綁手綁腳，讓人的心境與意圖複雜，造成社會改革的困難。

然而美洲究竟是美洲，它的諸多特殊性無法複製或仿效，托克維爾在二十年後出版的《舊制與法國大革命》（*The Old Regime and the Revolution*）就是對此差異的最好說明。那現在最重要的問題來了：《論美國的民主》作爲一個歷史文獻，當然包含重要的紀錄，但是在比較政治學上有何具體意義呢？美國是世界上第一個民主共和國，也是第一個總統制國家，亦是第一個聯邦制國家。它與一般的內閣制國家不同，其憲法提示了清楚的三權分立制衡制度，而聯邦政府與各州之間的權力也有了明確的分工合作。換句話說，雖然由於歷史與文化因素，美國的民主很難複製，但美國憲法與憲法下的總統制與聯邦制，可算是美國對於世界民主的重要「類型化」貢獻。美國的總統制，說明了這個國家期待與歡迎英雄，從第一位總統華盛頓到現任總統，每一位總統都是因其個人「光芒」而由公民們親自選出來「代表他們」的「政治英雄」，手握大權，動見觀瞻。這與西部拓荒時代某個小鎮的鎮長與警長一樣，他個人的能力決定了政府的成敗，他手上握的槍代表了榮耀、權力與正義；但他不是王室，不是貴族，而是「平民英雄」——眾多辛苦的移民者所作的政治判斷的結果，他們判斷誰最代表他們，誰最代表「美國精神」。這庶幾乎就是「美國的民主」兩百多年來背後精神所在，誰能夠詮釋「各時代」「各階段」的「美國人」，誰就是領袖。在政治上、在文化藝術上、甚至在運動娛樂上，率皆如此。「美國經驗」，不易複製，但是這些個人主義的美國人的「授權哲學」，卻值得參考。

國立臺灣大學政治學系教授 陳思賢

第十二版序

不管我們眼前轉瞬之間完成的事件，有多麼重大和突然，本書作者都有權說這毫不使他驚奇。本書寫於十五年前，寫作時始終專注的一個思想，是認爲民主即將在全世界範圍內不可避免地和普遍地到來。讀者在讀本書時，就會發現它的每一頁都在向人們莊嚴宣告：社會正在改變面貌，人類正在改變處境，新的際遇即將到來。

本書在〈緒論〉中說過：

「身分平等的逐漸發展，是事所必至，天意使然。這種發展具有的主要特徵是：它是普遍的和持久的，它每時每刻都能擺脫人力的阻撓，所有的事和所有的人都在幫助它前進。」

「以爲一個源遠流長的社會運動能被一代人的努力所阻止，豈非愚蠢！認爲已經推翻封建制度和打倒國王的民主會在資產者和有錢人面前退卻，豈非異想！在民主已經成長得如此強大，而其敵對者已經變得如此軟弱的今天，民主豈能止步不前！」

面對雖被七月革命打傷但仍很強大的君主政體，以這段話預言形勢的人，今天可以毫無畏懼地重新提醒公眾注意他的著作了。

還應當允許他補充一點：目前的局勢使他的著作獲得了現實意義和實踐效用，而在本書初版時，這些作用都是沒有的。

以前是王權的天下，而今王權已被推翻。曾被君主政體的法國視爲奇聞的美國的各項創制，應當成爲共和政體的法國的學習對象。不僅在新政府賴以建立的武力方面，而且在保證新政府可以長存的健全法制方面，均應當如此。戰士之後便是立法者。戰士志在破壞，立法者專於建設，但兩者都有功勞。既然問題已經不是探討我們法國應當建立王國還是共和國，所以我們只應當研究我們要建立的是一個動亂不已的共和國，還是一個永久康寧的共和國；是一個有條不紊的共和國，還是一個雜亂無章的共和國；是一個愛好和平的共和國，還是一個黷武好戰的共和國；是一個自由的共和國，還是一個專橫的共和國；是一個威脅財產和家庭的神聖不可侵犯權利的共和國，還是一個承認和以法保護這種權利的共和國，這是一個非常重大的問題。解決這個問題不僅對法國有重大意義，而且對整個文明世界也有重大意義。如果我們能在這個問題上拯救自己，我們同時也能解救我們周圍的一切民族。如果我們失敗了，我們就會使這些民族和我們一起失敗。隨著我們將要建立的是民主的自由還是民主的暴政，世界的命運將會有所不同；而且可以說，這實際上也關係到我們的今天，即關係到我們的共和國是到處受到擁護，還是到處被人抵制。

然而，我們剛才提出的這個問題，美國已在六十多年前就解決了。六十多年以來，我們昔日創制的人民主權原則，在美國正完全取得統治地位。它以最直接、最無限、最絕對的形式在美國得到實施。六十多年以來，以人民主權原則作爲一切法律的共同基礎的這個國家，使其人口、領土和財富不斷增加，並且你可以清楚的看到，它在這一期間不僅比全球的其他一切國家更加繁榮，而且比它們更加穩定。然而，歐洲的一切民族不是被戰爭所破壞，就是由於內訌而衰敗。在整個文明世界，只有美國人民安然無恙。幾乎整個歐洲都被革命弄得天翻地覆，而美國卻沒有發生這種動亂。在美國，共和政體不僅沒有踐踏一切權利，而且保護了它們。在那裡，個人財產受到的保護大於世界上任何一個國家，無政府主義也和專制主義一樣，依然沒有市場。

我們從哪裡能夠獲得比這更大的經驗和教訓呢？我們把視線轉向美國，並不是爲了亦步亦趨地仿效它所建立的制度，而是爲了更好地學習適用於我們的東西；更不是爲了照搬它的教育之類的制度，我們所要引以爲鑒的是其法制的原則，而非其法制的細節。法蘭西共和國的法制，可以而且最好應當是不同於治理美國的法制；但是美國的各項制度所依據的原則，即遵守紀律的原則、保持政權均勢的原則、實行眞正自由的原則、眞誠而至上地尊重權利的原則，對所有的共和國都是不可或缺的。它們是一切共和國都應當具有的，而且可以預言：不實行這些原則，共和國很快就將不復存在。

一八四八年

譯者序言

法國政治思想家夏爾・亞歷西斯・德・托克維爾（Charles Alexis de Tocqueville），一八〇五年七月二十九日生於今伊夫林省塞納河畔韋爾訥伊，一八五九年四月十六日病逝於坎城。他出身於諾曼第貴族家庭，一八二三年從默茲的高級中學畢業後，去巴黎學習法律，一八二七年出任凡爾賽初審法院法官。一八三〇年七月革命後，因在效忠奧爾良王朝的問題上，與擁護已被推翻的波旁復辟王朝的家庭意見分歧，以及為避免七月革命餘波的衝擊，而與好友古斯達夫・德・博蒙商定，藉法國醞釀改革監獄制度之機，向司法部請假，要求去美國考察其受到歐洲各國重視的新監獄制度。經過一番周折和親友的斡旋，請求獲准。其實，這只是表面的目的，他們眞正的目的，是到這個國家去考察民主制度的實際運用。

他們在一八三一年四月二日乘船離開法國，五月九日到達美國；在美國考察九個月零幾天，於一八三二年二月二十二日離美回國。不久以後，博蒙因拒絕為一件政治醜案辯護而被撤職，托克維爾在氣憤之餘，也掛冠而去。一八三三年，他與博蒙寫出《關於美國的監獄制度及其在法國的運用》的報告，這個報告後來被譯成英、德、葡等幾國文字。

一八三五年，托克維爾成名之作《論美國的民主》上卷問世。一八三九年，他被選為人文和政治科學院院士，並當選為眾議院議員（下一屆落選）。一八四〇年，《論美國的民主》下卷出版。一八四一年，他被選為法蘭西學院院士[1]。一八四二年到一八四八年為芒什省議員。一八四八年二月革命後，托克維爾任制憲議會議員，參加法蘭西第二共和國憲法的制定工作，並被選爲新憲法實施後的國民議會議員。一八四八年六月到十月，出任第二共和國外交部長。一八五一年十二月因反對路易·波拿巴稱帝而被逮捕，但因其知名度高，次日即被釋放。從此以後退出政界，專門從事著作。一八五一年寫成的《回憶錄》，詳述了二月革命的內情。一八五六年出版的《舊制度與大革命》（或譯《舊秩序與大革命》），也是一部名著，有多種文字譯本。

《論美國的民主》出版後，立即受到普遍好評，使托克維爾名揚海外。據布雷德利在《論美國的民主》英譯本（Vintage Book, New York, 1945）卷末的統計，在托克維爾生前，《論美國的民主》的法文本出過十三版，逝世後出到十七版，尚有兩種全集本。另外，在比利時和美國，也有法文本問世。截至一九四五年，共有英、德、荷、匈、義、丹、俄、西班牙、瑞典、塞爾維亞等十種文字的譯本先後問世，而且有些國家不止一個譯本和不止出版一次，英國和美國就有六十多個英文版本。這還是一個不完全的統計。據我所知，日本在明治十四年到十五年（一八八二—一八八三），肥塚龍曾以《自由原論》的書名，由英譯本轉譯上卷出版。至於中文的譯本，一九六八年有香港「今日世界社」秦修明等人由上述的一九四五年英譯本轉譯出版，但這個譯本並非全譯，刪去了全部注釋。

托克維爾認爲，建立一個新世界，必須有新的政治理論，而這個政治理論就是關於民主的基本原理。他沒有根據過去和現在的政治體制的歷史對比分析，去創制這個民主理論，也沒有像當時的一些學者引用古希臘城邦和共和時期羅馬的歷史，去說明當時資產階級民主的過程，而是認爲當代的民主原則主要應當從當代的具體歷史條件去總結和解釋，不能用某種一般規律去總結和解釋。因此，他極想研究對民主發展具有最有利的條件，從而能夠最全面的表現出發展規律的國家的民主。在托克維爾那個時代，這樣的國家只能是美國[2]。用他自己的話來說，就是「從經歷過這場革命的國家中找出一個使這場革命發展得最完滿和最和平的國家，從而辨明革命自然應當產生的結果；如有可能，再探討能使革命有益於人類的方法」[3]。這才是托克維爾去美國考察的眞正目的，也是寫作《論美國的民主》的由來。

托克維爾希望客觀的描述美國的民主，將其所見所聞忠實的報導出來，「絕沒有硬要事實遷就觀點，而是讓觀點以事實爲依據」[4]。他在美國蒐集了大量資料，向權威人士請教，訪問過廣大地區。結果，利用他在社會學中首創的「訪問法」[5]，依據其明察秋毫的觀察力，只在美國逗留九個月，就寫出了至今仍被世人讚譽的名著——《論美國的民主》。

這部著作的上卷和下卷，不是寫於同一時期，其間相隔五年，因而在筆調、結構、敘述上有所不同。上卷的第一部分講述美國的政治制度，第二部分對美國的民主進行社會學的分析。下卷分四個部分，以美國爲背景，發揮其政治哲學和政治社會學思想。全書的基本思想概括在上卷的緒論裡。

這部書之所以成爲名著，一方面是因爲它是世界學術界第一部對美國社會、政治制度和民情進行社會學研究的著作；另一方面是因爲它是第一部論述民主制度的專著。托克維爾在這部著作中，闡述了他的政治哲學的基本原理，他對平等與自由的關係的觀點。他還在這部著作裡，提出了一些極爲著名而且後來果眞應驗的社會學預測。比如，關於資產階級民主的前途的預測，關於美國北方和南方將來可能發生戰爭的預測，關於當時尙屬於墨西哥的德克薩斯將來必被美國吞併的預測；尤其是關於美俄兩國將要統治全球的預測，引起了第二次世界大戰後研究托克維爾的熱潮。卡連斯基稱他爲未來學的奠基人[6]，是不無道理的。

這部書的基本思想，在於承認貴族制度必然衰落和平等與民主的發展勢不可擋。他說：「……平等的逐漸發展，是事所必至，天意使然。這種發展具有的主要特徵是：它是普遍的和持久的，它每時每刻都能擺脫人力的阻撓，所有的事和所有的人都在幫助它前進[7]。」

他對兩種制度進行比較時說：「民主的法制一般趨向於照顧大多數人的利益，因爲它來自公民之中的多數。公民之中的多數雖然可能犯錯誤，但它沒有與自己對立的利益。貴族的法制與此相反，它趨向於使少數人壟斷財富和權力。……因此，一般可以認爲民主立法的目的比貴族立法的目的更有利於人類。」而且，「……民主政府儘管還有許多缺點，但它仍然是最能使社會繁榮的政府」[8]。「即使民主社會將不如貴族社會那樣富麗堂皇，但苦難不會太多。在民主社會，享樂將不會過分，而福利將大爲普及……國家將不會那麼光輝和榮耀，而且可能不那麼強大，但大多數公民將得到更大的幸福……」[9]。

但他又認爲，貴族制度在治國和立法上優於民主制度。「貴族制度有自我控制的能力，不會被一時的衝動所驅使。它有長遠的計畫，並善於在有利的時機使其實現」[10]。即使如此，他也承認美國的民主制度優於英國的貴族制度，因爲「英國的立法常爲富人的福利而犧牲窮人的福利，使大多數權力爲少數幾個人所專有。結果，今天的英國集極富與極貧於一身，其窮人的悲慘處境與其國力和榮譽形成鮮明的對照」[11]。

托克維爾認爲，美國民主的發展得利於聯邦憲法的制定者，說麥迪遜、威爾遜、富蘭克林、華盛頓、漢密爾頓等人品格高尚，有愛國精神，謂聯邦黨人對聯邦的成立做出了重大貢獻。托克維爾說他們規定了權力分享的原則與「控制與反控制」的制度，「清楚的認識到……除了人民的權力以外，還要有一定數量的執行權力的當局。這些當局雖不是完全獨立於人民的，但在自己的職權範圍內享有一定程度的自由，因而既要被迫服從人民中多數的一致決定，又可以抵制這個多數的無理取鬧和拒絕其危險的要求」[12]。因此，托克維爾注意到司法權的獨立性，但這個獨立性是有限制的，因為法院只能在審判當中抵制違憲的法律。

本書作者說，美國的憲法雖然很好，但不能誇大它對民主制度所作的貢獻。他說：「美國的聯邦憲法，好像能工巧匠創造的一件只能使發明人成名發財，而落到他人之手就變成一無用處的美麗藝術品。」[13]因此，墨西哥照搬美國的憲法，並未使墨西哥富強。他認為，有助於美國維護民主制度的原因有三：自然環境、法制和民情。但「……按貢獻對它們分級……自然環境不如法制，而法制又不如民情」[14]。因此，他認為應當用缺乏民主的民情，去解釋墨西哥照搬美國憲法而未能使國家出現民主的安定政局的緣由。

托克維爾認為，美國的民主的民情扎根於歷史上形成的新英格蘭鄉鎮自治制度。這個早在十七世紀開始形成，後經基督教新教的地方教會自治思想培養壯大起來的制度，促進了美國的獨立運動的發展，提高了人民積極參加公共事務的覺悟，並為後來被聯邦憲法肯定下來的中央和地方分權的制度奠定了基礎。托克維爾把鄉鎮自治的傳統，看成是人民主權和美國人在實踐中確立的公民自由原則的根源。

但是，無論是良好的法制，還是宗教信仰和鄉鎮自治的民主傳統，都未能使美國從托克維爾繼亞當斯、麥迪遜等人之後指出的「多數的暴政」狀態中解救出來。托克維爾認為美國民主的「暴政」表現，首先反映在輿論的統治方面。他說：「多數既擁有強大的管理國家的實權，也擁有幾乎如此強大的影響輿論的實力。多數一旦提出一項動議，可以說不會遇到任何障礙」[15]，「傑克遜民主」時代的輿論暴政，就是這方面的證明。在緩和「多數的暴政」的一些因素中，他特別指出法學家在美國的作用。在美國民主的條件下，法學家是一個特殊階層。從他們的思維方式、作風和愛好來說，他們是貴族；但從他們的利益和出身來說，他們又都屬於人民，所以他們受到人民的信任。

托克維爾還特別談到陪審制度的政治作用，把有陪審員參加的法庭看成是免費的學校。這個學校向人民傳授治國的藝術，培養公民的守法精神。但托克維爾並不想誇大陪審制度的影響和法學家的作用，因爲這種影響和作用並沒有遏止「多數的暴政」下的私刑。

資產階級民主的最主要弊端是個人主義。托克維爾認爲，個人主義與利己主義不同，它是資產階級民主的直接產物，是整個民主運動所固有的力求社會平等的意志。在民主制度下，平等的社會價値高於自由。迫切需要自由的，只是依靠自由能夠獲得高等享樂的少數人；而平等則能使人人幸福。因此，民主社會雖然也追求自由，但這種追求要服從於對平等的追求。「他們希望在自由之中享受平等，在不能如此的時候，也願意在奴役之中享用平等」[16]。

據托克維爾說，平等和個人主義可能產生促進權力集中和權力獨自再生的作用。隨著平等的日益發展，人們的相互依賴關係雖有擴大，但不夠密切了。結果，人民整體的形象高大起來，對個別人的價値採取輕視態度，形成「社會的利益是全體的利益，而個人的利益不足掛齒」[17]的思想。個人主義有使公民們逐漸拒絕參加社會生活的消極作用，人們總是很難放棄私事而去擔任公職。於是，把公益工作都推給國家，使國家走向集權的道路[18]。但是，中央集權或權力集中的趨勢，在不同的國家是以不同的強度表現出來的。「在獲得身分平等以前長期生活於自由之中的人民那裡，自由所賦予的本性與平等所造成的傾向之間有一定的衝突。儘管中央政權在他們當中提高了自己的特殊地位，但他們作為個人卻是永遠不會放棄其獨立的」[19]。因此，民主轉變為專制的危險性，在美國就小於在歐洲。

美國人用「正確理解的利益」的學說來反對個人主義，而這種利益又使他們習慣於結社和合作。享有政治結社的無限自由，是美國能夠出現各種社團的基礎，使美國人從結社中了解了自己的使命。另外，言論和出版自由也對抵制個人主義起了一定作用。「美國人以自由抵制平等所造成的個人主義，並戰勝了它」[20]。但在沒有政治自由傳統的國家，民主有轉化為專政的危險。「在平等的原則依靠暴力革命手段而取勝的民主國家」，這種危險尤其大。

托克維爾在寫作《論美國的民主》的過程中，始終沒有忘記他的祖國。「我深信，這樣在默默之中經常與法國對比，也是本書成功的主要原因」[21]。

托克維爾對一八三〇年代法國的政治風氣表示憤慨。這個時期的法國社會，在他看來是最反常的。關於這一切，可見上卷的緒論。

這部著作，文字非常優美，幾乎像一部文學作品，但結構不夠完整，且多有重複，前後不相銜接。托克維爾使用的一些基本概念，有時含義不盡相同，也為評述托克維爾的思想帶來不少困難。比如，民主、身分平等、社會情況、民情、人民、國家、民族等詞，在翻譯處理上都要費一番思索。

關於《論美國的民主》的世界影響和現實意義，請見下卷所附的拉斯基寫的導言和梅耶寫的參考文獻介紹。

中譯本依據法文版《托克維爾全集》的第一卷和第二卷譯出，但刪去了梅耶為全集寫的序言，將拉斯基的導言由上卷的卷首移到下卷的卷末，把法文版編者注由各卷末移至所在處的頁下。由梅耶主編的這兩卷的印刷品質太差，誤植、錯行、丟段、丟行、丟字、標點錯誤等樣樣俱全。幸虧商務印書館珍藏的《論美國的民主》法文本（上卷，一八三六年，第五版；下卷，一八四〇年，第一版）幫助了譯者。另外，我還自始至終參考了勞倫斯的最新英譯本（George Lawrence, *Democracy in America*, *Anchor, Books*, 1969）。這個英譯本也是根據法文新版《托克維爾全集》翻譯的，並對托克維爾的引文一一進行了核對，指出引誤或錯記頁碼之處。在中譯本中，凡是〔 〕內的字句均爲勞倫斯所加。

譯者無論在文學工夫上還是在翻譯底子上，都遠遠不敢與法蘭西學院院士相比。因此，誤譯之處在所難免，尚望專家和讀者指正。

最後，向一九八一年即催促我翻譯此書的商務印書館副總編輯駱靜蘭女士，和在翻譯過程中向我提供資料並爲我解決疑難問題的責任編輯方生同志，表示由衷的感謝。

董果良

於吉林省社會科學院日本研究所

一九八七年十二月

◆本章注釋◆

【1】法蘭西學院（Académie Française），成立於一六三五年，其主要任務是編寫辭典，現在的院士總名額為四十人。當選為法蘭西學院院士的多為各界的名流，但以作家居多，一九八〇年的四十名院士就有二十二名是各類作家。在法國，獲得法蘭西學院院士的稱號是最榮譽的，但院士並不擔任具體工作。人文和政治科學院，按字面譯是精神和政治科學院，成立於一七九五年，現有哲學、社會學、法學、政治經濟學、史地等六個研究所，院士總名額為五十人。法國科學院（Institut de France）包括各自獨立的五個科學院：除上述兩個外，尚有自然科學院、考古科學院和藝術科學院。

【2】見卡連斯基：《阿列克西・托克維爾》，載蘇聯科學院國家與法研究所編《治政學說：歷史和當代》論文集第七十—七十一頁。一九七五年，莫斯科。

【3】見本書第五十七頁。

【4】同上第五十八頁

【5】見前引卡連斯基著作第七十二頁。

【6】同上第八十五頁。

【7】見本書第四十八頁。

【8】同上第三三〇—三三一頁。

【9】見本書第五十二頁。

【10】見本書第三三〇頁。

【11】見本書第三三三—三三四頁。

【12】見本書第二〇八頁。

【13】見本書第二三八頁。

【14】見本書第四二六頁。

【15】見本書第三五一頁。

【16】見本書下卷。

【17】見本書下卷。

【18】見本書下卷。

【19】見本書下卷。

【20】見本書下卷。

【21】前引卡連斯基著作第八十七頁轉引托克維爾的原話。

總目錄

【上卷】

第一部分

第二部分

第二部分　民主對美國人情感的影響

第三部分　民主對我所說的民情的影響

第四部分　關於民主的思想和感情對政治社會的影響

關於版本的說明
托克維爾生平和著作年表
譯名對照表

目錄

第二部分

緒 論

我在美利堅合眾國逗留期間見到一些新鮮事物，其中最引我注意的，莫過於身分平等。我沒有費力就發現這件大事對社會的進展發生的重大影響。它賦予輿論以一定的方向，法律以一定的方針，執政者以新的箴言，被治者以特有的習慣。

不久，我又看到這件大事的影響遠遠大於政治措施和法律，而且它對政府的箝制作用絕不亞於對公民社會的這種作用。它不僅在製造言論，激發情感，移風易俗，而且在改變非它所產生的一切。因此，隨著我研究美國社會的逐步深入，我益發認爲身分平等是一件根本大事，而所有的個別事物則好像是由它產生的，所以我總把它視爲我的整個考察的集中點。

當我把視線轉向我們的半球時，我覺得我們這裡的情況也有些與我在新大陸見到的類似。我看到，在我們的半球，身分平等雖然沒有達到美國那樣的極限，但卻日益接近它，而且，支配美國社會的民主，好像在歐洲也正在迅速得勢。

從這時起，我就產生了撰寫本書的念頭。

一場偉大的民主革命正在我們中間進行。誰都看到了它，但看法卻不相同。一些人認爲，它是一種新現象，出於偶然，尚有望遏止；而一些人斷定，這是一場不可抗拒的革命，因爲他們覺得這是歷史上已知的最經常的、最古老的和最持久的現象。

現在，我來回顧一下七百年前的法國。當時，法國被一小撮擁有土地和統治居民的家族所據有，統治權隨著遺產的繼承而世代相傳，權力是人對付人的唯一手段，而地產則是強權的唯一源泉。

但在法國，教士階級的政治權力開始建立起來，並且很快擴大。教士階級對所有的人都敞開大門：窮人和富人，屬民和領主，都可參加教士階級的行列。透過教會的管道，平等開始滲入政治領域。原先身為農奴而要終生被奴役的人，現在可以以神父的身分與貴族平起平坐，而且常為國王的座上客。

隨著時間的推移，社會日益文明和安定，人際的各種關係日益複雜和多樣化。人們開始感到需要有調整這種關係的民法了。於是，出現了法學家。他們離開陰森森的法庭大堂，走出積滿灰塵的辦公斗室，出現於王公大人的宅邸，坐在衣貂披甲的封建男爵的身旁。

當國王們因好大喜功而破產，貴族們因私家械鬥而蕩盡家產時，平民們卻因經商而富裕起來。金錢的影響開始見於國務。商業成為進入權力大門的新階梯，金融家結成一個既被人蔑視又受人奉迎的政治權力集團。

民智逐漸開化，人們對文學和藝術的興趣日增。於是，知識已是事業成功的要素，科學成了為政的手段，智慧變成一種社會力量，文人進入了政界。

隨著通向權力大門的新路不斷出現，人們日益不重視家庭出身。在十一世紀，貴族的頭銜還是無價之寶，而到十三世紀，用錢就可以買到了。出售貴族頭銜始於一二七〇年，結果平等也被貴族階級自己帶進政府。

在這七百年間，貴族有時為了反對王權，有時為了從對手中奪權，而把政治大權交給了人民。

更為常見的是，國王為了貶抑貴族而讓國內的下層階級參加了政府。

在法國，國王們總是以最積極和最澈底的平等主義者自詡。當他們野心勃勃和力量強大時，極力將民眾提高到貴族的水準；當他們是庸碌無能之輩時，竟容許民眾上升到比他們自己還高的地位。有些國王依靠他們的才能幫助了民主，而另一些國王則因為他們無道而幫助了民主。路易十一和路易十四，始終關心全體臣民在他們的王位之下保持平等，而路易十五最終則使他本人連同王室一起化為灰燼。

在公民們開始不依封建土地所有制占有土地，而動產已被視為財富和能夠產生影響與製造權勢以後，工藝方面的每一發現，工商業方面的每一改進，便立即在人們中間創造出與其相適應的新的平等因素。從此以後，一切新發現的工藝方法，一切新產生的需求，一切滿足新需求的想法，都是走向普遍平等的進步。侈靡、好戰、追求時髦，以及人的最膚淺情欲和最高尚激情，都好像一致在使富人變窮和窮人致富。

從腦力勞動成為力量和財富的源泉之後，每一科學發明，每一新的知識，每一新的思想，都應被視為人民行將掌握的權力的胚芽。詩才、口才、記憶力、心靈美、想像力、思考力——上天隨意降下的這一切資質，都在促進民主；即使它們落於民主的敵人之手，也會由於它們顯示了人的生性偉大，而仍能為民主服務。因此，被民主征服的領域，將隨著文明和教育所征服的領域的擴大而擴大，而文學則成為對一切人開放的武庫，弱者和窮人每天都可從中取用武器。

翻閱一下我們的歷史，可以說我們在過去的七百年裡沒有一件大事不曾推動平等。

十字軍東征和幾次對英戰爭，消滅了十分之一的貴族，分散了他們的土地；地方自治制度，把民主的自由帶進了封建的君主政體；槍炮的發明，使平民和貴族在戰場上處於平等的地位；印刷術平等的向他們提供精神食糧；郵政既把知識送到窮人茅舍的柴扉，又把它帶至王宮的大門；基督教新教宣布所有的人都能同等的找到通往天堂的道路。美洲的發現，開闢了千百條致富的新路，使一些無名的冒險家發財得勢。

如果我們從十一世紀開始考察一下法國每五十年的變化，我們將發現在每五十年末社會體制都發生過一次雙重的革命：在社會的階梯上，貴族下降，平民上升。一個從上降下來，一個從下升上去。這樣，每經過半個世紀，他們之間的距離就縮短一些，以致不久以後他們就會合了。

而且，這種現象並非法國所獨有。無論面向何處，我們都會看到同樣的革命正在整個基督教世界進行。

人民生活中發生的各種事件，到處都在促進民主。所有的人，不管他們是自願幫助民主獲勝，還是無意之中爲民主效勞；不管他們是自身爲民主而奮鬥，還是自稱是民主的敵人，都爲民主盡到了自己的力量。所有的人都會合在一起，協同行動，歸於一途。有的人身不由己，有的人不知不覺，全都成爲上帝手中的馴服工具。

因此，身分平等的逐漸發展，是事所必至，天意使然。這種發展具有的主要特徵是：它是普遍的和持久的，它每時每刻都能擺脫人力的阻撓，所有的事和所有的人都在幫助它前進。

以爲一個源遠流長的社會運動能被一代人的努力所阻止，豈非愚蠢！認爲已經推翻封建制度和打倒國王的民主會在資產者和有錢人面前退卻，豈非異想！在民主已經成長得如此強大，而其敵對者已經變得如此軟弱的今天，民主豈能止步不前！

那麼，我們現在正向何處走呢？誰也回答不了，因爲已經不能用對比的辦法來回答。就是說，今天在基督徒之間，身分平等已經擴大到以往任何時候和世界上任何地區都未曾有的地步，所以已經完成的巨大工作使我們無法預見還有什麼工作可做。

大家即將閱讀的本書，通篇是在一種唯恐上帝懲罰的心情下寫成的。作者之所以產生這種心情，是因爲看到這場不可抗拒的革命已經衝破一切障礙進行許多世紀，而且今天還在它所造成的廢墟上前進。

不必上帝自己說，我們就能看到祂的意志的某些徵兆。我們只要觀察一下自然界年復一年的正常運行和事件的持續發展趨勢就可以了。我沒有聽到創世主的啓示，就知道天上的星辰是循著祂的手指畫出的軌道運行的。

如果說現代人透過長期觀察和認眞思考，知道平等逐漸向前發展既是人類歷史的過去又是人類歷史的未來，那麼，單是這一發現本身，就會賦予這一發展以至高無上的上帝神啓性質。因此，企圖阻止民主就是抗拒上帝的意志，各個民族只有順應上蒼給他們安排的社會情況。

在我看來，信奉基督教的國家在我們這一代出現了可怕的局面。席捲它們的革命運動已經強大得無法遏制，但它的速度還不是快得無法加以引導。也就是說，這些國家的命運還掌握在自己手裡，但也會很快失去控制。

在我們這一代，領導社會的人肩負的首要任務是：對民主加以引導；如有可能，重新喚起民主的宗教信仰；淨化民主的風尚；規制民主的行動；逐步以治世的科學取代民情的經驗，以對民主的眞正利益的認識取代其盲目的本能；使民主的政策適合時間和地點，並根據環境和人事修正政策。

一個全新的社會，要有一門新的政治科學。

然而，我們卻很少這樣想過。我們被投於一條大江的急流，冒出頭來望著岸上依稀可見的殘垣破壁，但驚濤又把我們捲了進去，推回深淵。

我方才敘述的偉大社會革命，在歐洲的任何國家都不曾像在法國這樣迅猛激進。但在法國，這個革命通常都是任意進行的。

國家的首領從來沒有想過對革命做些準備工作，革命是在違反他們的意願或在他們不知不覺之中進行的。國內最有勢力、最有知識和最有道德的階級，根本沒去尋求駕馭革命的方法，以便對它進行領導。因此，任憑民主由其狂野的本能去支配，使民主就像失去父母照顧、流浪於街頭、只知社會的弊端和悲慘、靠自力成長起來的孩子那樣，而獨自壯大起來。在它突然掌權之前，人們似乎還不知道它的存在。但在它掌權之後，人們對它的一小點要求都百依百順，唯命是從，把它崇拜爲力量的象徵。但到後來，當它由於自己舉止過分而削弱時，立法者便設計出魯莽的法案去消滅它，而不想辦法去引導和糾正它；立法者不願意讓它學會治國的方法，而挖空心思要把它擠出政府。

結果，民主革命雖然在社會的實體內發生了，但在法律、思想、民情和道德方面，沒有發生爲使這場革命變得有益而不可缺少的相應變化。因此，我們雖然有了民主，但是缺乏可以減輕它的弊端和發揚它的固有長處的東西；我們只看到它帶來的害處，而未得到它可能提供的好處。

當王權在貴族階級的支持下平安無事地統治歐洲各國時，人們在不幸之中，還享受到一些我們這一代人恐怕難以想像和理解的幸福。

某些臣下擁有的權力，爲皇親國舅的暴政設置了難以逾越的障礙；而在國王方面，由於他覺得自己在民眾面前儼然如神，所以他在受到被視爲神的尊敬之後，絕不願意濫用自己的權力。

居於人民之上的貴族對待人民的命運，就像牧人對待自己的牲口那樣，只是同情而關心不足。他們並不認爲窮人與他們平等，他們關心窮人的遭遇，等於關心自己去完成上帝託付給他們的任務。人民從未奢想享有非分的社會地位，也絕沒有想過自己能與首領平等，覺得自己是直接受首領的恩惠，根本不去爭取自己的權利。當首領是寬宏而公正的人時，他們愛首領，並對服從首領的嚴厲統治沒有怨言，不感到卑下，好像這是在接受上帝給予的不可抗拒的懲罰。此外，習慣和民情也爲暴政規定了界限，爲暴力的行使定出了某種約束。

由於貴族根本沒有想過有誰要剝奪他們自認爲合法的特權，而奴隸又認爲他們的卑下地位是不可更改的自然秩序所使然，所以人們以爲在命運如此懸殊的兩個階級之間，可以建立起某種相互照顧的關係。因此，社會上雖有不平等和苦難，但雙方的心靈都沒有墮落。

人們之所以變壞，絕不是由於執政者行使權力或被治者習慣於服從，而是由於前者行使了被認爲是非法的暴力，和後者服從於他們認爲是侵奪和壓迫的強權。

一方面，是一些人集財產、權勢和悠閒於一身，從而能夠生活豪華、尋歡作樂、講究文雅、欣賞藝術；而另一方面，是一些人終生勞動、粗野和無知。

但是，在這群無知和粗野的民眾中，你也會發現強烈的激情、高尚的情操、虔誠的信仰和質樸的德行。

這樣組織起來的社會，可能有其穩定性和強大性，尤其可能有其光榮之處。

但是就在這裡，各階層開始混合起來，使人們互相隔開的一些屏障接連倒毀，財產逐漸分散爲多數人所享有，權力逐漸爲多數人所分享，教育日益普及，智力日漸相等，社會情況日益民主。最後，民主終於和平地實現了它對法制和民情的控制。

於是，我想像出一個社會，在這個社會裡，人人都把法律視爲自己的創造，他們愛護法律，並毫無怨言地服從法律；人們尊重政府的權威是因爲必要，而不是因爲它神聖；人們對國家首長的愛戴雖然不夠熱烈，但出自有理有節的眞實感情。由於人人都有權利，而且他們的權利得到保障，所以人們之間將建立起堅定的信賴關係和一種不卑不亢的相互尊重關係。

人民知道自己的眞正利益之後，自然會理解：要想享受社會的公益，就必須盡自己的義務。這樣，公民的自由聯合將會取代貴族的個人權威，國家也會避免出現暴政和專橫。

我認爲，在按照這種方式建立的國家，社會不會停滯不前，而社會本身的運動也可能按部就班，循序前進。即使民主社會將不如貴族社會那樣富麗堂皇，但苦難不會太多。在民主社會，享樂將不會過分，而福利將大爲普及；科學將不會特別突出，而無知將大爲減少；情感將不會過於執拗，而行爲將更加穩健；雖然還會有不良行爲，但犯罪行爲將大爲減少。

即使沒有狂熱的激情和虔誠的信仰，教育和經驗有時也會使公民英勇獻身和付出巨大的犧牲。由於每個人都是同樣弱小，所以每個人也都感到自己的需要與其他同胞相同。由於他們知道只有協助同胞才能得到同胞的支援，所以他們將不難發現自己的個人利益是與社會的公益一致的。

就整體說，國家將不會那麼光輝和榮耀，而且可能不那麼強大，但大多數公民將得到更大的幸福，而且人民將不會鬧事；但這不是因爲他們不希望再好，而是因爲他們覺得自己已經過得不錯。

雖然在這樣的秩序下並不是一切事物全都盡善盡美，但社會至少具備使事物變得善美的一切條件，而且人們一旦永遠拒絕接受貴族制度可能舉辦的社會公益，就將在民主制度下享有這一制度可能提供的一切好處。

但是，在我們擺脫祖傳的社會情況，並且不管三七二十一，把祖先的一切制度、觀念和民情全部放棄之後，將用什麼來取代它們呢？

王權的威嚴消失了，但並未代之以法律的尊嚴。在我們這個時代，人民蔑視權威，但又懼怕它，而且這種懼怕給他們造成的損失，大大超過原先尊崇和敬重權威時給他們帶來的損失。

我覺得我們破壞了原來可以獨自抗拒暴政的個人的存在。但是，我又看到政府卻獨自繼承了從家庭、團體和個人手中奪來的一切特權。這樣，少數幾個公民掌握的權力，雖說偶爾是壓迫性的和往往是保守性的，但卻使全體公民成了弱者而屈服。

財產的過小分割，縮短了貧富的差距。但是，隨著差距的縮短，貧富雙方好像發現了彼此仇視的新根據。他們互相投以充滿恐懼和嫉妒的目光，都想把對方拉下權力的寶座。無論窮人和富人，都沒有權利的觀念，雙方都認爲權勢是現在的唯一信託和未來的無二保障。

窮人保存了祖輩的大部分偏見，而沒有保存祖輩的信仰；他們保存了祖輩的無知，而沒有保存祖輩的德行；他們以獲利主義爲行爲的準則，但不懂得有關這一主義的科學，而且他們現在的利己主義和他們以前的獻身精神一樣，都是出於愚昧。

社會之所以安寧無事，完全不是因爲它覺得自己強大和繁榮，而是因爲它承認自己虛弱和衰落，唯恐禁不起折騰而一命嗚呼。因此，人人都看到了惡，而誰都沒有必要的勇氣和毅力去爲善；人們有過希望，發過牢騷，感到過悲傷，表示過高興，但都像老年人的虛弱無力的衝動一樣，沒有得到任何顯著而持久的滿意結果。

這樣，我們在放棄昔日的體制所能提供的良好東西的同時，並沒有獲得現實的體制可能給予的有益東西；我們雖然破壞了貴族社會，但在我們戀戀不捨地環顧舊建築的殘垣破壁時，又好像願意把自己永遠留在那裡。

知識界呈現的狀況，其可嘆之處也不亞於此。

在前進當中備受阻撓，但又敢於無法無天地縱情發展的法國民主，橫掃了前進途中遇到的一切障礙：凡能打倒的打倒之，不能打倒的動搖之。它完全不是一步一步地占領社會，以和平方式建立其對整個社會的統治，而是在混亂和戰鬥的喧囂中不斷前進。凡被鬥爭的熱情所激發，在反對敵對者的觀點和暴行時，使自己的觀點超過其自然極限的人，都忘記了自己追求的目標，發表了不太符合自己的眞實感情和篤厚天性的言論。

於是，出現了我們本來不願意見到的異常大亂。

我一再回憶，終未發現以往有任何事情比目前的情景更值得可悲和可憐。在我們這一代，把人的見解和趣味、行動和信仰聯繫起來的天然紐帶好像已被撕斷，在任何時代都可見到的人的感情和思想之間的和諧似乎正在瓦解，而且可以說，有關道德之類的一切規範全都成了廢物。

在我們中間，還可以見到以相信眞有來世的宗教精神來指導生活的虔誠基督徒。這些人確實正在奮起，爲人類的自由，即爲一切高尚行爲的基礎而獻身。宣稱人人在上帝面前一律平等的基督教，不會反對全體公民在法律面前一律平等。但是，在異常事件同時併發的局勢下，宗教倒向了民主所要推翻的勢力的陣營，並一再壓制它自己所主張的平等，咒罵自由是敵人；而如果它與自由攜起手來，它是可以使自由獲得神聖不可侵犯性的。

在這些信教者的周圍，我發現有一些人與其說是指望天堂，不如說是面對現世。他們之所以擁護自由，不僅因爲他們認爲自由是一切最高品德的基礎，而且因爲他們把自由視爲一切最大福利的源泉。他們眞心誠意希望自由獲得權威，希望人們受到自由的恩澤；而且我明白這些人急於求援於宗教，是因爲他們一定知道，沒有民情的權威就不可能建立自由的權威，而沒有信仰也不可能養成民情。他們看到宗教投到敵對者的陣營之後，就止步不前了。於是，一些人開始攻擊宗教，而另一些人則不敢擁護它了。

在過去的幾個世紀，一些身居低位和出賣自己之輩頌揚奴性，而一些獨立思考和品質高潔之士，則爲拯救人類自由而進行沒有勝利希望的鬥爭。但在我們這一代，卻又經常見到一些出身高貴和道貌岸然的人，持有與其高雅的身分完全不符的見解，他們反倒誇獎起卑躬屈節來了。與此相反，另一些人則把自由說得天花亂墜，好像他們自己已經體驗到自由如何神聖和偉大，並且大聲疾呼，爲人類要求他們自己從來就不知其爲何物的一些權利。

我承認一些品德高尚和愛好和平的人，由於正派、穩健、富裕和博識，而自然會被周圍的人推爲領袖。他們對祖國滿懷眞摯的愛，隨時準備爲它做出巨大的犧牲。但是，文明後來經常遭到他們的敵視，他們沒有分清文明帶來的弊端和好處；在他們的頭腦中，凡是與惡有聯繫的觀念，都是與新有聯繫的觀念不可分割地糾纏在一起。

在這些人旁邊，我又發現另一種人。他們以進步的名義竭力把人唯物化，拼命追求不顧正義的利益、脫離信仰的知識和不講道德的幸福。他們自稱是現代文明的衛士，高傲地以現代文明的帶頭人自任，竊據落到他們手中而他們不配擔當的職位。

那麼，我們現在處於什麼狀態呢？

信教者在與自由搏鬥，自由的友人在攻擊宗教；高貴寬宏的人頌揚奴性，卑躬屈節的人大談獨立；誠實開明的公民反對一切進步，而不愛國和無節操的人卻以文明和開化的使徒自任！

難道以前的所有世紀就是像我們這個世紀一樣嗎？難道人們一直看到的就是我們今天這樣的世界嗎？在我們今天這個世界上，一切關係都是不正常的，有德者無才，有才者無名，把愛好秩序與忠於暴君混爲一談，把篤愛自由與蔑視法律視爲一事，良心投射在人們行爲上的光只是暗淡的，一切事情，不管是榮辱還是眞僞，好像都無所謂可與不可了。

我能認爲造物主造人是爲了讓人永遠在我們今天這樣的知識貧困當中掙扎嗎？不能這樣認爲，因爲上帝給歐洲社會安排了一個比較安定和平靜的未來。我不太清楚上帝的意圖，但我不能因爲自己無法深知而就不相信它，我寧肯懷疑自己的智慧而不願意懷疑上帝的公正。

我所說的這場偉大社會革命，世界上有一個國家好像差不多接近了它的自然極限。在那裡，這場革命是以簡易的方式實現的；甚至可以說，這個國家沒有發生我們進行的民主革命，就收到了這場革命的成果。

十七世紀初在美洲定居下來的移民，從他們在歐洲舊社會所反對的一切原則中析出民主原則，獨自把它移植到新大陸的海岸上。在這裡，民主原則得到自由成長，並在和民情的一併前進中和平地發展成爲法律。

我毫不懷疑，我們遲早也會像美國人一樣，達到身分的幾乎完全平等。但我並不能由此斷言，我們有朝一日也會根據同樣的社會情況必然得到美國人所取得的政治結果。我也絕不認爲，美國人發現的統治形式是民主可能提供的唯一形式。但是，產生法制和民情的原因在兩國既然相同，那麼弄清這個原因在每個國家產生的後果，就是我們最關心的所在。

因此，我之所以考察美國，並不單純出於滿足自己的好奇心，儘管好奇心有時也很重要。我希望，從美國找到我們可資借鑑的教訓。誰要認爲我想寫一篇頌詞，那將是大錯特錯。任何人讀完這本書，都會完全承認我絕沒有那種想法。誇獎美國的全部統治形式，也不是我的全部目的，因爲我認爲任何法制都幾乎不可能體現絕對的善，我甚至沒有奢想評論我認爲不可抗拒的這場社會革命對人類有利還是有害。我認爲這場革命是已經完成或即將完成的事實，並欲從經歷過這場革命的國家中，找出一個使這場革命發展得最完滿和最和平的國家，從而辨明革命自然應當產生的結果；如有可能，再探討能使革命有益於人類的方法。我自信，我在美國看到的超過了美國自身持有的。我所探討的，除了民主本身的形象，還有它的意向、特性、偏見和激情。我想弄清民主的究竟，以使我們至少知道應當希望它如何和害怕它什麼。

因此，我在本卷的第一部分，試圖說明已在美國按照自己的意向發展，和幾乎不受限制地全憑本能行動的民主，最後對法制指出了什麼方向，在政府的工作上留下了什麼烙印，對國家事務施加了什麼壓力。我設法探討了它所產生的好處和壞處是什麼。我研究了美國人爲了引導民主都使用了什麼預防措施和他們遺漏了什麼措施。我也設法考察了使民主得以統治社會的原因。

本卷第二部分的目的，是描述身分平等和民主政府在美國對市民社會、習慣、思想和民情形成的影響。但是，我對實施這個計畫現已開始不太熱心了。在我能夠完成我爲自己規定的任務以前，我的工作將會變得毫無意義，這是因爲，另一位作者不久以後將會向讀者描述美國人性格的主要特點，而且他能爲一幅嚴酷的畫面，敷上一層薄薄的微妙紗幕，以我無法具有的動人筆觸道出事實的眞相[1]。

我不知道我是否已經完整地傳達了我在美國的見聞，但我可以保證，我眞心希望做到這一點，絕沒有硬要事實遷就觀點，而是讓觀點以事實爲依據。

凡是可以借助文字資料立論的地方，我都核對了原文，參考了最有權威和最有名氣的著作[2]。材料來源均有注釋，人人都可以核對。在涉及輿論、政治習慣、民情考察的問題時，我都向見聞廣博的人請教過。如果事關緊要而又眞相不明時，我並不滿足於一個人的證言，而是要匯總幾個人的證言之後再作結論。

對此，務希讀者相信我的話。我本來可以經常引用知名的權威或至少稱得上權威人士的話來支持我的論點，但我沒有這樣做。一個外國人，在接待其來訪的主人的爐邊，往往會聽到一些重要的內情。關於這種內情，主人可能都未向他的親朋近友透露，而保持必要的沉默；但他不怕向外國人表白，因爲外國人馬上就會離開。每聽到這樣的祕聞，我隨即記錄下來，但我永遠不會把筆記本從書櫃裡拿出來，因爲我寧願讓自己的著作失去光彩，也不肯使自己的名字列入使好客的主人在客人回國之後感到後悔和尷尬的旅遊者的名單。

我知道，儘管我費了苦心，但如果有人想要批判本書，那再沒有比這更容易的事了。

我認爲，想要仔細閱讀本書的讀者，將會發現全書有一個可以說是把各個部分聯繫起來的中心思想。但是，我必須討論的對象之差異是很大的，所以要想用一個孤立事實去反對我所引證的成組事實，或用一個孤立的觀點去反對我所採用的成組觀點，那是輕而易舉的。因此，我希望讀者能用指導我寫作本書的同樣精神來閱讀，並根據通觀全書所得的總印象來評論，因爲我本人就不是根據孤證，而是根據大量的證據來立論的。

絕不要忘記，作者希望讀者理解他不得不對自己的每一個觀點做出理論上的總結，而且往往會總結得大錯而失眞，因爲人們在行動上雖然有時需要偏離邏輯規律，但在議論時卻不能那樣，而且人要想在言語中前後不符，幾乎與要想在行動上前後一致是同樣困難的。

最後，我自行指出一個可能也是許多讀者認爲的本書主要缺點，即本書完全不是爲了討好某些人而寫的。我在寫作本書時，既未想爲任何政黨服務，也未想攻擊它們；我並不想標新立異，只是想比各政黨看得遠一些；當各政黨只爲明天而忙碌時，我已馳想於未來。

◆本章注釋◆

【1】在本書的第一版發行期間，和我一起去美國旅行的古斯塔夫・德・博蒙先生正在寫作題名為《瑪麗或美國的蓄奴制》的小說。這部書後來出版了。博蒙先生的主要目的，是深入描述和使人知道黑人在英裔美國人社會的處境。他的著作將使人們對蓄奴制問題有一個真實而全新的認識。這個問題正是已經建成的統一的共和國的生死攸關問題。我不知道我說的是否正確，但我覺得博蒙先生的著作不僅會引起想從書中看到動人場面和感人情節的讀者的強烈興趣，而且一定能在首先想要得到正確認識和深刻真理的讀者中獲得更加鞏固和更加持久的成功。

【2】蒙有關方面惠贈立法和行政方面的資料，使我至今難忘對他們的好意表示感謝。在熱情幫助我考察的美國官員當中，首先應當提到愛德華・利文斯頓先生。他當時任美國國務卿，現為美國駐巴黎特命全權大使。在我訪問美國國會期間，利文斯頓先生向我惠贈了有關聯邦政府的文件，其中大部分我至今還保存著。利文斯頓先生是我結識之前因讀其書而表示尊敬的少數人物之一。我對這次知遇深以為幸。

第一部分

第一章　北美的外貌

北美分爲兩大地區，一個伸向北極，一個延向赤道——密西西比河大河谷——見於這個流域的地球變遷痕跡——建起英國殖民地的大西洋沿岸——南美和北美在被發現時的不同外觀——北美森林——大草原——到處漂泊的土著部落——這些部落的外表、習俗和語言——一個早已消失的民族的遺跡。

北美在外貌上有一個一看即易於分辨出來的總特點。陸地和水系，山嶽和河谷，都布置得井井有條。在這種簡單而壯觀的安排中，既有景物的雜陳，又有景色的多變。

兩大地區幾乎各占北美的一半[1]。

一個地區北抵北極，東西各臨大洋。它向南伸展，形成一個三角形。三角形的兩個不等邊，最後在加拿大五大湖區下方交合於底邊。

第二個地區始於第一個地區的終點，包括大陸的所有其餘部分。

一個地區微微斜向北極，另一個地區微微斜向赤道。

第一個地區的大地向北緩緩下降，斜度令人看不出來，幾乎可以說這是一片平原。在這片廣袤的平地上既沒有高山，又沒有深谷。

這裡的河流彎彎曲曲，好像願意流到哪裡就流到哪裡。一些江河時而並行或匯合，然後分而又合；時而流入沼澤地帶，消失於它們自身造成的水鄉迷宮之中；經過這樣千迴百轉，最後才注入北極的各海。這第一個地區南端的各個大湖，與舊大陸的大多數湖泊不同，周圍沒有群山峭壁，湖岸平坦，只比水面高出幾英尺。因此，每個湖就像盛滿水的大碗，如果地球的構造微微變動，湖水不是湧向北極一側，就是流入熱帶的海洋。

第二個地區雖有些凹凸不平，但更適於人們定居。兩條大山脈在其中各據一方：一條名叫阿勒格尼山脈，它沿大西洋沿岸延伸；另一條〔洛磯山脈〕與南海〔太平洋〕平行。

兩條山脈之間的空間，計有二十二萬八千八百四十三平方里約[2]。因此，它的面積約爲法國的六倍[3]。

然而，在這個廣大的地域內卻形成一個大河谷，這個大河谷自阿勒格尼山脈的圓形峰頂迤邐而下，然後逐漸上升，一直爬上洛磯山脈的各個山巔。

大河谷的底部流著一條巨川，自群山而下的條條河流，從四面八方匯入其中。

從前，法國人爲了紀念遠方的祖國，曾把這條巨川稱爲聖路易河；而印第安人，則用他們的誇張說法，把它稱爲「諸水之父」密西西比河。

密西西比河發源於我在前面所說的兩大地區的交界處，源頭距分隔這兩大地區的高原的最高點不遠。

在這最高點附近，還流出另一條河[4]。它幾經迴轉，流入北極的海洋。密西西比河本身的河道，有一個時期似乎並不穩定。它曾多次改道，只是在緩緩流出湖區和沼澤地帶之後才穩定流向，最後緩緩流向南去。

密西西比河有時在大自然給它挖出的黏土質河床中靜靜地流過，有時因暴雨而變成洪流，流程一千多里約[5]。

在離河口近六百里約處[6]，水深平均已達十五英尺。載重三百噸的船舶，可自河口上溯兩百里約左右。

有五十七條可通航大河向它供水。據計算，在密西西比河的支流中，有一條長一千三百里約[7]，一條長九百里約[8]，一條長六百里約[9]，一條長五百里約[10]，四條長兩百里約[11]。至於從四面八方匯入其中的無數小河，就不必提了。

密西西比河流經的河谷，好像專門爲它而創造的。這條大河既有爲善的意志，又有作惡的意志。在這方面，它儼然如神。在近河地方，大自然展出一片用之不竭的沃野；離河越遠，草木也就越稀疏，土地也就越貧瘠，萬物也就越羸弱衰敗。地殼上任何一處巨大變動留下的痕跡，都沒有像在密西西比河谷這裡清晰可辨。流域內的一切景象，都是水的作用的證明。歉收和豐年，都是水的創造。古代大洋的海水，在今日的谷底沉積下厚厚一層適於植物生長的沃土，而且在水退時把它沖得平平坦坦。河的右岸是一望無際的平原，平坦得就像農民用滾子軋過一樣。而離山越近，土地也就變得越不平坦和貧瘠。可以說這裡是千里峥嶸，古老的嶙峋岩石到處可見，就像一架一架骷髏立在那裡，筋肉早已被時間吃掉。地表是一層由花崗岩風化而成的沙子，鑲嵌著一些形狀不規則的岩石。一些植物好不容易排除這些障礙，才得以冒出它們的幼芽。有人說，這是一片布滿一座巨大建築物的殘垣破壁的沃野。經過考察，不難看出這些岩石和沙子，在成分上與洛磯山的嶙峋不毛山頂上的沙石毫無二致。在谷底沉積出土地以後，洪水毫無疑問又把一部分岩石從山上沖下來。這些岩石從斜坡上滾動下來，你推我擠，彼此衝撞，最後停在它們原來所在的山巔的腳下[12]。（A）

總之，密西西比河大河谷是只有上帝才能給人們準備出來的最好住所。但在目前，它還是一大片荒漠。

在阿勒格尼山的東側，位於這條山脈的山麓和大西洋之間的，是一條由岩石和沙子構成的長岡，看來是海水退瀉時留下來的，這個長條地帶的平均寬度只有四十八里約[13]，但它的長度卻達三百九十里約[14]。美洲大陸這一地區的土地，只給開墾者的勞動準備了困難。這裡的草木不茂，而且種類單調。

正是在這一條荒涼無人的海岸，首先聚來了披荊斬棘的強人。也正是在這一條不毛的沙嘴地帶，成長和壯大起日後誕生美利堅合眾國的英國殖民地。今天，實力的中心也還是在這裡。而在它的西面，行將掌握這個大陸的偉大民族的積極力量，正在悄悄地集聚。

當歐洲人最初登上安地列斯（西印度）群島的海岸，和不久以後又登上南美大陸的時候，他們以爲來到了詩人們吟詠的仙境。海面閃耀著熱帶特有的磷光，海水清澈到使航海者可以看到海底[15]。小島星羅棋布，好像是一個一個花籃漂在靜靜的海面。在這迷人的地方，極目所及的一切，好像都是爲了滿足人的需要而準備的，或爲了使人享受而安排的。大部分樹木掛滿了富於營養的果實；而一些對人用處不大的果實，則因其色彩鮮豔繽紛而使人悅目。在由芬芳的檸檬樹、野生的無花果樹、圓葉的桃金娘樹、帶刺的金合歡樹和夾竹桃樹匯成的叢林裡，一條條綴滿鮮花的美洲野藤把所有的樹木連接起來，一群群在歐洲沒有見過的飛禽展翅，顯示其深紅色和天藍色的華麗羽衣，並配以與充滿活力和生命的大自然完全和諧的鳴聲大合唱。（B）

在這種輝煌的外表之下，隱藏著死亡，但人們當時並未察覺，反而沉湎於這種環境的氣氛之中。我還不知道有什麼消極影響，曾像這種環境使人只顧眼前而不管將來。

北美的情景與此不同。在北美，一切都是嚴肅的、鄭重的和莊嚴的。只能說這裡是爲使智力有用武之地而被創造的，而南美則是爲使感官有享娛之處而被創造的。

洶湧多霧的海洋沖刷著岸邊，大自然用花崗岩的石塊和沙礫給海岸繫上一條腰帶。海岸的樹木茂密成蔭，紅松、落葉松、常綠櫟、野橄欖和桂樹長得無比粗壯。

橫越這第一條腰帶之後，便進入中央森林的綠蔭。在這裡，東西兩半球所出產的巨大喬木並肩生長，法國梧桐、梓樹、糖楓、維吉尼亞白楊與櫟樹、山毛櫸、椴樹枝葉交臂。

在這些森林裡，也像在由人工管理的森林裡一樣，死亡在不斷地奪取生命，但無人去收拾砍伐的跡地。因此，棄枝和殘木日積月累，層層堆砌，以致沒有時間使它們趕快腐爛而爲新樹的生長讓出地方。但是，在這些棄枝和殘木的底部，繁殖的活動仍在不斷進行。蔓生植物和雜草終於克服一切障礙，爬上枯樹和倒木，從這些朽木身上附著的塵土吸取養分，頂起並穿破覆蓋著它們的乾癟樹皮，爲自己的新芽打開一條道路。因此，死亡可以說在這裡又幫助了生命。生與死對峙，兩者好像有意混合和交換它們的成果。

這些森林的深處幽暗不明，人力尚未疏導的千百條小溪使森林裡經常潮濕。在林蔭裡，難得看到某種鮮花、野果或飛禽。

一棵老朽樹木的倒地聲，一條河流的跌水聲，野牛的叫聲，風聲，是打破這裡大自然沉寂的唯一音響。

在大河以東，森林已經消失一部分；在森林消失的地方，鋪著無邊無際的大草地。究竟是大自然在其千變萬化的運動中不肯給這些沃野撒下樹種，抑或是覆蓋這片沃野的森林往昔被人破壞？這是一個無論是傳說還是科學研究都未能解答的問題。

但是，這些一望無際的荒涼土地，並不是從來沒有人煙。一些居無定所的部落，曾分布在森林的樹蔭下或大草地的綠野上許多世紀。從聖羅倫斯河河口到密西西比河三角洲，從大西洋到南海（太平洋），其間分布的這些野人具有相似之處，足以證明他們出於同源。但是，他們又與現在已知的一切人種有所不同[16]。他們既不像歐洲人那樣白，又不像大多數亞洲人那樣黃，也不像黑人那樣黑。他們的皮膚微紅，頭髮長而發亮，嘴唇很薄，顴骨甚高。美洲野蠻部落所操的語言，雖然在詞彙方面各部落之間有所不同，但卻服從於相同的語法規則。這些語法規則，有許多地方與現在已知的規範人們語言結構的語法規則有所不同。

美洲土著的方言似乎摻進了新的成分；這表明進來了新成分的人，其智力是現代的印第安人所難以達到的。（C）

這些部族的社會情況，在許多方面也與舊大陸的不同。他們一直在自己的荒涼天地裡自由繁殖，從來未與比他們文化高的種族接觸過。因此，他們那裡一點也不像曾經一度文明而後又墮入野蠻狀態的民族那樣是非不明和善惡不分，更不像後者那樣因無知和敗俗而腐化墮落。印第安人的一切都是自生自長的：他們的德行，他們的惡習，他們的偏見，都是他們本身的產物。他們是在天然的野生獨立狀態下成長起來的。

在文明開化的國家，有些人之所以粗野化，不僅由於他們本身無知和貧困，而且由於他們天天與文明人和富人接觸。

他們的苦難菲薄生活，每天都在同某些同胞的幸福和權勢對照，同時激起他們內心的怒火和恐懼；而他們的自卑感和依附感，既使他們發憤，又使他們屈辱。他們的這種內心狀態，也表現在他們的舉止言行上，所以他們都是既傲慢又卑鄙。

這種情況確鑿無疑，依靠觀察不難證明。有些人在貴族制度的國家，比在其他任何地方都粗野；而繁華城市裡的人，又比鄉間人粗野。

在有錢有勢的人聚集的地方，軟弱和貧窮的人由於自己的地位卑下而受壓迫。由於找不到機會使自己重新獲得平等，他們便完全處於絕望之中，而自甘踐踏爲人的尊嚴。

身分懸殊造成的這種惡果，絕不見於野蠻人的社會。印第安人雖然無知和貧困，但大家都是平等和自由的。

當歐洲人最初來到北美的時候，那裡的土著居民還不知道財富的價値，對文明人利用財富獲得的享受也不在意。但是，他們的舉止毫不粗野，反而習慣於謙讓持重，表現出一種貴族式的彬彬有禮的風度。

印第安人平時溫存而又好客，但在戰時表現的殘忍卻又超過人心凶狠的已知限度。他們爲了搭救一個夜裡敲門求宿的生人，可以甘冒自己餓死的危險。但是，他們又能親手撕碎俘虜仍在顫動的四肢。古代的一些非常出名的共和國，從來沒有顯出過現時生活在新大陸荒野森林裡的人那種最大勇氣、最高傲精神和最堅定自尊心[17]。歐洲人最初在北美登岸時，當地人並未大驚小怪。歐洲人的出現既未引起他們的嫉妒，又未引起他們的恐懼。他們能與自己的同類——人，打架爭吵嗎？印第安人能夠無所需求地過活，苦而無怨，載歌而死[18]。像人類大家庭的其他所有成員一樣，這些野蠻人也相信有一個美好世界的存在，並以一些不同的名稱稱呼創造宇宙的上帝而加以崇拜。他們對於一些偉大的知性眞理的看法，一般來說是簡單的，但富於哲理。（D）

儘管我們在這裡對其性格作了描述的這個民族十分原始；但是毋庸置疑，另一個在許多方面都比他們開化和進步的民族，曾在這個地區發達得遠遠超過他們。

一個模糊但廣泛流傳於大西洋沿岸大部分印第安部落的傳說，告訴我們這個民族的一些部族原先住在密西西比河以西。在俄亥俄河兩岸和整個中央盆地，還時常可以看到一些人造的土丘。挖到這些古塚的內部，可以見到人骨、奇形怪狀的器皿、武器、金屬製造的用具或現存的種族已經不知道用途的各種工具。

現代的印第安人，已經不能提供有關這個早已消失的民族的任何歷史資料。三百年前發現美洲時生活在那裡的人，也沒有說過任何可據以做出一個假說的故事。一些留下來的傳說，那些容易遭到破壞而又不斷發現的遺跡，也沒有提供任何線索。但是，我們的千千萬萬的同類，確實在那裡生活過，這是沒有疑問的。那麼，他們是何時到那裡來的呢？他們的起源、命運和歷史曾是怎樣的呢？他們是在何時和怎樣被消滅的呢？沒有一個人能夠說清。

眞是怪事！一些生存得好好的民族，竟從地球上消失得無影無蹤，以致他們的族名都從人們的記憶中抹去，他們的語言都已失傳，他們的榮譽也像沒有迴響的聲音那樣消失得乾乾淨淨。但是我認爲，還有一樣東西可以使人想起他們，那就是他們留下的可以紀念他們過去的墳墓。因此，人類勞作的最經久的紀念物，還是最能再現人生空虛和苦難的墳墓！

儘管我們描述的這個廣袤地區當時住有許多土著部族，但是仍然可以有理由說，在它被發現的時候還是一片荒涼。印第安人雖然占據在那裡，但並沒有擁有它。人要靠農業來占有土地，而北美的先民卻以狩獵爲生。他們根深蒂固的偏見，他們不可遏制的激情，他們的種種惡習，也許還有他們的野蠻人品德，使他們走上了不可避免的毀滅道路。這些部族的滅亡，始於歐洲人登上他們的海岸之日，後來又接著一直進行，今天正接近於告成。上帝在把他們安置在新大陸的富饒土地上時，似乎只給了他們暫時的使用受益權。他們住在那裡，好像是在等待別人到來。那些十分適於經商和開工廠的海岸，那些深水河流，那個用之不竭的密西西比河大河谷，總之，整個這片大陸，當時好像是爲一個偉大民族準備的空搖籃。

就是在這裡，文明人已在試建基礎全新的社會，並首次應用當時人們尚不知道或認爲行不通的理論，去使世界呈現出過去的歷史沒有出現過的壯觀。

◆本章注釋◆

【1】一八三六年（第五版），在此處有一個注：「見本冊後面所附地圖。」然而，一九五一年版未收此圖。——譯者

【2】一百三十四萬一千六百四十九英里。見達比：《美國概覽》第四四九頁（費城，一八二八年）。（托克維爾引用的是沃登法譯本）。按每里約等於二千圖瓦茲換算。

一里約（lieue）等於四公里，一圖瓦茲（toise）等於一千九百四十九公尺，兩者都是法國的舊長度單位。——譯者

【3】法國的面積為三萬五千一百八十一平方里約。

【4】魯日河（紅河）。

【5】兩千五百英里，合一千零三十二里約。見沃登譯：《美國概覽》第一卷第一六六頁。

【6】一千三百六十四英里，合五百六十三里約。同上書第一卷第一六九頁。

【7】指密蘇里河，同上書第一卷第一三二頁（一千二百七十八里約）。

【8】指阿肯色河，同上書第一卷第一八八頁（八百七十七里約）。

【9】指魯日河，同上書第一卷第一九〇頁（五百九十八里約）。

【10】指俄亥俄河，同上書第一卷第一九二頁（四百九十里約）。

【11】指伊利諾河、聖皮爾河、聖弗蘭西斯河、得梅因河。以上河流的長度，我是按標準英里和每里約等於二千圖瓦茲折算的。

【12】原作者注，見卷末。——譯者

【13】一百英里。

【14】約九百英里。

【15】馬爾梯—布倫在其《世界各洲地理概要》第三卷（第五卷）第七二六頁（一八一七年）上說，安地列斯群島的海水清晰得可以看見水下六十公尺的珊瑚和魚類。船隻好像飄浮在空中。航海者透過透明的液體俯視海底公園，感到有些眼花繚亂。在這個海底公園裡，五光十色的貝類和魚類，在黑角藻簇和海帶叢裡閃閃發光。

【16】後來發現，北美的印第安人與通古斯人、滿洲人、蒙古人、塔塔爾人和亞洲其他遊牧部族，在體型、語言和習慣上有某些相似。亞洲的這些部族輾轉到接近白令海峽的地方以後，可能是在古代的某一個時期遷移到荒涼的美洲大陸來了。但是，科學還沒有達到弄清這一點的地步。關於這個問題，請參看：馬爾梯—布倫著作第五卷；（亞歷山大・馮・）洪堡的著作；費舍：《美洲大陸起源的推測》，

（大概還有）費舍：《美洲大陸的起源》（彼得堡，一七七一年）；阿戴爾：《美洲印第安人史》（倫敦，一七七五年）。

【17】我們從傑弗遜總統的著作《維吉尼亞紀要》第一四八頁看到：「當易洛魁人受到強大敵人進攻時，老人們恥於逃命或去保護自己的小家園，就像古羅馬人抵抗高盧人圍攻羅馬城時那樣視死如歸。」接著，在第一五〇頁又寫道：「一個印第安人落到敵人之手後求饒活命的例子，一個也沒有。而且情況恰恰相反，被俘的人都是百般侮辱和嘲弄勝利者，以求速死於勝利者之手。」（這兩段均見於一八二三年波士頓版第二一三頁）

【18】參看：勒帕傑・杜・普拉茨：《路易斯安那史》；夏爾瓦：《新法蘭西的歷史》；《美國哲學學會報告》第一卷所載的赫克韋爾德來信；傑弗遜：《維吉尼亞紀要》第一三五—一九〇頁。傑弗遜的話特別有分量，因為這位作家的人品高尚，地位與眾不同，寫作的時候正是美國處於積極上升的時期。

第二章　英裔美國人的來源及其對他們未來的重大影響

知道民族的來源，有利於理解其社會情況和法律——美洲是唯一可以查清一個偉大民族的源流的地區——當初移居英屬美洲的一切人在哪些方面彼此相似——他們在哪些方面彼此不同——對於當初定居在新大陸海岸的一切歐洲人的評論——向維吉尼亞殖民——向新英格蘭殖民——新英格蘭首批居民在祖國時的性格——他們到達新英格蘭——他們的首批法律——社會契約——借用摩西立法的刑法典——宗教熱情——共和精神——宗教精神和自由精神的嚴密一致。

一個人生到世上來，他的童年是在歡樂和玩耍中默默無聞地度過的；接著，他逐漸長大，開始進入成年；最後，世界的大門才敞開讓他進來，使他與成年人往來。到這時候，他才第一次被人注意研究，被人仔細觀察他在成年才冒出的惡習和德行的萌芽。

如果我沒弄錯的話，我認爲這個看法是個極大的錯誤。應當追溯他的過去，應當考察他在母親懷抱中的嬰兒時期，應當觀察外界投在他還不明亮的心智鏡子上的初影，應當考慮他最初目擊的事物，應當聽一聽喚醒他啓動沉睡的思維能力的最初話語，最後，還應當看一看顯示他頑強性的最初奮鬥。只有這樣，才能理解支配他一生的偏見、習慣和激情的來源。可以說，人的一切始於他躺在搖籃的襁褓之時。

一個民族，也與此有些類似。每個民族都留有他們起源的痕跡。他們興起時期所處的有助於他們發展的環境，影響著他們以後的一切。

如果我們能夠查清社會成員的來歷，考察他們歷史的最初遺存，我毫不懷疑我們會從中發現他們的偏見、習慣、主要情感和最終構成所謂民族性的一切的主要原因。這使我們可以找到對早先約定成俗而今似與流行風尚牴觸的慣例的解釋，找到對好像與公認的原則對立的法律的解釋，找到對社會上到處可見的一些不相連貫的見解的解釋。這些見解就像昔日勉強吊在舊建築物穹隆下的破鏈子，由於什麼也禁不住而斷成數段，連不在一起了。由此也可以解釋，一些民族何以被一種似乎不可知的力量推向他們本身也未曾料到的結局。但是，至今對事物一直缺乏這種研究。直到民族衰老的時候，人們才用分析的眼光去研究這個民族；而當民族終於想到回顧它的搖籃時期的時候，時間已把搖籃時期蒙上一層烏雲，而無知和傲慢又用一些離奇傳說把它包圍起來，使人見不到它的眞面目。

美國是唯一可以使人看清它的社會的自然而順利成長的國家。在這裡，也可以清楚的看到各州的起源對各州未來的影響。

當歐洲的各族人民在新大陸登岸時，他們的民族性的特點已經完全定型，其中每個民族各有不同的相貌；而且由於他們的文明程度已經達到使他們可以研究自己的地步，結果給我們留下了有關他們的觀點和法律的眞實紀錄。我們對於十五世紀人的了解，幾乎與我們對同時代人的了解同樣清楚。因此，美國使早先時代的無知和愚昧爲我們製造的假象大白於天下。

美國社會的建成時間距今不久，這使我們可以詳細了解它的各項因素，只是達到能夠判斷這些因素的發展結果還爲時尚早，但我們這一代人好像命定要比前人能對人世滄桑看得更清。上帝給了我們一束我們的祖先不曾具有的火炬，用它照亮我們的智慧，使我們得以找出我們的祖先由於愚昧而沒有看到的決定各族人民命運的基本原因。

在仔細研究美國的歷史之後，再深入考察它的政治和社會情況，便可以確信：在美國，任何一種見解，任何一種習慣，任何一項法律，而且我敢說任何一個事件，都不難從這個國家的起源當中找到解釋。因此，本書的讀者將在本章看到以後所要敘述的一切的萌芽，找到可以幾乎開啓全書的鑰匙。

在不同時期遷居於現今美國境內的移民，彼此之間在許多方面都有不同；他們各有自己的目的，並各以不同的原則治理自己。

但是，這些人之間卻有某些共同的特點，他們發現大家都有類似的遭遇。

語言的紐帶，也許是能夠把人們聯合起來的最有力和最持久的紐帶。當時，全體移民都說同一種語言，都是同一民族的兒女。他們出生在一個許多世紀以來一直鼓動教派鬥爭的國家。在這個國家，各個教派不得不輪番把自己置於法律的保護之下，它們的教徒在這種激烈的宗派鬥爭中接受了政治教育，他們比當時的大部分歐洲人更熟悉權利觀念和眞正自由的原則。在移民初期，自由制度的茁壯萌芽即地方自治，已經深深地扎根於英國人的習慣之中，而人民主權原則的學說也隨著地方自治被帶進都鐸王朝的核心。

當時，使基督教世界動盪不安的宗教紛爭正在進行。英國也近於狂熱地參加了這一新的角逐。英國居民的性格本來是審愼持重的，而現在卻變得嚴厲和喜好爭論。人們在這一智力競賽中大大增加了知識，頭腦受到了深刻的訓練。在爭論宗教問題期間，他們的民情變得更加好了。英國民族這一般的特點，也多少反映在前往大西洋彼岸尋求新的未來的英國兒女身上。

另外，我們以後還有機會回來敘述的一個特點，不僅適用於英國人，而且也適用於法國人、西班牙人和接連前往新大陸定居的一切歐洲人。歐洲人新建的一切殖民地，如果說不是發展了完全民主的萌芽，至少可以說是保存了這個萌芽。造成這個結果的原因有二：可以說移民在離開祖國的時候，一般都沒有你比我優越或我比你優越的想法，認爲幸福的人和有權有勢的人都不會去流亡，貧窮和災難是平等的最好保障；但是，也有一些富人和大領主因爲政治或宗教紛爭而被趕到美洲，在那裡制定了一些貴賤有別的法律，而人們不久就發現美洲的土壤與領主貴族制度格格不入。人們認爲，爲了開發這塊不易開發的土地，只有依靠土地所有者本人的不斷努力和經常關心。雖然有了土地，但土地的出產並未多到使地主和農民可以同時致富。因此，土地自然被分成許多小塊，由所有者自己耕種。但是，貴族制度的基礎正是土地，貴族只有依靠土地才能生存，而這裡既沒有貴族賴以存在的特權，又沒有貴族賴以繼續存在的身分制度。土地一旦依靠繼承制度相傳，就會出現貴族。一個民族可能有許多富人又有大量窮人，但這種富貴如非來自土地，只能說這個民族內部有貧富不均，而且嚴格說來，它沒有貴族階級。

因此，英國的所有殖民地，在建立的初期，彼此之間便很像一個大家族。從它們堅持的原則來看，它們好像都命定要去發展自由，但不是它們祖國的貴族階級的自由，而是世界歷史上從未提供過完整樣板的平民的（Bourgeoise）和民主的自由。

但在這樣的清一色中，也可以看到一些必須加以說明的細微差別。

可以把英裔美國人這個大家族分爲兩大支：一支在南，一支在北，至今仍是各自發展，沒有完全混合在一起。

維吉尼亞接納了第一個英國殖民地。移民於一六〇七年到達這裡。這個時期，歐洲還一心迷戀於認爲開採金銀可使國家致富的思想。這是一個致命的錯誤思想，它曾給醉心於它的歐洲各國造成甚於戰爭和全部壞法律加在一起所帶來的貧困；而在美國，它則奪去了多於這兩者加在一起所致死的人命。一些尋找黃金的人，都被送往維吉尼亞[1]，這些人既無才幹，又缺乏品德；他們暴躁而喜歡鬧事的性格，給初建的殖民地製造了混亂[2]，並導致了殖民地的發展忽緩忽快。隨後，才有工農業者到來，他們雖然比較講究道德和性情溫和，但在任何方面並不怎麼高於英國的下等階級[3]。既沒有高尚的觀點，又沒有深思熟慮的設想，去指導建立新的制度。殖民地剛剛建立起來以後，又引進了蓄奴制[4]，而這正是後來對整個南方的性格、法律和未來發生巨大影響的主要事件。

正如我們以後將要說明的，蓄奴制是對勞動的玷辱；它給社會造成了好逸惡勞的惡習，而隨著這種惡習而來的，則是無知、高傲、浮誇和奢侈。它使人的思想頹靡和行動懶散。蓄奴制的影響，再加上英國人的性格，可以解釋南方的民情和社會情況的由來。

都是來自同一個英國，但在北方卻出現了完全不同的情景。請允許我對此略作詳細的說明。

正是在北方的幾個英國殖民地，即在人們通稱爲新英格蘭的諸州[5]，產生了成爲今天美國社會學說的基礎的幾個主要思想。

新英格蘭的這些主要思想，首先傳到相鄰的各州，接著又擴散到比較遠的各州，最後可以說席捲了整個聯邦。現在，它們的影響已經超出國界，遍及到美洲世界。新英格蘭的文明，像高地燃起的大火，除了烤暖周圍地區之外，還用它的光輝照亮了遙遠的天邊。

新英格蘭的建立，呈現出一片新的景象。這裡發生的一切，都是獨特無雙的。

幾乎所有殖民地的最初居民，不是沒有受過教育、沒有家業、因爲貧困和行爲不軌而被趕出自己故鄉的人，就是一些貪婪的投機家和包工的把頭。有些殖民地的居民還不能自稱有這樣的出身。比如，聖多明哥就是由海盜們建立的。而在我們這個時代，英國的刑事法庭不是也在爲澳大利亞提供人口嗎？

在新英格蘭海岸落戶的移民，在祖國時都是一些無拘無束的人。他們在美洲的土地上聯合起來以後，立即使社會呈現出一種獨特的景象。在這個社會裡，既沒有大領主，又沒有屬民；而且可說，既沒有窮人，又沒有富人。按百分比來說，他們的文明程度高的人，多於我們今天歐洲的任何國家。他們所有的人，也許沒有一個例外，都受過相當良好的教育，而且有很多人還因才學出眾而聞名於歐洲。其餘的殖民地，都是由未攜家眷的冒險家們建立的；而定居於新英格蘭的移民，則帶著良好的秩序和道德因素，和妻子兒女一起來到荒涼的土地。但是，特別使他們與其餘所有移民不同的，是他們具有創業的目的。他們並非迫不得已離開故土，而是自願放棄了值得留念的社會地位和尚可溫飽的生計。他們遠渡重洋來到新大陸，絕非爲了改善境遇或發財；他們之所以離開舒適的家園，是出於滿足純正的求知需要；他們甘願嘗盡流亡生活的種種苦難，去使一種*理想*獲致勝利。

這些移民或他們自己喜歡被稱爲朝聖者，屬於英國的一個因教義嚴格而得名清教的教派。清教的教義不僅是一種宗教學說，而且還在許多方面摻有極爲絕對的民主和共和理論。因此，它給自己樹立了一些極其危險的敵人。清教徒在祖國受到政府的迫害，感到自己所在社會的日常生活有損於自己教義的嚴格性，所以去尋找世界上人跡罕至的不毛之地，以便在那裡按原來的方式生活和自由崇拜上帝。

摘幾段引文，將比我們的贅述更能說清這些虔誠的冒險家的精神。

研究新英格蘭早期歷史的納撒尼爾．莫爾頓開宗明義說[6]：「我一直認爲，把我們祖輩在建立這塊殖民地時蒙受上帝如此多方面、仁慈的關懷，用文字記錄下來，使後代永遠記住上帝的仁慈，乃是我們的神聖職責。凡是我們見到的，凡是我們從祖輩那裡聽到的，都應當叫我們的子女知道，以使我們的後代懂得讚頌上帝，使上帝的僕人亞伯拉罕的後裔和上帝的選民雅各的子孫永遠記住上帝的奇妙作爲（《詩篇》第一〇五篇第五、六節）。要使他們知道上帝如何把葡萄帶到荒野，如何栽上葡萄而把異教徒攆走，如何整備出種葡萄的用地，而把秧苗的根深深植入土內，以及後來又如何讓葡萄爬蔓而布滿大地（《詩篇》第八十篇第十三、十五節）。不僅如此，還要他們知道上帝如何引導他的子民走向他的聖所，而定居在他遺賜的山間（《出埃及記》第十五章第十三節）。這些事實一定要使他們知道，以使上帝得到他應得的榮譽，讓上帝的榮光也能被及作爲工具爲他服務的聖徒們的可敬名字。」

讀完這段開場白，不能不在心中留下一種宗教的莊嚴印象，好像從中看到一種古風和聞到一種《聖經》的馨香。

鼓舞著這位作者的信念，加強了他語言的分量。現在，在讀者的眼裡，如同在作者的眼裡一樣，這些人已經不是漂洋過海去撞大運的一小撮冒險家，而是被上帝親自撒在一片預定大地上的偉大民族的種子。

作者接著又以這樣的方式描述了最初幾批移民的離鄉情景[7]：

「於是，他們離開了自己休養生息的這座城市（德爾夫特－哈勒夫特），但他們是心安理得的，因爲他們知道自己此生是朝聖者和異鄉人。他們不留戀世間的東西，而是眼望上蒼，認爲那裡才是他們親愛的故鄉，上帝已在那裡爲他們準備了神聖的城市。他們終於到達停著船隻的港口。一大群不能與他們同行的親友，也情不自禁地陪他們來到這裡。大家一夜沒有睡覺，在傾吐友情、誠懇交心和表達基督徒的眞正慈愛的談話中度過一夜。第二天，他們上船了，可是親友們還想在船上陪伴他們一會兒。就在這個時候，大家深深地嘆息，雙眼淚如雨下，長時間地擁抱，虔誠地祈禱，使陌生人都爲之感動。開船的信號發出來了，他們都跪了下來，他們的牧師眼淚汪汪，仰望天空，祈求上帝賜福。最後，他們相互道別，而這次離別對他們大多數人來說將是永別。」

這批移民約有一百五十人，其中還有一些婦女和兒童。他們的目的是在哈德遜河岸建設一個殖民地。但是，他們在大西洋中漂泊了很長時間之後，卻被迫在新英格蘭的不毛海岸，即在今天建立起普利茅斯鎭的地方登陸。朝聖者們上岸時登上的那塊巨石，今天依然可見[8]。

我方才提到的這位歷史家說：「但在我們大篇長敘之前，我們要略述一下這群苦命人上岸後的情景，讚美讚美上帝拯救他們的恩德。」

「他們現已渡過寬闊的大西洋，到達他們此行的目的地。但既無親友來迎接他們，又無房屋來供他們棲身。當時正値隆冬，而知道我們這裡的氣候的人都熟悉冬天是凜冽的，這裡常有狂風來襲。在這樣的季節，到熟悉的地方去旅行都有困難，更不用說在一無所知的海岸上安家了。他們的周圍滿目淒涼，一片荒蕪，到處都有野獸和野人。他們不知道這些野人有多麼凶狠和有多少人數。大地已經封凍，上面布有樹林和灌木叢。到處都是未開化的野蠻景象。他們回頭望去，只是把他們與文明世界隔開的那片一望無際的大西洋。爲了能夠得到一點慰藉和希望，他們只能仰首求天[9]。」（後一段是對莫爾頓原文的釋義〕。

不要認爲清教徒的虔誠僅僅是說在嘴上，也不要以爲他們不諳世事的道理。正如我在上面說過的，清教的教義既是宗教學說，又是政治理論。因此，移民們在剛剛登上納撒尼爾・莫爾頓描述的不毛海岸，第一件關心的事情就是建立自己的社會。他們立即通過一項公約，內稱[10]：

「我們，下面的簽名人，爲了使上帝增光，發揚基督教的信仰和我們祖國的榮譽，特著手在這片新開拓的海岸建立第一個殖民地。我們謹在上帝的面前，對著在場的這些婦女，透過彼此莊嚴表示的同意，現約定將我們全體組成政治社會，以管理我們自己和致力於實現我們的目的。我們將根據這項契約頒布法律、法令和命令，並視需要而任命我們應當服從的行政官員。」〔參看《新英格蘭回憶錄》第三十七頁及以下幾頁〕。

此事發生於一六二〇年，從此以後，移民工作一直沒有停止。在查理一世在位期間，震盪不列顛帝國的宗教和政治激情，每年都把一批批各派教徒趕到美洲海岸去。在英國，清教徒的主力一直是中產階級，而大部分移民也正是來自這個階級。新英格蘭的人口迅速增加，而當等級制度仍在祖國將居民強行分爲不同階級的時候，殖民地卻出現了社會的各部分日益均質化的新景象。這種在古代不敢夢想的民主，已從古老的封建社會之中強大無比地和全副武裝地衝了出來。

英國政府不難看到，這樣的大批移民可以帶走騷亂的種子和新生的革命分子，所以它很滿意。它全力促進這種移民，而對那些來到美洲的土地上尋找避難所，以逃脫本國嚴刑峻法的人的命運，則覺得不必關心。可以說，新英格蘭是交給人們去實現他們夢想的地區，而這個地區也將讓革新者去放手實驗。

英國的殖民地是使英國繁榮的主要原因之一，它們一向比其他國家的殖民地享有更多的內政自由和更大的政治獨立。但是，這項自由原則在任何地方都不如在新英格蘭各州實施得完整。

當時，一般人認爲，新大陸各處的土地，由哪個歐洲國家首先發現，就屬於哪個國家。

到十六世紀末，幾乎北美的全部海岸地帶，就這樣變成了英國的領土。不列顚政府在這些新領地上採用的統治方式，因地而有不同的特點。有時，國王將新大陸的一部分委託給他任命的一名總督在他的直接命令下代他治理這塊地方[11]。歐洲的其餘國家，也都採取了這樣的殖民制度。有時，國王將一部分土地的所有權授給一個人或一個公司[12]。這時，管理民事和政治的一切權力，都集中於一個人或幾個人之手，這個人或這些人在王權的監督和控制下，出售土地和管理居民。最後，第三種制度，是授予一定數量的移民，以在母國的保護下自行組織政治社會，和在不違反母國法律的條件下自治的權利。

對自由如此有利的這第三種方式，只曾在新英格蘭實行[13]。

一六二八年[14]，一份具有這種性質的特許狀，由查理一世授給前往麻塞諸塞建立殖民地的移民。但是，對於新英格蘭的各殖民地來說，一般只是在它們的存在已爲既成事實之後很久，才對它們賜給特許狀的。普利茅斯、普羅維登斯、紐哈芬、康乃狄克州和羅德島州[15]，均是在沒有得到母國的援助和幾乎沒有讓母國知道的情況下建立起來的。新移來的居民雖然並不否認宗主國的無上權威，但他們並沒有去宗主國尋找權力的根源，而是自己建立政權；只是三、四十年之後，在查理二世在位時期，這些殖民地的存在才根據皇家的特許狀而合法化了。

因此，在瀏覽英格蘭的早期歷史和立法文獻時，很難見到把移民和其母國聯繫起來的紐帶。我們看到這些移民每時每刻都在獨立自主地行使主權。他們自己任命行政官員，自行締結和約和宣戰，自己制定公安條例，自己立法，好像他們只臣服上帝[16]。

再沒有比這個時期的立法更獨特和更富於教益的了。今天美國在世界面前暴露出來的主要社會問題的謎底，正可以從這個時期的立法中找到。

在這個時期制定的法律中，一個最有特色的法令集，是規模不大的小州——康乃狄克在一六五〇年頒布的法典[17]。

康乃狄克的立法者們[18]，先從制定刑法開始。在制定刑法時，他們想出一個奇怪的主意，從《聖經》裡找來一些條文。

這部刑法的開頭說：「凡信仰上帝以外的神的，處以死刑。」

接著，有十條到十二條是逐字從《申命記》、《出埃及記》和《利未記》抄來的同類性質的條文。

瀆神、行妖、通姦[19]和強姦者，均處死刑。兒子虐待父母，也處這種嚴刑。就這樣，一個粗野和半開化的民族的立法，竟被用於一個人智已經開化和習俗十分樸素的社會。結果，從未見過死刑這樣多定於法律之內和用於微不足道的罪行。

立法者在制定這樣的刑法時，經常將注意力放在維持社會的道德規範和良好習俗方面，所以他們總是重視良心問題，簡直沒有一件惡行不被列入懲治的範圍。讀者可能已經感到，這些法律對於通姦和強姦的處分是過於嚴厲了。兩個未婚男女之間的私通，也要受到嚴懲。這時，法官有權對罪犯處以下述三種懲罰之一：罰款、鞭笞和強令結婚[20]。如果紐哈芬昔日法庭的紀錄可信的話，則這類判決並不稀少。我們見到一個判決於一六六○年五月一日的案件，它對一個年輕女子兼處罰款和申斥，因爲她被控出言不遜和讓人吻了一下[21]。一六五○年法典載有很多預防性懲罰措施。這個法典對怠惰和酗酒都規定了嚴厲的懲罰[22]。小酒館主賣酒給每個用客，不得超過一定的數量；而一句謊言，只要它有害，就會受到罰款或鞭笞的處分[23]。在其他方面，立法者完全忘記了自己在歐洲要求的信仰自由的偉大原則，以罰款來強迫人們參加宗教活動[24]，直至對反對者科以重刑[25]，而且往往對願意按照一種與他們不同的儀式去禮拜上帝的基督徒處以死刑[26]。最後，立法者的熱情有時還使他們管起他們不該管的事情。比如，在這同一部法典裡，就有禁止吸煙的條款[27]。也不應忘記，這些奇怪的或者專橫的法律，並不是什麼人強加於居民的，而是由全體當事人自由投票表決的，而且居民的習俗比法律還要嚴格和富於清教派的色彩。一六四九年，在波士頓竟成立一個以勸阻人們蓄留長髮的浮華行爲爲目的的莊嚴協會[28]。（E）

這樣的偏頗，無疑有辱於人類的理性。它們在證明我們天性的低劣，說明我們的天性不能牢牢地掌握眞理和正義，而往往只是選擇了眞理和正義的反面。

這樣的刑法深深地打上了狹隘的宗派精神的烙印，以及因受迫害而更加激烈並在當時尚激盪於人們心中的各種宗教激情的烙印。但除這種刑法之外，尚有一組與它有某種聯繫的政治方面的法律。這組法律雖訂於二百年前，但似乎比我們現代的自由精神還先進得多。

作爲現代憲法基礎的一些普遍原則，即那些爲十七世紀的大部分歐洲人難於理解和在當時的大不列顚尚未獲得全勝的原則，已在新英格蘭的法律上得到全部承認，並被訂於法律的條款之內。這些原則是：人民參與公務，自由投票決定賦稅，爲行政官員規定責任，個人自由，陪審團參加審判。所有這些，都未經討論而在事實上確定下來。

這些基本原則已被新英格蘭採用並大加發展，而歐洲的任何一個國家至今還未敢去嘗試。

在康乃狄克，選民團一開始就是由全體公民組成的，而且這種做法的意義立刻就被人們所理解[29]。當時，這些初期居民的財產幾乎完全平等，而他們的知識水準也相差無幾[30]。

在這個時期，康乃狄克的全體行政官員，包括州的總督在內，都是選舉產生的[31]。年滿十六歲的公民，都有義務拿起武器。他們組成本州的國民軍，自己委任軍官，隨時準備開赴前線守土[32]。

在康乃狄克以及其餘所有新英格蘭的法律中，我們可以看到這種地方自主的產生和發展，而這種自主，仍是今日美國自由的原則和生命。

在歐洲的大多數國家，政治生活都始於社會的上層，然後逐漸且是不完整地擴及社會的其餘不同部分。

在美國，可以說完全相反，那裡是鄉鎮成立於縣之前，縣又成立於州之前，而州又成立於聯邦之前。

在新英格蘭，鄉鎮的政府在一六五〇年就已完全建成。根據鄉鎮自主的原則，人們將自己組織起來，爲自己的利益、情感、義務和權利而努力奮鬥。在鄉鎮內部，享受眞正的、積極的、完全民主和共和的政治生活。各殖民地仍然承認宗主國的最高權力，君主政體仍被寫在各州的法律上，但共和政體已在鄉鎮完全確立起來。

鄉鎮各自任命自己的各種行政官員，規定自己的稅則，分配和徵收自己的稅款[33]。新英格蘭的鄉鎮沒有採用代議制的法律。在新英格蘭的鄉鎮，凡涉及全體居民利益的事務，也像在古雅典一樣，均在公眾場所召開公民大會討論決定。

仔細研究美國共和政體的這段早期法律之後，我們對立法者的這種管理才能和先進理論表示驚訝。

顯而易見，他們具有的社會應對其成員負責的思想，就比當時歐洲的立法者的這種思想崇高和完整得多，他們爲社會規定的義務，在其他國家至今還被忽視。在新英格蘭各州，自建州之初，就以立法保證窮人能夠過活[34]；採取嚴格的措施養護道路，並指定官員檢查措施的執行情況[35]；鄉鎮有各種公事紀錄簿，以記載公民大會審議的結果，登記公民的出生、死亡和婚姻[36]；設置文書負責管理這些紀錄簿[37]；設置官員負責經管無人繼承的財產，檢查被繼承的地產的邊界；還設有若干以維持鄉鎮的公共秩序爲主要職責的官員[38]。

法律裡訂有許許多多細則，預爲照料和滿足社會的大量需要。在這一方面，今天的法國猶會覺得自愧不如。

但是，從根本上說，能夠顯示美國文明的最突出特點的，還是有關國民教育的法令。

有一項法令說：「鑒於人類之敵撒旦以人的無知爲其最有力的武器，鑒於應當讓我們祖先的智力稟賦不再被埋沒，鑒於兒童教育是本州的主要關心事項之一，茲依靠上帝的幫助[39]」，接著列出一些條款，其中規定在鄉鎮設立學校，責成居民出資辦學，對不出資者給予巨額罰款。在人口多的縣分，以同樣方式設立高一級的學校。城市的行政當局應當督促家長送子女入學，並有權對違抗者處以罰款；如果繼續違抗，社會便承擔起家長的責任，強制收容和教育兒童，並剝奪其父親天賦的，但被他用於不良目的的權利[40]。讀者從這項法令的序言無疑會看到：在美國，啓發民智的正是宗教[41]，而將人導向自由的則是遵守神的誡命。

對一六五〇年的美國社會匆匆一瞥之後，再來觀察歐洲的社會[42]，特別是歐洲大陸的社會，使人感到大爲吃驚的是：十七世紀初，在歐洲大陸，君主專制政體卻在中世紀的寡頭政治自由和封建主義自由的廢墟上，到處取得勝利。大概，在大放異彩和文藝繁榮的這部分歐洲，權利的觀念從來沒有像這一時期被人完全忽視，人民從來沒有像這一時期更少參加政治生活，眞正自由的思想從來沒有像這一時期更少占據人的頭腦。然而，就在這一時期，歐洲人還沒有想到的或被他們輕視的這些原則，已在新大陸的荒野中公布出來，並已成爲一個偉大民族的未來信條。人類理性的一些最大膽設想，竟在一個不被人重視、連任何政治家無疑都不屑於側身其中的社會裡付諸實現了；而人具有獨創精神的想像力，也就在這裡想出了一種前所未有的立法制度。在這個還沒出過將軍，也沒有出過哲學家和作家的默默無聞的社會裡，卻有一個人能夠當著一群自由人的面站立起來，在大家的喝彩聲中，對自由做出了如下的絕妙定義：

「我們不能安於我們因獨立而應當得到的一切。實際上，有兩種自由。有一種是墮落的自由，動物和人均可享用它，它的本質就是爲所欲爲。這種自由是一切權威的敵人，它忍受不了一切規章制度。實行這種自由，我們就要自行墮落。這種自由也是眞理與和平的敵人，上帝也認爲應當起來反對它！但是，還有一種公民或道德的自由，它的力量在於聯合，而政權本身的使命則在於保護這種自由。凡是公正的和善良的，這種自由都無所畏懼地予以支持。這是神聖的自由，我們應當冒著一切危險去保護它，如有必要，應當爲它獻出自己的生命[43]。」

我所講的，已經足以說明英裔美國人文明的眞正特點。這種文明是兩種完全不同成分結合的產物（這個來源應當經常記在心中），而這兩種成分在別處總是互相排斥的，但在美國卻幾乎彼此融合起來，而且結合得非常之好。我們說的這兩種成分，是指**宗教精神**和**自由精神**。

新英格蘭的建設者們既是自己教派的熱心擁護者，又是大膽的革新者。儘管他們的某些宗教見解失於偏頗，但他們卻不懷任何政治偏見。

因此，出現了兩種各不相同但又互不敵對的趨勢。無論是在民情方面，還是在法律方面，這兩種趨勢到處可見。

人們出於宗教觀念而拋棄了自己的朋友、家庭和國家。我們盡可完全相信，他們爲了追求這種精神上的享受，確實付出了相當高昂的代價。但是，我們又可以看到，他們幾乎又以同樣的狂熱去尋求物質財富和精神享樂，認爲天堂在彼世，而幸福和自由卻在此生。

在他們看來，政治原則、法律和各種人爲設施，好像都是可以創造的，而且可以按照他們的意志加以改變和組合。

在他們面前，社會內部產生束縛社會前進的障礙低頭了，許多世紀以來控制世界的舊思想吃不開了，一條幾乎沒有止境的大道和一片一望無際的原野展現出來。人類的理性在這片原野上馳騁，從四面八方向他們湧來，但在它到達政治世界的極限時便自動停下，顫抖起來，不敢發揮其驚人的威力，甚至開始懷疑自己，放棄改革的要求，控制自己不去揭開聖殿的帷幔，畢恭畢敬地跪倒在它未加爭辯就接受了的眞理面前。

因此，在精神世界，一切都是按部就班，有條不紊，預先得知和預先決定的；而在政治世界，一切都是經常變動，互有爭執，顯得不安定的。在前一個世界，是消極然而又是自願的服從；而在後一個世界，則是輕視經驗和蔑視一切權威的獨立。

這兩種看來互不相容的趨勢，卻不彼此加害，而是攜手前進，表示願意互相支持。

宗教認爲公民自由是人的權利的高尚行使，而政治世界則是創世主爲人智開闢的活動園地。宗教在它本身的領域內是自由和強大的，滿足於爲它準備的地位，並在知道只有依靠自己的力量而不是依靠壓服人心來進行統治的時候，它的帝國才能建設得最好。

自由認爲宗教是自己的戰友和勝利夥伴，是自己嬰兒時期的搖籃，和後來的各項權利的神賜依據。自由視宗教爲民情的保衛者，而民情則是法律的保障和使自由持久的保證。（F）

英裔美國人的法律和習慣之某些特點產生的原因

在最完備的民主政體中保留的某些貴族制度殘餘——何以會有這些殘餘——應當仔細區分哪些東西是來自清教派的和哪些東西是來自英國人的。

請讀者不要從上述的一切得出過於一般化和過於絕對化的結論。初期移民的社會條件、宗教和民情，對他們新國家的命運無疑發生了巨大的影響。但是，新社會的建立並非起因於這些東西，因爲社會的起點只存在於社會本身。任何人都不能和過去完全脫離關係，不管他們是有心還是無意，都會在自己固有的觀念和習慣中，混有來自教育和祖國傳統的觀念和習慣。

因此，要想了解和評價今天的英裔美國人，就必須仔細區分來源於清教派的東西和來源於英國人的東西。

在美國，人們經常可以看到一些法律和習慣與周圍的事物並不適應。一些法律好像是根據一種與美國的立法主旨完全相反的精神制定出來的，一些民情又仿佛與社會情況的總體格格不入。假如這些英國殖民地是在遙遠的古代建立的，假如它們的起源已隨歲月的流逝而不可考，那麼問題就無法解決了。

我只引一個例子來闡述我的想法。

美國的民事和刑事訴訟程序，對被告人的處置只規定兩種辦法：**收監**和**保釋**。訴訟開始時首先要求被告人交付保證金，如被告人拒不交納，則將他收監關押。然後，再審理被控告的事實或罪狀的輕重。

顯而易見，這樣的立法是敵視窮人，而只對富人有利。

窮人並非總是有錢可交保證金，即使在民事案件中也是如此。假如他不得不在獄中等候公道，那他的被迫關押很快就會給他帶來不幸。

相反，富人在民事案件中總是可以逃脫監禁。更有甚者，他們雖然犯了罪，卻可輕易逃避應受的懲罰，因爲交了保證金以後，他們可以躲藏起來。因此可以說，法律上規定的懲罰，對於富人來說只不過是罰款而已[44]。還有什麼立法能比這種立法更具貴族立法的特點呢？

然而在美國，立法的正是窮人，而他們在這方面通常總是考慮社會的最大利益。

只有在英國能夠找到對於這種現象的解釋[45]，因爲我所說的這些法律本來是英國的法律[46]。儘管這些法律與美國立法的主旨和美國人的基本思想相牴觸，但是美國人還是把它們照搬過來。

在一個民族最不容易改變的事物當中，僅次於習慣的，就要數民法了。只有從事法律工作的人熟悉民法，也就是說，只有那些學過法律、能夠找出理由把法律解釋成好法或壞法、從維護法律當中可以直接獲利的人，才熟悉民法。民族的大部分成員不解其中的奧妙，只能從個別的案例中看到這些法律的作用，很難識別它們的傾向性，而是不假思索地予以服從。

這只是一個例子，我還可以舉出其他許多例子。

美國社會呈現的畫面（如果我可以這樣說的話）覆有一層民主的外罩，透過這層外罩隨時可以看到貴族制度的遺痕。

◆本章注釋◆

【1】英王一六〇九年頒布的特許狀，又加進了移民要向國王交納所採金銀五分之一的條款。參閱馬歇爾：《華盛頓生平》第一卷第十八—六十六頁（托克維爾引用的是一八〇七年巴黎法文版）。

【2】威廉·斯蒂思：《維吉尼亞史》中說，大部分新移民都是有劣跡家庭的青年；他們的父母為了不使孩子牽連受辱，便把他們送上開往新大陸的船隻。其餘的移民，則是家裡的老年人，走私行騙的破產者，花天酒地的無業遊民，以及諸如此類的人物。從他們的本質來說，這些人善於掠奪和破壞，而不善於建立家業。一些擾亂治安的頭目，很容易唆使他們去幹各種作奸犯科的勾當。關於維吉尼亞的歷史，可讀下列著作：斯密斯：《一六二四年定居以來維吉尼亞史》；威廉·斯蒂思《維吉尼亞史》；貝芙麗：《維吉尼亞最初發現與定居史》，此書於一八〇七年被譯成法文出版。

【3】只是很久以後，才有一些有錢的英國人來殖民地定居。

【4】蓄奴制是一六二〇年由一艘荷蘭船引進的。這艘船運來二十名黑人到詹姆斯河岸。參閱查默斯的著作（大概指喬治·查默斯：《對於美國獨立以來發生的若干事件的看法》（倫敦，一七八五年）；或其《殖民地起義史導論》（倫敦，一七八二年））。

【5】新英格蘭諸州位於哈德遜河以東，包括今天的下述六州：康乃狄克州、羅德島州、麻塞諸塞州、佛蒙特州、新罕布什爾州、緬因州。

【6】《新英格蘭回憶錄》（波士頓，一八二六年）；另見哈欽森：《麻塞諸塞殖民地史》第二卷第四四〇頁（波士頓）。（頁碼有誤）

【7】《新英格蘭回憶錄》第二十二頁。

【8】這塊巨石現已成為合眾國的崇拜物。我曾看到美國的一些城鎮精心保存的此石碎塊。這不是十分清楚的表明人的力量和偉大完全存在於他們的心靈之中嗎？這是一塊曾被一些苦命人的雙腳踏過片刻的石頭，這塊石頭應當名垂不朽，它在吸引一個偉大民族留念。人們敬仰它的碎塊，在離它遙遠的地方保存著從它身上敲下來的小塊。有多少高樓大廈用這些小塊做了基石？誰不對它們表示崇敬呢？

【9】《新英格蘭回憶錄》第三十五頁（及以下幾頁）。

【10】建立羅德島州的移民在一六三八年，創業於紐哈芬的移民在一六三七年，康乃狄克的首批居民在一六三九年，普羅維登斯的創立者們在一六四〇年，先後以書面形式定出社會契約，並經全體當事人一致通過。參看皮特金著作第四十二頁和第四十七頁（指皮特金：《美國政治和社會史》，共二卷（紐哈芬，一八二八年））。

【11】紐約州就是這樣。

【12】馬里蘭州、南卡羅來納州、北卡羅來納州、賓夕法尼亞州和新澤西州都是如此。見皮特金著作第十一—三十一頁（第十三—三十頁）。

【13】見《歷史文獻彙編》（費城，一七九二年）。這部彙編收有各殖民地早期內容可靠和價值珍貴的大量文件，其中包括英王授予各殖民地的特許狀，以及各殖民地政府的早期法令。另見美國最高法院法官斯托里先生在其《美國憲法釋義》的導言中對這些特許狀所作的分析（第八—

八十三頁）。

從這些文件可知，代議制政府的原則和政治自由的具體形式，在所有的這些殖民地建立之初就被規定下來。後來，這些原則在北方和南方均得到重大發展，而且遍及各地。

【14】見皮特金著作第一卷第三十五頁；哈欽森著作第一卷第九頁。

【15】見哈欽森著作第四十二頁和第四十七頁。

【16】麻塞諸塞的居民在制定刑事訴訟法、民事訴訟法和法院組織法時，沒有考慮英國施用的慣例。比如，在一六五〇年時，判決書等司法文件的開頭還沒有英王的名字，見哈欽森著作第四五二頁。

【17】見《一六五〇年法典》第二十八頁（哈特福德，一八三〇年）。

【18】見哈欽森著作第一卷第四三五—四五六頁（四五五頁）。他在這裡分析了麻塞諸塞殖民地於一六四八年頒布的刑法典，這部法典採用的原則與康乃狄克的刑法典相同。

【19】通姦，按麻塞諸塞的法律，亦處死刑。哈欽森（第一卷第四四一頁）說，確有許多人因犯此罪而被處死。對此，他引述一六六三年發生的一件趣聞。一個已婚婦女和一個年輕男人發生戀愛關係。當時她正在守寡，不久嫁給這個男人，一起生活了數年。後來，人們懷疑他們在未結婚之前就有曖昧關係，控告他們，把他們投入監獄，而且差一點把二人處死。

【20】《一六五〇年法典》第四十八頁。

有些時候，法官可以合併執行這幾種懲罰。比如，一六四三年就有一個這樣的判例（載於《紐哈芬往事》第一一四頁）：因犯有數罪而被起訴的瑪格麗特・貝德福德被判以鞭笞，同時合併判決她與從犯尼古拉斯・傑明斯結婚。

【21】《新英格蘭回憶錄》第一〇四頁。另外，在哈欽森著作（第一卷第四三五頁）中，還載有比這更為離奇的數個判例。

【22】《一六五〇年法典》第五十頁和第五十七頁。

【23】同上書第六十四頁。

【24】同上書第四十四頁。

【25】在康乃狄克，這種情況並不是個別的。另見麻塞諸塞一六四四年九月十三日公布的驅逐再浸禮會信徒的法律（《歷史文獻彙編》第一卷第五三八頁）；另見一六五六年公布的反對教友會信徒的法律，其中說：「鑒於正在產生一個名為教友會的可惡異教派……」接著，是關於以巨額罰款懲治向當地運來教友會信徒的船長的條款。對偷渡進來的教友會信徒進行鞭笞和投入監獄勞動。對反對他們的觀點的人，最初是罰款，後來是投監關押和驅逐出境（《歷史文獻彙編》第一卷第六三〇頁）。

【26】麻塞諸塞的刑法規定，天主教的神父進入該殖民地後，一經發現即被處死。

【27】《一六五〇年法典》第九十六頁。

【28】《新英格蘭回憶錄》第三一六頁。

【29】《一六三八年約法》（《一六五〇年法典》）第十七頁。

【30】一六四一年，羅德島州的州民大會全體一致宣告：州政府按民主政體建立，政權的基礎是全體自由的人，只有他們有權立法和監督其執行。見《一六五〇年法典》第七十（十二）頁。

【31】皮特金著作第四十七頁。

【32】《一六三八年約法》（《一六五〇年法典》）第十二（七十）頁。

【33】《一六五〇年法典》第八十頁。

【34】同上書第七十八頁。

【35】同上書第四十九頁。

【36】見哈欽森著作第一卷第四五五頁。

【37】《一六五〇年法典》第八十六頁。

【38】同上書第四十頁（及以下幾頁）。

【39】同上書第九十頁。

【40】同上書第八十三頁（第三十九頁？第九十一頁），第九十頁。

【41】為了解宗教對現今美國的影響，可參閱斯佩里：《美國的宗教》（劍橋，一九四五年）；霍爾：《美國文化的宗教背景》（波士頓，一九三〇年）；托尼：《宗教和資本主義興起》（倫敦，一九四九

年），後者對於英國的清教做了精湛的研究。——法文版編者

【42】參閱拉斯基編古奇：《十七世紀的英國民主思想》（劍橋，一九二七年）。——法文版編者

【43】馬瑟：《基督教美洲傳教史》第二卷，第十三頁（哈特福德，一八二〇年）。這是溫思羅普的演說。他在擔任州長時，曾被指控犯有專橫罪，但在發表我方才援引的這篇演說後，受到聽眾的鼓掌歡迎，從而免予處分。從此以後，他一直連選擔任州長。見馬歇爾：《華盛頓生平》第一一六頁。

【44】如果不交納保證金，當然也要治罪，但這畢竟是少數。

【45】布萊克斯通的《英國法釋義》（一八〇三年第十四版，倫敦）和德洛姆的《英國憲法》（一八一八年新版，德氏的此書最初以法文寫成，一七七〇年在荷蘭出版），是托克維爾解釋英國的政治和司法制度時使用的最主要文獻。在敘述美國的憲法和司法問題時，托克維爾主要利用的是斯托里的《美國憲法釋義》（一八三三年）和肯特的《美國法釋義》。朗貝爾和希勞合著的《美國的比較法始祖：斯托里法官的學說》（巴黎，一九四七年），是研究斯托里生平和思想的一部很重要著作。皮爾遜的巨著《托克維爾和博蒙在美國》（紐約，一九三八年）第七一八頁及以下幾頁，對托克維爾著作的資料來源做了全面的敘述。——法文版編者

【46】見布萊克斯通和德洛姆的著作第一卷第十章（指布萊克斯通《英國法釋義》和德洛姆《英國憲法》）。

第三章 英裔美國人的社會情況

社會情況一般來說是事實的產物，有時也是法律的產物，而更多的是兩者聯合的產物。但是，社會情況一旦確立，它又可以成爲規制國民行爲的大部分法律、習慣和思想的首要因素，凡非它所產生的，它都要加以改變。

因此，要了解一個民族的立法和民情，就得由研究它的社會情況開始。

英裔美國人社會情況的突出特點

在於它本質上是民主的新英格蘭的初期移民——他們之間的平等——南方推行的一些貴族法律——革命時期——繼承法的改革——這項改革產生的後果——西部新成立的各州把平等推行到極限——學識上的平等。

對英裔美國人的社會情況可以有幾種重要的看法，但有一種居於其餘一切之上。

美國人的社會情況是非常民主的。自各殖民地建立之初就具有這個特點，而在今天表現得尤爲明顯。

我在上一章說過，在新英格蘭海岸定居的移民，彼此之間極爲平等。即使是貴族制度的萌芽，也從未被引進合眾國的這一部分。在這一地區，知識學識可能產生影響。人們習慣於尊敬某幾個姓氏，認爲它們是知識和德行的代表。某些公民由於自己的聲望而取得的權力，如果後來眞是被兒子繼承，或許也可以稱之爲貴族權力。這是哈德遜河以東的情形；而在該河西南，一直至佛羅里達，就不是如此。

在哈德遜河西南的大部分州裡，有從英國來的大地主定居。他們把貴族制度的原則和英國的繼承法也帶到了這裡。我已解釋過美國未能建立貴族政體的一些原因。這些原因在哈德遜河西南一直發生作用，但在該河以東就作用不大。在南部，一個人利用奴隸可以耕種大片土地。因此，在新大陸的這一部分，有富有的大地主。但是，他們的影響卻與歐洲貴族地主發生的影響完全不同，因爲他們沒有任何特權，奴隸給他們種地並沒有使他們成爲封建性的收租地主，從而他們對奴隸也不負保護責任。不過，哈德遜河以南的大地主卻形成了一個優越的階級，這個階級有其自己的觀點和風尚，並且一般都成了當地政治活動的核心人物。他們是一種與人民群眾只有微小差別的貴族，容易考慮群眾的感情和利益，沒有激起人們的愛或憎；但從整體說來，他們仍是一個虛弱和生命力不強的階級。正是南部的這個階級領導了起義，爲美國革命提供了一些偉大人物。

在這個時期，整個社會都處於大動盪之中：以人民的名義進行的鬥爭，使人民變成一股強大的力量和產生按照自己的意志行動的願望；民主的自發力量活躍起來；人們努力擺脫宗主國的羈絆，極欲爭取各種形式的獨立，以致個人的影響逐漸失去作用；習慣和法律開始向同一個目標前進。

但在這裡，繼承法卻使平等邁出了決定性的一步。

使我感到驚異的是，古代和現代的法學家們，竟沒有使繼承法[1]對人間事物的發展產生巨大的影響。不錯，它屬於民法法規，但也是主要的政治措施，因爲它對國家的社會情況具有異常重大的影響，而政治方面的法律不過是社會情況的表現形式。而且，繼承法是以確切無疑和始終如一的形式對社會發生作用的，甚至可以說它也將影響尚未出生的世世代代。依靠繼承法，人可以擁有左右人類未來的一種近乎神賜的權力。立法家一旦把公民的繼承法制定出來，他就大可休息了，因爲實施這項法律以後，他便無事可做了，即這項法律將像一部機器一樣，自行啓動，自行導向，朝著預定的目標前進。按照一定的方式制定的這種法律，隨即把財產、不久以後又把權力積聚和集中起來，置於某一個人的手中。可以說，它使地上冒出了貴族。按另一種原則制定和按另一條道路發展時，它的作用的速度還會更快，但這時它是分化、分裂和分割財產與權勢。有時，它的進展快得使人吃驚，而在人們感到無法制止它的時候，甚至要想法爲它設置種種障礙。人們想用種種反措施來抵消它的作用，結果是徒勞無功！它不是把前進途中遇到的一切障礙打得粉身碎骨，就是使它們化爲齏粉。它迅速上升，然後又立即落到地上，揚起一陣飄載著民主的遊蕩風塵。

當繼承法指定和理由充足地判決一個人的財產由其子女均分時，可能產生兩種效果。雖然兩種效果的目標是一致的，但也需要把它們嚴格區分開來。

由於實施繼承法，每個財產所有者的死亡，都會在財產上引起一場革命：不僅財產的主人換了，而且可以說財產的性質也變了。這樣，財產在不斷地被分割，而且越分越小。

這是繼承法的直接效果，也可以說是它的有形效果。因此，在法律規定平分遺產的國家，私人的財產，特別是地產，必然有不斷縮小的趨勢。但是，如果讓這種法律自行發展，其立法效果只有很久以後才能顯示出來，因爲在子女不超過兩個的家庭（像在法國這樣的國家，每家的子女人數平均不超過三個），子女平分了父母的遺產之後，獨立生活起來也不會顯得比父母窮。

但是，平分遺產的法律不僅影響著財產的歸屬，而且也作用於財產所有者的精神，激起他們的熱情來支援這種法律。這些問題的效果迅速地破壞著大的財產，尤其是大的地產。

在繼承法以長子繼承權爲基礎的國家，地產總是代代相傳而不加分割。結果，家庭的聲望幾乎完全以土地體現。家庭代表土地，土地代表家庭。家庭的姓氏、起源、榮譽、勢力和德行，依靠土地而永久流傳下去。土地既是證明家庭的過去的不朽根據，又是維持其未來存在的確實保證。

而當繼承法以平分原則爲基礎時，家庭的聲望與保持土地完整之間的密切聯繫就遭到破壞。土地不再代表家庭，因爲經過一代或兩代土地必然被分割，而且顯然要越分越小，達到沒有可分的爲止。大地主的兒子如果人數不多，或者由於走運，而有幸使自己的財富未遜於父輩，那也不是如數擁有父親的財產，因爲他們除由父親處繼承下來的財產以外，還得有其他財產。

但是，如果不讓大地主因擁有土地而在感情、回憶、榮譽和野心上得到巨大好處，人們自可以確信，他們遲早會賣掉土地，因爲賣掉土地會使他們得到巨大的金錢好處，流動資本會比其他資本產生更大的收益，而且會更易於滿足他們現實的欲望。

大地產一經分割，就永遠不會重新集聚，因爲小地主的土地收益率[2]大於大地主的，從而小地主的土地售價也要大大高於大地主的。因此，富人按低價出售大片土地以後，絕不會爲了恢復大地產而再按高價買進大塊土地。

所謂的家庭聲望，常常是建立在滿足個人自私心的嚮往之上的。可以說，人人都希望流芳千古，被子孫永久懷念。凡是在家庭聲望不再生效的地方，個人的自私心就會取而代之。當家庭不再表示聲望，而變成一種模糊、含混和不確定的存在時，每個人就只求目前的安樂，只想把自己這一代搞好，而不考慮其他了。

因此，人人都不想使家庭永垂不朽，或至少不想用地產而用其他辦法去使家庭流芳千古了。這樣一來，繼承法不僅給家庭完整保全財產帶來困難，而且在剝奪家庭想要這樣做的願望，甚至可以說在強迫家庭與它合作來消滅自己。

平分遺產的法律，以兩種方式來執行：一是由物及於人，二是由人及於物。它用這兩種方法，終於達到澈底改造土地所有制度，使家庭和財產迅速失去作用的目的[3]。

毫無疑問，我們法國還沒有達到這個地步。十九世紀的法國人雖然天天目睹繼承法所造成的政治和社會變化，但他們懷疑這個法律的效力。現在，我們每天都在自行推倒自己住宅的院牆，拆掉自己田園的圍欄，看到這個法律在我們國土上的實施情況。雖然繼承法已在我國發生很大作用，但仍有許多工作留待它去做。我們的回憶、觀點和習慣爲它設置了許多障礙。

而在美國，繼承法已接近完成它的破壞任務。正是在這裡，我們才能研究它的主要後果。

到獨立戰爭時期，美國的各州幾乎都已廢除英國的繼承制度。

限嗣繼承法已被修改得默認財產的自由流通。（G）

第一代人逝去了，土地開始被分割。隨著時間的推移，分割的速度越來越快。今天，只過了六十年多一點，社會的面貌已經全部改觀，大地主家族幾乎全部進入大眾的行列。在大地主戶數原來最多的紐約州，現在只有兩戶還勉強漂在行將溺死它們的漩渦之上。這些富裕公民的兒子們，現今都是商人、律師或醫生了。他們大部分已經默默無聞。世襲等級和世襲特權的最後痕跡已經消失。繼承法到處都在發揮其平均化作用。

這並不是說，美國的富人沒有別處多。我還沒有見過哪一個國家的人比美國人更愛錢如命，哪一個國家的人比美國人更輕視財產永遠平等的理論。然而在美國，財富卻以難以置信的飛快速度在周轉，而且經驗表明，很少有上下兩代全是富人的家庭。

我所做的這幅著色不多的圖畫，還不能完全呈現出西部和西南部新建諸州的過去情景。在上一世紀末，一些大膽的冒險家開始湧進密西西比河流域。這等於又一次發現美洲。不久，大批的移民來到這裡，一些從未聽說過的鄉鎮突然出現於荒野。一些連名字還沒有的州，出現後不久就要求加入美國聯邦。在西部，我們可以看到民主達到了它的極限。在這些可以說是應運而生的州裡，居民不過是昨天才踏上他們現在所在的土地。他們彼此之間剛剛認識，每個人都不知道其最近鄰居的家史。因此，在美洲大陸的這一部分，居民不僅沒有受到大家族和大財主的影響，而且沒有受到因學識和德行而被人尊爲貴族的人們的影響。在那裡，沒有一個人因爲畢生在眾人面前做了好事，而被授予使人尊敬的權力。西部新建的諸州雖然已經有了居民，但還沒有形成社會。

在美國，人們不僅在財富上平等，甚至他們本身的學識，在一定程度上也是平等的。

我認爲，世界上再沒有一個人口與美國大致相等的國家會像美國這樣，無知識的人竟如此之少，而有學識的人又如此不多。

在美國，初等教育人人均可受到，而高等教育卻很少有人問津。

這並不難理解，可以說這是我們上述的一切的必然結果。

幾乎所有的美國人都是小康之家，所以不難獲得人類的最起碼知識。

在美國，富人不多，所以幾乎所有的美國人都要就一門職業。但所有的職業，都需要經過一段學徒時期。因此，美國人只能在一生的早年專心於接受普通教育，而在十五歲的時候就參加了一種行業，因而他們的學校教育，在法國人開始接受學校教育之時就結束了。如果他們以後又到學校深造，那也是出於特殊和賺錢的目的。他們之研究科學，猶如學習一門手藝。他們只注重可以立即見效的應用。

在美國，大部分富人都是先窮而後富的；現在幾乎所有的清閒人士，在青年時代都曾是忙人。因此，當他們可以有興致學習的時候，已經沒有時間專心讀書；而當他們有時間專心讀書的時候，又不再有學習的興致了。

因此，美國並不存在使求知的愛好隨世襲的財富和悠閒而代代相傳，從而以腦力勞動爲榮的階級。

可見，美國人既沒有專心從事腦力勞動的意志，又沒有專心從事這一勞動的毅力。

在美國，人的知識處於一種中等水準。所有的人都接近這個水準：有的人比它高一點，有的人比它低一點。

因此，許許多多的人，在宗教、歷史、科學、政治經濟學、立法和行政管理方面，具有大致相等的知識。

智力的不平等直接決定於上帝，人們根本無法防止這種不平等的出現。

但是，我方才所說的一切，並不妨做出如下的結論：人的智力儘管不平等，而且是創世主這樣決定的，但其發展的條件是相等的。

由此可見，在美國自始就一向薄弱的貴族因素，今天即使沒有完全被摧毀，至少也一籌莫展，以致已經難於對事態的進程發生任何影響。

與此相反，時間、事件和法律卻使民主因素不僅發展爲占有支配地位的因素，而且變成唯一無二的因素。在美國，無論是家庭還是團體，現在都毫無影響可言，甚至稍微持久的個人影響也不多見。

因此，美國在其社會情況方面呈現出一種非凡的現象。人在這裡比在世界上任何地方，比在歷史上有紀錄的任何時代，都顯得在財產和學識方面的更近乎平等，換句話說，在力量上更近乎平等。

英裔美國人社會情況的政治後果

這種社會情況的政治後果是不難推斷的。

不能認爲平等在進入政界或其他界之後就不再發生作用。不要以爲人們會永遠安於在其他方面均已平等，而只有一個方面不平等的局面，他們早晚要在一切方面享有平等。

然而，我只知道兩種在政界建立平等的方法：不是把權賦予每一個公民，就是讓每一個公民都沒有權。

因此，對於社會情況已達到英裔美國人這樣地步的民族來說，就很難在人人有權和個人專權之間找到一種折衷辦法。

不必隱諱，我們描述的社會情況既易於產生上述兩種後果中的前者，又易於產生其中的後者。

實際上，有一種要求平等的豪壯而合法的激情，在鼓舞人們同意大家都強大和受到尊敬。這種激情希望小人物能與大人物平起平坐，但人心也有一種對於平等的變態愛好：讓弱者想辦法把強者拉下到他們的水準，使人們寧願在束縛中平等，而不願在自由中不平等。這並不是說社會情況民主的民族天生鄙視自由；恰恰相反，他們倒是對自由有一種本能的愛好。但是，自由並不是他們期望的主要和固定的目的，平等才是他們永遠愛慕的對象。他們以飛快的速度和罕見的幹勁衝向平等，如達不到目的，便心灰意冷下來。但是，除了平等之外，什麼也滿足不了他們，他們寧死而不願意失去平等。

但從另一方面說，當公民全都一律平等以後，他們就難於團結起來反對當局侵犯他們的獨立了。他們當中沒有一個人會強大得足以單槍匹馬地進行勝利的鬥爭，而只有把所有人的力量聯合起來的團結，才能保住他們的平等。但是，這樣的團結並非總是存在的。

因此，不同的民族可能從同一社會情況得出兩種完全不同，但又出於同源的政治後果。

英裔美國人是在我們所說的這兩者之中必取其一的可怕抉擇面前，第一個十分幸運地避開了專制統治的民族。他們的環境、來源、智慧，尤其是他們的民情，使他們建立並維護了人民主權。

◆本章注釋◆

【1】我所說的繼承法，是指以決定財產在其所有者死後的歸屬為主要目的的一切法律。限嗣繼承法也屬於此列。不錯，限嗣繼承法不僅有限制財產所有者處理其財產的作用，而且也有使財產所有者在世時負有為繼承人完整保存財產的義務。但是，限嗣繼承法的主要目的，是在財產所有者

死後決定財產的歸屬。其餘的規定都是實施辦法。

【2】我的意思不是說小自耕農最好，但他們能更熱心精耕細作，並以他們的勤勞彌補他們技術上的不足。

【3】因為土地是最可靠的財產，所以有時也會遇到為了購置土地而忍受巨大犧牲，為了保住土地而自願放棄一部分重要收入的富人。但這是一種偶然現象。一般說來，窮人最愛不動產。學識、理想和奢望不如大地主的小地主，通常沒有一心增加地產的思想，總是滿足於繼承祖業、娶老婆和抽空做點買賣，過上小康日子就可以了。

除了使人分割土地的傾向以外，尚有一種使人集中土地的傾向。這種足以防止地產無限分割的傾向，既沒有強大得可以形成大地產的地步，又不會使全部土地被幾個家庭所控制。

第四章　美國的人民主權原則

人民主權原則主宰整個美國社會——美國人在他們革命之前就已實行人民主權原則——這次革命使人民主權原則得到發展——選舉資格逐漸而不可遏制的降低。

要想討論美國的政治制度，總得從人民主權學說開始。

人民主權原則，一向或多或少地存在於幾乎所有的人類社會制度的深處，通常隱而不現。人們服從它，但又不承認；即使有時它在片刻之間出現，人們也會立刻趕忙把它送回到聖殿的幽暗角落。

民族意志，是任何時候的陰謀家和所有時代的暴君最常盜用的口號之一。一些人在某些當權人物的賄選活動中聽到過它，另一些人在少數人出於私利和畏懼而為他人拉選票的活動中也聽到過它。另外，有些人把人民的沉默看成是對這一口號的正式承認，認為服從的事實，就是默認他們發號施令的權力。

在美國，人民主權原則絕不像在某些國家那樣隱而不現或毫無成效，而是被民情所承認，被法律所公布的；它可以自由傳播，不受阻礙地達到最終目的。

如果說世界上有一個國家能使人們隨意而公正地評價人民主權原則，研究人民主權原則在社會事物多方面的應用，並指出它的好處和危險，那麼，這個國家當然只能是美國。

我在前面已經說過，人民主權原則一開始就是美洲大多數英國殖民地的基本原則。但是，當時人民主權原則對社會制度的影響，還遠不如今日這樣強大。有兩個障礙，一個是外來的，一個是內在的，延緩了它的迅猛發展。

人民主權原則之所以未能公然見諸法律，是因爲殖民地在那時還不得不服從宗主國。因此，它只能在各地的人民大會中，尤其是在鄉鎮的政府中，祕而不宣地發生作用。它在這些地方祕密地發展起來。

當時的美國社會，還沒有爲接受人民主權原則的全部成果做好準備。新英格蘭的文化水準，哈德遜河以南地區的富庶條件，正如我在上一章所說的，曾長期發生過一種貴族影響，促使管理社會的權力當局爲少數人所操縱。所有的公職人員並非全是選舉的，而所有的公民也並非全是選民。選舉權到處都受到一定的限制，而且必須具備選舉資格。對於這種資格的要求，北部很低，而南部又過高。

美國的革命爆發了。人民主權原則走出鄉鎮而占領了各州政府，所有的階級都從本身的考慮出發捲進了運動，人們在人民主權原則的名義下進行戰鬥並取得勝利，人民主權原則成了法律的法律。社會內部也幾乎同樣迅速地發生了變化。繼承法完成了粉碎地方勢力的大業。

在大家開始看清法律和革命的這個效果時，民主已經莊嚴地宣告澈底勝利。事實上，權力已經落到民主之手，而且不再允許反抗民主。因此，上層階級不敢亂說亂動，只得乖乖忍受此後不可避免的苦難。上層階級照例要喪失權勢，因爲它的成員都各懷自私心理。既然不能再從人民手中奪回權力，而且不能嫌惡相當多的人敢於冒犯它，它就只好不惜一切代價去討好人民。因此，一些最民主的法律，正是由利益受到這些法律嚴重打擊的人們投票通過的。這樣，上層階級並沒有引起群情激怒向它開火，而是自動地促進了新秩序的凱旋。事物的發展就是如此奇怪！民主的飛躍進展最不可遏制的州，竟是原先貴族因素最根深蒂固的州。

馬里蘭州本是由一些大地主建立的，但它卻第一個宣布了普選[1]，第一個在全部政府機構中採用了最民主的管理方式。

當一個國家開始規定選舉資格的時候，就可以預見總有一天要全部取消已做的規定，只是到來的時間有早有晚而已。這是支配社會發展的不變規律之一。選舉權的範圍越擴大，人們越想把它擴大，因爲在每得到一次新的讓步之後，民主的力量便有增加，而民主的要求又隨其力量的增加而增加。沒有選舉資格的人奮起爭取選舉資格，其爭取的勁頭與有選舉資格的人的多寡成正比。最後，例外終於成了常規，即接連讓步，直到實行普選爲止。

今天，人民主權原則已在美國取得人們可以想像到的一切實際進展。它並沒有像在其他國家那樣被虛捧而架空，它根據情況的需要以各種形式出現在美國。有時，像雅典那樣，由全體人民制定法律；有時，又由普選出來的議員代表人民，在人民近於直接的監督下工作。

有一些國家，其政權可以說是由外部加於社會的，社會不僅要按它的指示行動，而且要被迫按照一定的道路前進。

還有一些國家把權力分開，有時讓權力屬於社會，有時不讓它屬於社會。美國絕沒有這種情形，在那裡，社會是由自己管理，並爲自己而管理。所有的權力都歸社會所有，幾乎沒有一個人敢於產生到處去尋找權力的想法，更不用說敢於提出這種想法了。人民以推選立法人員的辦法參與立法工作，以挑選行政人員的辦法參與執法工作。可以說是人民自己治理自己，而留給政府的那部分權力也微乎其微，並且薄弱得很，何況政府還要受人民的監督，服從建立政府的人民的權威。人民之對美國政界的統治，猶如上帝之統治宇宙。人民是一切事物的原因和結果，凡事皆出自人民，並用於人民。（H）

◆本章注釋◆

【1】馬里蘭州的一八〇一年憲法和一八〇九年憲法，對普選做過修改〔參見一七七六年憲法第十四條〕。

第五章　在敘述聯邦政府之前必須先研究各州的過去

這一章將考察美國根據人民主權原則建立的政府的形式、行動手段、障礙、好處和危險。

首先遇到的困難，是美國有一部十分複雜的憲法。美國有兩個互相結合而且可以說是互相嵌入對方的不同社會，兩個截然分開和幾乎各自獨立的政府：一個是一般的普通政府，負責處理社會的日常需要；另一個是特殊的專門政府，只管轄全國性的一些重大問題。簡而言之，美國內部還有二十四個小主權國，由它們構成聯邦的大整體。

在研究各州之前先行考察聯邦，這就使我們在前進的道路上必然遇到重重障礙。美國聯邦政府的形式是最後出現的，它不過是共和國的變體，只是對在它之前通行於社會的並不依它而存在的那些政治原則的總結。而且正如我方才所講的，聯邦政府是特殊的政府，各州的政府才是一般的政府。想在展示這幅圖畫的細節之前，就要大家了解它全景的作者，必然會有些地方說不清和重複出現。

毫無疑問，今天統治美國社會的那些偉大政治原則，是先在各州產生和發展起來的。因此，爲了掌握解決其餘一切問題的鑰匙，就必須了解各州。

就制度的外觀而言，現今組成聯邦的各州，都具有同樣的面貌。各州的政治或行政生活，均集中於可以比作指揮人體活動的神經中樞的三個行動中心。

依序來說，這三個中心是**鄉鎮**（Township）、**縣**（County）和**州**（State）。

美國的鄉鎮組織

作者為何要從鄉鎮開始考察政治制度——鄉鎮存在於所有國家——實現和保持鄉鎮自由的困難——實現和保持鄉鎮自由的重要性——作者為何要選擇新英格蘭的鄉鎮組織作為考察的主要對象。

我先考察鄉鎮，並非出於隨意的決定。

鄉鎮是自然界中只要有人集聚就能自行組織起來的唯一聯合體。

因此，所有的國家，不管其慣例和法律如何，都有鄉鎮組織的存在。建立君主政體和創造共和政體的是人，而鄉鎮卻似乎直接出於上帝之手。儘管鄉鎮自有人以來就已存在，但鄉鎮的自由卻不常見，而且即使存在，也很薄弱無力。一個國家經常可以舉行大的政治集會，因為它一般擁有文化水準發達到可在一定程度上處理公務的一定數量的人民；而鄉鎮則是由一些大老粗組成的，他們通常都不理解立法工作的意義。實現鄉鎮獨立的困難不但沒有減少，反而隨著民族的開化、人民文化水準的提高而增加了。一個文明程度很高的社會，最多只能容忍鄉鎮自由的試驗；它反對鄉鎮那套離經叛道的做法，在沒有等到試驗做完，就認為沒有成功的希望了。

在各種自由中最難實現的鄉鎮自由，也最容易受到國家政權的侵犯。全靠自身維持的鄉鎮組織，絕對鬥不過龐然大物的中央政府。為了進行有效的防禦，鄉鎮組織必須全力發展自己，使鄉鎮自由為全國人民的思想和習慣所接受。因此，只要鄉鎮自由還未成為民情，它就易於被摧毀；但只要它被長期寫入法律之後，就能成為民情的一部分。

因此，也可以說鄉鎮自由並非來自人力。也就是說，人力難以創造它，可以說它是自己生成的。它是在半野蠻的社會中悄悄地自己發展起來的。使它日益鞏固的，是法律和民情的不斷作用，是環境，尤其是時間。在歐洲大陸的所有國家中，可以說知道鄉鎮自由的國家連一個也沒有。

然而，鄉鎮卻是自由人民的力量所在。鄉鎮組織之於自由，猶如小學之於授課。鄉鎮組織將自由帶給人民，教導人民安享自由和學會讓自由爲他們服務。在沒有鄉鎮組織的條件下，一個國家雖然可以建立一個自由的政府，但它沒有自由的精神。片刻的激情、暫時的利益或偶然的機會可以創造出獨立的外表，但潛伏於社會機體內部的專制也遲早會重新冒出於表面。

爲了使讀者清楚的了解美國的鄉鎮和縣的政治機構據以建立的一般原則，我認爲最好是以一個州爲例，先詳細考察這個州的過去，然後再一瞥其餘的州。

我選了新英格蘭的一個州。

在聯邦的各州，鄉鎮和縣並不是按照同一方式建立的。但也不難看出，在整個聯邦，鄉鎮和縣的建制，卻差不多完全基於同樣的原則。

但我認爲，這些原則在新英格蘭要比在其他地方推行得更廣和成果更大。因此，可以說它們在新英格蘭表現得最爲突出，而且也最易於別人觀察。

新英格蘭的鄉鎮組織是一個完整而有秩序的整體，建立得最早。它由於得到民情的支持，使它變得更強而有力。它對全社會起著異常巨大的影響。

由於這一切原因，它贏得了我們的注意。

鄉鎮的規模

新英格蘭的鄉鎮介於法國的區和鄉之間，其人口一般爲兩三千人[1]。因此，鄉鎮的面積並未大得使全體居民無法實現其共同利益的地步；另一方面，它的居民人數也足以使居民確實能從鄉親中選出良好的行政管理人員。

新英格蘭的鄉鎮政權

和其他地方一樣，人民是鄉鎮一切權力的源泉，鄉鎮自己處理主要事務——並無鄉鎮議會——鄉鎮的大權主要掌握在行政委員（selectmen）之手——行政委員如何工作——鄉鎮居民大會（Town meeting）——鄉鎮官員的名稱列舉——義務官職和有酬官職。

像在其他行政區一樣，鄉鎮公權的源泉是人民，但其他任何行政區的權力行使，都沒有這裡來得直接。在美國，人民是各級政府必須竭力討好的主人。

在新英格蘭，公民是透過代表參與州的公共事務，不這樣辦不行，因爲無法直接參與。但在鄉鎮一級，由於立法和行政工作都是就近在被治者的面前完成的，所以沒有採用代議制，沒有鄉鎮議會。在任命行政官員之後，選舉團便在一切方面領導他們，其工作程序之簡便，遠非州的法律執行可比[2]。

這種制度既與我們的想法不同，又與我們的習慣相悖，因而必須提出一些例證，以使人們能夠完全理解。

我們在下面將要提到，鄉鎮的公務活動是極其繁多而又分得很細的。但是，大部分行政權掌握在幾個每年一選的名爲「行政委員」的手裡[3]。

州的法律對行政委員規定了一定的職責[4]。他們可以不必經過本鄉鎮人民的認可來執行這些職務。但如怠忽職守，則只能由他們個人負責。例如，州的法律責成他們報送本鄉鎮的選民名單，如他們不報，就犯有瀆職罪。但是，對於交付鄉鎮政權處理的一切事務，行政委員是人民意志的執行者，猶如我們法國的市鎮長是市鎮議會決議的執行者一樣。通常，他們處理公務都是自行負責，只是在工作中要按本鄉鎮居民早先通過的原則辦事。但是，他們如想對既定的事項做任何更改，或擬辦一項新的事業，那就必須請示他們權力的給予者。比如說，打算創辦一所學校，這時，幾位行政委員就要找一個日子，在事先指定的場所召集全體選民開會。會上，他們提出自己的要求，向大家說明滿足此項要求的辦法，需要多少款項，擬建於何處。大會就這一切問題進行討論之後，便定出原則，選定地點，表決籌措費用的辦法，然後責成行政委員執行大會的決議。

只有行政委員有權召開鄉鎮居民大會，但他人也可以要求他們召開。如果有十名選民想提出一項新的計畫並要求鄉鎮支持，他們就可以請求行政委員召開鄉鎮居民大會。這時，行政委員必須答應他們的要求，並且有權主持會議[5]。

這種政治風範和社會習慣，無疑比我們法國的好得多。在此，我既不想對它們進行評論，又不想說明它們之所以產生和發展的內在原因。我只是把它們說出來而已。

行政委員在每年四月或五月改選。同時，鄉鎮居民大會還選出擔任鄉鎮的某些重要行政職務的其他一些官員[6]。其中有：數名財產估價員，負責估價居民的財產；數名收稅員，負責按估價的財產收稅；一名治安員，負責維持治安、巡邏街道和執行法律；一名鄉鎮文書，負責記錄會議的審議事項和管理戶籍；一名司庫，負責管理鄉鎮的財務。除了這些官員之外，還有：一名濟貧工作視察員，他的任務艱巨，負責執行濟貧法；幾名校董，負責管理國民教育；幾名道路管理員，負責大小道路的一切管理工作。以上就是鄉鎮管理方面的主要官員的名單。但是，職務的劃分還不止於此。在鄉鎮的官員中，還有幾名負責管理宗教事務費的教區管理員，以及各種工作的視察員：其中有的負責組織公民救火；有的組織人力守護未成熟的莊稼；有的協助公民解決修建庭院時可能遇到的困難；有的負責測量森林；有的負責檢查度量衡器具。

一個鄉鎮共有十九名主要官員。每個居民都必須承擔這些不同的職務，違者罰款。但是，這些職務大部分都是付酬的，爲的是使貧窮的公民能夠付出時間而不受損失。還應當指出，美國的制度沒有爲官員規定固定的薪資。一般說來，每項公務的任命單上都寫有單位工作量的報酬，按官員完成的工作量多寡計酬。

鄉鎮的生活

人人都是本身利益的最好裁判者——人民主權原則的必然結果——這個學說在美國鄉鎮的應

用——新英格蘭的鄉鎮在只與本身利益有關的一切事務上享有主權，在其他事務上服從於州——鄉鎮對州的義務——在法國是政府把官員借給村鎮，在美國是鄉鎮把官員借給政府。

我在前面說過，人民主權原則支配著英裔美國人的整個政治制度。本書的每一頁，都會使讀者看到這個理論的某些新的應用。

在推行人民主權原則的國家，每一個人都有一份同等的權利，平等地參與國家的管理。因此，每一個人的文化程度、道德修養和能力，也被認爲是與其他任何同胞相等的。

那麼，他們爲什麼要服從社會呢？而這種服從的自然界限又是什麼呢？

個人之服從社會，並不是因爲他比管理社會的那些人低劣，也不是因爲他管理自己的能力不如別人。個人之服從社會，是因爲他明白與同胞聯合起來對自己有利，知道沒有一種發生制約作用的權力，就不可能實現這種聯合。

因此，在與公民相互應負的義務有關的一切事務上，他必須服從；而在僅與他本身有關的一切事務上，他卻是自主的。也就是說，他是自由的，其行爲只對上帝負責。因此產生了如下的名言：個人是本身利益最好的和唯一的裁判者。除非社會感到自己被個人的行爲侵害或必須要求個人協助，社會無權干涉個人的行動。

這個學說，在美國是被普遍承認的。我準備以後再考察它對日常生活行爲發生的影響，而現在只談它對鄉鎮發生的影響。

從對中央政府的關係來說，整個鄉鎮亦如其他行政區一樣，也像是一個個人來行使自己的權利。我方才敘述的原理，也適用於鄉鎮和其他行政區。

因此，美國的鄉鎮自由來源於人民主權學說。美國的各州都或多或少承認鄉鎮的這種獨立。而在新英格蘭的各州，環境則特別有利於這一學說的發展。

在聯邦的這一部分，政治生活始於鄉鎮。我們甚至可以說，每個鄉鎮最初都是一個獨立國。後來，當幾位英國國王相繼要求行使他們的主權時，也只是限於州一級的權力。他們讓鄉鎮保持了原狀。現在，新英格蘭的鄉鎮是從屬的，但它們最初絕非如此或幾乎不是如此。它們並沒有由別處取得權力；相反，它們好像把自己的一部分獨立讓給了州。這是一個重大的差別，讀者務必記住。

鄉鎮一般只在我稱之爲公益的利益上，即在各鄉鎮共用的利益上服從於州。鄉鎮在只與其本身有關的一切事務上仍然是獨立的，而且我認爲新英格蘭的居民沒有一個人會承認州有權干預純屬於鄉鎮的利益。

因此，在新英格蘭的鄉鎮，買賣東西、打官司，或增減預算，州當局從來不加干涉，而且它也不曾這樣想過[8]。

對於全州性的公共義務，它們非盡不可。比如，州需要錢，鄉鎮就沒有同意或拒付的自由[9]；州想修建一條道路，鄉鎮不能不讓道路從其境內通過；州制定一項公安條例，鄉鎮必須予以執行；州想在全州範圍內實行統一的教育制度，鄉鎮就得設立法律規定的學校[10]。當我們以後敘述美國的行政組織時，我們將會談到在上述情況下是如何和透過什麼途徑迫使鄉鎮服從的。在這裡，我只想指出有這種義務存在。這種義務是必須盡的，但州政府在規定它的時候只是指示一個原則；而在執行的時候，鄉鎮一般又恢復了它的一切個體獨立權。比如，賦稅是由州議會表決的，但計徵稅款的卻是鄉鎮；設立學校是上級的命令，但花錢辦學和管理學校的卻是鄉鎮。

在法國，是國家的稅務人員去收村鎮的稅；而在美國，則是鄉鎮的稅務人員去收州的稅。也就是說，在我們法國，是中央政府把它的官員借給了村鎮；而在美國，則是鄉鎮把它的官員借給了州政府。只是這個事實，就足以表明兩個社會的差別是如何之大了。

新英格蘭的鄉鎮精神

新英格蘭的鄉鎮爲什麼被居民愛慕——歐洲難於養成鄉鎮精神——鄉鎮的權利和義務有利於在美國養成鄉鎮精神——故鄉在美國比在其他國家有更大的特點——鄉鎮精神在新英格蘭是怎樣表現的——鄉鎮精神產生的可喜效果。

在美國，鄉鎮不僅有自己的制度，而且有支持和鼓勵這種制度的鄉鎮精神。

新英格蘭的鄉鎮有個到處可見的激勵人們進取的優點，那就是獨立和有權。不錯，鄉鎮的活動有其不可逾越的範圍，但在這個範圍內，鄉鎮的活動是自由的。當人口和面積還不足以使鄉鎮獨立時，表現爲活動自由的這種獨立性，就已使鄉鎮占有實際上非常重要的地位。

應當承認，人們一般喜歡趨炎附勢；而且可以看到，在一個被征服的國家裡，愛國心是不會持久的。新英格蘭居民之所以愛慕鄉鎮，並不是因爲他們生於那裡，而是因爲他們認爲鄉鎮是一個自由而強大的集體。他們是鄉鎮的成員，而鄉鎮也值得他們精心管理。

而在歐洲，統治者本人就經常缺乏鄉鎮精神，因爲他們許多人只承認鄉鎮精神是維持安定的公共秩序的一個重要因素，但不知道怎麼去培養它。他們害怕鄉鎮強大和獨立以後，會篡奪中央的權力，使國家處於無政府狀態。但是，你不讓鄉鎮強大和獨立，你從那裡只會得到順民，而絕不會得到公民。

再舉一個重要事實：新英格蘭的鄉鎮組織得很好，既能吸引各類居民依戀嚮往，又不致激起他們產生貪欲。

縣的官員不是選舉的，但他們的權力有限。甚至州也只有次要的許可權，州的存在是無關緊要的。因此，很少有人離開自己的事業中心，打亂自己的生活節奏，到州裡去做官。

聯邦政府雖然授予其管理人員以權力和榮譽，但由此發跡的人並不太多。總統是在達到一定的年齡之後才能取得的最高職位。至於聯邦政府的其他高級官員，可以說也都是暫時性的，而且在任職之前，他們通常已在其他活動方面做出了成績。事業上的雄心壯志，不會使他們把終生當官作爲目的。鄉鎮，即日常生活關係的中心，才是人們的求名思想、獲致實利的需要、掌權和求榮的愛好之所向。這種經常使社會困擾的感情發作於爐灶旁邊時，即所謂家庭內部時，就會改變它們的性質。

於是，在美國的鄉鎮，人們試圖以巧妙的方法打碎（如果我可以這樣說的話）權力，以使最大多數人參與公共事務。結果，選民的任務是經常開會審議鄉鎮的管理措施，而各式各樣的官職，即形形色色的官職，則獨立於選民之外，在自己的職權範圍內代表權力很大的鄉鎮自治體，並以這個自治體的名義行動！因此，廣大的人民群眾都能不必爲鄉鎮政權操心而做好工作，並自覺地關心鄉鎮政權！

把鄉鎮政權同時分給這麼多公民的美國制度，並不害怕擴大鄉鎮的職權。我們有理由認爲，在美國，愛國心是透過實踐而養成的一種眷戀故鄉的感情。

這樣，鄉鎮生活可以說每時每刻都在使人感到與自己休戚相關，每天每日都在透過履行一項義務或行使一次權利而實現。這樣的鄉鎮生活，使社會產生了一種勇往直前而又不致打亂社會秩序的穩步運動。

美國人依戀其鄉鎮的理由，和山區居民熱愛其山山水水類似。他們感到故鄉有一種明顯且與眾不同的特色，有一種在其他地方見不到的特徵。

一般說來，新英格蘭的鄉鎮生活是幸福的。鄉鎮的管理形式是根據居民的愛好而選擇的。在生活安定和物資充裕的美國，鄉鎮的騷亂爲數不多，地方的事務容易管理。此外，長期以來人民受到了政治教育，或者毋寧說在他們於這個地方落腳的時候就開始受到了這種教育。在新英格蘭，從來沒有等級的區分。因此，鄉鎮中沒有一部分人壓迫另一部分人的現象，而對孤立的個人進行的罰治，也會在徵得全體居民同意後撤銷。如果鄉鎮的管理有了缺點（要指出這種缺點，當然是容易的），人們也不耿耿於懷，因爲管理的根據實際上來自被治理的人，不論管理得好壞，他們都得滿意，以此來表示他們做主人的自豪感。沒有什麼東西可以與這種自豪感相比。英國從前雖是統治全體殖民地的，但殖民地的人民卻一直自己管理鄉鎮的事務。因此，鄉鎮的人民主權不僅古老，而且自始就已存在。

新英格蘭的居民依戀他們的鄉鎮，因爲鄉鎮是強大的和獨立的；他們關心自己的鄉鎮，因爲他們參加鄉鎮的管理；他們熱愛自己的鄉鎮，因爲他們不能不珍惜自己的命運。他們把自己的抱負和未來都投到鄉鎮上了，並使鄉鎮發生的每一件事情與自己聯繫起來。他們在力所能及的有限範圍內，試著去管理社會，使自己習慣於自由賴以實現的組織形式，而沒有這種組織形式，自由只有靠革命來實現。他們體會到這種組織形式的好處，產生了遵守秩序的志趣，理解了權力和諧的優點，並對他們的義務的性質和權利範圍，終於形成明確和切合實際的概念。

新英格蘭的縣[11]

新英格蘭的縣與法國的縣類似——縣的建制純係出於行政考慮——沒有代議制的任何因素——由非選舉的官員治理。

美國的縣和法國的縣有許多類似之處。無論是美國的縣，還是法國的縣，都是隨意劃定的。縣雖然是個整體，但在其所包括的各個部分之間既沒有必然的聯繫，又沒有共同的依戀感情、傳統和生活。縣的建制純係出於行政考慮。

鄉鎮的面積不大，無法建立成套的司法體系。因此，縣就成了司法體系的第一中心。每縣都有一個法院[12]、一名司法官和一座關押犯人的監獄。有些設施是一個縣的所有鄉鎮差不多都感到需要的，所以建立縣級機關來統理各鄉鎮的同類事務也是自然的。在麻塞諸塞州，這個機關的大權掌握在人數不多的幾個官員之手，他們是州長根據州長諮議會[13]的提議任命的[14]。

縣的行政官員只有有限的和非正規的權力，而且只能在爲數極少的預定的事項中行使。日常的事務，一般均由州和鄉鎮辦理。縣的行政官員只編制本縣的預算，然後交立法機關通過[15]。縣裡沒有直接或間接代表本縣的議會。

因此，嚴格說來，縣裡並沒有政治生活。

美國大部分州的憲法，都有一種雙重傾向：一方面讓立法者分散行政權，另一方面又讓立法者集中立法權。新英格蘭的鄉鎮，本身有其不可破壞的生活原則，但又需要把鄉鎮的生活虛構於縣的活動之中。結果，誰也沒有感到鄉鎮在縣裡發生作用。在州內，能夠代表全體鄉鎮的只有一個機構，那就是作爲全州權力中心的州政府。除了鄉鎮活動和全州活動以外，可以說只有個人活動。

新英格蘭的行政[16]

在美國感覺不到有行政——爲什麼——歐洲人認爲自由要靠在公權方面剝奪某些人的權利來建立，而美國人認爲要靠分散某些人的權力來建立——幾乎所有的行政工作可以說都劃歸鄉鎮，由鄉鎮官員分掌——無論是在鄉鎮或是在它的上級，均見不到行政等級森嚴的痕跡——爲什麼如此——但是，州又是怎樣一律成爲行政單位的——誰授權使鄉鎮和縣的行政服從法律——司法權之進入行政部門——選舉原則擴展到一切官職的後果——新英格蘭的治安法官——由誰任命——縣的管理——鄉鎮行政的監督——地方法院——其辦案方式——誰把案件提交法院審理——偵訊權和起訴權像其他一切行政職務一樣被多人分掌——以分得罰款的辦法鼓勵檢舉。

使旅遊美國的歐洲人最吃驚的，是這裡沒有我們通常所說的政府或衙門。美國有成文法，而且人們每天都在執行它。一切都在你的周圍按部就班進行，但你到處看不到指揮者。操縱社會機器的那隻手是隱而不見的。

但是，正如人們為了表達自己思想而需要依靠一定的語法結構一樣，一切社會為了求得生存也不得不服從於某種權威，而沒有這種權威，社會就會陷於無政府狀態。這種權威可能有不同的表現形式，但它必定始終存在於某處。

一個國家，一般用兩種方法來削弱權威的力量。

第一是剝奪當局在某些情況下的自衛權利或自衛能力，以便從根本上減弱當局的權力。用這種方法削弱權威，通常是歐洲建立自由的辦法。

第二是縮小權威的影響：不去剝奪當局的某些權力或不去使當局的權力癱瘓，而是把社會權力分給許多人掌握，增設官職，使每一官職只有履行職務時所必要的許可權。有些國家在用這種方法分散當局的權力時可能導致無政府狀態，但這種做法本身卻不是無政府主義的。不錯，用這種方法分散權威之後，權威的作用便減少了不可抗拒性和危險性，但權威本身並沒有被破壞。

推動美國革命的，是對自由發自內心的熱愛，而不是對獨立的盲目和沒有限制的渴求。這個革命沒有受到造反激情的支持，相反，它是在愛好秩序和法治的口號下進行的。

因此，不要以為在美國這個自由國家，人們可以有權為所欲為。相反，這裡加於人們的社會義務要比其他地方多得多，人們從來不想從根本上打擊當局的權力和否定它的許可權，而只是把許可權的行使分給許多人。他們想以此加強權威而削弱官吏，以使社會永遠秩序井然而又保持自由。

世界上沒有一個國家的法律像美國那樣鐵面無私，也沒有一個地方的公權像美國那樣分掌在如此眾多的人們之手。

美國的行政權結構既不是中央集權的，又不是逐級分權的[17]。它在行使時之所以不為人察覺，其原因就在於此。行政權雖然存在，但不知道它的代表在何處。

我在前面已經說過，新英格蘭的鄉鎮是獨立的，不受任何上級機關的監護。因此，它們是自行處理本鄉鎮的事務。

鄉鎮的行政委員們，也往往監督執行或親自執行全州性的法律[18]。

除了全州性的法律以外，州有時也頒布一些全州性的治安條例。但在一般情況下，是由鄉鎮當局或鄉鎮官員會同治安法官，根據當地的需要，規定本地的社會生活細則，公布有關公共衛生、正常秩序和公民道德的守則[19]。

最後，鄉鎮的行政委員們也可以不受任何外來的指示，而自行處理鄉鎮經常發生的但又無法預見的一些緊急事項[20]。

根據以上所述可知，在麻塞諸塞州，行政權幾乎[21]全為鄉鎮所掌握，但卻分散在許多人之手。

在法國的鄉鎮，嚴格來說只有一個行政官員，那就是鄉長或鎮長。

而在新英格蘭，我們卻看到至少有十九種官員。

一般說來，這十九種官員彼此之間並無隸屬關係。法律為這些官員中的每個人規定了職權範圍。在這個範圍內，他們是完成本職工作的全權主人，只承認鄉鎮的權威。

如果把視線移到鄉鎮的上級，也很難看到行政等級的痕跡。有時，縣的官員也修改鄉鎮或其行政委員做出的決定[22]，但總的來說，縣的行政官員無權指揮鄉鎮官員的行動[23]，前者只能在與全縣有關的事務方面領導後者。

鄉鎮的行政官員和縣的行政官員，在極少數的預定事項上，要同時向州政府的官員報告他們的處理結果[24]。但是，州政府並不派專人去制定全州性的治安條例，去頒布執行法律的命令，去和縣以及其鄉鎮的行政官員經常保持聯繫，去視察他們的政績，去指導他們的行爲和譴責他們的錯誤。

因此，並不存在行政權的半徑所輻輳的圓心。

那麼，怎樣按照一個大致統一的計畫去指導社會呢？又怎麼能使縣及其行政官員和鄉鎮及其官員服從呢？

在新英格蘭各州，立法權涉及的範圍比我們法國廣闊。立法者幾乎管到了行政當局的內部。法律規定到事情的細微末節；同一法律既規定原則，又規定原則的應用方法；上級單位的法律，還給下屬單位及其官員加上了一大堆嚴格而細密的義務。

因此，只要一切下屬單位和全體官員依法行事，社會的各個部分便會步調一致地行動。但還有一個問題，那就是如何能夠迫使下屬單位及其官員遵從法律。

大致可以說，社會只擁有兩種迫使官員遵從法律的辦法：可以賦予這些官員中的一個官員，以指導其他官員並在不服從時就罷免他們的獨斷權力。或者，可以責成法院懲治違法的官員。

這兩種辦法，哪一個都不總是可以任意使用的。

指導一個官員的權力，必須以有權在他未盡職守時予以免職，在他勤勤懇懇履行全部職責時予以提升爲前提。但是，對於一個民選的行政委員，行政當局既不能罷免，又不能提升，因爲經選舉產生的所有官員，在他們的任期屆滿以前，都不能撤換。實際上，當所有的公職都是經選舉產生的時候，民選的行政委員只有求於和有懼於選民。在這種條件下，官員之間就不會存在眞正的等級差別，因爲發號施令權和鎮壓反抗權不會集中於一人之手，指揮權也不會與獎懲權合併於一人之身。

因此，透過選舉任用政府下層官員的國家，必然要廣泛使用司法懲治作爲行政措施。

這種情形不是馬上就可看得出來的。統治者們把實行選舉制度視爲第一次讓步，把允許法官懲治選舉產生的行政官員視爲第二次讓步。他們對這兩種新辦法都害怕，但在他們不得不採用時，他們還是願意採用前者，所以他們同意選舉官員，而讓選舉出來的官員獨立於法官之外。但是，只有同時採用兩種辦法，才能使它們彼此抵消，保持平衡，因爲情況十分清楚，不受司法權監督的被選舉權遲早會失去控制或被取消。在中央政權和經選舉產生的行政單位之間，只有法院可以充當調停人。而且，能夠迫使民選的官員順服和使他們不侵犯選民權利的，也只有法院。

因此，司法權向政界的擴張，應當與被選舉權的擴張協調起來，如果兩者不攜手前進，國家終必陷於無政府狀態或一部分人壓迫另一部分人的狀態。

多少世紀以來，人們一向認爲司法習慣沒有很好地培養公民去行使行政權。

美國人從他們的祖輩英國人那裡學來了一種與歐洲大陸實行的制度完全不同的制度。我指的是設置治安法官。

治安法官在處理民眾與鄉鎮行政官員之間和行政機關與法院之間的糾紛時採取不偏不倚的立場。治安法官應是一位見識廣博的公民，但不必精通法律。他只負責維持社會治安，其工作需要良知和公正甚於需要法律知識。在治安法官參加國家的管理工作時，可爲管理工作帶來照章辦事和凡事向群眾公布的作風，而這種作風是防止專橫的最強大武器。但是，他們不應成爲迷信法律的奴隸，因爲過於迷信法律會使行政官員惰於行政管理。

美國人採用了英國的治安法官制度，但卻革除了使它在母國出名的那種貴族性質。麻塞諸塞的州長[25]，爲本州的各縣任命一定數量的任期七年的治安法官[26]。另外，他又從每縣的治安法官中指定三個人，由他們組成地方法院。

個別的治安法官亦參加一般行政工作。有時，他們也被委以一定的行政職務，協同民選的官員工作[27]；有時，組成臨時法庭，接受行政官員對拒不履行義務的公民的控訴，或公民對行政官員違法行爲的檢舉。但是，地方法院才是治安法官執行其主要職務的場所。

地方法院每年在縣城開庭兩次。在麻塞諸塞州，這個法院有權迫使大多數[28]民選的官員服從[29]。應當指出，在麻塞諸塞州，地方法院既是純粹的行政組織，又是政治法庭。

我們已經說過，縣只是一個行政區劃[30]。地方法院主管的工作，只是爲數不多的與大部分鄉鎮或全體鄉鎮有關的，因而不能由任何一個鄉鎮單獨處理的工作。

在涉及全縣性的工作時，地方法院的工作純屬行政性的。地方法院在處理工作的過程之所以要經常採取司法程序，那只是爲了便於自己處理工作[31]，和讓被審理的官員明白處理的法律根據。但在需要審理鄉鎮的行政官員時，它幾乎總是作爲司法機關而工作，只是在極少數情況下才以行政機關的身分出現。

在這方面遇到的第一個困難，是如何使鄉鎮這個幾乎是獨立的政權實體服從州的一般法律。我們已經說過，鄉鎮每年要任命一定人數的財產估價員來計徵稅收，但鄉鎮可能以不任命財產估價員的辦法來逃避納稅的義務。這時，地方法院可對這樣的鄉鎮罰以巨款[32]。罰款按法院的判決分派給全體居民。縣的司法官是執法人員，由他執行判決。因此，在美國，行政當局好像喜歡躲在幕後進行仔細觀察，讓行政命令帶上司法判決的面紗。這樣，行政當局由於擁有被人們視爲合法的這種幾乎不可抗拒的權力，而使許可權更大了。

這樣的做法是不難推行而且容易被人接受的。一般說來，要求於鄉鎮的事情，都是清清楚楚和以明文規定的。這種規定很簡單，並不複雜，只寫出原則，而不列出細節[33]。但是，不僅在使鄉鎮服從時，而且在使鄉鎮官員服從時，都會遇到困難。

一個公職人員可能做出的應受斥責的行爲，可以歸納下列幾種：

他在履行法定的義務時不熱心和不賣力；

他可能沒有履行法定的義務；

最後，他可能做出法律禁止的事情。

法院只追究官員的後兩種失職行爲，但要以確鑿可查的事實作爲審理的依據。

鄉鎮的行政委員在鄉鎮進行選舉的時候，也會忽略法律規定的手續。這時，他可能被罰款[34]。

但是，在官員履行職責不熟練時，或在執行法律的規定不熱心和不賣力時，完全不受法律處分。

雖然地方法院被授予行政權，但在這時它也無力迫使這些官員完全服從。只有害怕免職的心理可能阻止這樣的輕微犯罪，但地方法院沒有使鄉鎮政權害怕的手段，它不能罷免非它任命的官員。

而且，爲了查處怠忽職守和消極摸魚的官員，還必須對下屬的官員進行經常監督。但是，地方法院每年只開庭兩次，不負監督的責任，只審理被檢舉的應予斥責的違法事件。

只有斷然罷免公職人員的措施，才是迫使他們切實而積極服從的唯一保證，而用一般的司法措施是無法辦到的。

在法國，我們從行政等級制度中看到了這種保證；而在美國，則可從選舉制度中找到。

現在，我對前面所說的做如下的簡要總結：

新英格蘭的公職人員在執行職務中犯罪時，普通法院可以隨時傳訊他們；

他們犯有行政過錯時，只有純行政性的法庭有權處分他們，而如果情節嚴重或事關緊要，則法官應做出其作爲一個法官應做的處理[35]。

最後，在同一公職人員犯了難以斷定的罪行之一，而上述的法庭又無法確定其是否有罪時，可在當年交由一個不准上訴的法庭去審理。這個法庭可以立即剝奪他的權力，收回他的任命書而罷他的官。

這個制度本身確有很大好處，但執行起來也有實際困難，這一點也是必須指出的。

我已經說過，他們稱爲地方法院的行政性法院無權監察鄉鎮的行政官員。只在受理案件之後，才能有這種許可權。這個制度的弱點也正在於此。

新英格蘭的美國人沒有爲地方法院設置檢察官[36]，而且我們也應當看到，只設置一名檢察官對他們也有難處。如果只在縣城設置一名檢察官，而在鄉鎮沒有他的助理，他能比地方法院的成員更熟悉全縣的情況嗎？而如果在每個鄉鎮都爲他設置助理，那又會把行政和司法大權都集中於他一人之手。而且，法律是習慣的產物，英國的立法也從來沒有類似的規定。

因此，像分設其他一切行政職務一樣，美國人也把偵訊權與起訴權分開。

大陪審團的成員必須依法將本縣可能發生的各類犯罪行為通知給他們所服務的法院[37]。一些重大的瀆職罪，由相應的高級檢察機關起訴[38]。對違法者的處分，經常是由財務官員執行，即負責收納被處的罰款。因此，鄉鎮司庫查出違法事件時，大部分可由他自己直接起訴。

但是，美國的立法特別重視個人的權益[39]。這也是我們在研究美國的法律時經常見到的主要原則。

美國的立法者認為，不能過於相信人的忠誠，但他們斷定人是有理智的。因此，為了法律的順利執行，他們總是重視私人權益。

但也不難想見，如果所定的法律條款無論對全社會如何有利，而個人卻得不到任何實惠，那誰也不願意去做原告。因此，通過一種默契，就不去動用法律了。

美國人的制度使他們走上了這樣的極端。在這種情況下，美國人便不得不鼓勵檢舉，使檢舉人根據某些條件分得一部分罰款[40]。

這是一種以敗壞風尚為代價來保證法律執行的有害辦法。

當然，縣的行政官員之上的官員就沒有行政權，而只有統治權了。

美國行政概況

聯邦各州之間在行政制度上的差別——越往南方，鄉鎮當局的活動越不積極和越不充分——官員的權力越大，選民的權利越小——行政權由鄉鎮移向縣——紐約州、俄亥俄州、賓夕法尼亞州——可應用於全聯邦的一些行政原則——公職人員的選舉及職位的終身性——沒有等級制度——司法手段被用於行政。

我在前面已經說過，在詳細考察新英格蘭的鄉鎮和縣的組織以後，便概述聯邦的其餘部分。每個州都有鄉鎮並實行鄉鎮自治，但每個州的鄉鎮並不與新英格蘭的鄉鎮完全一樣。越往南方，鄉鎮的自治程度越低，鄉鎮的官員許可權和職責越少，居民對鄉鎮事務的影響也不像其他地方那樣直接，召開鄉鎮居民大會的時候越少，而大會討論問題的範圍也越小。因此，民選官員的權力較大，選民的權利較小，鄉鎮的自治精神也較差和不強[41]。

這種差別在紐約州開始出現，而到賓夕法尼亞州便已十分明顯，但當你尚未到過西北地方以前，還不會對這種差別感到吃驚。建立西北諸州的移民，大部分來自新英格蘭，他們把故鄉的行政習慣帶到了第二故鄉。俄亥俄州的鄉鎮和麻塞諸塞州的鄉鎮極其相似。

我們已經說過，在麻塞諸塞州，公共行政的大權掌握在鄉鎮手裡。鄉鎮是人們的利益和依戀的集合中心。但越往南方諸州走去，鄉鎮便不再是這樣的中心了。在這些州裡，教育還不太普及，所以培養出來的人才不多，勝任行政工作的人較少。因此，離開新英格蘭越遠，行政工作幾乎全部移到縣裡。縣變成了主要行政中心，形成爲介於州政府和普通公民之間的權力機關。

我曾說過，在麻塞諸塞州，縣的事務由地方法院主理。地方法院由數名官員組成，但須經州長及其諮議會任命。縣不設議會，它的預算由州立法機關投票表決。

而在紐約州這樣的大州，以及在俄亥俄州和賓夕法尼亞州，每縣的居民選出一定數量的代表，這些代表的會議便是縣具有代議制性質的議會[42]。

縣的議會在一定範圍內有權向居民徵稅，在這一點上它像眞正的立法機關。同時，它又行使縣的行政權，領導鄉鎮的大部分行政工作，把鄉鎮的權力限制在比麻塞諸塞鄉鎮的權力小得多的範圍之內。

這就是聯邦各州在縣和鄉鎮的組織方面呈現的主要差別。如果我一直考察到執行方法的細節，還會找到許多不同點。但是，我的目的不是講述美國的行政權。

我以爲我所講述的，已經足以說明美國的行政工作是以哪些原則爲根據的。這些原則得到不同的應用，而其成果的大小亦因地而異，但它們的根本精神到處都是一樣的。法律的內容在變化，法律的外貌也在變化，但給予法律以活力的仍是同一精神。

鄉鎮和縣，並非到處都是以同樣的方式建立起來的；但可以說，在美國，鄉鎮和縣的組織都以同一思想爲基礎，即認爲每個人都是僅與本身利益有關的事情的最好裁判者，都完全能夠以自力滿足本身的需要。因此，鄉鎮和縣只負責照顧人們的公共利益。州只是統治，而不管行政。在應用這一原則時也有例外，但不能反對這一原則。

這個原則產生的第一結果，是由居民自己選擇鄉鎮和縣的全體行政官員，或至少由自己人當中選擇這些掌權的官員。

行政官員到處都是選舉的，或至少是不能隨便罷免的，從而各處都不會產生等級制度。因此，幾乎是有多少官職就有多少獨立的官員。行政權被分散到許多人之手。

既然各處均不存在行政等級制度，行政官員都是選舉的並在任期終了以前不得罷免，所以必須建立某種制裁行政官員的制度。於是便產生了罰款制度，以將下屬機構及其代表納入法律的約束。在美國，從南到北，從西到東，都採用這種制度。

不過，在所有的州，懲治行政犯罪或採取緊急行政措施的權力，並不集中於同一個法官之手。英裔美國人吸收的治安法官制度，都是出於同一來源。雖然各州均有這種制度，但並非總是用於同一目的。

各地的治安法官均參與鄉鎮和縣的行政工作[43]：有時親自辦理行政工作，有時審理行政犯罪行爲。但在大多數州，重大的行政犯罪案件由普通法院審理。

由此可見，實行行政官員的選舉和在任期未滿之前不能罷免的制度，不存在行政等級制度，將司法手段用於下屬的行政部門——這就是美國從緬因到佛羅里達實行的行政制度的主要特點。

在某些州裡，開始看到行政權集中的跡象。紐約州是在這條道路上走在最前面的。

在紐約州，州政府的官員對下屬縣和鄉鎮的管理，有時可以說就是監督和控制[44]。有時，州政府的官員也可以成立一種審理上訴案件的上訴法院[45]。在紐約州，用司法處分作爲行政手段的情況少於其他州，而對行政犯罪行爲的起訴權則掌握在少數人手裡[46]。

在其他某些州，也剛剛出現這種傾向[47]。但從全面來看，仍可以說過度的地方分權，是美國公共行政的突出特點。

關於州[48]

我已講述了鄉鎮及其行政，現在再來講州及其政府。

關於州的問題，我可以一筆帶過，而不怕人們費解。我所講的一切，都是寫在每個人均可讀懂的各州的成文憲法裡的[49]。而且，這些憲法本身都是以一個簡明而合理的學說為基礎的。其中的大部分條款，已為一切立憲國家所採用，並為我們所熟知。

因此，我在這裡只做簡單的陳述。以後，我再對我所敘述的一切進行評述。

州的立法權

立法機構分為兩院——參議院——眾議院——這兩個院的不同職能。

州的立法權屬於兩院，一般將第一個稱為參議院。

參議院通常是立法機關，但有時也變為行政和司法機關。

根據各州憲法的規定，參議院以各種不同的方式參與行政工作[50]，但它一般是在官員競選的時候進入行政權的領域。

在審理某些政治案件時，有時在審理某些民事案件時[51]，它也分享司法權。

參議員的人數總是不多的。

另一個立法機關，通稱爲眾議院，它不享有任何行政權，只在向參議院控告公職人員時享有司法權。

兩院議員的當選條件，在各州幾乎都是一樣的。他們都是按照同樣的方式，由同樣的公民選舉出來的。

兩者之間的唯一差別，是參議員的任期一般長於眾議員。後者的任期很少超過一年，前者通常任期二年或三年。

法律之所以授予參議員任期長和連選連任的特權，是因爲要在立法機關內保存一些已經熟悉公務，和能夠對新當選參議員發生有利影響的核心人物。

美國人在把立法機關分爲兩院時，根本就未想把其中的一個建成爲世襲的，另一個建成爲選舉的。他們也未曾想使其中一個變成貴族的機構，另一個變成民主的代表。他們的目的也不是讓第一個支持政權，而讓第二個支持民意和人民的利益。

把立法權力分開，因而抑制了國會的活動，並建立了審查法律的上訴法院——這就是美國現行的兩院制帶來的唯一好處。

時間和經驗使美國人發現，帶來這種好處的司法權分割，還是一種急需。在整個合眾國中，唯有賓夕法尼亞州曾首先試圖建立單一的議會。富蘭克林本人在人民主權原則的邏輯推理的驅使下，同意了這項方案。但是不久，賓夕法尼亞又不得不修改法律，而成立了兩個議院。於是，司法權分散的原則又得到承認，所以人們今後可以認爲，必須使立法權分屬數個立法機構，乃是一個已被證明的眞理。這個幾乎爲古代的共和國一無所知的理論，如同許許多多的偉大眞理一樣，在剛一出世的時候曾被許多現代國家所誤解，但終於作爲今日政治科學的一項公理而被傳播開來。

州的行政權

一個美國州的州長——他在立法機構面前的地位——他的權力和義務——他對人民的依靠。

州的行政權以州長爲代表。

我使用「代表」這個詞，並非出於隨意。事實上，州長就是行政權的代表，但他只行使他擁有的權力中的某些部分。

稱爲州長的這位最高官員，既是立法機構的主宰者，又是它的顧問。他以否決權爲武器，可以隨意停止或至少推遲司法機構的活動。他向立法機構說明本州的需要，提出他認爲可以滿足這些需要的有效方法。他是立法機構對於與全州有關的一切活動所做的決定的當然執行人[52]。在立法機構休會期間，他必須採取各種適當的措施，以防止出現動亂和意外危險。

州長掌握全州的軍事大權。他既是國民軍的司令，又是武裝力量的首長。

當人們依法同意的州的權威被人否認時，州長可以統帥州的武裝部隊鎮壓反抗和恢復正常的秩序。

最後，除因任命治安法官[53]而極其間接地參與地方的行政工作以外，州長並不參與鄉鎮和縣的行政工作；而治安法官經他任命以後，他卻無權罷免。

州長是民選官，一般只被選任一年或二年，以此把他置於經常受到選他的大多數選民的嚴密監視之下。

美國的行政分權的政治效果

政府集權和行政集權之間存在的差別——在美國，行政並不集權，而政府卻集權——行政的極端分權在美國造成的不良效果——這種做法對行政工作的好處——管理社會的行政人員不如歐洲的正規、文明和有學識，但他們的權力大於歐洲——這種做法在政治上的好處——在美國，國家意識表現於各個方面——被治者對政府的支援——社會情況越民主，越需要完備地方組織——為什麼。

「集權」是現在人們常用的一個詞，但一般說來，還沒有人給它下個精確的定義。

實際上有兩種性質非常不同的集權，對此必須分辨清楚。

有些事情，諸如全國性法律的制定和本國與外國的關係問題，是與全國各地都有利害關係的。

另一些事情，比如地方的建設事業，則是國內的某一地區所特有的。

我把第一類事情的領導權集中於同一個地方或同一個人手中的做法，稱爲政府集權。

而把以同樣方式集中第二類事情的領導權的做法叫作行政集權。

這兩種集權有些地方界限不清，但從總體上來觀察它們各自管轄的對象時，便不難把兩者區別開來。

顯而易見，如果政府集權與行政集權結合起來[54]，那它就要獲得無限的權力。這樣，它便會使人習慣於長期和完全不敢表示自己的意志，習慣於不是在一個問題上或只是暫時地表示服從，而是在所有問題上和總是表示服從。因此，它不僅能用自己的權力制服人民，而且能利用人民的習慣駕馭人民。它先把人民彼此孤立起來，然後再各個擊破，使他們成爲順民。

這兩種集權相互幫助，彼此吸引，但我絕不認爲它們是不能分開的。

在路易十四時期，法國出現了最強大的政府集權，以致使人們可以認爲只有他一個人能夠制定國家的法律，有權解釋這些法律，對外代表法國和爲所欲爲。他說「朕即國家」，而且他總是有理。

但在路易十四統治時代，行政集權卻大大不如今天。

在現代，英國政府的權力也很大，政府集權達到了它可能達到的最高點：國家就像一個單獨的人在行動，它可以隨意把廣大的群眾鼓動起來，將自己的全部權力集結和投放在它想指向的任何地方。

五十年來完成了如此偉大事業的英國，並沒有實行行政集權。

至於我個人，我絕不能設想一個國家沒有強大的政府集權會生存下去，尤其是會繁榮富強。

但我認爲，行政集權只能使它治下的人民委靡不振，因爲它在不斷消磨人民的公民精神。不錯，在一定的時代和一定的地區，行政集權可能把國家的一切可以使用的力量集結起來，但將損害這些力量的再生。它可能迎來戰爭的凱旋，但會縮短政權的壽命。因此，它可能對一個人轉瞬即逝的偉大頗有幫助，但卻無補於一個民族的持久繁榮。

請大家注意，當人們談論一個國家因爲沒有實行集權而無所作爲的時候，他們通常指的是他們並未眞正理解的政府集權。有人一再指出，德意志帝國一向沒有使它的力量產生可能取得的一切好處。我贊成這個意見。但是，爲什麼呢？因爲全國的力量從來沒有集中，因爲國家從來未能使全國人民服從通行於全國的法律，因爲這個大機體內的幾個各自爲政的部分，總是有權利或機會去拒絕與全國最高當局的代表合作，甚至在事關全體公民的利益時也是如此；換句話說，是因爲它沒有政府集權。這句話也適用於中世紀。因此，在中世紀，封建社會出現了種種苦難[55]；不僅行政權，甚至是統治權，都被分掌在許多人之手和被分割成許多部分。由於完全沒有政府集權，結果妨害了當時的歐洲各國生氣勃勃地奔向任何一個目標。

我們已經說過，美國不存在行政集權，也很難在那裡見到等級制度的痕跡。美國的地方分權已經達到我認爲是任何一個歐洲國家不只覺得不愉快，而是感到無法容忍的地步；而且這種分權在美國國內也產生了一些不良後果。但美國的政府集權也達到了很高水準。不難證明，美國國家權力的集中高於歐洲以往任何一個君主國家。每個州不僅只有一個立法機構，而且只有一個可以創造本州政治生活的政權機關；同時，一般也不准數個縣的議會聯合行動，以防止它們圖謀超越自己的行政職權而干涉政府的工作。在美國，沒有任何力量可以反對每州的立法機關。不管是特權，還是地方豁免權和個人影響，甚至是理性的權威，都阻止不了它的前進，因爲它代表著多數，而多數又自認爲是理性的唯一代言人。因此，它可以爲所欲爲，除了它的意志，再沒有什麼東西可以限制它的行動。站在它一方並受它控制的，是負責以強力迫使不滿分子就範的行政權代表。

只在政府工作的某些細節方面，還存在一些弱點。

美國的各共和州，沒有用以鎮壓少數的常備軍，但少數至今還沒有發展到可以發動戰爭和使州感到必須建立一支軍隊的地步。州在與公民打交道時，通常是利用鄉或縣的官員。比如，在新英格蘭，由鄉財產估價員計算稅額，由鄉稅收員徵收計徵的稅金，由鄉司庫將收到的稅款交到州庫，由普通法院審理稅務糾紛。這樣的徵稅辦法緩慢而且不便，會經常妨害大量需款的政府工作。一般認爲，凡與政府的生存有重大關係的事務，都應由政府自己任命和可以隨時撤換且善於迅速處理工作的官員擔任；但是，像美國那樣建立起來的中央政府，卻總是易於根據需要而採取比較有力和有效的行動手段。

因此，並不像人們常說的那樣，因爲美國沒有實行中央集權，新大陸的各共和州將會自行滅亡。美國各州的政府並非集權不夠，而是可以說它們過於集權了。關於這一點，我以後再來證明。各級立法會議每天都在侵奪政府的這種或那種權力，就像法國的國民公會所做的那樣，力圖把一切權力都弄到自己手裡。但是，像這樣集中起來的社會權力卻經常易手，因爲它是從屬於人民的權力的。它的表現經常缺乏理智和遠見，因爲它可以爲所欲爲。它的危險之處就在這裡。因此，有朝一日導致它滅亡的，正是它的力量本身，而不是它的軟弱無能。

行政分權，在美國產生了幾種不同的後果。

在我看來，美國人幾乎把行政從政府完全獨立出來；在這個問題上，他們好像越出了常軌，違反了常識，因爲即使在一些次要的事情上，全國也該有一個統一的制度[56]。

由於州沒有指派行政官員擔任其境內各行政區劃的固定職務，從而不能建立共同的懲罰制度，結果也就很少想到頒布全州統一的治安條例。但是，頒布這種條例，顯然是需要的。歐洲人在美國總是見不到這種條例。這種表面上的紊亂外觀，起初會使歐洲人認爲美國社會處於完全無政府狀態；而在他們深入觀察事物的本質以後，就會發覺原來的認識並不正確。

有些事情雖然關係到全州，但由於沒有管理它們的全州性行政組織而無法統一進行。把這些事情交給鄉鎮或縣，由選舉產生的有規定任期的官員去辦理，結果不是一事無成，就是持續不了多久。

歐洲的集權主義擁護者們堅持認爲，由中央政府管理地方行政，總比由不會管理地方行政的地方當局自己管理爲好。這種說法，當中央政權是有知，而地方當局是無知的時候；當前者是積極的，而後者是消極的時候；當前者是慣於工作的，而後者是慣於服從的時候，可能是正確的。我們甚至認爲，隨著中央集權的加強，這種向兩極發展的趨勢也會加速，即一方的權能日益加大，而另一方則日趨無能。

但是，當人民能像美國人那樣是有知的，關心自身利益的，並慣於思考自身利益的時候，我就認爲不會出現這種情況。

相反，在這種條件下，我確信公民的集體力量永遠會比政府的權力創造出更大的社會福利。

我承認，在某種條件下不易找出喚醒一個沉睡的民族的辦法，去使他們產生他們所沒有的激情和知識；我知道，說服人們應爲自己的工作去努力也並不容易；讓人們學習宮廷禮法的細節，往往比讓他們去修理公眾住宅更易於引起他們的興趣。

但是，我也認爲，當中央的行政部門一心要完全取代下級機構的自由競賽時，它不是在自誤，而是在誤人。

一個中央政府，不管它如何精明能幹，也不能明察秋毫，不能依靠自己去了解一個大國生活的一切細節。它辦不到這一點，因爲這樣的工作超過了人力之所及。當它要獨力創造那麼多發條並使它們發動的時候，其結果不是很不完美，就是徒勞無益地消耗自己的精力。

不錯，中央集權容易促使人們的行動在表面上保持一定的一致。這種一致雖然出於愛戴中央集權，但人們卻不知這種集權的目的何在，猶如信神的人膜拜神像而忘記了神像所代表的神是誰一樣。結果，中央集權可以不費吹灰之力，就賦予國家的日常事務以秩序嚴明的外貌，詳盡地訂出全國公安條例的細則，及時鎮壓小規模的叛亂和懲治輕微的犯罪行爲，使社會保持既無眞正的進步又無實質的落後的現狀，讓整個社會永遠處於被官員們慣於稱之爲良好秩序和社會安寧的那種昏昏欲睡的循規蹈矩的狀態[57]。一句話，中央集權長於保守，而短於創新。當它激起社會發生巨大動盪，或加速社會的前進步伐時，它便會失去控制的力量。只要它的各項措施有求於公民的協助，這架龐大機器的弱點馬上就會暴露出來，立即處於無能爲力的狀態。

有時，中央集權的政府在萬不得已的時候，也試圖向公民求援，但它卻向公民們說：「你們必須按照我想的行事，我想叫你們做多少你們就做多少，並且做得與我想的分毫不差。你們只去管那些細微的末節，而不要妄想去指導整體。你們要不聞不問地工作，等以後再根據結果來評定我的所作所爲。」這樣的條件怎麼能使人們願意幫助它呢！人們需要行動自由，願意對自己的行爲負責。因此，人們寧可停在那裡不動，也不願意盲目地走向他們茫無所知的去處。

我不否認，我對美國缺乏每天指導我們每個法國人生活的那種統一制度感到遺憾。

有時遇到一些證明社會對人冷漠和不夠關心的實例，偶爾看到一些好像與周圍的文明完全牴觸的汙點。

有些需要不斷關注和嚴格從事的有益事業，卻被半途而廢，因爲在美國也和在其他國家一樣，人民的行動有時也是出於一時的興致和突發的衝動。

歐洲人習慣於遇事就能找到一位幾乎可以承辦一切事務的官員，所以很難採用美國的那種複雜的鄉鎮行政制度。一般說來，可以認爲能夠使人民生活安逸和舒暢的公安細則，在美國是被忽略了的；但社會對人的主要保障，美國也和其他國家一樣，還是應有盡有的。在美國，各州行使的權力不如歐洲條理分明和富於教育指導作用，但卻大於歐洲的百倍。世界上沒有一個國家能夠使它的人民最終對社會福利做出如此大的貢獻。我還不知道哪個民族設立的學校有如此之多和如此生效，其建築的教堂有如此適合於居民的需要，其修築的鄉間公路有保養得如此完好。因此，不必到美國去找外觀上的一致性和持久性，去找對細節的詳盡安排以及行政手續的完善規定[58]；我們在那裡看到的，是一個確實有點粗獷，但卻充滿強大力量的權力機構，一幅時常發生意外，但卻充滿活力和進取精神的生活圖景。

如果叫我說的話，我認爲美國的鄉村和縣城由遠離它們和被它們永遠視爲異己的中央政權管理，會比由它們從當地選出的官員管理更爲有效。如果要我判斷的話，我相信美國全國的行政被集中於一個人之手時，會把美國治理得更加安全，會使美國的社會資源利用得更爲合適和合理。儘管美國人從地方分權制度中獲得了政治好處，但我仍然主張採用相反的制度。

即使存在一個常在的權威當局，它經常關心我的享樂不受干擾，排除我前進道路上的一切危險，不要我對此操心，但把我生活中的任何一點小困難都照顧到的這個當局，如果是我的自由和生命的專制主人，包辦整個社會的活動和生活，以致當它無精打采時，周圍的一切也得無精打采；當它睡覺時，周圍的一切也得睡覺；當它死去時，周圍的一切也得滅亡，那它對我又有什麼好處呢？

有一些歐洲國家，其居民認爲自己是外來的移民，毫不關心當地的命運。他們對國內發生的一些重大變化均未參與，甚至並不確切了解變化是怎樣發生的，只是感到發生了變化，或偶然聽到了他人講述某某事件而已。更有甚者，他們對自己村莊的遭遇、街道的治安、教堂教士的處境，都無動於衷。他們認爲，這一切事情與他們毫無干係，應由被他們稱作政府的強大第三者管理。他們認爲自己只是作爲擁有用益權的人來享用他們擁有的財產，對這些財產既無占有的思想，又無任何改善的念頭。這種對自己不關心的態度，竟然發展到當他們本身或其子女的安全終於遇到危險時，他們非但不去排除危險，反而束手等待全國來幫助的地步。而且，這種人雖然肯於完全犧牲自己的自由意志，但絕不會比其他人更願意服從。不錯，他們對一個小軍官的隨意擺布都能表示服從，但當部隊撤退以後，他們就像戰勝了敵人似地敢於冒犯法紀。因此，他們將永遠在奴性和任性之間搖擺。

當一個國家達到這樣地步的時候，它就得改造自己的法律和民情，否則就將滅亡，因爲它的公共道德的源泉已經枯竭，它雖然尚有百姓，但已無公民。

我認爲這樣的國家正等待外國征服。如果它還沒有從世界舞臺上消失，那只是因爲周圍的國家與它類似或者還不如它，它還有一種無法下定義的愛國本能，或一種對昔日聲望的盲目自豪，或一種對過去榮譽的模糊回憶，但這些東西實際上於事無補，只能使它在受壓迫的時候產生自我保存的衝動。

如果想以某些民族曾爲保衛他們似乎是作爲外來人居住的國家，而做過巨大的貢獻來證明他們是愛祖國的，那也是錯誤的，因爲深入考察之後，你會發現宗教幾乎總是他們當時的主要動力。

對於他們來說，國家的長存、光榮和昌盛都屬於神聖的教義，而在保衛祖國的時候就等於保衛他們都是其公民的聖城。

土耳其人從來不參加社會事務的管理，但只要他們認爲蘇丹們的征服就是穆罕默德教的勝利，他們就會完成一些艱巨的任務。現在，這個宗教正在衰落，只有專制制度還活在他們那裡，但他們自身也在衰敗。

孟德斯鳩認爲專制制度具有獨特的威力，並說這是它自己造成的榮譽，但我認爲它不配享有這個榮譽。專制制度，一切全靠自己，絕不能持久。只要你仔細考察一下，就會發現使專制政府長期興盛的是宗教，而不是它的威嚇力量。

不管你怎樣尋找，除了人們意志的自由聯合以外，你再也不會在人們中間找到眞正的強大力量。而且在世界上，只有愛國主義或宗教能夠使全體公民持久地奔向同一目標前進。

法律不能重新點燃已經熄滅的信仰，但能使人們關心自己國家的命運。法律能夠喚醒和指導人們心中模糊存在的愛國本能，而在把這種本能與思想、激情和日常習慣結合起來時，它就會成爲一種自覺的和持久的感情。而且絕不能說試圖喚醒這種本能已經爲時甚晚，因爲國家不會像人那樣迅速衰落。每一代人在一個國家出生時，是作爲行將掌握立法工作的新人而出現的。

我最欽佩美國的，不是它地方分權的行政效果，而是這種分權的政治效果。在美國，到處都使人感到有祖國的存在。從每個鄉村到整個美國，祖國是人人關心的對象。居民關心國家的每一項利益就像自己的利益一樣。他們以國家的光榮而自豪，誇耀國家獲得的成就，相信自己對國家的成就有所貢獻，感到自己隨國家的興旺而興旺，並爲從全國的繁榮中獲得好處而自慰。他們對國家的感情與對自己家庭的感情類似，而且有一種自私心理促使他們去關心州。

歐洲人常把公職人員視爲政權的代表，而美國人則認爲公職人員的工作是行使公民的權利。因此可以說，在美國絕不是人服從人，而是人服從正義或法律。

他們對自己也有一種往往是有些誇大，但幾乎總是有益的看法。他們毫不猶豫地相信自己的力量，認爲它可以對付一切。假如一個人想做一番事業，而且這項事業與社會公益直接有關，他也不會向政府去求援。他把計畫公布出來後，便自己去執行，或請其他個人的力量來協助，並力排一切障礙。毫無疑問，其結果往往不如有州政府協助時爲好。但是從長遠觀點來看，一切私人事業的總結果卻大大超過政府可能做出的成果。

由於行政當局只管民事，所以既不會引起人們的羡慕，又不會引起人們的厭惡；但因爲它的行動手段有限，所以大家認爲不能全靠它去辦各項事業。

因此，當行政機關行使它的職權時，它不會像在歐洲那樣全靠自己。不必擔心公民會不盡義務，因爲公眾的代表將採取行動。相反，每個人都將扶持、幫助和支援行政機關。

個人的努力與社會力量結合，常會完成最集權和最強大的行政當局所完成不了的工作。（I）我可以舉出許多事實來證明上述的一切，但我寧願只舉出一件事，即舉出一件我最熟悉的事來做證明。

在美國，政府當局擁有的發現罪行和追捕罪犯的手段極少。

美國沒有行政勤務員警，也不知護照爲何物。美國的司法員警比不上法國的；檢察官的人數很少，而且對罪犯的起訴經常不是由他們主動提出的；對罪犯的審訊很迅速，而且只是口訊。但我猜想，在任何一個國家，罪犯也不會像在美國這樣少於漏網。

原因在於每個人都認爲提供犯罪的證據和擒拿罪犯，與自己的利害攸關。

我在旅美期間，曾親眼看到發生一個重大案件的縣的居民，爲追捕犯人和把他送交法院懲治，而自動組織了一個委員會。

在歐洲，罪犯在逃時被官員擒獲，算他自己倒楣，居民在這場鬥爭中只是旁觀者；但在美國，罪犯都被視爲人類的敵人，人們群起而攻之。

我認爲地方分權制度對於一切國家都是有益的，而對於一個民主的社會更是最爲迫切的需要。

在貴族政體下，只有維持一定的秩序，才能永遠確保自由。

由於紊亂對統治階級造成的損失較多，所以他們特別關心秩序。

也可以說，在貴族政體下，人民能夠避免專制的過分壓迫，因爲人民經常擁有有組織的力量，以準備隨時去反抗暴君。

沒有地方分權制度的民主政體，不會有抵抗這種災難的任何保障。

在小事情上都沒有學會使用民主的老百姓，怎麼能在大事情上運用民主呢？

在每個人都軟弱無權且未被任何共同的利益聯合起來的國家裡，怎麼能抵抗暴政呢？

因此，害怕人民造反的人和恐懼政府專制的人，都應當同樣希望逐步發展地方的自由。

我也確信，沒有什麼國家會比社會情況民主的國家有受行政集權束縛的危險[59]。

導致這種結果的原因很多，但最主要的是：

這種國家的經常趨勢是政府的一切權力，向直接代表人民的唯一權力機關集中，因爲除了人民之外，再也沒有什麼了，但這個人民不過是一大群完全平等的個人。

但是，當這個權力機關一旦具有政府的一切屬性的時候，它便很難不去設法干預行政工作的細節，而且久而久之，它絕不會找不到這樣做的機會。我們已在法國親眼看到這種情況。

在法國大革命期間，有兩個不應混淆的、方向完全相反的趨勢：一個傾向於自由，一個傾向於專制。

在古代的君主政體下，只由國王制定法律。但在君主專權的時候，殘缺不全的地方分權制度的若干殘餘仍依稀可見。這種地方分權制度本來就很不一致和不夠完善，常常顯得荒謬可笑。但在貴族政體下，這種制度有時竟變成壓迫的工具。

法國大革命同時宣布，它既反對君主政體，又反對地方分權制度。它不分青紅皀白，仇恨以前存在的一切，既仇恨專制權力，又仇恨可以遏制這種暴政的措施。這場革命本身既是共和主義的，又是中央集權化的。

法國大革命的這種兩重性，是專制權力的友人最好精心引用的事實。當你看到他們在保衛行政集權的時候，你能說他們是在爲專制制度效勞嗎？不能，因爲他們說自己是在保衛大革命的主要成果之一。（J）這樣，民眾和敵人，即自由的公開愛好者和暴政的隱蔽僕人，便都可以享有人民的權利了。

我訪問過兩個地方自由制度高度發達的國家，聆聽過競相爭取統治這兩個國家的那些政黨的意見。

在美國，我發現有人暗自打算破壞本國的民主制度；在英國，我發現有人大聲疾呼反對貴族制度。但在這兩個國家，沒有一個人不認爲地方自由是一件大好事。

在這兩個國家，我看到人們把國家的弊端歸咎於許多原因，而唯有地方自由不在其內。

我聽到公民們說他們國家的強大和繁榮有一大堆原因，但他們在列舉優點時都把地方自由放在首位。

我發現，儘管他們在宗教教義和政治學說方面顯然不同，但在他們每天目睹的、因而可以做出正確判斷的唯一事實上卻意見一致。我的這個發現不會有錯吧？

只有地方自治制度不發達或根本不實行這種制度的國家，才否認這種制度的好處。換句話說，只有不懂得這個制度的人，才譴責這個制度。

◆本章注釋◆

[1] 一八三〇年，麻塞諸塞州共有鄉鎮三百零五個，人口為六十一萬零一十四人。因此，每個鄉鎮的平均人口約兩千人。

[2] 一些規模較大的鄉鎮不採用這種辦法。在這些鄉鎮，一般設一名鄉鎮長和一個由兩個科組成的鄉鎮公所，但這是一種必須由法律批准的例外。參看一八二二年二月二十二（二十三）日關於調整波士頓市政權的法令，載於《麻塞諸塞法令彙編》第二卷第五八八頁（波士頓，一八二三年）。這項法令是用於大城市的。一些小城市也往往設立自己的行政管理機關。一八三二年紐約州有一百零四個鄉鎮設有這樣的行政管理機關。參看《威廉氏紐約一八三二年大事記》（紐約，一八三二年）。

[3] 在最小的鄉鎮選三人，在最大的鄉鎮選九人。見《鄉鎮官員》第一八六頁（托克維爾引用的是古德

溫：《鄉鎮官員或麻塞諸塞法令》（伍斯特，一八二九年））；再參看麻塞諸塞州關於行政委員的主要法令：

一七八六年二月二十日法令，第一卷第二一九頁；一七九六年二月二十四日法令，第一卷第四四八頁；一八〇一年三月七日法令，第二卷第四十五頁；一七九五年六月十六日法令，第一卷第四七五頁；一八〇八年三月十二日法令，第二卷第一八六頁；一七八七年二月二十八日法令，第一卷第三〇二頁；一七九七年六月二十二日法令，第一卷第五三九頁。

【4】為對現今新英格蘭的大城市的行政進行科學分析，可閱讀奧格和雷合著：《美國政府概論》（紐約，一九四二年）第九七二頁及以下幾頁。——法文版編者

【5】見《麻塞諸塞法令彙編》第一卷第一五〇頁：一七八六年三月二十五日法令。

【6】見《麻塞諸塞法令彙編》第一卷第一五〇頁：一七八六年三月二十五日法令。

【7】指鄉鎮常設的官員。

為了解鄉鎮的這些官員的職務細節，可參看古德溫：《鄉鎮官員》和三卷本的《麻塞諸塞法令彙編》（波士頓，一八二三年）。

【8】見《麻塞諸塞法令彙編》第一卷第二五〇頁：一七八六年三月二十三日法令。

【9】見《麻塞諸塞法令彙編》第一卷第二一七頁：一七八六年二月二十日法令。

【10】見《麻塞諸塞法令彙編》第一卷第三六七頁：一七八九年六月二十五日法令；第三卷第一七六頁：一八二七年三月八（十）日法令。

【11】拿托克維爾對美國縣的敘述與美國縣的現有職能作一比較，將是很有裨益的。參閱奧格和雷的上述著作第八七五頁及以下幾頁。——法文版編者

【12】見《麻塞諸塞法令彙編》第一卷第五五一頁：一八二一年二月一四日法令。

【13】州長諮議會是選舉產生的。

【14】見《麻塞諸塞法令彙編》第二卷第四九四頁：一八一九年二月二十日法令。

【15】見《麻塞諸塞法令彙編》第一卷第六十一頁：一七九一年十一月二日法令。

【16】關於新英格蘭的行政，可參閱奧格和雷的上述著作中《地方政府和行政》部分，即第八七五頁及以下幾頁。——法文版編者

【17】托克維爾的這部分考察已經過時。一九四〇年，聯邦的公務人員已超過二百萬人，一九四六年的人數為二百二十八萬五千五百七十人。——法文版編者

【18】見《鄉鎮官員》，特別是其中提到的行政委員、財產估價員、收稅員、文書、道路管理員等的職務。例如，在這些為數眾多的官員中，有些人不向州提出理由不得在禮拜天外出。這些人是鄉鎮的「十戶長」（tithingmen），他們專門負責監督法律的執行情況。見《麻塞諸塞法令彙編》第一卷第四一〇頁：一七九二年三月八日法令。

【19】例如，行政委員負責編制選舉州長的選民名單，向州的選舉辦公室報送投票選舉的結果。見《麻塞諸塞法令彙編》第一卷第四八八頁：一七九六年二月二十四日法令。

【20】例如，行政委員有權下令修築排水溝，指定可以堆放垃圾的場所，指定可以防範鄰鄉侵犯本鄉鎮利益的某些商品交易場所。見《麻塞諸塞法令彙編》第一卷第一九三頁：一七八五年六月七日法令。

【21】例如，在發生傳染病期間，行政委員得處理公共衛生問題，並協同治安法官採取必要的防治措施。見《麻塞諸塞法令彙編》第一卷第五三九頁：一七九七年六月二十二日法令。

【22】我之所以要說「幾乎」，是因為鄉鎮生活中的許多日常事務，都是由治安法官自行處理或會同縣裡的官員處理。例如，各種許可證或執照，就是由治安法官發放的。見《麻塞諸塞法令彙編》第一卷第二九七頁：一七八七年二月二十八日法令。

例如，對持有鄉鎮行政委員發給的品行優良證明書的人頒發表揚狀。如果行政委員拒不發給這種證明書，則當事人可以向縣法院的治安法官申訴；法院裁定後即可頒發表揚狀。見《麻塞諸塞法令彙編》第二卷第一八六頁：一八〇八年三月十二日法令。鄉鎮有權制定細則，並負責檢查細則的實施情況，比如檢查是否按規定的金額判處了罰款。但是，這種細則須經縣法院批准。見《麻塞諸塞法令彙編》第一卷第二五四頁：一七八六年三月二十三日法令。

【23】在麻塞諸塞州，縣的行政官員也常被請去評定鄉鎮行政委員的政績。我們以後將要說到，他們的評定具有法院判決的效力，而不是行政措施。

【24】例如，鄉鎮的教育管理委員會必須逐年向州辦公廳主任報告學校的管理情況。見《麻塞諸塞法令彙編》第三卷第一八三頁：一八二七年三月十日法令。

【25】我們以後再講州長的職權範圍。我下面所要講的，是州長在全州的行政權。

【26】見《麻塞諸塞州憲法》第二章第一節第九款，第三章第三款。

【27】這種情況很多，茲舉一例：一個外來人來到某個鄉鎮的傳染病流行地區後病倒。兩名治安法官可以附上行政委員的通知，指示縣的司法官將病人移送到別的地方加以救護。《麻塞諸塞法令彙編》第一卷第五四〇頁：一七九七年六月二十二日法令。

一般說來，治安法官可以參與一切重要的行政管理活動，並使所參加的工作產生半司法性質。

【28】我之所以說大多數，是因為行政委員的某些違法行為實際上可以提交普通法院處理。例如，一個鄉鎮拒不設立管理學校所需的基金或拒不成立教育管理委員會時，可以處以金額相當大的罰款。而做出這種罰款判決的，則是名為最高法院或高等法院的普通法院。見《麻塞諸塞法令彙編》第三卷第一九〇（一九二）頁：一八二七年三月十日法令。一個鄉鎮拖期不交軍用糧草時，也要罰以巨款。見《麻塞諸塞法令彙編》第二卷第五七〇頁：一八二二年二月二十一日法令。

【29】治安法官可根據自己的能力參加鄉鎮或縣的政府工作。鄉鎮的一些重要工作，一般均要有一名治安法官參加處理。

【30】在縣的工作中，由地方法院負責辦理的，可能有以下幾種：（一）設置監獄和成立法庭；（二）編制全縣的預算（交州的立法機關表決）；（三）計徵州立法機關表決的稅收；（四）頒發各種執照和證件；（五）建築和維修全縣的道路。

【31】比如，在處理道路的建築和維修問題時，地方法院須求助陪審團，來解決他在處理過程中遇到的幾乎一切難題。

【32】見《麻塞諸塞法令彙編》第一卷第二一七頁：一七八六年二月二十日法令。

【33】有一種使鄉鎮服從的間接方法。比如，根據法律規定，鄉鎮應當保證道路完好，但它由於疏忽而沒有申請所需的經費，則負責管理道路的鄉鎮行政官員有權徵集必要的資金。因為他本人可以追查道路失修的具體原因，並就此向地方法庭起訴，所以他當然可對鄉鎮行使法律給予他的特權。這樣，地方法院透過追究失職的官員，就迫使鄉鎮服從了。見《麻塞諸塞法令彙編》第一卷第三〇五頁：一七八七年三月五日法令。

【34】見《麻塞諸塞法令彙編》第二卷第四十五頁。（一八六一年三月七日法令）

【35】例如，一個鄉鎮拒不任命財產估價員，則地方法院可以任命，而經選舉產生的鄉鎮行政官員仍保持其作為民選官員的一切權利。見前引的一七八六年二月二十日法令。

【36】我說「為地方法院設置」，是因為普通法院設有一名執行某些檢察任務的官員。

【37】例如，大陪審團的陪審員有責任向地方法院通告道路的情況。《麻塞諸塞法令彙編》第一卷第三〇八頁。

【38】例如，縣的司庫沒有提交財務報告。《麻塞諸塞法令彙編》第一卷第四〇六頁。

【39】現從許多例子中舉出一例：保養不好的道路使某人的車輛破壞或身體受傷時，此人有權向地方法院起訴，要求負責維修這段道路的鄉鎮或縣賠償損失。《麻塞諸塞法令彙編》第一卷第三〇九頁。

【40】在有敵人入寇或發生暴亂時，鄉鎮的官員如果怠忽職守，不向民兵提供必要的物資和軍需，鄉鎮可被處以兩百至五百美元（等於一千至兩千七百法郎）的罰款。

十分清楚，只是這樣的規定，任何人都不會有興趣，也不想去做原告。因此，又補充規定：「任何公民都有權告發類似的罪行，並分罰款的一半給檢舉人。」見《麻塞諸塞法令彙編》第一卷第二三六頁：一八一〇年三月六日法令。

在麻塞諸塞州的法律中，這樣的補充規定屢見不鮮。

有時，法律不是以這種辦法鼓勵個人去檢舉公職人員，而是以此鼓勵官員去懲治個別人的抗拒行為。例如，一個居民接到通知後拒不參加一條大道的修築工程，道路管理員有權檢舉此人。如果此人被罰，道路管理員可得一半罰款。見《麻塞諸塞法令彙編》第一卷第三八〇頁。

【41】詳見《增訂紐約州法令集》第四編第十一章《鄉鎮的許可權、職責和特權》第一卷第三三六—三六四頁，阿爾巴尼，一八二九年版。
參看《賓夕法尼亞法律選編》中的「財產估價員」、「收稅員」、「治安員」、「濟貧工作視察員」、「道路管理員」等條，以及《俄亥俄州一般性法令集》第四一二頁：一八三四年二月二十五日關於鄉鎮的法令。其次，對於鄉鎮的各種官員，如「鄉鎮文書」、「遺孤財產保管員」、「濟貧工作視察員」、「護青員」、「財產估價員」、「鄉鎮司庫」、「治安員」、「道路管理員」，均做出具體規定。

【42】見《增訂紐約州法令集》第一卷第十一章第三〇四頁，第十二章第三六六頁；《俄亥俄州一般性法令集》第二六三頁：一八三二年二月二十五日關於縣行政官員的法令。
見《賓夕法尼亞法律選編》第一七〇頁：「縣稅」和「徵稅」條。
在紐約州，每個鄉鎮各選一名代表，這個代表既參與縣的行政工作，又參與本鄉鎮的行政工作。

【43】在由縣法院的法官負責辦理行政犯罪案件的南部各州，也是如此。見《田納西州法令集》中的「司法制度」、「稅收」等專案。

【44】例如，國民教育的領導權就已集中到州政府之手。大學的評議員由立法機關任命，而州長和副州長則應為評議會的當然成員。見《田納西州法令集》第一卷第四五六頁。大學的評議員每年視察各院校，並向立法機關提交年度報告。評議員對學校的監督並不是有名無實的，特別是因為高等院校為了使自己能夠買賣和處理財產而必須有法人（公司）資格，而法人資格要有許可，但這種許可只有根據評議會的申請由立法機關發給。州每年要為專門設立的獎學金支付利息，而這筆基金就是由評議員們提供的。見《增訂紐約州法令集》第四五五頁。公立學校的負責人每年應向州主管教育部門送交學校工作報告。見《增訂紐約州法令集》第六二一頁。

【45】如果某人認為自己受到學校管理委員（他是鄉鎮的官員）發布的文件的侵害，他可以向小學學監控訴，而小學學監的裁定是最終裁定，不得再上告。見《增訂紐約州法令集》第四八七頁。
在紐約州的法律中也可到處發現，有些規定與我方才作為例子引用的規定相似。但總的說來，這種集

權化的傾向不強而且效果不大。在授予州的主官們以監督和領導下屬人員的許可權的同時，並沒有授予他們以獎懲下屬人員的許可權。一般不准同一個人既負責發布命令，又有權制裁違抗行為。因此，他只有命令權，而沒有制裁權。

【46】例如：每個地方檢察官有權追索五十美元以上的各種罰款，但以法律沒有將這項許可權授予另一個官員為限。見《增訂紐約州法令集》第一卷第三八三頁。

【47】麻塞諸塞州也有行政權集中的若干跡象。例如，地方的學校管理委員會每年應向州辦公廳主任送交報告。見《麻塞諸塞法令彙編》第一卷第三六七頁。

【48】關於州的敘述，可參看奧格和雷著作第七〇六頁及以下幾頁。——法文版編者

【49】可參看紐約州憲法。

【50】在麻塞諸塞州，參議院不擔負任何行政工作。

【51】比如在紐約州。

【52】實際上，州長有時也不執行立法機構通過的議案。通常是在立法機構投票表決一項議案的同時，便指定專人去執行。

【53】在許多州裡，治安法官不是由州長任命的。

【54】在這一點上，托克維爾的政治社會學達到其預見的最高點。——法文版編者

【55】參閱馬克．布洛克：《封建社會，階級和人治》（巴黎，一九四〇年）。——法文版編者

【56】我認為，代表州的當局即使不親自管理行政，也不該放棄監察地方行政的權力。舉例來說：在每一個縣裡安排一位州的官員擔任固定的職務，授予他以審理該縣及其所轄鄉鎮發生的犯罪案件的司法權。但如不侵犯地方的獨立，就能由此建立統一的制度嗎？在美國，各縣均沒有派駐州官。在縣法院之上，再沒有任何司法機構；而且這些法院只在接到應予懲治的行政性犯罪案件時才臨時開庭。

【57】在我看來，中國是以最集權的行政，為被統治的人民提供社會安逸的最好代表。一些旅行家告訴我

說：中國人有安寧而無幸福，有百業而無進步，有穩勁而無闖勁，有嚴格的制度而無公共的品德。在中國人那裡，社會雖然也在天天前進得相當好，但絕不是甚好。我認為，中國一旦對歐洲人開放，它就會從歐洲人那裡找到世界上現存的最好的行政集權的典範。

【58】一位天才的作者在拿美國的財政與法國的財政對比時證實說，智慧永遠代替不了具體的知識，所以有理由指責美國鄉鎮預算中存在的混亂。他在提到法國一個省預算的編制實例後接著說：「由於一位偉人的值得讚美的創造，即中央集權，王國各地的地方預算，從小小的鄉鎮的預算到大城市的預算，才得以有章可循和條理分明。」當然，我也讚佩這項成果，但我看到擁有完備的會計制度的法國鄉鎮，大部分對其真正的利益完全無知，處於難以容忍的麻木不仁狀態，以致使人覺得社會不是在生活而是在等死。另一方面，我卻認為美國那樣的鄉鎮，其預算雖未按規定的章程編制和沒有統一的格式，但其居民是聰明的、積極的和有進取心的。我覺得那裡的社會總是在前進。這種情景使我驚異，因為我認為一個良好政府的主要目的在於為人民造福，而不在於不顧人民的疾苦而建立一定的秩序。因此我在尋思，是否可以把美國的鄉鎮繁榮而財政混亂，法國的鄉鎮悲慘而預算制度完備的原因都歸結為我所說的這個道理呢？總之，我認為善中帶惡越少越好，惡中帶善越多越好。

【59】參閱法文版第九十八頁編者注。——法文版編者

第六章　美國的司法權及其對政治社會的影響[1]

英裔美國人保留了各國在司法權上通有的特徵——但他們使司法權變成了強大的政治權力——怎樣變的——英裔美國人的司法制度在哪些方面與其他所有國家不同——美國法官為什麼有權宣布法律違憲——美國法官怎樣利用這項權利——立法者為防範濫用這項權利而採取的措施。

根據寫作計畫，我要專用一章來討論美國的司法權。美國司法權的政治作用極大，所以我覺得必須著重說明，免得因一筆帶過而被讀者忽略。

除了美國之外，其他一些國家也有聯邦的組織。共和政體不單存在於新大陸的海岸，而且也見於世界上其他地方。代議制已為歐洲好幾個國家所採用。但我認為，迄今為止，世界上任何一個國家，還沒有像美國這樣建立過司法權。

使一個外來者最難理解的，是美國的司法組織。在他看來，簡直是沒有一個政治事件不是求助於法官的權威。因此，他自然會得出結論說，法官在美國是很強大的政治勢力之一。當他繼而考察法院的組織時，他一眼就可以看清司法的特點和程序。他可以看到，法官好像只是偶然干預公共事務，但這種偶然性卻是天天出現。

當巴黎的最高法院駁回政府的法案或拒絕為政府的法令備案時，或當它本身傳訊一個被控瀆職的官員時，人們可以認爲這是司法權在發生政治作用。但在美國，卻看不到這類事情。美國人仍然保留了司法權的一切人所共知的特徵。他們嚴格地把司法權局限於有章可循的範圍之內。

司法權的第一特徵，表現在所有國家都是對案件進行裁判。要使法院發揮作用，就得有爭訟的案件。要使法官進行裁判，就得有提交審理的訴訟案件。因此，只要沒有依法提出訴訟的案件，司法權便沒有用武之地。司法權存在那裡，但可能不被行使。在法官審理一個案件而指責與此案件有關的法律時，他只是擴大了自己的職權範圍，而不是越出了這個範圍，因爲在審理案件之前，他一定要對該項法律進行一定的判斷。但在法官開始審理案件之前就對法律說三道四，那他就完全是越權，侵犯了立法權。

司法權的第二個特徵，是審理私人案件，而不能對全國的一般原則進行宣判。在法官判決某一私人案件，由於他堅信某一一般原則的一切推論都有毛病而認爲它無效並加以破壞時，他並沒有越出應有的職權範圍。但是，在法官直接指責一般原則或沒有待審的私人案件而破壞一般原則時，他就越出了所有國家都同意應予限制的法官的職權範圍，因爲他擅自取得了比一般官員更重要而且或許是更有用的許可權，但他卻因此不再是司法權的代表。

司法權的第三個特徵，是只有在請求它的時候，或用法律的術語來說，只有在它審理案件的時候，它才採取行動。這個特徵不如其他兩個普遍；但我認爲，儘管有一些例外，仍可以把這個特徵視爲最重要的特徵。從性質來說，司法權自身不是主動的。要想使它行動，就得推動它。向它告發一個犯罪案件，它就懲罰犯罪的人；請它糾正一個非法行爲，它就加以糾正；讓它審查一項法案，它就予以解釋。但是，它不能自己去追捕罪犯、調查非法行爲和糾察事實。如果它主動出面以法律的檢查者自居，那它就有越權之嫌。

美國人保存了司法權的這三個顯著特徵。只有在有人起訴的時候，美國的法官才能審理案件。它從無例外，只受理私人案件，而且總是要在接到起訴書後才採取行動。

因此，美國的法官跟其他國家的司法官員完全一樣，但他們被授予巨大的政治權力。

這是怎樣產生的呢？既然他們的權力範圍和行動手段與其他國家的法官並無二致，那他們爲什麼又擁有其他國家法官所沒有的權力呢？

其原因只在於：美國人認爲法官之有權對公民進行判決是根據**憲法**，而不是根據**法律**。換句話說，美國人允許法官可以不應用在他看來是違憲的法律。

我知道，其他國家的法院有時也要求過類似的權力，但它們從來沒有得到。而在美國，所有方面都承認法官的這項權力，沒有一個政黨，甚至一個個人，對此提出過異議。

這個現象的存在，可從美國憲法規定的這項原則得到解釋。

在法國，憲法是不可修改的，或被認爲是不可修改的；任何權威均不得對憲法做任何修改，這是公認的學說。（K）

在英國，國會有權修改憲法。因此，在英國，憲法是可以不斷修改的[2]，或者毋寧說它根本沒有憲法。國會既是立法機關，又是制憲機構。（L）

在美國，政治理論比較簡單和比較合理。

美國的憲法並不像在法國那樣被認爲是不可修改的，但也不像在英國那樣可被社會的公認權威所修改。它是一部與眾不同的法典，代表全體人民的意志，立法者和普通公民均須遵守；但可以按照規定的程序，在預先規定的條件下，根據人民的意志加以修改。

因此，美國的憲法是可以改動的，但只要它存在一天，一切機構和個人均須照舊服從。只有它擁有唯一無二的權威。

由此不難看出，這些差異一定會影響我所說的這三個國家的司法機關的地位和權力。

假如法國的法院可以以法律違憲爲理由而不服從法律，那麼，法國的制憲權實際上就將落於法院之手，因爲只有它們將會有權解釋誰也無權更改其條文的憲法。因此，它們將會代替國家和統治社會，而且司法權固有的弱點也會促使它們這樣做。

我知道法國的法官無權宣布法律違憲，所以法國的憲法修改權便間接地賦予給立法機關，因爲沒有合法的障礙來阻止它修改憲法。但我還是認爲，把人民憲法的修改權賦予即使是部分代表人民意志的人，也比賦予除了代表自己誰也不代表的人爲好。

假如授予英國法官以抵制立法機構的意志的權利，那將更加不合理，因爲制定法律的議會也制定憲法，從而在任何情況下，凡由國王、上議院和下議院公布的法律，都不能認爲是違憲的。

這兩個推論都不能用於美國。

在美國，憲法也像制約普通公民一樣制約立法者。因此，美國的憲法是一切法律之首，其他任何法律均不能修改它。可見，法院在服從法律的時候要優先服從憲法，也是正確的。這正是堅持司法權宗旨，即法官在選擇合法的處置辦法時，要從其中選擇最合乎根本大法的辦法，乃是他的天然權利。

在法國，憲法也是一切法律之首，法官均有權以它作爲判決的根據；但在行使這項權利時，他們又可能侵犯比這項權利更爲神聖的其他權利，即侵犯他們所代表的國家的權利。在這種情況下，普通理由必須對國家理由讓步。

在美國，國家永遠可以透過修改憲法的辦法使法官服從，所以不必害怕這種危險。因此，在這一點上，政治和邏輯是一致的，而人民和法官也都保存了他們各自的特權。

因此，在要求美國的法院援引一項在法官看來是違憲的法律時，法官可以拒絕援引。這項權利雖然是美國法官所特有的，但卻產生了巨大的政治影響。

實際上，法律很少能夠長期逃脫法官的驗證分析，因爲法律很少不涉及私人利益，而且當訴訟當事人在涉及他的利益時，必然也可以向法院提出異議。

於是，自法官在辦案中拒絕應用某項法律之日起，這項法律便將立即失去其一部分道德力。這時，利益受到損害的人就會找到方法不去履行該項法律所規定的義務，以致此類訴訟案件開始增加，而該項法律也將變得無力。不是人民修改憲法，就是立法機構宣布廢除該項法律，結果兩者必擇其一。

可見，美國人雖賦予法院以無限的政治權力，但在法院強迫他們服從的時候，他們也可以透過司法手段來抵制，即可以大大減少這種權力的弊端。

如果法官可以從理論方面和以一般方式抵制法律，可以自主行動和彈劾立法者，那他顯然就進入了政治舞臺，變成某一政黨的支持者或反對者，激起全國人民紛紛參加戰鬥。但是，當法官在一件不甚重要的政治糾紛和私人案件中抵制法律的時候，其抵制的重要意義可能不被公衆注意。這時，他的判決只影響到個別人的利益，而法律也只是偶然受到了損害。

還有，受到損害的這項法律並沒有被廢除，因爲只是它的道德力減弱了，而它的實際效力還沒有中止。只有經過一步一步的抵制，在無數判例的反覆驗證下，該項法律最後才能作廢。

而且也不難理解，允許私人彈劾法律，使對法律的審判與對人的審判緊密地結合起來，還會保證法制不致輕易地受到攻擊。由於採用這種辦法，法制便不再天天遭到政黨的侵擾。在指責立法者的錯誤時必須服從實際的需要，即必須實事求是和有據可查，因爲這要作爲審理案件的依據。

我很清楚，美國法院的這種做法不僅十分有利於公共秩序，而且十分有利於自由。

假如法官只能從正面攻擊立法者，他有時不敢這樣做；但在另一些時候，黨派精神又在天天驅使他敢於如此。結果，制定法律的權力機關軟弱時，法律就會受到攻擊；在這個機關強大時，人們便會不敢吭聲，老老實實服從法律。也就是說，當人們感到尊重法律對自己最有好處時，法律最常遭到攻擊；而當法律容易以自己的名義進行壓迫時，法律反而會受到尊重。

但是，美國的法官是不由自主地被拉上政治舞臺的。他們之所以要審理法律，是因爲有要審理的案件，而他們又不能拒不審理。需由他們定案的政治問題，都與當事人的利益有關，只要他們不否認正義，他們就不能拒不審理。他們履行法官職業的嚴肅職責，就是在盡公民的義務。不錯，在這種制度下，法院對立法機構進行的司法彈劾，是不能毫無差別地擴及所有法律的，因爲有些法律絕不會引起那種稱之爲訴訟的針鋒相對的爭端。即使有可能出現這種爭端，仍然可以預料沒有人願意把它送交法院解決。

美國人也經常感到這種辦法的不便，但他們甘願修修補補，不作澈底修正，唯恐修正之後會在各種案件上產生危險的後果。

授予美國法院的這種範圍有限、可以宣布某項法律違憲的權力，也是人們迄今爲反對議會政治的專橫而築起的強大壁壘之一。

授予美國法官的其他權力

在美國，所有公民均有權向普通法院控告公職人員——他們怎樣行使這項權利——法蘭西共和國第八年憲法的第七十五條——美國人和英國人無法理解這一條的意義。

我不知道是否有必要談一談在像美國這樣的自由國家，所有公民均有權向普通法院的法官控告公職人員，和所有法官均有權判處公職人員的問題，因爲人們以爲在自由國家這是自然的。在行政官員犯法時責成法院懲治他們，並非是授予法院以特權，而是法院行使其禁止犯法的當然權利。

在我看來，美國讓全體公職人員對法院負責，並未削弱政府的許可權。相反，我覺得美國人在這樣做的時候，卻使政府應當享有的尊重得到加強，而政府也更加注意工作，以免遭到批評。

我從來沒有見到哪個國家的政治訴訟案件像美國那樣少，而且我也不難說明其原因。不管案件的性質如何，訴訟總是一件困難和費錢的事。在報章雜誌上指責一個普通人很容易，但要把他拉到法庭去受審，就不能沒有重大的理由。因此，要依法對一個官員起訴，就得有控訴他的正當理由。如果官員們害怕被控告，那他們就絕不要向人們提供這樣的理由。

這種情況並非決定於美國人所採用的共和制度，因爲同樣的情況也可以每天發生於英國。

這兩個國家的人民都不曾認爲把國家的主要官員置於法院的監督之下，他們的獨立就有了保證。他們認爲要想確保自由，與其依靠他們從未求助過的或很晚才能提出的大訴訟程序，不如依靠普通老百姓在任何時候都可以提出的小訴訟程序。

在很難抓住在逃罪犯的中世紀，法官逮捕幾個罪犯之後，往往要對這些落網的人處以可怕的酷刑，但這並未減少犯罪案件的數目。人們以後發現，審判越是正確和溫和，就越是有效。

美國人和英國人主張，應把虐待和專橫都視爲盜竊，所以他們簡化了審訊程序和減輕了刑罰。

法蘭西共和國第八年公布了一部憲法，其第七十五條寫道：「部長級以下的政府官員因職務關係而犯罪時，只有根據行政法院的決定才得被捕。這時，可向普通法院起訴[3]。」

第八年憲法已經廢除了，但這一條並沒有廢除，至今仍被保留，而且每天都在遭到公民的公正抗議。

我曾多次向美國人和英國人解釋，試圖叫他們理解這第七十五條的意義，但我很難做到這一點。

他們原本以爲，法國的行政法院（Le Conseil d'Etat）原來是王國中央常設的一個大法院；而首先要把所有的原告都推到那裡去，在他們看來是一種暴政。

但是，當我一再解釋，告訴他們行政法院不是一般所說的司法機構，而是其成員直接隸屬於國王的行政機構，因而國王欽命他的一個叫作省長的臣僕違法之後，可以欽命另一個叫作行政法院法官的臣僕去使前者免受懲處的時候；當我向他們說明因君主的敕命而受到損害的公民只能向君主本人要求損失賠償的時候，他們總是不相信天下會有如此荒謬的事情，指責我胡說和無知。

在大革命以前的法國君主政體時代，往往是由最高法院下令逮捕犯罪的公職人員。有時王權進行干涉，使訴訟無效。於是，專制政體暴露出它的眞面目，而人們只是在壓力之下才屈服於它。

可見，我們又後退到我們祖先所處的狀態，因爲今天的法國，依靠暴力而強加於人的事情，在司法權的掩蓋下得到了合法的名義。

◆本章注釋◆

[1] 參閱奧格和雷著作第五二五頁及以下幾頁。——法文版編者

[2] 托克維爾指出的現象今後或許不再經常發生，但在當時卻是嚴重的問題。參看馬里奧特：《現代國家機構》（牛津，一九二七年）。——法文版編者

[3] （參看迪蓋等人：《一七八九年以來法國的憲法和主要法律》第一一六頁（巴黎，一九五二年）。關於最近八年的憲法，在普雷洛：《政治制度和制憲權》第三四〇頁（巴黎，一九六一年）中，有精湛的分析）。

第七章　美國的政治審判

作者對政治審判的看法——在法國、英國和美國，人們是怎樣理解政治審判的——在美國，政治法官只審理公職人員——在他的判決中，撤職多於刑罰——政治審判是政府常用的手段——見於美國的政治審判雖然是溫和的，但也許正是由於溫和，它才是多數掌握的最強大武器。

依我看，政治審判就是暫時被授以審判權的政治團體進行的判決。

在專制政府統治下，另給審判規定專門的程序是沒有用的，因爲起訴人是以君主的名義控訴被告的，而君主是法院和全國的主人，他認爲除了自己擁有的權力以外，再也不需要尋找其他保障。他覺得唯一可怕的，倒是人民要堅持司法制度的表面手續，和由於主張按手續辦事而有損於他的權威。

但在多數表決對法院的影響從來沒有像君主專斷對法院的影響那樣大的大部分自由國家，司法權往往是由社會的代表本身在任期內行使。有人認爲，把這些權力暫時合併在一起，總比破壞國家統一的必要原則爲好。

英國、法國和美國，均在各自的法律中規定有政治審判。考察一下這三個大國對於政治審判的不同運用，倒是很有意思。

在英國和法國，由貴族院（上院）組織國家的最高刑事法庭[1]。這個法庭通常並不審理一切政治罪行，但它也可以這樣做。

與貴族院並列而享有起訴權的政治機構，是眾議院（下院）。兩國在這方面存在的唯一差別是：在英國，下院可向上院控訴任何它要控訴的人[2]；而在法國，眾議院只能向貴族院控訴國王的大臣。

此外，兩國的貴族院都可按本國的規定依照刑法打擊犯罪分子。

在美國，也和歐洲一樣，這兩個司法機構一個享有上訴權，而另一個則享有判決權。即眾議院控告罪犯，參議院判處罪犯。

但是，參議院只能查封眾議院追訴的財物；而眾議院只能向參議院控告公職人員。因此，美國參議院的許可權不如法國貴族院的許可權，而美國眾議院的起訴權則大於法國眾議院的許可權。

但是，美國與歐洲之間的最大差別在於：在歐洲，政治法院可以應用刑法的一切條款；而在美國，當政治法院剝奪犯人原來擔任的公職和宣布他將來不得擔當任何公職以後，就算完成它的任務，而下一步的處理則是普通法院的職責。

假如美國總統犯了叛國大罪。這時，先由眾議院彈劾總統，接著由參議院宣布罷免他的職務。然後，他才到陪審團出庭受審，只有陪審團可以剝奪他的自由或生命。

這就是我們所討論的問題的眞實寫照。

歐洲人在依法進行政治審判時，都是審理重大的刑事罪犯，而不管罪犯是什麼出身、什麼等級和在國內擔任什麼職務。爲了進行這種審判，就要臨時組織一個大的政治審判團，授予它以法院的一切特權。

這時，由立法機構的成員擔任司法的法官。他們可以認定罪行，選擇適用的法律條款，對犯人進行處罰。在他們行使法官的職權時，法律也爲他們規定了一切必須履行的義務，要求他們遵守全部司法程序。

法國的或英國的政治法院審理一個犯罪的官員並對他治罪時，要依法免去他的職務，甚至可以宣布他將來不得擔當任何公職。但在這時，政治上的免官和停職只是判決的附帶結果，而不是對職務本身的判決。

因此，在歐洲，政治審判與其說是行政措施，不如說是司法行爲。

美國的情況與此不同。不難看出，美國的政治審判與其說是司法行爲，不如說是行政措施。

不錯，從形式上來看，參議院的決定是司法性的，因爲要使參議院作出判決，眾議院必須履行司法手續和遵守訴訟程序。從判決的理由來看，參議院的判決也是司法性的，因爲一般說來，參議院必須以普通法上規定的罪行作爲它判決的根據。但是，從判決所處分的現象來看，參議院的判決是行政性的。

如果說美國立法當局的主要目的，實際上是將司法大權作爲一個政治機構的武器來使用，那麼這個政治機構就不會把自己的行動只限於對付公職人員，因爲國家的最危險敵人可能並不擔任任何公職。在實行共和政體的國家，情況尤其如此，因爲這種國家的政黨的最大利益是掌權，而且往往是勢力越大越非法奪權。

既然美國立法當局爲了防止犯罪而使社會本身擁有以法官的身分，去懲治重大罪行的許可權，那麼政治法院的措施也要以刑法典的一切規定爲依據。但是，這只給了政治法院一個不完備的武器，而且這個武器還不能打擊最危險的犯罪行爲，因爲行政撤職處分對於那些企圖推翻法律本身的人來說，作用並不大。

因此，美國政治審判的主要目的，是撤銷濫用許可權的官員的權力，和不讓這個公民以後再取得這種權力。正如人們所見到的，這是一種具有司法判決形式的行政措施。

因此，美國人在這方面創造了一種混合制度。他們的政治審判只做行政撤職處分，而無權進行嚴厲的懲處。

這項規定貫徹於整個政治審判制度。由此我們可以明白，爲什麼美國及其各州的憲法規定文職官員受參議院的司法管轄，而把可能犯有令人害怕的大罪的軍人排除在外。在文職方面，可以說美國沒有能被撤職的官員，因爲一些官員是終身制，而另些官員在他們當選後的任期內不能罷免。要想剝奪他們的權力，就得由法院審處。但是，軍人直接隸屬於國家元首，而國家元首本人也是文職官員。如果判國家元首有罪，就等於打擊全體文武官員[3]。

假如比較一下美國和歐洲的制度，將會在它們各自產生的效果方面看到相當明顯的差異。

在法國和英國，人們把政治審判視爲一種非常的武器，只有在拯救社會免遭重大災難時才應用。不可否認，歐洲實行的這種政治審判違反了分權的保護主義原則，經常威脅著人民的自由和生命。

在美國，政治審判只是間接地侵犯了分權的原則，絕不威脅公民的生存。它不像在歐洲那樣盤旋於所有人的頭頂，因爲它只打擊因瀆職犯罪而被它懲治的人。

它既不令人生畏，又效果不大。

因此，美國的立法機構也未把它視爲防治重大社會弊端的萬應良方，而只把它作爲政府的一般管理手段。

從這個觀點來看，它在美國對社會的影響或許比在歐洲更爲實在。當然，我們也不能爲美國立法在政治審判方面所做的溫和表現所迷惑。首先應當指出，美國進行政治審判的法庭，其成員和它所受的影響與負責刑事審判的法庭一樣，這就給政黨互相報復的情緒提供了一種幾乎無法抵制的動力。美國的政治法官雖然不能像歐洲的政治法官那樣嚴懲罪犯，但他們做無罪宣判的情況甚少。他們所做的判決並不令人生畏，但很切合實際。

在組織政治法庭時，歐洲人以刑罰罪犯爲主要目的，而美國人則以剝奪罪犯的權利爲主要目的。美國的政治審判，可以說是一種預防措施。因此，政治法官不必拘泥於刑法條文的精確定義。

再沒有比美國法律在給切合原義的政治罪下定義時表現的模稜兩可，使人更吃驚的了。《美利堅合眾國憲法》第二條第四項寫道：「總統、副總統和合眾國的一切文職官員，凡受叛國罪、賄賂罪或其他重罪輕罪的彈劾並被判定有罪時，應被免職。」而大部分州的憲法，對政治罪寫得更不明確。

《麻塞諸塞州憲法》寫道：「州參議院是受理和判決州眾議院對本州的一個或一些瀆職和施政不善官員的控訴的全權法院[4]。」《維吉尼亞州憲法》寫道：「因施政不善、貪汙、失職或其他重罪輕罪而使本州受損失的一切官員，將受州眾議院的彈劾。」有些州的憲法根本沒有舉出任何罪名，從而使公職人員承擔了無限的責任[5]。

但是，我敢斷言，美國法律在這方面表現得如此可怕，正是來自它的溫和性本身。

我們已經說過：在歐洲，一個官員被撤職和被剝奪政治權力，是他受到刑罰的結果；而在美國，這種處分本身就是刑罰。結果，便出現了如下的局面：在歐洲，政治法院雖被授予令人可怕的許可權，但它有時不知如何使用；並且由於害怕懲罰過重，而根本不去懲罰。但是在美國，對於不致造成人身痛苦的懲罰，人們並不反對；而對於判處政敵死刑以剝奪其權力的做法，則被視爲一種駭人聽聞的謀殺；美國人認爲，宣布政敵不配行使他的權力而予以剝奪，同時讓他自由和不傷害他的生命，才是鬥爭的公正結局。

但是，這種十分容易做出的宣判，對於被判決的大多數人來說，也是極其痛苦的。一些大犯人可能滿不在乎，不把判決放在眼裡；而普通犯人，則會把宣判看成是使他失去地位和名譽掃地的判決，認爲這是判處他去過生不如死的可恥無爲的生活。

因此，美國政治審判對於社會生活的影響，看起來雖不太可怕，但實際上是很厲害的。政治審判不直接施於被治者，但它是使爲政者獲得多數選票的非常重要的手段。它不授予立法機構以只有在危急時期才能行使的無限大權，而是讓它擁有每天都可行使的適度的常規權力。如果授予的權力不夠大，則雖然便於行使，但也容易濫用。

因此，我覺得美國人之所以不讓政治法院作刑事判決，與其說是爲了防止立法暴政本身，不如說是爲了防止立法暴政產生最可怕的後果。總而言之，我不知道我可不可以說美國實行的政治審判，是多數迄今掌握過的武器中的最強大武器。

當美國的共和政體開始衰敗的時候，我認爲人們可以不難檢驗我的說法，因爲只要看一看政治審判的數量是否增加就可以了。（M）

◆本章注釋◆

【1】在英國，貴族院也組織受理某些民事案件的最高上訴法院。見布萊克斯通著作第三卷第四章（《英國法釋義》第三卷第五十七頁（倫敦，一八〇九年））。

【2】《不列顛論叢》（巴黎，一八四三年）中所載布賴爾利：《英國法律》，對英國的司法制度作了簡明扼要的分析。關於「彈劾」案件的訴訟，可參閱奧格和雷：《美國政府概論》（紐約，一九四八年第九版）。關於法國的這類問題，可閱讀第四共和國憲法第四十二條、第五十五—五十九條，以及巴泰勒米：《憲法論》（巴黎，一九三三年）第八六七頁及以下幾頁。——法文版編者

【3】不能罷免一個官員，但能剝奪他的發號施令權。

【4】第一章第二條第八項。

【5】參看伊利諾州、緬因州、康乃狄克州和喬治亞州的憲法。

第八章 聯邦憲法

以上，我敘述了各自作爲一個單獨整體的各州，講解了各州人民採用的不同機構和他們擁有的行動手段。但是，被我作爲獨立體考察的各州，在某些情況下必須服從一個最高的當局。現在，我就來考察授予聯邦政府的這部分主權，並一瞥聯邦的憲法[1]。

聯邦憲法的歷史[2]

第一個聯邦的起源——它的弱點——國會向制憲權呼籲——從向制憲權呼籲到公布新憲法用了兩年時間。

在上一個世紀末同時擺脫英國羈絆的十三個殖民地，正如我已經說過的，具有相同的宗教、相同的語言、相同的民情和幾乎相同的法律，並與共同的敵人進行鬥爭，因而可以說有強大的理由使它們彼此聯合起來，結爲一個單一的獨立國家。

但是，由於它們一開始就各自單獨存在，擁有獨自管理的政府，所以各自形成了自己特有的利益和習慣，對於會使它們各自重要性消失於全體重要性中的堅固而完整的聯合表示反感。因此，出現了兩個互相對立的趨勢：一個趨勢把英裔美國人推向聯合，而另一個趨勢則把他們推向分裂。

只要與母國的戰爭繼續下去，現實的必要性就會使聯合的原則勝利。雖然最初建立這種聯合的法律還有缺陷，但共同的紐帶卻不顧這些缺陷而繼續存在[3]。

但自締結和約以後，最初立法的缺點便立即暴露出來：國家好像一下子就解體了。每個殖民地都成了一個獨立共和國，都要求享有完全的主權。邦聯政府被它的憲法弄得軟弱無力，不再有共同的危險感作爲它的支柱，眼看著船舶上懸掛的國旗被歐洲大國凌辱而毫無辦法，而且當時也沒有足夠的力量去對付印第安人和支付獨立戰爭時期所舉債款的利息。在邦聯政府就要毀滅時，它正式聲明自己無能爲力，並向制憲權呼籲[4]。

如果說美國有一時期曾達到使它的居民一直向我們顯示其自豪的想像力的榮譽頂點，那正是在國家權力可以說是自動放棄統治權的最高潮時期。

在任何時代，都可以看到一個民族爲爭取獨立而進行堅強鬥爭的壯觀，何況美國人爲擺脫英國人的羈絆所做的努力又被過分誇大。美國隔著大洋，距敵人一千三百里約〔三千八百英里〕，又有一個強大的同盟者支持。它之所以能夠堅持到勝利，主要是由於它的地理位置，其次才是由於它的軍隊士氣或公民愛國心。美國的獨立戰爭怎麼比得上法國大革命的戰爭呢？或美國人的努力怎麼比得上法國爲抵抗全歐的進攻所做的努力呢？在法國抵抗全歐的進攻時，它沒有錢，無處舉債，沒有同盟者，投入二十分之一的人力去迎敵，用一隻手去撲滅國內燃起的大火，用另一隻手在國外揮舞火炬。但是，看到一個偉大的民族在立法者通知他們政府的車輪已經停止運轉後，仍能穩穩當當、不慌不忙進行自省，深入檢查故障的原因，足足用了兩年時間去尋找醫治辦法，而在找到醫治辦法時又能不流一滴淚、不流一滴血地自願服從它，倒使人覺得這是社會歷史上的一件新事。

當他們覺得第一部聯邦憲法有缺點時，昔日鼓舞他們起來革命的那股政治激情只是部分地消沉下去，而且制定憲法的所有偉大人物仍然健在。這對美國來說是兩件幸事。負責起草第二部憲法的制憲會議雖然人數很少[5]，但卻薈萃了新大陸當時最精明、最高尚的人物，而喬治·華盛頓就是它的主席。

這個全國委員會經過長期的深思熟慮，終於建議人民接受至今仍然治理著美國的那部基本大法[6]。所有的州都相繼接受了它[7]。經過兩年空白時期，新的聯邦政府於一七八九年開始工作。因此，美國革命結束之際，正是法國大革命開始之時。

聯邦憲法概要

聯邦當局與州當局間的權力劃分——州政府以制定普通法為常規——而聯邦政府以制定普通法為例外。

美國人面臨的第一個難題，就是將主權劃分得既能使組成聯邦的各州繼續在一切與本州的繁榮有關的事務上管理自己，又能使聯邦所代表的全國政府仍然是一個整體和滿足全國性的需要。這是一個複雜而又難以解決的問題。

要想事先用一個準確而又全面的方法，把分享主權的兩個政府的許可權劃分開來，那是不可能的。

誰能預見一個國家的一切生活細節呢？

聯邦政府的義務和權利是簡單而又容易界定的，因爲聯邦的結成就是以解決某些全國性的重大需要爲目的的；而各州政府的義務和權利就複雜了，因爲州政府深入到了社會生活的一切細節。因此，當時對聯邦政府的職權能夠做出明確的規定，並宣布凡規定中沒有包括的事項均屬州政府的職權。結果，州政府以制定普通法爲常規，而聯邦政府以制定普通法爲例外[8]。

還應指出，在任何情況下，聯邦憲法都未授予國會以決定某些問題的特權，而各州在國會認爲合適時，卻可以有這項權利。例如，國會雖有權制定關於破產的普通法，每個州亦可制定自己的破產法，但要在提交法院立案前經過討論才能制定。這是一項法律程序（後來，一八九八年國會制定過聯邦破產法）。

但是，當時就曾預見到，實際上有些問題可能不在爲這個例外的政府明確規定的職權範圍內，而任其由各州自設的普通法院去解決又會有危險，因而設了一個聯邦最高法院[9]。這是一個獨一無二的法院，而在兩種互相競爭的政府之間維護憲法規定的分權，則正是它的職權之一[10]。

聯邦政府的職權

授予聯邦政府的媾和、宣戰和徵收一般賦稅的權力——它可以管轄的內政事務——聯邦政府在某些方面比舊法蘭西王國的國王政府還要集權。

在人民之間，每個人民只是一個個人；而一個國家爲了便於聯合對外，則特別需要一個統一的政府。

因此，聯邦政府被授予媾和、宣戰、締結商約、徵集軍隊和籌建艦隊的專權[11]。

在指導社會的內部事務方面，並不如此迫切需要一個全國政府。

儘管如此，還是有一些與全國利益有關的問題，只有交給一個最高當局才能得到有效的處理。因此，聯邦政府被授予和貨幣價值有關的一切事務的決定權，管理全國的郵政，有權敷設將全國各部分連接起來的交通幹線[12]。

一般說來，各州政府在本州境內是自主的。但是，它可能濫用這種獨立，並因措施莽撞而危害全聯邦的安全。在發生這種罕見的情況時，事先就有明文規定，准許聯邦政府干預州的內部事務[13]。因此，加入聯邦的各州雖然有權修改或改訂自己的立法，但不准制定追究既往的法律，不得在本州內組織貴族集團[14]。

最後，爲使聯邦政府能夠清償其所負債務，而賦予它以不受限制的徵稅權[15]。

當留心考察聯邦憲法規定的分權制度時，即一方面考察分給各州的那部分主權，另一方面考察聯邦留有的那部分大權時，不難發現聯邦的立法者都對我前面提出的政府集權具有十分明確和合理的認識。

美國不僅是一個共和國，而且是一個聯邦。但是在美國，國家權威在某些方面甚至比當時歐洲一些君主專制大國還要集權。我這裡只舉兩個例子。

法國共有十三個最高法院，它們絕大部分有權解釋法律，而且不准上訴。另外，一些稱爲「國中國」（pays d'Etat）的省分，在負責代表國家的最高當局制定稅法時，有權拒絕和最高當局合作。

而在美國，正像只有一個立法機構可以立法一樣，只有一個法院可以解釋法律。因此，在這兩個主要點上，美國比舊法蘭西王國還要集權，但美國只是聯合了數個共和國——州的集合體。

在西班牙，某些省分有權制定本省的稅法，而這項權力按其本質來說是屬於國家的。

在美國，只有國會有權調整各州之間的商業關係。因此，在這一點上，聯邦政府比西班牙王國還要集權。

不錯，在法國和西班牙，王權總是能在必要的時候憑藉武力做到根據王國憲法它無權去做的事情。雖然從結果上來說是一樣的，但我在這裡講的是理論。

聯邦權

知道聯邦政府的明確活動範圍之後，就該研究一下它是如何活動的。

立法權

立法機構分爲兩支——兩院的建立方式不同——州獨立的原則在建立參議院方面獲勝——國家主權學說在組建眾議院方面占上風——憲法只在國家初建時合乎邏輯，由此產生的獨特效果。

在組建聯邦的權力機關時，許多方面都遵循了各州憲法早已定下的制度。聯邦政府的立法機構由參議院和眾議院構成。

調和的精神，使這兩個議院得以按照不同的原則組成。

我已在前面指出，在起草聯邦憲法時，曾面對著兩種互相對立的利益。這兩種利益產生了兩種意見。

一些人想把聯邦建成一個各州保持獨立的聯盟，或一種召集各州代表在一起討論與共同利益有關的某些問題的大會。

另一些人想把美洲各殖民地的全體居民聯合成爲一個單一的國家，給他們建立一個即使權力範圍有限，但能在這個範圍內作爲國家唯一單獨的代表而活動的政府。這兩種理論的實踐結果，將是不大相同的。

比如說，如果所建立的是一個聯盟，而不是一個全國政府，則法律的制定將決定於州的多數票，而不決定於聯邦人民的多數票，因爲每個州不論大小，那時都將保留自己的獨立政權的特點，並以完全平等的資格參加聯邦。

而如果把全體美國居民組成單一的國家，則法律的制定當然只決定於公民的多數票。可以想見，一些較小的州如同意實行這種主張，就得在涉及聯邦主權時完全放棄自己的獨立存在，由和聯邦完全平等的政權變為一個大國的微不足道部分。前一種辦法會把它們交給一個不合理政權，而後一種辦法又會把它們吞掉。

在這兩種局面下，即當利害與理論發生對立時，理論總是服從現實。最後，立法者採取了一種折衷辦法，將理論上不可調和的兩種制度強行調和起來。

州獨立的原則在組建參議院方面取勝，而國家主權學說則在組建眾議院方面占上風。

每個州都向國會選派兩名參議員，而眾議院的議員人數則按人口比例規定[16]。

根據這樣的規定，現在紐約州有四十名眾議員，但只有兩名參議員；而德拉瓦州有兩名參議員，但只有一名眾議員。因此，德拉瓦州與紐約州在參議院平等；而在眾議院，紐約州的影響是德拉瓦州的四十倍。因此，如控制參議院的多數票，就會使眾議院的多數票無能為力，而這是與立憲政府的精神背道而馳的。

這一切清晰地表現，要在參議院和眾議院之間合乎邏輯地和合理地將立法工作的各個部分聯結起來是多麼複雜和困難[17]。

隨著時間的推移，在同一個國家裡，總會產生不同的利益，總會出現各式各樣的權利。當它後來要制定憲法的時候，這些利益和權利就會互相對立，成為任何一項政治原則達到其一切效果的自然障礙。因此，只有在社會的初建時期，法律才能完全合乎邏輯。當你看到一個國家享有這種好處時，請你不要忙於下結論，說它是明智的，而應當想到它還年輕。

在聯邦憲法制定後的一段時期，英裔美國人之間仍存在著相互截然對立的兩種利益：各州的獨自利益和聯邦的全國利益。必須使這兩種利益調和。

但是應當承認，聯邦憲法的這一部分至今並未產生人們最初曾經擔心的不良後果。各州都還很年輕，彼此關係密切，有同樣的民情、觀念和需要。因大小或強弱造成的差距，還不足以使它們的利益過於懸殊。因此，從未見過幾個小州在參議院聯合起來反對大州的提案。而且，表達全國意志的法律條文具有不可抗拒的力量，以致面對眾議院的多數表決，參議院亦無力反駁。

此外，也不要忘記，美國的立法機構只代表人民立法，而沒有將人民組成一個單一國家的任務。聯邦憲法當初的目的，並不是取消各州的獨立存在，而只是縮小這種存在的範圍。因此，立法機構在向第二級政權下放一項實權（而且不能再收回來）時，事先就放棄了強制它們服從多數表決的意志的習慣做法。有了這項規定，各州的影響力之進入聯邦政府機器，就沒有什麼反常的了。這只是確認既成事實，即對已被承認的權力只能扶持，而不能壓制。

參議院與眾議院的其他差別

參議員由州立法機關提名選舉——眾議員由人民提名選出——對參議院實行二級複選[18]——對眾議員實行一次選舉——兩種議員的不同任期——職權。

參議院與眾議院的不同，不僅表現在代表制度的原則方面，而且表現在選舉方式、議員任期和職權差異方面。

眾議院由人民提名選出，參議院由各州的立法機構提名選出。一個是直接選舉的結果，另一個經兩個階段選舉產生。

眾議員的任期只有兩年，而參議員的任期爲六年。

眾議院只有立法權，它所分享的司法權只限於對公職人員的彈劾[19]。參議院協助立法工作，審理眾議院向它起訴的政治罪案件。它同時也是全國的最高執行機構，總統締結的條約經它批准才能生效。總統提出的法案和所作的任命，也須經這個院的同意才能最後生效[20]。

行政權[21]

總統的依靠——總統的選舉和責任——總統在其職權範圍內的自由——參議院只監察總統，而不指導總統——總統的薪俸在就職時規定——擱置否決權。

美國的立法者當時面臨的一項難以完成的任務，就是要創設一種既依靠多數，又有足夠的力量在自己的職權範圍內自由行事的行政權。

爲維護共和制度，要求行政權的代表服從全國人民的意志。

總統是經選舉產生的最高行政官。他的榮譽，他的財產，他的自由，他的生命，不斷地要求他以正確行使自己的權力報答人民。而且他在行使這項權力的時候，並不是完全獨立的：參議院既在監督他與外國的關係，又在監督他如何用人，所以他既不能自行腐化，又不能被人腐化。

聯邦的立法者們看到，如果賦予行政權的穩定性和力量不大於各州所給予它的穩定性和力量，行政權便不能嚴肅而有效地完成自己的任務。

總統任期四年，連選時可以連任。為了將來能夠連任，他會熱心為公共福利工作和設法使其實現。

憲法規定總統是聯邦行政權獨一無二的代表，並防止他的意志從屬於一個委員會的意志，因為這是一種既會削弱政府行動，又會降低執政者責任的危險做法。參議院有權使總統的某些法令無效，但不能強迫總統採取行動和與總統分享行政權。

立法機構對行政權採取的行動可能是直接的，但我們方才已經說過，美國人總是設法不這樣做。這種行動也可能是間接的。

比如說，兩院有權取消公職人員的薪俸，以此剝奪他們的一部分獨立；而兩院作為法律的主要制定者，又在使公職人員經常擔心兩院會逐漸將總統依照憲法授予他們的那部分權力拿走。

行政權的這種受制性，是共和制度固有的欠缺之一。美國人一直未能破壞立法機構想要控制政府的趨勢，但他們卻使這種趨勢變得不那樣不可抗拒。

總統的薪俸在任職之初即被規定下來，而且是對他的整個任職期規定的。此外，總統還有擱置否決權作為他的武器，這種否決權可以使他不讓那些可能損害憲法授予他的獨立性的法律獲得通過。但這也只能在總統與立法機構之間出現不平等的鬥爭，因爲立法機構如要堅持它的方案，總可以戰勝總統的抵抗，但擱置否決權至少可以迫使立法機構重新考慮它的提案，而且在重新審議議案時必須有三分之二的多數支持才能通過。此外，擱置否決權也是向人民提出的一項呼籲。這樣，使沒有這項保障就可能暗中受到壓迫的行政權可以提出申辯，讓人民聽取它的理由。但是，如果立法機構仍然堅持它的提案，它總能戰勝對它的抵制嗎？對此，我的回答是：任何國家的憲法，不管它的性質如何，都要求立法者必須依靠公民的良知和德行。這一點，在共和國比較容易實行和被人看到，而在君主國則比較難於實行，並且總是被精心掩蓋起來。但是，這一點一定只是存在於某一方面。沒有一個國家的法律能夠預先定出一切，沒有一個國家的制度能夠代替理性和民情。

美國總統的地位在哪些地方與法國的立憲國王不同[22]

在美國，行政權像其所代表的國家主權一樣，是有限的和例外的——在法國，行政權像國家主權一樣，可以擴及一切事務——國王是立法者之一——總統只是法律的執行者——兩種權力的任期產生的其他差異——總統被束縛在行政權的範圍內——國王在這方面是自由的——儘管有此種種不同，但法國更近似共和國，而美國更近似君主國——比較兩國依附於行政權的官員人數。

行政權對國家命運所起的作用甚大，所以我必須先在這裡詳細討論一下它在美國占有什麼地位。爲了對美國總統的地位有個清晰明確的概念，最好拿美國總統的地位與歐洲的一個立憲君主國國王的地位作一比較。

在進行這種對比時，我不太重視權力的外在標誌，因爲這種標誌容易轉移研究者的視線，對研究者很少有引導作用。

當一個君主國逐漸變爲共和國的時候，王權雖已實際上消失了很久，但行政權仍使國王保留著頭銜、榮譽，甚至財富。英國人斬了一位國王的首級，把另一位國王從寶座上攆走以後，依然習慣於跪著對這些君主的繼承人談話。

另一方面，當一些共和國落到一個獨夫控制之下時，這個獨裁者卻依然能生活儉樸，不尚虛榮，作風謙遜，好像自己並未處於萬人之上。當皇帝們大權在握，對其同胞的財產和生存進行專橫統治時，人民在談話中稱他們爲凱撒，而他們本人卻又能屈尊到朋友家裡作客。

因此，應當揭開面紗，深入到內部。

在美國，主權由聯邦和各州分享；而在法國，主權是一個整體，不能分割。我認爲，美國總統與法國國王最大、最主要的不同即由此而來。

在美國，行政權像其所代表的國家主權一樣，是有限的和例外的；而在法國，行政權像國家主權一樣，可以擴及一切事務。

美國人有一個聯邦政府，而法國人則有一個全國政府。

這就是由此自然產生的美國總統地位不如法國國王地位的第一個原因，但還不是唯一原因。第二個重要原因，是兩者所代表的主權內涵不同。確切地說，可以把主權定義爲制定法律的許可權。

在法國，國王實際上是主權的化身，因爲法律不經他批准就不能生效。同時，他也是法律的執行者。

美國總統雖然也是法律的執行者，但他並不實際參加立法工作，因爲他不同意並不妨礙法律的存在。因此，他絕不是主權的化身，而只是主權的代理人。

在法國，國王不僅是主權的化身，而且也參加立法機構，從其中得到一份權力。他參加國會的一個議院的議員提名，並能以自己的意志終止另一個議院議員的任期。美國總統不參加立法機構的組建工作，也不能解散立法機構。

國王與國會分享法律的提案權。

總統卻沒有這樣的提案權。

國王在國會的兩院中各有其一定人數的代表，這些代表在國會中解釋他的觀點，支持他的意見，使他的施政綱領獲勝。

總統不能成爲國會的議員，他的閣僚也和他一樣，均被排除在國會之外。他只能透過間接的辦法使自己的影響和意見進入國會這個大衙門。

因此，法國的國王與立法機構處於平等地位，立法機構沒有國王不能活動，而國王離開立法機構也不能活動。

而總統就像一個低級的和從屬的權力，被置於立法機構之外。

在所說的行政權上，總統的地位似乎與法國國王的地位很接近。但即使在行使這項權力的時候，總統也由於地位低下等重要原因而屈辱。

首先，法國國王的權力在任期上就優越於美國總統的權力。要知道，任期是權力的一項重要因素。人們只對將長期存在的東西表示愛戴和敬畏。

美國總統是一個選任四年的行政官，而法國國王則是一個世襲的君主。

美國總統在行使行政權時，自始至終受到一種嫉妒性的監督。他可以締結但不能批准條約，他可以提名但不能直接任命官員[23]。

法國國王在行政權方面是絕對主人。

美國總統對自己的行動負責，法國法律規定國王的人身是不可侵犯的。

當然，不管是法國國王，還是美國總統，都要受到作爲一種指導力量的輿論的影響。這個力量在法國不如在美國那樣明顯，未全被人公認，沒有正式寫在法律裡面，但這種力量確實在法國發生著作用。這種力量，在美國透過選舉和法院判決發生作用，在法國透過革命發生作用。儘管兩國的憲法不同，但有一點在兩國是相同的，即輿論實際上都是具有統治作用的力量。因此，說到底，法律的原動力在兩國都是一樣的，儘管這個原動力在兩國的發展有過於自由和不夠自由之別，而發展的結果又總是有所不同。從本性來說，這個原動力實質上是共和主義的。所以我認爲，擁有國王的法國近似共和國，甚於擁有總統的美國近似君主國。

在以上的敘述中，我只是著重指出了主要的不同點。如果我要深入到細節，則對比的結果還會更加驚人。但是，這已經說得過長了，而我本來還想簡短說的。

我已經指出，美國總統的權力只限於在其擁有的那部分主權內行使，而法國國王的權力則在全部主權的範圍內行使。

我可以證明，儘管法國國王的統治權已經大得驚人，並透過無數管道深入到管理私人利益，但他在行使這項權力時又超過了其自然極限。

除了國王統治權的這個影響之外，我還能指出任用大批公職人員所帶來的後果。這些公職人員，幾乎都是代替國王行使行政權的。現在，法國公職人員的總數已超過以往任何時期，高達十三萬八千人[24]，應把其中的每個人都視爲權力的分子。美國總統沒有任用公職人員的專權，而且任用的人數沒有超過一萬兩千人[25]。

可使行政權影響增強的偶然原因[26]

美國享有的對外安全——觀望政策——爲數六千人的軍隊——僅有幾艘軍艦——總統雖擁有大權，但無行使機會——有行使機會時，總統也很軟弱。

如果說美國的行政權不如法國的強大，則它的原因與其說在於法律，不如說在於環境。

一個國家行使行政權的技巧和力量的機會，主要在它和外國打交道的時候。

如果美國的生存不斷受到威脅，如果它的重大利益每天都與其他大國的利益交織，則行政權的威望將隨著人們對它的期待和它自己的作爲而增高。

不錯，美國總統是軍隊的統帥，但這支軍隊只有六千名士兵。他也指揮艦隊，但這支艦隊只有幾艘軍艦。他主管聯邦與外國的往來事務，但美國沒有鄰國。它與世界的其餘大洲隔著汪洋大海，獨霸海洋的欲望還不太強。它沒有敵人，它的利益只是偶爾和地球上其他國家的利益衝突。

美國總統掌握的大權幾乎近於王權，但沒有應用的機會。他擁有的許可權，至今也只能在極其有限的範圍內行使。法律容許他強大，但環境使他軟弱無力。

法國的情況與此不同，法國王權的巨大力量，來自環境的多於來自法律的。

在法國，行政權不斷與巨大的障礙進行鬥爭，並有強大的手段去克服這些障礙。它用不著修改憲法，就能因它所處理的事務的廣泛性和它所主管的事件的重要性，而增加自己的力量。

假如法律使它也像在美國那樣軟弱無力和限制重重，它的影響不久也會因環境而大大加強。

美國總統為了領導國務工作何以不需要在兩院取得多數

一個立憲君主的意見如遭作爲立法機構的兩院反對，他就不能進行統治，這在歐洲已成定論。但是大家知道，美國有好幾位總統曾在立法機構失去多數，但並未被迫放棄權力，也未給社會造成嚴重的災難。

我聽到有人引用這個事實來證明美國行政權是獨立的和有力量的。但是，只要深思片刻，我們就會發現情況恰恰相反，這個事實只能證明美國的行政權是軟弱無力的[27]。

歐洲的一位國王，需要得到立法機構的支援來實現憲法賦予他的廣大無邊的任務。歐洲的立憲君主不單純是法律的執行者，他們還要設法使法律的執行完全符合自己的意志，而如果法律有反對他們之處，他們可以使法律失效。國王需要國會制定法律，而國會則需要國王執行法律。這兩個權力機關彼此缺了對方都不能生存，一旦雙方失和，政府的車輪就要停止轉動。

在美國，總統無權阻止法律的制定，他也不能回避執行法律的義務。他誠摯熱心的合作，對於政府工作的推行無疑是有用的，但也並非絕不可少。他的一切重要工作，都直接或間接受到立法機構的控制；而在他能夠完全擺脫立法機構的控制時，他也幾乎做不成什麼。因此，使他能夠與立法機構作對的，只是他的軟弱，而非他的力量。

在歐洲，國王與國會必須和睦相處，因爲兩者之間發生衝突可能是嚴重的；而在美國，這種和睦並非絕不可少，因爲不可能發生鬥爭。

總統的選舉

總統選舉制度的危險隨行政大權擴大而增加——美國人之所以能夠接受這種制度，是因爲他們可以不需要強大的行政權——環境爲什麼有利於建立選舉制度——總統的改選何以不會改變政府的原則——總統的改選對下屬官員仕途的影響。

一個大國採用選舉行政權首腦的制度，其危險已爲經驗和歷史學家所充分證明。因此，我想就美國談一談這種危險。

人們所擔心的選舉制度產生的危險，因行政權所占的地位及其在國家中的重要性，以及選舉方式和國家的當時環境而有大有小。

人們不無理由地譴責國家首腦選舉制度的論據，是說這種制度對於野心家具有非常吸引人的誘惑力，十分強烈地激發野心家去爭權奪利，以致合法的手段往往不能滿足他們的需要，而當權力將離開他們時，他們就要訴諸武力。

顯而易見，行政權越大，誘惑力也就越大；覬覦者的野心越強烈，就越有二流的野心家來支持他，因爲這群二流野心家希望在他們的候選人獲勝後分享權力。

因此，選舉制度的危險將隨行政權對國家事務的影響加強而正比例地增加。

波蘭的歷次革命不僅應當歸因於一般選舉制度，而且應當歸因於當選的官員成了一個大君主國的首腦。

可見，在討論選舉制度的絕對好處之前，總有一個先決問題需要解決，即了解一下打算採用選舉制度的國家的地理位置、法律、習慣、國情和民意，是否允許在這個國家建立一個軟弱而又受制約的行政權，因爲在我看來，既想讓國家的代表人擁有強大的權力，又想由選舉產生這個代表人，這是在表達兩種互相對立的意願。據我所知，要使世襲的王權過渡到民選政體，只有一個可行的辦法，那就是先限制王權的活動範圍，再逐漸取消它的特權，然後使人民一步一步地習慣於沒有王權的幫助也能過活。但是，歐洲的共和主義者們從來沒有這樣想過。他們當中的許多人之所以憎恨暴政，只是因爲他們受到暴政的欺凌。行政權的擴大並未使他們受到損害，他們只攻擊暴政的起因，而沒有察覺把這兩者聯繫起來的緊密關係。

至今還沒有見到一個人甘願冒著榮譽和生命的風險去爭當美國總統，因爲總統的職位是暫時的，且受限制和制約。賭場上必須有大注，絕望的賭徒才能孤注一擲。至今還沒有一個候選人能夠激起人民的熱烈同情和過激情感去支持他。原因很簡單：因爲他當上政府首腦後，只能使他的朋友們分享到一點權力、財富和榮譽，而且他在國內的影響很小，不足以在他當權時左右本派人的事業成敗。

世襲君主政體有一個巨大好處：一個家族的個體利益與國家利益永遠密切相關，所以一時一刻也不會置國家利益於不顧。我不談這種君主國的事務主持得是不是好於共和國，但是不管好壞，它總有一個人在盡力主持。

而在選舉首腦的國家，一臨近選舉，甚至在選舉前的一段時間，政府的車輪就仿佛自行停止轉動了。不錯，可以制定適當的法律，使選舉加速進行和立即進行完畢，即不讓行政權出現空位；但是，即使如此預防，人們也不會理解立法者之苦心，而仍認爲行政權處於空位。

一臨近選舉，行政權的首腦只考慮即將開始的鬥爭。他不再前進，他不會提出任何新的企劃，而只會懶洋洋地處理那些也許將由另一個人來結束的工作。傑弗遜總統於一八〇九年一月二十一日（選舉前六個星期）寫道：「現在，我已如此接近我的退職期限，以致我可以不再參加實際工作，而只提出我的建議。我覺得，讓我的後任主動採取他將實行和要負責的措施，是正當的。」〔這段話出自傑弗遜致詹姆斯・門羅的一封信，見《傑弗遜文集》第九卷第二四三頁（紐約，一八九八年）〕。

而在全國，人們的目光都集中於一點：瞪眼看著行將開始的分娩的陣痛。

如果行政權管理國務的範圍越大，它的經常活動越多和越有必要，則由此產生的危險也越嚴重。在一個已經習慣於受行政權統治或往好處說是治理的國家，選舉必然造成一次激烈的震動。

在美國，行政權的行使可以慢慢呑呑而不受譴責，因爲這種行爲本來就是軟弱無力和受到重重限制的。

當政府首腦是由選舉產生時，幾乎總要在國家的內外政策方面出現一段不穩定時期。這就是此種制度的主要弊端之一。

而且，這一弊端的嚴重程度，並跟授予當選首腦的權力的大小成正比。在古羅馬，儘管執政官每年一換，但政府的工作原則始終不變，因爲元老院掌握著指導權，而且元老院是世襲機構。在歐洲的大多數君主國，如果國王是選舉的，則在每次進行新選舉時，王國都要改變面貌。

在美國，總統雖對國務有相當大的影響，但他並不主持國務，壓倒一切的權力掌握在代表全國人民的議員之手。因此，能夠改變政治準則的是全國人民，而不是總統個人。結果，選舉行政權首腦的制度，在美國也就沒有對政府的穩定性發生極爲不利的影響。

但是，缺乏穩定性畢竟是選舉制度的一個固有缺點，以致在總統本來就已夠小的活動範圍內，這個欠缺仍然表現得十分明顯。

美國人想得很對，行政權的首腦爲了履行職務和承擔全部責任的重擔，應有充分的自由去親自挑選下屬和隨意撤免他們，而立法機構主要應當監督而不是指導總統，但由此產生的結果卻是：一進行新的選舉，全體聯邦官員的命運就好像處於懸而不決之中。

在歐洲的立憲君主國，人們抱怨行政機關的小小職員的命運經常決定於大臣們的命運。在選舉政府首腦的國家，這種情況更爲嚴重。其原因很簡單：在立憲君主國，接任的大臣很快就能上任，而行政權的主要代表並未改變，改革活動亦有一定範圍。因此，這種國家的行政權的變化主要表現在枝微末節方面，而不表現在原則方面。在這裡，不是用一種制度去驟然代替另一種制度，因而不致引起一場革命。而在美國，卻是每隔四年依法進行這樣的革命。

至於說這種立法自然會給個人造成的不幸，我們應當承認官員命運的不固定性在美國還未產生在別處出現的災難。在美國，尋找自食其力的生活出路容易得像丟掉官職一樣。雖然丟官後有時會過不上舒適生活，但絕不會由此失去謀生之道。

我在本節開頭說過，以選舉方式產生行政權首腦的危險的大小，因採用這一制度的國家所處的環境而有不同。

儘管行政權的範圍受到限制，它在法律上的地位不夠強大，但它對國家的對外政策卻有極大的影響，因為除非由一個人經手，談判就無法開始和順利進行。

一個國家的形勢越是不定和艱難，它便越是需要一項首尾一貫的堅定對外政策。這樣，對國家首腦採用選舉制度，也會更加危險。

美國人對全世界的政策是簡單的，幾乎可以說別人不需要他們，他們不需要別人。他們的獨立從未受到威脅。

因此，在他們那裡，行政權的職能既受環境的限制，又受法律的限制。總統可以經常改變他的觀點，但國家不會由此遭殃和毀滅。

不管行政權首腦如何選舉，選舉之前和選舉時期，總是全國的驟變時期。

一個國家的內憂越大，它的外患也就越大，而這時的危機對國家更有危險。歐洲的國家每逢產生新首腦的時候，很少不為被人征服和陷入無政府狀態而擔憂。

在美國，社會被組織得不需要幫助即能自立。美國從來沒有遇到過外患。它的總統選舉是鼓舞人心的大事，而非導致毀滅的舉動。

選舉方式[28]

美國的立法者在選擇選舉方式時表現的才幹——建立一種獨特的選舉團——這些獨特的選舉分別投票——眾議院在什麼情況下應召去選舉總統——自現行憲法生效以來十二次選舉概要。

除了固有的危險之外，還有許多來自選舉方式，但經立法者留意即可預防的危險。

當全國人民攜帶武裝到公共場所去選他們的首腦時，除了有選舉制度本身存在的危險之外，還特別有這種選舉方式產生的內戰的危險。

當波蘭的法律容許國王的選舉可為一個獨夫所否決時，這項法律就等於在唆使人們去殺掉這個獨夫，或預先規定了無政府狀態。

隨著深入研究美國的制度和仔細考察這個國家的政治與經濟狀況，我們發現人們在那裡的發跡與他們的能力是極其一致的。美國是一個新興的國家，但其人民很久以前就已習慣於自由：這是其內部秩序得以維持的兩個主要原因。而且，美國絕不擔心有人來征服它。美國的立法者得益於這些有利條件，因而不難創立一個軟弱而有依附性的行政權，使他們在創立行政權時既能採用選舉制度，而又不致帶來危險。

剩下來他們要做的，只是從不同的選舉制度中選擇危險性最小的制度，使在這方面規定的準則恰合本國的自然條件和政治制度所提供的保障。

首先需要解決的問題，是找到一種能夠充分表達人民的眞正意志，不致過於激發人民的情感，並使他們儘量減少政權空位感的選舉方式。首先，他們採用了以簡單多數通過法律的辦法。但這還是一件很難的事情，因爲人們爲了獲得這個多數並不害怕拖延時間，而拖延時間正是立法者想要避免的。

事實上，在一個大國進行選舉時，很少有人能在第一輪投票即獲得多數。在由地方勢力非常發達和強大的數州聯合而成的共和國中，這種困難更大。

爲了排除這第二個障礙而提出的辦法，是將全國人民的選舉權委任給一個代表全國人民的機構。

這種選舉方式，爲多數的形成增加了機會，因爲選舉人越少，意見越容易趨於一致。這種辦法也便於人們作出良好的選擇。

然而，是應當把選舉權委託給本身代表全國人民的立法機構呢？還是需要成立一個以選舉總統爲唯一目的的選舉團呢？

美國人選擇了後一種辦法。美國人認爲，讓那些被推選去制定普通法的人再負責選舉全國的首席行政官，只能不全面地代表民意；另外，他們當選爲議員已經超過一年，而他們所代表的選民這時可能改變了主意。美國人斷定，如委託立法機構選舉行政權的首腦，議員們會在選舉前的一段長時間內受賄和參與陰謀活動；而這些特別選舉人也會像大陪審團的成員一樣，混跡於群眾之中，不爲人所知，甚至他們在應當行動時才出面，只用上幾分鐘時間投投票而已。

因此，決定每州提出一定名額的選舉人[29]，委託他們去選舉總統。但是，正如前面所述，實行選舉制的國家的這種負責選舉政府首腦的團體，不可避免地要成爲爭吵和陰謀的中心。它有時會篡奪不屬於它的權力；而它的議而不決和隨之而來的爭吵不休，有時又會把國家拖到破產的邊緣。於是美國人決定，讓選舉人在同一天投票，而不必把他們召集在一起開會[30]。

這種兩階段選舉方式有助於產生多數，但不能保證一定產生多數，因爲正像這些選舉人的委託人可能意見分歧一樣，這些選舉人也可能意見分歧。

在這種情況下，就需要從下述三種辦法中任取其一：重新指定選舉人，由原來的選舉人再次協商，或交給另一個權力當局去選舉。

前兩種辦法除不夠可靠外，還會拖延時間，必然帶來無盡無休的可怕爭吵。

因此，他們採用了第三種辦法，規定將選票密封送交參議院議長，在一個指定的日子，當著參議員和眾議員的面開封計票。如果沒有一個候選人獲得多數，則由眾議院直接選舉總統，但爲眾議院規定了權力範圍。眾議員只能從原來得票最多的三個候選人當中選定一個人爲總統[31]。

正如大家已經看到的，只是在極少數和很難預見的情況下，才把選舉總統的工作交給眾議員去執行，而且他們只能從已爲特別選舉人的強有力多數指定的人當中選定一人爲總統。這是一種很好的權宜辦法，它把人民的意志應當受到尊敬，和迅速進行選舉和國家利益不受破壞協調起來了。此外，讓眾議員分享權力去解決問題，也不一定能夠解決一切難題，因爲在眾議院能否獲得多數仍有疑問，而且憲法對此沒有提供補救辦法。不過，由於規定了必備的候選人資格，把候選人限定爲三人，讓一個擺脫偏見的機構去選定，所以這種辦法排除了它本來只有某種可能克服的一切障礙[32]。至於其他一些障礙，則是選舉制度本身所固有的了。

自聯邦憲法生效四十四年以來，其間美國已選過十二次總統[33]。有十次是由各州的特別選舉人在本州投票後便選出的。眾議院只行使過兩次它可以分享的這種特殊權力：第一次是在一八〇一年選舉傑弗遜先生，第二次是在一八二五年選舉昆西・亞當斯先生。

選舉是緊急時期

可把選舉總統的時期看作全國的緊急時期——爲什麼——人民的激情——總統的憂慮——選舉熱潮之後的平靜。

我已講過哪些有利環境促使美國採用選舉首腦的制度，並指出立法機構爲消除這種制度的危險而採取的預防措施。美國人已經習慣於舉行各式各樣的選舉。經驗使他們學會允許熱潮發展到什麼程度和在什麼地步阻止它發展。美國的幅員遼闊和居民分散，使政黨間之衝突不像在其他國家那樣明顯和具有破壞性。全國在選舉時形成的政治環境，至今還未引起過任何眞正的危險。

但是，仍可把美國選舉總統的時期看作全國的緊急時期。

總統對選舉進程的影響，毫無疑問是微小和間接的，但這個影響可以擴及全國。總統的選舉對每個公民可能無關緊要，但對全體公民卻十分重要。要知道，一項利益不管怎樣微不足道，但當它一旦成爲普遍利益，就會獲得巨大的重要性。

和歐洲的一位國王相比，美國的總統毫無疑問沒有多少辦法培植私黨。但是，由他任免的職位，卻多得足以使成千上萬的選民直接或間接地關心總統的成敗。

此外，政黨在美國也像在其他國家一樣，感到需要團結在一個人的周圍，以便更容易爲群眾所理解。因此，它們一般都以總統候選人的名字作爲象徵來爲自己服務，讓這個人去具體實現本黨的理論。它們的重大利益是使選舉對自己有利，但不是依靠當選總統來使自己的學說獲勝，而是透過總統的當選證明自己的學說獲得了多數。

在指定的選舉日到來之前的很長一段時期內，選舉是最重要的，而且可以說是全國唯一關心的大事。因此，各黨派又積極活動起來，凡是能夠想像出來的黨派激情，又在這時於一個幸福安靜的國家裡蕩漾起來。

而在任的總統，則專心於設法自衛。他不再爲國家的利益去處理政務，只爲再次當選而忙碌。他爲了獲得多數而向選民討好，他不但不按其職責所要求的那樣去控制自己的激情，反而經常任意發作。

隨著選舉的臨近，各種陰謀活動益加積極起來，而選舉的熱潮亦更加上漲和擴大。公民們分成數個對立的陣營，每個陣營都高舉自己候選人的旗幟。這時，全國到處興奮若狂，選舉成了報紙的頭條新聞，私人交談的話題，一切行動的目的，一切思想的中心和當前的唯一興趣。

不錯，選舉的結果一經公布，這種熱情隨即消失，一切又恢復平靜，而看來似乎即將決堤的河水，又靜靜地流在原來的河道，但是，看到這場本來以爲可以刮大的風暴，怎麼會不使人驚奇呢？

總統的連選連任[34]

容許行政權首腦連選連任，說明政府本身在變質和有人搞陰謀和腐化——連選連任的願望統治著美國總統的整個思想——連選連任在美國有其特別害處——民主的自然弊端在於使一切權力逐漸屈服於多數的微小願望——總統的連選連任助長了這種弊端。

美國的立法者當初容許總統連選連任，是正確還是錯誤？

乍一看來，不准行政權首腦連選連任，似乎是不合理的。誰都知道一個人的才能和品格會對整個國家的命運產生什麼影響，特別是當國家處在艱難環境和緊要關頭的時候！禁止公民連選連任首席行政官的法律，會使公民失去幫助國家繁榮和拯救國家的最好手段。而且可能產生一種奇怪的結果，即當一個人證明其有很好的管理才能時，卻被排除於政府。

這些論點毫無疑問都是很有力量的。但是，不能舉出更有力的論點去反駁它們嗎？

搞陰謀和腐化是民選政府的自然弊端。當國家首腦可以連選連任時，這種弊端將會無限擴大，並危及國家本身的生存。一個普通候選人如想依靠陰謀達到目的，他的詭計只能在極其有限的範圍內施展。而國家首腦出現於候選人名單，他卻可借助政府的力量去達到個人的目的。

在前一種情況下，那個候選人只擁有薄弱無力的手段；而在後一種情況下，則是國家本身用其強大的手段去搞陰謀和自行腐化。

利用應受譴責的詭計去獲得權力的普通公民，只能間接地損害國家的繁榮；而行政權的代表本人參加角逐，就會使政府將其主要注意力移到次要工作上去，把選舉看成當前的主要工作。它已不再關心對外談判和法律，而一心在想選舉。政府官員照樣得報酬，但他們已經不是爲國家服務，而是爲其上司服務了。同時，政府的活動即使不是總是違反國家的利益，至少也是不再爲國家效勞。但是，政府的活動只應當爲國家效勞。

連選連任的渴望支配著總統的思想，他的一切施政方略都指向這一點，他的一舉一動都對著這個目標，尤其是一臨近選舉的緊要關頭，他就想用自己的私人利益代替全國的普遍利益。看不到這一切，就不能認識美國總統處理國務的常規。

連選連任的原則，使民選政府的腐化影響格外廣泛和危險。它在敗壞人民的政治道德，以縱橫捭闔冒充愛國行爲。

在美國，這項原則還在直接打擊國家生存的基礎。

每個政府本身都有一種似乎與其生存原則相聯繫的自然弊端，而立法者的天才則應當去認清這一弊端。一個國家可能因廢除許多不良法律而存在下去，但不良法律的惡劣影響也往往會被人誇大。一切有產生破滅性危險的法律，儘管其危害作用不能被人馬上發現，但它們不能長期不使危險發作。

專制君主國破滅的原因，在於王權無限和不合理的擴張。因此，即使採取措施，拿走憲法中使王權加重的砝碼，當這些措施長期不發生作用時，它們也將極其有害。

同樣，在民主開始居於統治地位和人民逐漸將一切事情主管起來的國家裡，那些使人民的活動日益活躍和日益不可抗拒的法律，也會直接打擊政府的生存。

美國立法者們的最大功績，在於他們清楚的認識到這個眞理，並有勇氣付諸實施。

他們認爲，除了人民的權利之外，還要有一定數量的執行權力的當局。這些當局雖不是完全獨立於人民的，但在自己的職權範圍內享有一定程度的自由，因而既要被迫服從人民中多數的一致決定，又可以抵制這個多數的無理取鬧和拒絕其危險的要求。

爲了達到這個目的，美國的立法者把全國的行政權集中於一個人手裡，使總統擁有廣泛的特權，並用否決權把總統武裝起來，以便抵抗立法機構的侵犯。

但是，由於採用總統可以連選連任的原則，立法者又部分地破壞了自己的工作。他們使總統擁有了大權，但又壓制了總統使用大權的願望。

如果總統不得連選連任，他就不會脫離人民，因爲他不會因競選而中止對人民負責。但對他來說，爲向人民討好，也不必非得完全遵從人民的意願。

可以連選連任的美國總統，只是多數手中百依百順的工具。而在政治道德廢弛和偉人不多的今天，尤其如此。他要愛多數之所愛，憎多數之所憎；他要爲多數的願望帶頭，爲多數的抱怨領先，多數的一小點企求，他也得屈從；立法者本希望他領導多數，而他卻唯多數之命是從。

因此，立法者本想使國家不埋沒人才，而結果卻使這些人幾乎成了廢物；立法者本想爲這種特殊環境採取一種對策，而結果卻使全國經常處於危險之中。

聯邦系統法院[35]

美國司法權的政治重要性——在講述這個問題時遇到的困難——司法權在全聯邦的行使——哪些法院通行於全聯邦——設立全聯邦性法院之必要——聯邦司法工作的組織——最高法院——最高法院與我們所知道的其他法院的不同。

我已經講述了美國的立法權和行政權，而留待考察的還有司法權。

在這裡，我應當直言不諱向讀者表示：我擔心我的講解可能使讀者生厭。

司法制度對英裔美國人的命運發生了重大影響，它在就本義而言的政治制度中占有非常重要的地位。從這一觀點來說，它特別值得我們重視。

但是，不知道美國法院的組織體系和審判程序的某些技術細節，怎麼能理解美國法院的政治作用呢？怎樣能在講解這些細節時不使讀者對這樣本來就枯燥無味的題目掃興呢？最後，怎樣能進行簡單扼要和前後連貫的講解呢？

我以不回避這些繁雜的難題爲榮。一般的讀者會覺得我講的過於冗長，而法學家們則會認爲我講的過於簡要。但是，這也是我在全書的敘述中不能兩全其美的地方，特別是在現在敘述的這部分。

最大的困難不在於了解聯邦政府是怎樣組織的，而在於知道美國是怎樣使人們服從聯邦的法律的。

一般說來，各國政府只有兩種制服被治者反抗的手段：政府本身擁有的物質力量；法院的判決給予政府的道義力量。

一個只靠武力使人們服從其法律的政府，必然迅速毀滅。這時可能出現兩種情況，而它必居其一：如果政府是軟弱而有節制的，只在萬不得已時才動用武力，對局部接連不斷的不服從行爲置之不理，則國家將逐漸墮入無政府狀態；而如果政府是魯莽而強大的，每天都使用暴力，則國家很快就會變成一個純粹的軍事專制國家。政府的消極被動和積極主動，對被治者都同樣具有致命的害處。

司法工作的最大目的，是用權利觀念代替暴力觀念，在國家管理與物質力量使用之間設立中間屏障。

人們一致認爲給予法院的干涉力量，實在是一個怪物。當法院不復存在的時候，這個力量還十分強大地殘存於司法程序上，使人們覺得法院好像依然在無形之中存在。

法院具有的道義力量，可使物質力量極少爲國家所使用，而且在多數場合可以代替物質力量。但當最後不得不使用武力時，武力還會因與道義力量結合而使自己的力量倍增。

一個聯邦制的政府，比其他形式的政府更想得到司法部門的支持，因爲它天生軟弱無力，極易遭到各種反對[36]。如果它經常或一開始就使用武力，那它將完成不了自己的任務。

因此，聯邦特別需要設立法院，以使公民服從它的法律，或保護公民不受侵犯。

但是，它應當設立一些什麼法院呢？每個州都早已有了自己的司法當局。它需要求助於這些法院嗎？它需要建立直屬於聯邦的司法當局嗎？不難證明，聯邦無法使各州早已建立的司法當局適應於它的需要。

毫無疑問，在每個州內，使司法權與其他權分離，對州的安全和自由都是必要的。但是，各州的幾種權力應當同出一源，遵循同樣的原則，並在同樣的範圍內行使。簡而言之，就是應當彼此相關和性質相同，而且這對國家的生存來說，也同樣是不可缺少的。我猜測沒有一個人曾經想過，爲了得到法官的公正判決，而要求把在法國犯下的罪行送交外國法院審判。

從美國人對聯邦政府的關係來說，美國人是一個統一民族，但這個民族卻容許存在只在某些方面服從於全國政府，而在其餘一切方面獨立於全國政府的政治組織。這些政治組織各有不同的來源、獨自的宗旨和特殊的辦事方式。將聯邦法律的執行工作交給這些政治組織所設立的法院，無異於將國家交給外國法官審理。

尤有甚者，每個州之於整個聯邦不僅形同外國，而且永遠與聯邦對立，因爲聯邦所喪失的權力都被各州奪去。

因此，在容許各州的法院執行聯邦的法律時，這不僅等於把國家交給外國法官審理，而且還是交給了懷有偏見的法官。

另外，州法院的性質也使州法院不能爲國家目的服務，而州法院的數目之多，尤其會使它們如此。

在制定聯邦憲法的時候，美國已設有十三個宣判之後不得向聯邦上訴的法院。現在，這個數目已增至二十四個。既要對國家的主要法律做二十四種解釋和應用，又要讓國家繼續存在，這怎麼能辦到！這樣的制度既於理不合，又悖於經驗。

因此，美國的立法者決定創立一個聯邦司法當局，以實施聯邦的法律，審判事先仔細規定的涉及全國利益的案件。於是，聯邦的全部司法權，都掌握在一個名爲「美國最高法院」的法院手裡。爲了便於審理案件，這個法院又設立一些下屬法院，讓它們對一些不太重要的案件做最終判決，或對一些重大的爭訟做初審判決。最高法院的法官不由人民或立法機構選舉，而由美國總統徵求參議院同意後任命。

爲使最高法院的法官獨立，不受其他權力當局的影響，而決定最高法院法官爲終身制，並規定他們的工資一經確定，就不受司法機構的核查[37]。

概括地講一講聯邦司法制度的原則很容易，但要深入講解它的職權時，便會遭到一大堆困難。

規定聯邦系統法院管轄權的方法

規定聯邦各法院管轄權的困難——聯邦系統法院有權規定自己的管轄權——這項規定爲什麼侵犯了讓給各州的那部分權力——這些州的權力受到法律和法律解釋的限制——各州由此遇到的危險實際上並不如表面看來那樣嚴重。

首先遇到的問題是：美國憲法承認兩種不同的主權同時存在，而在司法制度方面，這兩種主權又以兩種不同系統的法院爲代表，所以在規定兩個系統法院各自的審理權時即使十分細心，也不足以防止兩者之間經常發生衝突。那麼，在這種情況下，應當把決定法院管轄權的權力交給誰呢？

在政治社會單一和同質的國家，兩個法院之間的許可權有爭議時，一般交給另一個法院仲裁。

這樣，問題很容易解決，因爲在這樣的國家裡，司法權限問題與國家主權問題沒有牽涉。但是在美國，不能在州的最高法院和聯邦的最高法院之上，設立一個既不屬於前一系統又不屬於後一系統的仲裁法院。

因此，必須使這兩個法院中的一個法院有權自行斷案，有權受理或拒絕受理案件。不能將這項特權授予各州的法院。如在法律上將這種特權授予各州的法院，則事實上等於破壞聯邦的主權，因爲州的法院獲得憲法解釋權後，很快就會恢復以前被憲法的有關條款奪去的那部分獨立性。

由聯邦最高法院開庭處理這方面問題的目的，是防止各州的法院各行其是地決定涉及全國利益的問題，並建立一個統一解釋聯邦法律的司法仲裁單位。如果各州的法院能把本應屬於自己管轄的案件推託出去，說它是屬於聯邦管轄的，或能把本應屬於聯邦管轄的案件硬說成是屬於自己管轄的，則這個目的便無法達到。

因此，聯邦的最高法院便有權解決與法院的管轄許可權有關的一切問題[38]。

這對州的主權是一個最嚴厲打擊。這樣一來，州的主權不僅要受法律的限制，而且要受法律解釋的限制；既受一個已知範圍的限制，又受一個未知範圍的限制；既受有明文規定的限制，又受無明文規定的限制。不錯，憲法已爲聯邦的主權規定了明確的界限，但同時又規定：一旦聯邦的主權與州的主權發生衝突，應由聯邦法院來裁定是非。儘管如此，這樣的訴訟可能威脅州的主權的危險性，實際上並不如表面看來那樣嚴重。我們以後將要談到，美國各州實際擁有的權力遠遠大於聯邦政府的權力。聯邦的法官們感到，他們以自己的名義行使的權力比較軟弱。他們受理依法有權審理的案件時，如果附帶爲他們規定了一些不合理要求，他們寧願放棄審判權而不予受理。

聯邦系統法院審理的各種案件

案件與訴訟當事人是聯邦系統法院審判的要件——牽涉外國大使的訴訟——牽涉聯邦的訴訟——牽涉一個州的訴訟——由誰審判——因聯邦法律而產生的訴訟——爲什麼要由聯邦系統法院審理——不履行合約的訴訟由聯邦系統法院審理——這種安排的後果。

在找到確定聯邦系統法院許可權的方法之後，美國的立法者們又規定了哪些案件應由聯邦系統法院審理。

他們規定了只能由聯邦系統法院審理的訴訟人的範圍，而不管訴訟標的是什麼。隨後，他們又規定了只能由聯邦系統法院判決的訴訟案件的範圍，而不管訴訟人是何人。因此，訴訟當事人和案件是聯邦系統法院審判的兩項要件。

外國大使是聯邦的友好國家代表；凡涉及他們的案件，也可以說是涉及全聯邦的案件。當外國大使爲訴訟的一方時，訴訟一定是涉及國家利益的案件，因而自然應由聯邦法院審理判決。

聯邦本身也可能涉訟。這時，它如在向代表聯邦本身主權的法院控訴之後，又到其他法院去起訴，則於理不合，並有違國家的慣例。這種案件只能由聯邦系統法院審理判決。

當訴訟的雙方分屬於兩個不同的州時，將案件交由哪一州的法院審理都不恰當。最可行的辦法，是挑選一個不致引起兩造任何一方懷疑的法院，而這個法院自然就非聯邦系統法院莫屬。

當訴訟的雙方不是個人而是州時，除了上述的公平理由之外，還應當加上一項政治理由。這時，兩造的性質便使整個訴訟具有了全國影響。兩州之間微不足道的爭端，都將影響全國的和平【39】。

往往訴訟的性質本身就可決定管轄權的歸屬。比如，凡與海商有關的問題，都應由聯邦系統法院解決【40】。

不難看到，這樣做的原因是：幾乎所有這類問題，都要從國際法的角度來評價。從這一觀點來看，可知這類問題都要涉及整個聯邦與外國的關係。而且，海上也不像在國內能夠劃定司法管轄區，所以要有一個能夠審理起因於海上訴訟的國家法院。

聯邦憲法把幾乎所有在性質上屬於聯邦系統法院管轄的訴訟，都定於一個項目之內。對這方面所做的規定雖很簡單，但人們可以從中看到立法者的整套想法和列舉的事項。

美國憲法中說，聯邦憲法可以審理能從合眾國法律找到根據的一切訴訟【41】。舉兩個例子，就可對立法者的意圖一目了然。

例如，憲法禁止各州制定有關貨幣流通的法律，但有一個州不顧這項禁令，制定了一項類似的法律，而有關方面可因其違憲而拒不執行。這就要由聯邦系統法院來處理，因爲打擊這種行爲的手段存在於聯邦的法律之內。

再例如，國會規定了一項進口稅，但在徵收時遇到了困難。這個案件也要向聯邦系統法院提出，因爲訴訟的原因在於對聯邦法律的解釋產生了分歧。

這項規定完全符合聯邦憲法採用的基本原則。

不錯，按一七八九年通過的憲法建立的聯邦，只享有有限的主權，但憲法又欲使聯邦在這個範圍內成爲一個單一制的統一國家【42】。即主張在這個範圍內，它是一個主權國家。這一點一經提出和得到同意，其餘問題就迎刃而解了，因爲如果承認合眾國是由憲法規定擁有主權的國家，就得給它以一切國家所具有的權力。

但是，自有國家以來，人們就一致認爲每個國家都有權在本國法院審理有關本國法律執行的問題。但有人反駁說，聯邦在這一點上卻處於獨特的地位：只是從特定的方面說來，它是一個國家，而從其餘一切方面說來，它又算不上一個國家。由此將產生什麼結果呢？結果是只在與特定的方面有關的一切法律上，它有權成爲享有完整主權的國家。實際的困難在於確定這個特定的方面是什麼。而這一點一旦解決（我們在前面論述審判權管轄時，已經說明這一點是如何解決的），實際上就不會再有問題了，因爲只要確定一件訴訟是屬於聯邦系統法院管轄的，就是說按憲法規定這是屬於聯邦的主權時，訴訟自然應由聯邦系統法院審理判決。

因此，只要聯邦的法律受到侵犯時，或要採取手段保衛這些法律時，就應當向聯邦系統法院起訴。

由此可見，聯邦系統法院的審判權，是隨聯邦主權的擴大或縮小而擴大或縮小的。

我們已經說過，在一七八九年，立法者們的主要目的，是把主權分成兩個不同的部分[43]：讓其一掌管聯邦的一切共同利益，讓其二掌管各州的一切獨自利益。

立法者們當時最關心的，是用足夠的權力將聯邦政府武裝起來，使它能在自己的職權範圍內防禦各州的侵犯。

至於對各州，立法者們則採取了各州在本州內享有自由的普遍原則。中央政府不能到各州去指導它們的活動，甚至不能檢查它們的活動。

我在講述權力劃分的那一節中，已經指出這項原則並未自始至終受到尊重。有些法律儘管看來只與一個州的利益有關，但這個州卻無權制定。

如果聯邦的某個州頒布了這種法律，則因執行此項法律而受害的公民可向聯邦系統法院控告。因此，聯邦系統法院的審判權就不僅擴及基於聯邦法律而提出的一切訴訟，而且也擴及每個州違憲制定的法律所造成的訴訟。

各州均不得在刑法方面頒布溯及既往的法律。被這種法律判刑的人，可以向聯邦系統法院上訴。

憲法也不准各州頒布使合約的既得權益遭到破壞或更改的法律（破壞合約義務的法律）[44]。

一個公民確信自己的合約權益被本州的法律損害時，可以拒絕執行該法，並向聯邦系統法院控告[45]。

我認爲這項規定對各州主權的打擊，遠遠超過了其他一切規定。

爲了明顯的全國目的而授予聯邦政府的權力，是清晰明確和易於理解的。但我方才引用的這條憲法規定間接給予聯邦政府的權力卻難於理解，而且它的範圍也不明確。實際上，有許多政治性法律影響了合約的成立，並且由此侵犯了中央主權。

聯邦系統法院的訴訟程序

聯邦系統法院的天然弱點——立法者為了儘量使個人而不讓州出席聯邦系統法院所做的種種努力——美國是怎樣達到這一點的——聯邦系統法院對私人的直接審理——對違反聯邦法律的州進行間接打擊——聯邦系統法院只做削弱各州法律的判決，而不做廢除它們的判決。

我已講了聯邦系統法院都有什麼權力，現在來談一談它們如何行使擁有的權力。

在主權未被分為兩部分的國家，不可抗拒的司法權來自國家的法院在處分觸犯法律的個人時，是代表整個國家。在這裡，權力的觀念，和支持權力的力量的觀念結合在一起。

但是，在主權被分為兩部分的國家，情況並非總是如此。在這種國家裡，與司法當局最常打交道的不是孤立的個人，而是國家中的各個黨派。結果，司法當局的道義力量和物質力量均大為減弱。

因此，在聯邦制國家，司法當局的力量自然減弱，而受審人的力量卻很強大。

在聯邦制國家，立法者應不斷努力，使法院獲得類似在主權未被分為兩部分的國家那樣的地位。換句話說，立法者的經常努力，應當是使司法當局代表國家，使受審者代表個人利益。

一個政府，不管其性質如何，都要統治其被治者，以強迫他們履行義務；它也要保護自己，以防止被治者侵犯。

關於政府強迫被治者服從法律的直接行動，按美國憲法的規定，由聯邦系統法院採取（這也是美國憲法的創舉），即責成聯邦系統法院在執法時只以個人為受審主體。既然已經宣布聯邦是享有憲法規定的那部分主權的單一制統一國家，所以根據這部憲法建立和辦事的政府就享有全國政府擁有的一切權力，而向公民直接發號施令的權力，則爲其中最主要的權力。因此，比如當政府公布徵稅的法令時，這就不是向各州徵收，而是按規定的稅率向每個應納稅的美國公民徵收。至於負責保證聯邦的這項法令貫徹的聯邦司法當局，則不能判處抗稅的州，而只能判處違法的納稅人。和其他國家的司法當局一樣，聯邦的司法當局只能處分個人。

應當指出，聯邦在這方面是自己選擇對手的。它選擇的對手是軟弱的，對手自然總是屈服。但是，當聯邦不是進攻而是自衛的時候，困難就增加了。憲法承認各州有權制定法律，而這些法律又可能侵犯聯邦的權力。這時，在聯邦與制定法律的州之間，不免要發生主權衝突。爲了解決衝突，只能採取危險最小的處理辦法。我前面講過的總原則[46]，已經預先規定了這種處理辦法。

根據通常的想法，遇到我方才提到的這種案件，聯邦一定要向聯邦系統法院控訴侵權的州，而聯邦系統法院也將宣判該州制定的法律無效。這樣的處理也最合乎情理。但是，這樣一來，聯邦系統法院就要與該州處於針鋒相對的地位，但這種情況卻是聯邦系統法院打算儘量避免的。

美國人認爲，執行一項新的法律而不損害某些私人利益，那幾乎是不可能的。

聯邦憲法的制定者們認爲，這種私人利益可以抵制各州用立法措施損害聯邦，所以他們在立法時保護了這種私人利益。

假如，一個州向一個公司出賣了一塊土地，而一年後它又以一項新的法令把這塊土地派做他用。這樣，它就破壞了憲法中有關禁止更改依合約而獲得權利的條款。當依據新的法令購得土地的人要求占有土地時，已經依據舊的法令占有土地的人可以向聯邦系統法院起訴，要求聯邦系統法院宣判新的占有無效[47]。因此，事實上就要迫使聯邦司法當局侵犯州的主權。但是，聯邦司法當局只是間接地向州進攻，而且只援引該州所訂法令的細節。它所攻擊的是法令的後果，而不是它的原則。它不宜判取消那項法令，而只是削弱它的效力。

最後，再假設一個案例。

在美國，各州都是享有公民權的獨立存在的自治體，所以它們既可以向法院起訴，又可以被控訴於法院。比如，一個州可以向法院控告另一個州。

這時，爭訟的問題不涉及聯邦攻擊地方公布的法令，只是訴訟當事人均爲州而已。這種案件，除了訴訟當事人的性質不同以外，與其他案件沒有兩樣。在這裡，本章開始時指出的危險依然存在，而且很難避免。這是聯邦體制固有的危險，以致在國內出現一些使司法當局難於對抗的強大阻力。

最高法院在各州的大權中居於高位

沒有一個國家創制過像美國那樣的強大司法權——它的職權範圍——它的政治影響——聯邦的安定與生存本身取決於七位聯邦法官的才智。

在詳細考察最高法院的組織之後再全面分析它擁有的職權，就不難發現其他任何國家都從來沒有創制過如此強大的司法權。

美國的最高法院[48]，不管從其職權的性質來說，還是從其管轄的受審人的範圍來說，均遠遠高於已知的任何法院。

在歐洲的所有文明國家，政府向來極其反對將與其本身利害攸關的案件交由司法當局審理。政府越是專制，這種反對情緒也自然越大。反之，隨著自由的與日俱增，法院的職權範圍也越益擴大。但是，至今還沒有一個歐洲國家想過，一切爭訟問題，不管其起因如何，都可以提交執行普通法的法官審理。

而在美國，這個學說卻得到實行。美國最高法院是全國唯一的最高法庭。它負責解釋法律和條約。有關海商方面的問題，凡涉及國際法的問題，均屬於它專管。甚至可以說，儘管它的組織完全是司法性的，但它的職權卻差不多完全是政治性的。它的唯一宗旨在於執行聯邦的法律，而聯邦政府的任務則是調整政府與被治者的關係，以及本國與外國的關係。至於公民之間的關係，則幾乎全由各州的主管機關規定。

美國最高法院職責之所以重大，除了上述的重要原因之外，還有另一個更爲重要的原因。在歐洲各國，法院只審理私人間之案件，而美國最高法院，可以說能夠審理州的主權。當法院的執達吏登上法院的大堂，簡單地宣告「紐約州控告俄亥俄州」時，使人感到這個大堂不是一般的法庭。而當你想到兩造中之一方代表著一百萬人，另一方代表著二百萬人時，便不禁感到七位法官的責任十分重大，因爲他們的判決要使如此眾多的同胞有悲有喜。

聯邦的安定、繁榮和生存本身，全繫於七位聯邦法官之手。沒有他們，憲法只是一紙空文。行政權也依靠他們去抵制立法機構的侵犯，而立法權則依靠他們使自己不受行政權的進攻。聯邦依靠他們使各州服從，而各州則依靠他們抵制聯邦的過分要求。公共利益依靠他們去抵制私人利益，而私人利益則依靠他們去抵制公共利益。保守派依靠他們去抵制民主派的放縱，而民主派則依靠他們去抵制保守派的頑固。他們的權力是巨大的，但這是受到輿論支持的權力。只要人民同意服從法律，他們就力大無窮；而如果人民無視法律，他們就無能為力。在目前，輿論的力量是一切力量中最難以駕馭的力量，因為無法說清它的界限，而且界限以內的危險，也總是不亞於界限以外的危險。

因此，聯邦法官不僅應當是品行端正、德高望重、博聞強識的公民，具有一切行政官所必備的品質，而且必須是國務活動家。他們要善於判斷自己所處時代的精神，掃除經過努力可以克服的困難，力挽有危險把他們本人與聯邦的主權和法律的尊嚴一起捲走的狂瀾。

總統可能犯錯誤而不致損害州，因為總統的權力是有限的。國會可能失誤而不致敗壞聯邦，因為權力大於國會的選舉團，可以透過改選議員的辦法改變國會的面貌。

但是，最高法院如由輕率冒失或腐化墮落的分子組成，聯邦就有陷入無政府狀態或引起內戰的危險。

然而，無論如何不要弄錯，這種危險的根源並不在於法庭的組織，而在於聯邦政府的性質本身。我們知道，其他體制的國家並不需要像聯邦制國家那樣建立強有力的司法權，因為那裡的個人在與國家權力鬥爭時，不能處在較強或較好的地位去抵抗政府動用武力。

不過，一個政權越是需要加強，它就越是需要擴大和獨立。而它越是擴大和獨立，就越要濫用職權，從而能夠造成危險。因此，弊端的根源並不在於這個政權的組織，而在於建立這個政權的國家的體制本身。

聯邦憲法在哪些方面比各州憲法優越

為什麼可以拿聯邦憲法與各州憲法比較——聯邦憲法之所以優越，應當特別歸功於聯邦立法者的才智——聯邦立法機構不像各州立法機構那樣過於依附人民——行政權在其行使範圍內比較自由——司法權較少屈服於多數的意志——其實際後果——聯邦的立法者使民主制政府固有的危險減少，而州的立法者卻使它增加。

聯邦憲法在其所要達到的目的上，與各州憲法根本不同，而在實現這個目的的手段上，又與各州憲法極為相似。聯邦政府和州政府的任務不同，但它們的組織形式卻是一樣的。從這個特有現象對聯邦憲法和各州憲法進行比較，可能是有好處的。

我認為，聯邦憲法在整體上優越於各州憲法。這種優越性來自數個原因。

現行的聯邦憲法，其制定時期晚於大多數州，所以它能從吸取經驗當中獲得好處。但是，當我們想到自聯邦憲法制定以來又有十一個州加入美利堅合眾國，而這些新參加進來的州又差不多總是誇大它們對先前各州憲法的缺點所做的補救時，那就總得承認制定時期較晚這個原因，對聯邦憲法的優越性只起了次要作用。

聯邦憲法之所以優越的主要原因，在於立法者們的品格。

在制定聯邦憲法的當時，仿佛是很難將各州聯合在一起的。可以說這種危險是人所共睹的。在這個緊急關頭，人民堅定地選擇了最值得他們尊敬的人，而沒有去選擇他們最喜愛的人。

我在前面已經說過，聯邦的立法者們幾乎全以他們的才智著稱，而且更以他們的愛國精神著稱。

他們全是在社會處於危機時期成長起來的。在那個時期，自由精神同一個強大而專橫的權力當局進行了持續不斷的鬥爭。後來，這場鬥爭結束了，但人們在鬥爭中奮起的激情，仍在與已經不復存在的危險作戰，於是立法者們號召人們冷靜下來。他們心平氣和地以銳利的目光觀察國家的局勢，認爲一場決定性的革命已經完成，而今後危害國家的災難只能來自自由的濫用。他們有勇氣說出自己的這種想法，因爲在他們的內心深處，對自由懷有眞摯和熾烈的愛。他們敢於要求人們節制自由，因爲他們眞誠地不想使自由破滅[49]。

大部分州的憲法都把眾議員的任期定爲一年[50]，把參議員的任期定爲二年。因此，兩院的議員可以經常和最嚴格地受制於選民的最微小願望。

但是，聯邦的立法者們認爲，立法機構的這種過度依賴性，使代議制的主要成果改變了性質，因爲這種依賴性不僅把權力的基礎交給了人民，而且也把政府交給了人民。

他們把聯邦議員的任期加長，以使議員能有更廣泛的自由行使其職權。

聯邦憲法也像各州憲法一樣，將立法機構分成兩院。

但在各州，立法機構的這兩個部分卻由候選資格相同的當選議員構成，而且也以同樣的方式選舉。因此，多數的感情和意志能夠同樣容易地在這一院或那一院反映出來，並能同樣迅速地在這兩個院找到代言人和工具，這就給法律的制定工作帶來了粗暴性和輕率性。

聯邦憲法也規定聯邦的兩院由人民選舉，但改變了候選資格和選舉方式。改變的目的，是要使兩個立法機構之一支，能像在其他國家那樣，即使不代表不同於另一支的利益，至少也能代表優異的才智。

必須達到規定的成熟年齡，才能當選爲參議員。首先選出一個人數不多的會議，然後由這個會議負責選舉參議員[51]。

將全部社會力量集中於立法機構之手，是民主制度的自然趨勢。既然立法機構的權力直接來自人民，所以它也分享人民擁有的一切大權。

因此，立法機構有一種慣於包攬一切權力的傾向。

權力的這種集中，既非常有害於良政的推行，又爲多數的專制奠定了基礎。

州的立法者們經常屈從於民主的這種任性，而聯邦的立法者們則總是予以抵制。

在各州，掌握行政權的行政長官即州長，表面上似乎與立法機構平起平坐，但實際上只是立法機構的盲目代理人和被動工具。他從哪裡汲取力量呢？從任職期限去汲取嗎？他的任期一般只有一年。從他的特權去汲取嗎？他毫無特權而言。立法機構可以把自己所訂法律的執行工作交給自己內部成立的專門委員會去辦理，由此架空行政長官。如果立法機構願意，它還可以用停薪的辦法，使行政長官處於近乎被罷免的狀態。

聯邦憲法則把行政權的全部許可權和責任集中於一個人即總統之手。按憲法規定，總統的任期爲四年，在任職期間不得扣發他的薪資，他有一隊侍從保護，並享有擱置否決權。簡而言之，憲法在詳細地規定執行權的範圍以後，又儘量設法使他在這個範圍內享有強大的獨立地位。

在各州的憲法中，司法權是一切權力中最不受立法權限制的權力。

但是，所有州的立法機構卻保留了規定法官薪俸的許可權，這就必然將法官置於立法機構的直接影響之下。

在某些州裡，法官只是臨時任命的，這就剝奪了法官的大部分許可權和自由。

在另一些州裡，立法權和司法權完全混在一起。例如，紐約州的參議院就是該州的審理某些案件的最高法庭。

聯邦憲法與此不同，它把司法權和其他權力完全分開。另外，它宣布法官的薪資是固定的，法官的職權是不得改變的，從而給予法官以獨立的地位。

這些差異的實際效果，是不難察覺的。細心的觀察家可以立即看到，聯邦的政務比任何一個州都處理得好。

聯邦政府的施政比各州公正和穩妥。它的看法比較明智，它的計畫比較持久和合理，它的措施執行得比較靈活和有條不紊。

只用幾句話，就可以對這一章做出總結。

民主制度的存在受到兩大危險的威脅：

第一，立法權完全屈服於選舉團的意志；

第二，政府的所有其他權力都向立法權靠攏。

州的立法者助長了這兩大危險，而聯邦的立法者則盡力減弱了它們。

美利堅合眾國憲法與其他一切聯邦制國家憲法有什麼不同

美國的聯邦看來似乎與其他一切聯邦一樣——但其效果不同——爲什麼如此——這個聯邦在哪些方面與其他一切聯邦不同——美國政府並不是一個聯邦政府，而是一個不完備的全國政府。

美利堅合眾國並不是聯邦制度的第一個和唯一的例子。即使不提古代，就是在現代的歐洲，也有過數個聯邦。瑞士、德意志帝國、尼德蘭共和國，或曾經是聯邦，或今天仍爲聯邦。

在研究這些不同聯邦的憲法時[52]，我們驚異地發現，它們授予各自聯邦政府的權力，與美國憲法賦予合眾國政府的權力完全是相同的。和美國的憲法一樣，這幾個國家的憲法也給予中央政府以媾和權、宣戰權、徵兵權、收稅權、應付全國危機權和謀求全國共同利益權。

但是，這幾個國家的聯邦政府幾乎都是軟弱無能的，而只有美國的聯邦政府能夠果斷而有力地處理政務。

而且，美國最初建立的第一個邦聯之所以未能存續下去，也是因爲它的政府過於軟弱。然而，這個如此軟弱的政府，卻曾擁有和今天的美國政府一樣大的權力，甚至可以說它在某些方面享有更大的特權。

因此，現行的美國憲法規定了幾項新的原則。這些原則起初沒有引起人們的注意，但它們後來發生的影響卻是十分深刻的。

這部憲法乍看上去好像與以前的幾部憲法沒有什麼不同，實際上出自一個全新的理論。我們應當把這個理論視爲今天的政治科學中的一大發現。

在一七八九年的美國聯邦之前建立的所有聯邦中，爲了共同的目的聯合起來的人民雖然同意遵守一個政府的法令，但卻保留了由自己調整和實施聯邦法律的權力。

一七八九年聯合起來的美國各州，不僅同意聯邦政府有權頒布法律，而且同意由它自己執行[53]。

在這兩種情況下，權力都是一樣，只是權力的行使不同了。但是，這種不同卻產生了極懸殊的後果。

在今天的美國聯邦之前建立的所有聯邦中，聯邦政府爲了滿足自己的需要，必須求助於各加盟政府。如果它採取的措施遭到某一加盟政府反對，這個加盟政府總能找到規避的辦法。假如聯邦政府的力量強大，它會訴諸武力；假如它的力量薄弱，它只有任其抵制，自認無能，聽任事態自然發展。

這時，不是聯邦中最強大的加盟政府攫取聯邦的政權，以聯邦的名義向其他加盟政府發號施令[54]；就是聯邦政府放棄自己的權力，使聯邦陷入無政府狀態，而聯邦亦隨之失去活動的能力[55]。兩者必居其一。

在美國，聯邦所統治的不是各州，而只是各州的公民。在聯邦要徵稅時，它不是向州（比如說麻塞諸塞）政府徵收，而是向州的居民徵收。以前的聯邦政府直接治理的是加盟政府，而美國的聯邦政府則直接治理公民個人。它的力量不是借用來的，而是自己創造的。它有自己的行政人員、法院、司法人員和軍隊。

顯然，民族的意識、集體的激情和各州的地方偏見，仍在有力地抑制著如此組成的聯邦的許可權，製造一些反對聯邦意志的中心。主權有限的聯邦，並沒有強大到自由行使其擁有的全部權力的地步。但是，這正是聯邦制度固有的缺陷之一。

在美國，各州很少有造反的舉動和圖謀。如果某個州要造反，也只能以公開抗拒聯邦的法律、破壞正常的司法程序和舉行暴動的形式進行。一句話，它必須立即採取斷然的步驟，而人們在採取這種步驟之前總是猶豫不決的。

在以前的聯邦制國家裡之所以要賦予聯邦政府以各種權力，是出於進行戰爭，而不是出於治國，因爲這些權力會增加聯邦政府的要求，而聯邦政府卻無法加強實現這些要求的措施。因此，這些聯邦政府的眞正弱點，總是隨著它們權力名目的增加而增加[56]。

美國的聯邦卻不是如此。像大部分一般政府一樣，美國的聯邦政府能夠去做它有權做到的一切。

人的頭腦發明新事比發明新詞容易，所以我們只好使用一些不夠確切的詞彙和不夠全面的說法。

有些國家建立了永久性聯盟，並設立了一個最高當局[57]。這個當局雖然不能像一個全國政府那樣直接管理公民個人，但卻能對每個加盟政府直接採取行動。

這個與其他一切政府根本不同的政府，得名爲聯邦政府。

後來，又出現了一種社會組織形式。在這種社會裡，幾個政府只是在一些共同的利益方面眞正結合爲一體，而在其他方面仍然保持獨立，彼此僅有聯盟的關係。

在這裡，中央政府像一切全國政府一樣，直接管理被治者、行政官員和司法人員，但是行動的範圍有限。顯然，這個政府不再是聯邦政府，而是不完備的全國政府。因此，又出現了一種政府。精確地說，它既不是全國政府，又不是聯邦政府。但是，我們現在只能說到此，因爲可以表達這個新事的新詞目前還不存在。

由於還不知道這種新式的聯邦，所以過去的所有聯邦不是導致內戰和征服，就是陷入毫無生氣的狀態。加盟的國家不是沒有知識去制定解除其弊端的方策，就是缺乏勇氣去採取這種方策。

美國的第一個邦聯，也是由於有這種缺陷而解體的。

但在美國，聯邦的各州在獲得獨立以前，曾長期屬於同一帝國。因此，它們還沒有養成完全自治的習慣，民族的偏見也沒有根深蒂固。它們比世界的其餘部分開化，彼此的文明程度不相上下，它們的人民一般很少有擴大聯邦權力的強烈要求，出現這樣的要求後，也被它們的幾位偉大人物所克制。同時，美國人發現弊端後，便堅決採取措施加以克服。他們修改了法律，拯救了自己的國家。

聯邦制的一般優點及其在美國產生的特殊效用

小國享有的幸福和自由——大國的力量——大帝國促進了文明的發展——實力常是國家繁榮的第一要素——聯邦制度的目的在於把領土大的長處與領土小的長處結合起來——美國從聯邦制度獲得的好處——立法服從人民的需要，人民不服從立法的需要——美國人民的積極性和進取精神，以及他們對自由的愛好和享用——聯邦的秉公精神不外是地方愛國主義的集大成——在美國境內可以自由辦事和思想——聯邦既像小國一樣自由和幸福，又像大國一樣受人尊敬。

在小國，社會的注意力及於全國各地，改革的精神深入到最微小的事物；人民的野心因其不夠強大而會被馬上抑制下去，所以人民的才智和努力幾乎可以全部用於國內的福利事業，而不會浪費於追求榮譽。另外，在小國，每個人的能力一般都是有限的，所以他們的欲望也就不大；小康的生活，使他們的地位幾近平等；民情樸素而溫良。因此，總的說來，儘管道德和文化水準不同，小國一般都比大國容易謀生和安居樂業。

當小國出現暴政時，它將比任何地方都要施虐，因爲在極小範圍內實行的暴政會及於這個範圍的一切事物。它無力施展雄圖大略，而只能干預一大堆小事，並且是全憑暴力和騷擾。它把它的統治從所謂的政治界滲入到私人生活。在控制了人們的行動以後，它又去管制人們的嗜好；在統治了國家以後，它又想統治家庭。但是，這種情況並不多見，因爲自由畢竟是小國的固有長處。小國政府對公民中的野心家提供的誘餌太少，而公民個人的才智又極其有限，所以國家大權容易被一個人獨攬。不過，在出現這種情況時，老百姓也不難聯合起來，通力合作，把暴君和暴政同時推翻。

因此，小國歷來是政治自由的搖籃。大部分小國有時隨著自身強大起來而丟失這種自由。這個事實清楚的說明，政治自由來源於國家弱小，而非來源於國家本身。

世界歷史沒有提供過一個大國長期實行共和制度的例證[58]。這個事實說明這樣的事情是不可能的。我認爲，如果終日回避現實，對耳聞目睹的事情表示驚訝，但卻絞盡腦汁去界限和判斷未來，那未免過於荒唐。但可肯定地說，大共和國的存在總是比小共和國容易招惹是非。

熱愛共和制度的一切激情，隨著領土的擴大而增強；而支持這種激情的德行，則不會同步增長。

個人的野心隨著國家力量的增強而增大，政黨的力量隨著其所定目的的重要性的增大而增強，但能抵制這種破壞性激情或力量的愛國心，在大共和國就不如小共和國強烈。也同樣不難證明：在大共和國，愛國心不容易發揚，而且其作用亦小。貧富的懸殊，城市的巨大化，風氣的敗壞，個人的自私自利，利害的衝突，幾乎都是因國家的巨大化而產生的惡果。其中，大多數對君主國的生存全無害處，而少數的幾個甚至能延長其壽命。另外，在君主國家，政府有一種特有的力量；政府可以利用人民，但不依賴人民；人口越多，君主的力量也就越強。然而，共和制政府只能依靠多數的支持去克服這些危險。另外，在疆土廣袤的共和國，這項力量並不成比例地大於國土狹小的共和國。因此，在攻擊手段的數量和力量不斷增加時，抵抗的力量依然照舊。甚至可以說在減弱，因爲人口越多，人民的志趣和利益越複雜，也就越難形成一個鞏固的多數。

也可以證明，人們激情的高漲，不僅取決於所向目標的崇高，而且有賴於受激情鼓舞的人數的眾多。沒有一個人不會感到，他的情緒在志同道合的人相聚時比在孤獨自處時爲高。在大共和國裡，政治激情之所以能夠變得不可逆轉，不僅來源於所向目標的宏偉，而且來源於這種激情以同樣方法和在同一時間把千百萬人鼓舞起來。

因此，可以一般地說，再也沒有比大帝國更反對人民的幸福和自由的了。

但是，大國也有其應當予以承認的獨特好處。

如同普通人的權力欲望在大國比在別處強烈一樣，個人的榮譽感在大國也比在別處熾烈，因爲他們在廣大人民的喝彩聲中會找到他們將要爲之奮鬥的目標，而且這個目標還在一定程度上能鼓舞他們自我奮起。在大國，思想能在一切方面迅速而強烈地得到回應，觀點可以比較自由地傳播，其大城市是人類理性之光大放異彩和聚焦的巨大知識中心。這個事實向我們說明，大國爲什麼比小國更快地開化，更快地推廣文明的進步。還應當補充一點，即重大的發明都需要強大的國力，而小國政府的國力是薄弱的。在大國，政府一般都有較大的理想，可以廣泛地打破陳規舊套和地方本位主義。思想的天才和事業的闖將也多。

在小國，國內的福利事業比較完全和普遍，而且國家能夠保持和平；但小國進入戰爭狀態，將比大國受害嚴重。在大國，由於領土遼闊，所以即使戰禍連綿，也能使人民群眾少受災難。對於人民群眾來說，戰爭與其說是災難的原因，不如說是亡國的原因。

還有一個問題，即在這裡也和其他許多地方一樣，最主要的是應當研究事物的必然性。

如果只有小國而無大國，人類無疑會更加自由和幸福。但是，也不能沒有大國。

在世界上，大國的存在爲國家繁榮提供了一個新的因素：即力量。如果一個國家天天被人掠奪或侵略，那麼空有富裕和自由的形象又有什麼用處？如果外國控制了大海並規定各項貿易條例，那麼本國的工商業又有什麼用處？小國之所以往往貧困，絕不是因爲它小，而是因爲它弱；大國之所以繁榮，絕不是因爲它大，而是因爲它強。因此，力量一向是國家幸福和生存的主要條件之一。於是，除非環境特殊，小國總是要自願聯合起來，或被人聯合起來而成爲大國的一員。我不知有什麼境遇比一個國家既不能自衛又不能自給的境遇更可憐的了。

爲了把因國家之大而產生的好處，和因國家之小而產生的好處結合起來，才創立了聯邦制度。

考察一下美利堅合眾國，就可看到它從採用這種制度當中獲得的一切好處。

在中央集權的大國，立法者必須使各項法律具有一致性，而不能帶有地方和習俗的差異。立法者絕不處理特殊事件，只能按正常情況立法。這樣，人民就必須服從立法的需要，因爲立法不能服從人民的需要和習俗。這正是國家動亂和多難的一大原因。

在聯邦制國家，就不存在這樣的弊端，因爲國會只制定全國性的主要法令，而法令的細目則留給地方立法機構去規定。

主權的這種劃分對聯邦的每個成員的好處，無論是怎樣想像都不會過分。在這些小成員的社會，人們無須爲自衛或擴張而動腦筋，所有的公共當局和個人精力都用於內部改進。由於每個成員的中央政府都站在本國居民的一邊，所以能夠經常獲悉社會的需要。它還每年提出新的計畫，提交本國的議會或立法機構討論，然後將討論的結果公布於報紙上，以引起公民的普遍關心和興趣。比如在美國，這種要求改進的精神，便一直在鼓舞著各州，而且從來沒有引起過動亂；追求權力的野心被熱愛公益的精神所取代，激情更爲洋溢，但很少帶來危險。美國人普遍認爲，新大陸的共和制度之所以能夠存在和長久延續，有賴於聯邦制度的存在和長久延續。南美的一些新興國家之所以長期沉淪，主要是因爲它們總想建立強大的共和國而不實行主權分享。

大家知道，在美利堅合眾國，試用和實際應用共和制度，始於鄉鎮和地方議會內部。例如，在康乃狄克這樣的小州，挖掘運河和鋪築道路就已經是政治大事。它不養軍隊，也不進行戰爭。它不給領導人支付高薪，也不向他們授予榮譽頭銜。在這裡，人們認爲再沒有比共和制度更自然和更合情合理的了。於是，這種共和精神，即一個自由民族的這種風氣和習慣，就是這樣先在各州產生和發展起來，而後又順利地通行於全國了。從某種意義上來說，聯邦的秉公精神不外是地方愛國主義的集大成。可以說，每個美國公民都把對自己原本的小共和國的依戀之情轉化爲對共同祖國之愛了。他們在保衛聯邦的時候，也就等於保衛了自己州縣的繁榮昌盛，保衛了參與治理國家大事的權利，保衛了他們希望聯邦擬出一定會使他們富裕的改進措施的心願。這一切，通常比全國的共同利益和國家的榮譽更能打動人心。

另一方面，如果說一個大國的繁榮富強最有賴於居民的精神和風氣，那麼聯邦制度會把這項任務的困難減少到最低程度。美國各州的共和制度，沒有出現大多數人群集體常見的弊端。從領土的面積來說，聯邦是一個大共和國；但從它管理事務之少來說，它又無異於一個小共和國。它做的事情都很重要，但爲數不多。由於聯邦的主權是有限的和不完整的，所以這個主權的行使對自由沒有危險，更不會引起對大共和國有致命危險的那種爭權爭名的邪念。由於誰也不必嚮往一個共同中心，所以沒有巨大的城市，沒有巨富和赤貧，沒有突然爆發的革命。政治激情不是像野火燎原那樣頓時遍及全國，而是逐漸蔓延開來去反對每個州的自私和偏見。

但是，在美利堅合眾國，也像在一個單一制國家一樣，工作和思想均屬自由，沒有任何東西抑制進取精神。它的政府尊重天才和知識。在整個聯邦境內，就像在由同一個帝國統治的國家內部一樣，到處是一片昇平氣象。在國外，它與地球上的各大強國並駕齊驅。它有八百多里約（二千英里）海岸對外商開放。由於它掌握了走向新大陸的鑰匙，所以它的國旗在遙遠的海邊也受到尊敬。

聯邦既像一個小國那樣自由和幸福，又像一個大國那樣光榮和強大。

聯邦制為什麼沒有擴展到所有國家和為什麼英裔美國人能夠採用它

各種聯邦制都有立法者克服不了的固有缺點——各種聯邦制的複雜性——它要經常利用被治者的才智——美國人在治國方面的實際知識——聯邦政府的相對軟弱性，聯邦制的另一固有缺陷——美國人減弱了這一缺陷，但沒有消除它——各州的主權表面上比聯邦的主權小，而實際上比它強大——爲什麼——除了法律的原因以外，還有參加聯邦的州要求聯合的自然原因——英裔美國人有哪些這種原因——緬因州與喬治亞州相距四百里約（一千英里），但大聯合比諾曼第與布列塔尼聯合更爲自然——戰爭是對聯邦制的主要危險——美國本身的例子可以證明這一點——聯邦並不害怕大戰——爲什麼——歐洲國家採取美國的聯邦制時可能發生的危險。

有時，一個立法者經過一番巨大的努力，才能對本國的命運施加一點間接的影響，但他的才華卻立即受到頌揚。其實，能對社會發展經常產生不可抗拒的影響的，是他無力改變的該國的地理位置，在他以前就已存在的該國的社會情況，他已無法探源的該國的民情和思想，他已不知其詳的該國的起源。對這種不可抗拒的影響，他反抗也沒有用處，最後連自己都會被捲走。

立法者像人在大海裡航行。他可以駕駛他所乘的船，但改變不了船的結構，他既不能呼風，又不能使他腳下的大洋息怒。

我已說明了美國人從他們的聯邦制中獲得了哪些好處。剩下來的，是要指出哪些東西使他們得以採用這種制度，因爲這個制度並未使一切國家受益。

在聯邦制中，有些偶然缺陷來自法律，可由立法者排除；而另一些缺陷則爲制度本身所固有，並非採用它的人民所能克服。因此，採用這種制度的人民，應當具備必要的力量來容忍這種制度的統治所固有的缺陷。

在各種聯邦制的固有缺陷中，最突出的是其所採用的手段的複雜性。這種制度必然允許兩種主權並存。立法者可使這兩種主權[59]的活動儘量簡單和平等，並能把兩者限制在各自明確規定的活動範圍之內，但他們無法阻止兩者互爲影響，無法防止它們在某個方面發生衝突。

因此，聯邦制無論做什麼都有一套複雜的理論。這套理論的應用，要求被治者每天都得運用他們對這套理論具有的知識。

一般說來，人民必須掌握幾個簡單的概念。一個內容錯誤但被表述得清晰明確的觀念，經常比一個內容正確但被表達得含糊複雜的觀念更能掌握群眾。因此，一些儼如一個大國中的小國的政黨，總是不擇手段地利用並不完全代表它們所追求的目的和所使用的手段的名義或主義當旗號；而沒有這個旗號，它們既不能存在，也無法開展活動。建立在一個容易加以界說的簡單原則或學說之上的政府，雖然不是最好的政府，但無疑是最強大和最長命的政府。

但是，在我們研究世界上已知的最完美的聯邦制憲法——美國憲法時，卻對這個憲法的條款繁多和要求被治者必須具有識別能力感到吃驚。聯邦政府幾乎完全建立在法律的假設之上。聯邦是一個理想國，可以說它只存在於人的頭腦裡，它的版圖和範圍也完全憑心去理會。

總的理論十分容易理解，而有待於說明的，則是實際應用方面的難題。難題不可勝數，因爲聯邦主權與各州主權互相交錯，不可能一眼就分清其界限。在這樣的政府中，一切事情都要經過反覆的協議和複雜的手續，只有長期以來慣於自治和政治知識普及到社會下層的民族，才適於採用這套辦法。我對美國人在解決來自聯邦憲法無數難題方面表現的高超知識和能力，眞是佩服得五體投地。凡是我見到的美國人，沒有一個不能輕而易舉地把國會的法律爲他規定的義務，與自己州的法律責成他的義務區分開來，也沒有一個不能在區分屬於聯邦的普通法院審理的案件和應由地方的司法機構處理的事件之後指出聯邦法院管轄權的起點和州法院管轄權的終點。

美國的聯邦憲法，好像能工巧匠創造的一件只能使發明人成名發財，而落到他人之手就變成一無用處的美麗藝術品。

墨西哥的現況，就是說明這個問題的例證。

墨西哥人希望實行聯邦制，於是把他們的鄰居英裔美國人的聯邦憲法作爲藍本，並幾乎全部照抄過來[60]。但是，他們只抄來了憲法的條文，而無法同時把給予憲法以生命的精神移植過來。因此，他們的雙重政府的車輪便時停時轉。各州的主權和聯邦的主權時常超越憲法爲它們規定的範圍，所以雙方總是衝突。直到今天，墨西哥還陷於從無政府狀態到軍人專制，再從軍人專制回到無政府狀態的迴圈之中。

在所有的缺陷中，第二個致命的而且我認爲也是來自聯邦制度本身的重大缺陷，是聯邦政府的相對軟弱性。

一切聯邦制國家所依據的原則，是把主權分爲兩部分[61]。立法者們把這種劃分規定得不夠明確，但他們只能在表述上使劃分含混於一時，而不能永遠這樣下去。另外，被劃分的主權永遠比完整的主權軟弱。

我們在講述美國憲法時已經知道，美國人是如何巧妙地在把聯邦的權力限制在聯邦政府的狹小職權範圍內的同時，又能使聯邦政府具有全國中央政府的外貌，而且在某些方面使它具有全國中央政府的權力的。

聯邦的立法者們也同樣巧妙地減輕了聯邦制的固有危險，但未能完全消除。

據說，美國政府並不直接與各州打交道，而是要把它的法令直接傳達給公民，並分別強制公民服從國家的要求。

但是，如果聯邦的法律觸犯了一個州的利益和慣例，就不怕這個州的全體公民認爲在處罰拒絕服從該項法律的人時，就等於侵害他們自己的利益了嗎？這個州的全體公民將會認爲聯邦主管部門的處罰也同時和同樣侵害了他們。如果聯邦政府企圖分化他們，然後加以制服，也會徒勞無功，因爲他們會本能地意識到必須聯合起來抵抗，並會認爲他們州分享的那部分主權將爲他們做主。這時，法律的假設就要向現實讓步，而容忍國內的一個有組織的權力當局向中央主管當局挑戰。

我認爲聯邦的司法權也是如此。假如聯邦的法院在審理一個私人案件時，侵犯了一個州的一項重要法律，那就會出現一場表面上不是，但實際上卻是一個受害州與聯邦之間的爭訟，只不過前者是由一個公民做代表，後者是由法院做代表罷了[62]。

如果有人認爲，給予人們以滿足其激情的手段，他們就可以在法律的假設的說明下，透過認識法和運用法而控制住激情，那麼這說明他在這個世界上還經驗不足。

美國的立法者雖然使兩種主權之間的衝突減到最低地步，但並未消除衝突的原因。甚至可以再重點說，他們在兩種主權衝突時，還保證不了聯邦主權獲勝。

他們可使聯邦擁有金錢和士兵，但各州可保護人民的愛好和慣例。聯邦主權是一個抽象的存在，只與少數的對外事務有關。各州主權是一個完全能被人們感知的存在，易爲人了解，人們每時每刻都看著它在行動。前者是新的事物，後者是與人民本身同時產生的。

聯邦主權是人工創造的；各州主權是天然存在的，它像家庭的父權一樣，不必費力就能建立起來。

聯邦主權只在一些重大問題上涉及個人的利益，它代表一個幅員遼闊的國家，它代表一種模糊不清的感情。各州主權似乎每天都在包圍著每個公民，每天都在精心地掌管著每個公民；正是它在負責保衛每個公民的生命財產和自由，它無時無刻不在影響每個公民的安危。各州主權所依靠的是人民的傳統和習慣，是地方的偏見，是地方和家庭的私心。一句話，是使愛鄉土的天性極其牢固地扎根於人們心中的一切東西。怎麼能懷疑它的長處呢？

既然立法者無法防止在聯邦制度中並存的兩種主權發生危險的衝突，那就必須盡一切努力使聯合起來的各成員不訴諸戰爭，而採取能夠導致和平的態度。

因此，除非聯邦的參加者之間存在著許多能使聯邦政通人和的團結因素，聯邦的公約很快就會遭到破壞。

同樣地，聯邦制要想獲得成功，不僅要有良好的法律，而且要有有利的環境。

凡是結成聯邦的成員國家，它們都是原先有過一些共同的利益，而這些共同的利益就形成了它們聯合的精神紐帶。

但是，除了物質利益以外，人還有思想和感情。對於一個聯邦的持久存在，必要的文明同質性不亞於各成員的結盟需要。在瑞士，沃州和烏里州的文明差別，就像十九世紀與十五世紀之不同，所以嚴格說來，瑞士從來沒有過聯邦政府。幾個州結成的瑞士聯邦，只存在於地圖上。只要中央政府試圖對全瑞士實行同樣的法律，馬上就可證實我所說的這一點。

有一個事實令人羨慕地便利了美國建立聯邦政府。各州不僅有大致相同的利益、相同的起源和語言，而且處於相同的文明水準。這便使它們的聯合幾乎永遠成爲容易的事情。我不知道是否有一個歐洲小國，其不同地區間的同質性高於面積相當於大半個歐洲的美國。

從緬因州到喬治亞州，相距約四百里約（一千英里），但兩者間的文明差異卻小於諾曼第和布列塔尼間的這種差異。因此，位於一個遼闊地區的兩端的緬因和喬治亞，卻比僅有一溪之隔的諾曼第和布列塔尼極其自然地容易結成聯邦。

因國家的地理位置而來的優越性，又增加了居民的風氣與習慣爲美國的立法者提供的這種容易性。聯邦制的建立和保持，主要應當歸功於國家的地理環境。

在能夠影響一個國家的生活的一切事件中，最重要的是戰爭。在戰爭當中，一個國家的人民要團結得像一個人似的：共同對敵，爲保衛國家的生存而戰鬥。

如果問題僅在於維持國內和平和促進國家繁榮，那麼只要政府勤於政務，被治者通情達理，人民經常懷有愛國的自然情感，也就夠了。但是，當一個國家正在打一場大戰時，公民就得付出大量的犧牲和遭受苦難。以爲大多數人會自願服從這種社會要求，那是對人性了解得太差。

因此，凡是贏得大戰的國家，差不多全都身不由己地去加強政府的力量。而在大戰中失敗的國家，便被征服。一場長期的戰爭，不是使國家因失敗而滅亡，就是使國家因勝利而導致專政。這兩個可悲的結局，幾乎總是必居其一。

因此，一般說來，政府的弱點在戰爭中暴露得最爲明顯和危險；而且我已經說過，聯邦制國家政府的固有缺陷，在於它太軟弱。

在聯邦制中，不僅沒有中央行政集權和類似的東西，而且中央政府集權本身也只是不完整的中央集權，這就是當這樣的國家與實行完整的中央集權的國家交戰時，之所以表現軟弱的一大原因。

從美國憲法的規定來看，聯邦政府雖比任何聯邦制政府都有實權，但這種缺陷依然顯而易見。

只舉一個例子，讀者就可以看到這種情形。

美國憲法授權國會可以向各州召集民兵，以平息內亂或抵禦外侮；又有一條宣稱總統爲合眾國陸海軍總司令。

一八一二年戰爭時，總統曾命令北方的民兵開赴前線；但是，利益受到戰爭損害的康乃狄克和麻塞諸塞卻拒不執行。

這兩個州指出，憲法是說在有內亂和外侮時，聯邦政府有權召集民兵，而現在既無內亂又無外侮。它們又補充說，授權聯邦可以召集民兵的同一憲法，亦爲各州保留了任命軍官的權力。因此，按照它們對憲法的解釋，即使在戰爭中，除了總統本人以外，沒有一個聯邦軍官有權指揮民兵。但是，豈能有只由一個人指揮的軍隊！

贊同這種荒謬有害說法的，不僅有兩州的政府和立法機構，而且有兩州的法院。於是，聯邦政府只好到別處去招募所需的軍隊[63]。

那麼，只靠相對完備的法制保護的美國聯邦，爲什麼沒有毀於一場大戰呢？因爲它沒有遇到過令人害怕的戰爭。

美國位於一個可使人們無限地發展事業的遼闊大陸的中部，兩側的大洋使它幾乎與世隔絕。加拿大只有一百萬居民，而且是由兩個互相敵對的民族構成。嚴寒的氣候限制了它的領土擴張，而且使它的港口六個月不能通航。

從加拿大到墨西哥灣，其間還有數個野蠻部族，面對六千名士兵而處於半滅亡的狀態。在南部，美國與墨西哥帝國接壤。在這裡，也許有朝一日會發生大戰。但是，不夠開化的狀態、道德的敗壞和國家的貧窮，使得墨西哥還要經過很長時期才能躋身於大國之林。至於歐洲列強，由於它們離美國太遠，也不足爲懼。（N）

因此，美國的大幸並不在於它有一部可以使它頂得住大戰的聯邦憲法，而在於它處在一個不會發生使它害怕的戰爭的地理位置。

沒有人比我更賞識聯邦制的優點。我認爲，聯邦制度是最有利於人類繁榮和自由的強大組織形式之一。我眞羡慕已經採用這個制度的國家的命運。但是，我又總是不敢相信，實行聯邦的國家能夠在力量相等的條件下，與一個實行中央集權制度的強國進行長期的鬥爭。在我看來，一個國家面對歐洲的幾個強大軍事君主國而敢於將主權分成兩個部分，簡直就是放棄自己的政權，也許由此放棄自己的生存，使國家的名字不復存在。

新大陸令人嚮往之處，就在於人在那裡可以自我奮鬥。只要你去追求，就能獲得幸福和自由。

◆本章注釋◆

【1】參看《美利堅合眾國憲法》（《論美國的民主》第一版附有這部憲法，但在托克維爾生前最後一版的《論美國的民主》中已刪去。——譯者）。

【2】關於聯邦憲法的歷史，可參閱奧格和雷著作第二十五頁及以下幾頁。——法文版編者

【3】參看一七七八年起草的第一部聯邦憲法的有關條款。這部憲法在一七八一年才被全美國採用*。再參看《聯邦黨人文集》對這部憲法第十五至二十二條的分析以及斯托里先生在其《美國憲法釋義》第八十五——一一五頁中所作的分析（波士頓，一八三三年）。

*作者在這裡所說的第一部聯邦憲法，在中國出版物中譯為《邦聯條例》；在《邦聯條例》生效的一七八一——一七八七年間，全國政府稱邦聯政府。——中文版編者

【4】這項聲明是國會在一七八七年二月二十一日發表的。見斯托里：《美國憲法釋義》第一○七頁。

【5】制憲會議只有五十五人，其中包括華盛頓、麥迪遜、漢密爾頓和兩個莫里斯。

【6】關於聯邦憲法的簡介，可參閱奧格和雷著作第二十五頁及以下幾頁；芒羅：《美國政府》；以及我們在本書下卷所列的參考文獻。——法文版編者

【7】不是由各州的立法機構接受的。人們為此目的專門選出了代表。在各州召開的代表會議上，對新憲法進行了深入的討論。

【8】見聯邦憲法修正案；《聯邦黨人文集》第三十二篇；斯托里：《美國憲法釋義》第七一一頁；肯特：《美國法釋義》第一卷第三六四頁（托克維爾引自詹姆斯・肯特：《美國法釋義》第一版）。

【9】正如以後所述，這個法院並不直接審理案件。

【10】《聯邦黨人文集》第四十五篇對聯邦與各州之間的這種主權劃分做了如下解釋：「憲法授予聯邦的權力有明確規定，且為數不多；而分給各州的權力則無明確規定，且為數很多。前者主要表現在對外，比如宣戰、媾和、談判和通商；而留給各州的權力，則擴及普通法院管轄的一切事務，諸如州內的生活、自由和開發問題。」

我在本書中將要經常引用《聯邦黨人文集》。在後來成為聯邦憲法的那項法案剛剛向人民提出並為人

民接受的時候，當時已經出名的和後來更加出名的三位人物，即約翰・傑伊、漢密爾頓、麥迪遜，曾通力合作向全國人民宣傳人民已經接受的法案的優點。為此，他們在報紙上連續發表了一系列論文，後來又將這些論文集成一部書。他們發表這些論文時署名為聯邦黨人，集成書後仍用此名。（中譯本名《聯邦黨人文集》。——譯者）

《聯邦黨人文集》是一部好書，儘管它是專為美國而寫的，但亦為全世界的國務活動家所必讀。

【11】見聯邦憲法（第一條）第八項；《聯邦黨人文集》第四十一篇和第四十二篇；肯特：《美國法釋義》第一卷第二〇七頁及以下幾頁；斯托里：《美國憲法釋義》第三五八—三八二頁，第四〇九—四二九頁。

【12】在這方面，還有一些其他權力，比如制定關於破產的普通法，頒發專利證明等。不難發現，對這些方面進行全聯邦干預是必要的。

【13】這時，它的干預也是間接的。如我們將在以後敘述的，聯邦政府是透過它的法院來干預的。

【14】聯邦憲法第一條第十項。

【15】聯邦憲法第一條第八、九、十項；《聯邦黨人文集》第三十一—三十六篇，第四十一—四十四篇；肯特：《美國法釋義》第一卷第二〇七頁、第三八一頁；斯托里：《美國憲法釋義》第三二九頁、第五一四頁。

【16】國會每十年重新規定一次各州應選眾議院代表的人數。一七八九年，眾議院的議員總數為六十九（六十五）人，而到一八三三年則已增到二百四十人。見一八三四年版《美國大事記》第一九四頁。憲法規定每三萬人選一名眾議員，但沒有規定最低人數。國會認為不應當隨著人口增加而增加眾議員人數。關於這項限制的第一部法令，頒布於一七九二年四月十四日。見斯托里：《美國法律》第一卷第二三五頁（三卷本，波士頓，一八二七年）。它規定每三萬三千人選一名眾議員。關於這個問題的最近一部法令頒布於一八三二年，其中規定每四萬八千人選一名眾議員。有權選舉代表的人口數，包括全體自由人和五分之三黑人。

【17】參閱奧格和雷著作第二八八頁及以下幾頁。——法文版編者

【18】一九一三年批准生效的合眾國憲法第十七條修正案規定，參議員已改為直接選舉。——譯者

【19】參閱奧格和雷著作第二八八頁及以下幾頁。——法文版編者

【20】見《聯邦黨人文集》第五十二—五十六篇；斯托里：《美國法律》第一九九—二二四頁；憲法第一條第二、三項。

【21】《聯邦黨人文集》第六十七—七十七篇；憲法第二條；斯托里：《美國法律》第三一五頁、第五一八—五八〇頁；肯特：《美國法釋義》第二五五頁。

【22】關於這個問題，可參閱吉羅：《歐洲民主制度下的行政權》（巴黎，一九三八年）。——法文版編者

【23】雖然總統在任免聯邦官員時必須徵求參議院的意見，但憲法的規定卻含糊其詞。《聯邦黨人文集》在第七十七篇中，似乎主張建立批准制度；但國會在一七八九年卻以充分的理由宣稱：既然總統自己負責，就不應當強迫他任用沒有得到他信任的人員。見肯特：《美國法釋義》第一卷，第二八九頁。

【24】全國每年支付給這些名目繁多的公職人員的薪俸為兩億法郎。

【25】美國每年在一本名叫《美國年度大事記》的年鑒中公布公職人員人數。這個數字是由該年鑒的一八三三年版摘來的（第十一卷，華盛頓）。

從上述可知，法國國王僱用的人數為美國總統的十一倍，而法國的人口數只比美國多百分之一百五十。

【26】「可使行政權影響增強的偶然原因」。托克維爾關於這一點的論述顯然已經過時，因而他的評述亦屬多餘。請參閱阿利克斯等人所著《美國對外政策的基礎》，以及奧格和雷著作第七六九頁及以下幾頁。——法文版編者

【27】「這個事實只能證明美國的行政權是軟弱無力的」。美國社會發展的實際動向，證明托克維爾的說法是錯誤的。美國總統的權力從一八三二年以來開始增強，而且以後從未削弱。參閱本書下卷所載參考文獻以及奧格和雷著作第三九七頁。——法文版編者

【28】關於「選舉方式」，可參閱奧格和雷著作第二五四頁及以下幾頁。——法文版編者

【29】按本州在國會中的議員人數派選。參加投票的選舉人，在一八三三年為二百八十八人（《美國年度大事記》）。

【30】同一個州的選舉人集合在一起投票，把被選舉人的得票名單送到中央政府所在地，而不在當地報導獲得多數票的結果。

【31】這時，總統實際上不是根據眾議院的多數票，而是根據各州的多數票當選。因此，紐約州對投票選定總統的影響就不如羅德島州。可見，最初是將全聯邦的公民視為一個整體，從全國範圍來投票，而當公民們的意見不一致後，又把權力分給各州，由各州的代表去分別投票。這也是聯邦憲法存在的一個怪現象，它只能用互相對立的利益的衝突來說明。

【32】但是，傑弗遜在一八〇一年還是經過三十六次投票才當選。

【33】截至一九八四年，美國已選舉過五十次總統。——譯者

【34】「總統的連選連任」。總統只能連選連任一次的傳統，在羅斯福總統一九四〇年第三次當選總統時已被打破。——法文版編者

【35】參看第六章開頭一節《美國的司法權及其對政治社會的影響》。本章討論美國司法工作的基本原則。再參看聯邦憲法第三條。

參看《聯邦黨人文集》第七十八—八十三篇；薩金特：《憲法是美國各級法院工作和辦案的依據》（波士頓，一八三〇年）；斯托里：《美國法律》第一三四—一六二頁、第四八九—五一一頁、第五八一頁、第六八八頁；以及載於斯托里：《美國法律》第一卷第五十三頁的一七八五年九月二四日組織法。

【36】聯邦的法律最需要法院，但至今卻很少利用法院。其原因是：大部分聯邦成員在加入聯邦之前已經有獨立的政府，它們並不真想服從中央政府，而當中央政府授予它們以發號施令權以後，它們就力求保持不服從中央政府的權力。

【37】首先，聯邦下設幾個審判區，在每一審判區常駐一名聯邦法官，這位法官主持的法院叫作聯邦地方法院。

其次，最高法院的每位法官，每年都要巡迴全國的一定地區，就地審理某些重大案件。這位法官主持的法院特稱為巡迴法院。

最後，最高法院受理重大案件後，不管是直接受理，還是上訴受理，全體巡迴法官都應每年在最高法院所在地正式開庭一次，以審理這些案件。

陪審制度亦用於聯邦法院，其辦法和適用案件與州法院同。

我們已經說過，美國的最高法院與法國的最高法院幾乎毫無共同之處。美國的最高法院可以進行初審，而法國的最高法院只能進行第二審或第三審。實際上，美國的最高法院又與法國的最高法院一樣，都負責對法律作統一解釋。但美國的最高法院既審理事實又審理權利，並且自己宣告判決，而不向其他法院移送。法國的最高法院不能這樣。

參看一七八九年九月二十四日組織法：斯托里：《美國法律》第一卷第五十三頁。

[38] 此外，為使管轄權的爭議儘量減少，還決定：由於聯邦法院管轄的案件甚多，州的法院有權代替聯邦的法院辦案，但它們所處理的案件都應當是可以向聯邦最高法院上訴的案件。維吉尼亞州的最高法院曾向聯邦的最高法院提出抗議，認為後者無權接受它所判決的案件的上訴並加以審理。參看肯特：《美國法釋義》第一卷第三〇〇頁、第三七〇頁及以下各頁；斯托里：《美國憲法釋義》第六四六頁；一七八九年組織法載於斯托里：《美國法律》第一卷第五十三頁（及以下幾頁）。

[39] 憲法還規定，一個州當局與另一個州公民之間的訴訟，由聯邦系統法院管轄。不久以後就遇到一個問題：即憲法是不管原告為誰，凡是一個州當局與另一個州公民之間爭訟，訴訟都由聯邦系統法院管轄嗎？最高法院對此做了肯定的裁定。這個裁定引起了各州的不安，它們擔心聯邦系統法院可以不預先通知就隨時傳訊它們。因此，憲法又做了修正。根據這項修正，聯邦的司法權不擴及外國公民對合眾國之一州的控訴。見斯托里：《美國憲法釋義》第六二四頁。

[40] 例如，一切海盜案件。

[41] 這是指美國憲法第三條第二項的開頭部分說的，所以勞倫斯的英譯本將這段話按美國憲法譯為：「聯邦系統法院將及於因觸犯美國的憲法、法律和條約而發生的『有關普通法和衡平法的案件』。」（參看斯托里：《美國憲法釋義》第六〇八頁）。——譯者

[42] 實際上，又對這項原則做了若干限制。比如，按憲法規定，各州在參議院是作為獨立的政權而存在

的，而在眾議院又可單獨選舉總統，但後種情況不多。可見，反對的意見獲得了勝利。

【43】讀者將會看到，托克維爾一再談到美國將主權分為兩個不同部分的問題。這個學說對歐洲的聯邦制度思潮發生過重大影響。請參閱梅里亞姆：《自盧梭以來的主權學說史》（紐約，一九〇〇年）。為了對現狀進行評價，可參閱芒羅：《美國政府》第五八九頁及以下幾頁。——法文版編者

【44】斯托里先生在其著作第五〇三頁（《美國憲法釋義》）中說得完全正確：凡使合約條款中規定的締約雙方的原來意思有所增減，或以某種方式加以改變的法律，均會改變（或破壞）該合約。這位作者在同一頁舉例說明了聯邦司法當局可能遇到的合約與法律衝突的案件。他舉出了許多例子。比如，一個州把一塊土地租給一個私人，並和這個人簽訂了合約，但後來又根據一項新的法令，使這個人不能利用那塊土地；一個州發給某個公司的特許狀本是一項合約，但對這個公司來說它又是法律。我們現在所說的這條憲法規定，只能保證大部分既得權益，而不能保證其全部。比如，我可以不必簽訂合約，就使一筆財產合法地落入我手。我占有這筆財產是我的既得權益，但聯邦憲法卻不保障這項權益。

（托克維爾節錄斯托里的原文）

【45】下面，是斯托里的上述著作第五〇八頁（及以下幾頁）引述的一個著名例子。新罕布什爾州達特茅斯學院是根據英王在美國革命前授予幾個私人的特許狀創辦的。該院的這幾位管理人根據這個特許狀成立了一個自治體，即美國人所說的Corporation。新罕布什爾州的立法機關想下令修改最初的特許狀，並將該院的一切權利、特權和特許狀給予的豁免權，移交給新的管理人員。原來的管理人員反對，向聯邦法院提出控告。聯邦系統法院判決控告人勝訴，因為聯邦系統法院認為最初的特許狀是州與特許狀獲得人之間的名副其實的合約，而新的法律不能改變這個特許狀的條款，不能侵犯這個特許狀給予的既得權益，這樣做是違反美國憲法第一條第十項之規定的。

【46】見第一部分第六章關於美國的司法權部分。

【47】見肯特：《美國法釋義》第一卷第三八七頁。

【48】奧格和雷著作第五五七頁及以下幾頁，對聯邦最高法院做了詳盡的介紹。——法文版編者

【49】在這個時期，作為聯邦憲法的主要起草人之一的著名的亞歷山大·漢密爾頓，就不怕在《聯邦黨人文

集》第七十一篇上說：

「我知道，有些人認為行政權奴顏婢膝地屈服於人民和立法者的要求是它的長處；但我們覺得，這樣的人是希望政府以極其粗魯的人民作為統治對象和創造社會繁榮的真正工具。」

「至於人民的意見，只有是合理的和成熟的時候，才能指導接受任務的人們的行為。但是，共和主義原則既不要求人們恣意妄為，又不鼓勵人們衝動鬧事，而許多人被心懷叵測的狡猾之徒所利用，就可能如此。」

「不錯，人民通常都是嚮往社會幸福的，但在尋求社會幸福的時候卻常犯錯誤。如果有人勸他們仔細選擇走向社會幸福的方法，他們的見識又會使他們輕視這種好意，因為他們從經驗當中得知，他們有時上當受騙。使人感到驚奇的是，即使有一群吸血鬼和告密者總是跟在他們後面耍詭計，有一夥野心勃勃、財迷心竅或窮途末路的人不斷在他們周圍布陷阱，有一幫不值得信任或言過其實的人對他們花言巧語，他們卻很少上當受騙。」

「當人民的真正利益沒有滿足人民的意願時，凡是負責保護這種利益的人，都應當去克服暫時的失誤，以使人民有時間進行冷靜的反思。有時，這個辦法會把人民從他們所犯的錯誤當中解救出來，並使有勇氣和度量把人民從失望當中解脫出來的人得到安慰。」（萬人文庫版第三六五頁）

【50】參閱奧格和雷著作第八六五頁及以下幾頁。——法文版編者

【51】根據一九一三年批准生效的合眾國憲法第十七條修正案，參議員的選舉和眾議員一樣，由各州人民選出。——譯者

【52】惠爾：《聯邦政府》（倫敦，一九四六年）是了解當代聯邦制度的最好著作。——法文版編者

【53】參閱梅里亞姆著作第一〇五頁及以下幾頁。——法文版編者

【54】希臘在菲力浦統治時期就是如此，當時這位親王自封為近鄰同盟決議的執行人。在尼德蘭共和國，也出現過這種情況，即其中的荷蘭省總是自定法律。在今天，德意志聯邦亦是如此，其中的奧地利和普魯士總以國會的代理人自任，並以國會的名義對全聯邦發號施令。

【55】瑞士聯邦一直是如此。幾個世紀以來，如果不是瑞士的鄰國互相牽制，它早已不復存在了。

【56】參閱本書附錄下卷（一）。——法文版編者

【57】參閱霍基特：《美國憲法史》第一卷第二三六頁（紐約，一九三九年），因為托克維爾在這裡講的是美國憲法史。——法文版編者

【58】我所說的不是幾個小共和國組成的聯邦，而是一個統一的大共和國。

【59】關於「兩種主權」的問題，見法文版第一六三頁、第一七五頁和第一七六頁編者注。——法文版編者

【60】見一八二四年墨西哥憲法。

【61】關於「主權分為兩部分」的問題，可參閱奧格和雷著作第一百頁及以下幾頁。——法文版編者

【62】例如，按憲法規定，聯邦有權出售空地，將進款作為聯邦的收入。我們假設，俄亥俄州以憲法上所說的土地只是指從未被任何州管轄的土地而言為由，主張自己對被聯邦出售的那塊在其境內的空地擁有所有權，然後它自己又要出售這塊空地。實質上，由此產生的爭訟應是由聯邦購買那塊空地的人和由州購買那塊空地的人之間的爭訟，而不是聯邦和俄亥俄州之間的爭訟。但是，如果聯邦的法院判決由聯邦購買土地的人勝訴，而俄亥俄州的法院主張競爭者應擁有土地，那麼這個法律的假設該怎麼辦呢？

【63】肯特：《美國法釋義》第一卷第二四四頁。請注意，我上面舉的例子，發生於現行美國憲法實施之後。如果我追溯到第一個聯邦時期，還會舉出一些更有說服力的事實。當時，全國欣喜若狂，革命的代表者是一位最符合眾望的偉人。但在這個時期，國會可以說一無所有，始終缺乏人力和金錢。國會提出的一些良好計畫，總是在執行中擱淺；聯邦一直處於垮臺的邊緣，主要是由於它的敵人軟弱無力才得救。

第二部分

到現在爲止，我考察了美國的各項制度，歷述了它的成文法，描繪了其政治社會的目前組織。

但是，在這些制度之上和所有組織之外，還有一個最高的權力，即人民的權力。它可以根據自己的意願改變或廢除這些制度和組織。

在這第二部分，我要說明高於法律的這項權力是怎麼行使的，它的本性和激情是什麼，使它加速前進和放慢速度的祕密動力，即指導它不可遏制地前進的祕密動力是什麼，它的無限權威產生了什麼效果，以及它的未來命運如何。

第一章　爲什麼可以嚴格地說美國是由人民統治的

在美國，立法者和執法者均由人民指定，並由人民本身組成懲治違法者的陪審團。各項制度，不僅在其原則上，而且在其作用的發揮上，都是民主的。因此，人民**直接**指定他們的代表，而且一般**每年**改選一次，以使代表們完全受制於人民。由此可見，眞正的指導力量是人民；儘管政府的形式是代議制的，但人民的意見、偏好、利益，甚至激情對社會的經常影響，都不會遇到頑強的障礙。

在美國，也像在由人民治理的一切國家一樣，多數是以人民的名義進行統治的。

這個多數主要由溫和的公民構成，他們不是出於愛好，就是出於利益，而衷心希望國家富強。在他們的周圍，有企圖拉他們入黨和請他們支持的政黨不斷進行煽動。

第二章　合衆國的政黨[1]

應對政黨進行一次分類——政黨之間形同敵國——眞正的政黨——大黨與小黨的差別——政黨產生於何時——各政黨的不同特點——美國有過大黨——現已不復存在——聯邦黨——共和黨——聯邦黨的失敗——在合眾國建立政黨之困難——爲建立政黨所做過的一切——見於一切政黨的貴族性或民主性——傑克遜將軍對銀行的鬥爭。

首先，我要對政黨進行一次大分類。

有些幅員遼闊和居民雜處的國家，儘管把人民都聯合在同一主權之下，但它們的人民仍有相互對立的利益，所以人民之間永久處於對立的狀態。因此，同一國家中的不同派別，便形成不了符合政黨定義的眞正政黨，但能形成不同的國家。假如爆發一場內戰，與其說這是不同派系之間的搏鬥，不如說這是敵對國家之間的衝突。

但當公民們在一些與全國有關的問題上，比如說在政府的總體施政原則上意見分歧時，就會產生我所說的眞正政黨。

政黨是自由政府的固有災禍，它們在任何時候都沒有同樣的性質和同樣的本性。

有時，當國家感到災難深重無法忍受時，就會出現全面改革其政治結構的思想。還有些時候，災難更加深重，以致社會情況本身都要受到連累。這正是發生大革命和出現大政黨的時代。

在這些混亂和悲慘的時代之間，是社會暫時休息和人類好像得到喘息機會的時代。其實，這只是表面的平靜；對於國家和人來說，時間都是不會停止前進的；國家和人每天都在向著未知的將來前進；我們之所以覺得國家和人停止前進，是因爲國家和人的運動未被我們察覺。這就像走著的人，在跑著的人看來，彷彿是沒有動彈似的。

儘管時間在前進，但國家的政治結構和社會情況方面發生的變化，有時慢得難於察覺，以致人們認爲自己已經處於最佳狀態。這時，人類的理性也自以爲有了一定的牢固基礎，不再把目光投向已定的視野之外。

這是有利於政治陰謀和小黨活動的時代。

被我稱爲大黨的政黨，是那些注意原則勝於注意後果，重視一般甚於重視個別，相信思想高於相信人的政黨。一般說來，和其他政黨相比，它們的行爲比較高尙，激情比較莊肅，信念比較現實，舉止比較爽快和勇敢。在政治激情中經常發生巨大作用的私人利益，在這裡被十分巧妙地掩蓋於公共利益的面紗之下，有時甚至能瞞過被它們激起而行動的人們的眼睛。

小黨與此相反，它們一般沒有政治信念。由於它們自己覺得並不高尙，沒有崇高的目標，所以它們的性格打上了赤裸裸地暴露於它們的每一行動上的自私自利的烙印。它們總是裝出熱情洋溢的樣子，它們的言辭激烈，但其行動優柔寡斷。它們採用的手段，和它們所抱的目的一樣，都是微不足道的。因此，在繼一場暴力革命之後而出現平靜時期時，偉大的人物便好像頓時銷聲匿跡，而智慧也自行隱藏起來了。

大黨在激盪社會，小黨在騷擾社會；前者使社會分裂，後者使社會敗壞；前者有時因打亂社會秩序而拯救了社會，後者總是使社會紊亂而對社會毫無補益。

美國有過幾個大黨，但今已不復存在。由此得到很大好處的是美國的國祚，而不是它的道德。

當獨立戰爭結束，新政府即將奠基的時候，全國被兩種意見分爲兩個陣營。這兩種意見與世界同樣古老，但在不同的社會以不同的形式出現，並被冠以不同的名稱。一種意見主張限制人民的權力，另一種力量希望無限擴大人民的權力。

兩種意見之間的鬥爭，在美國人那裡從來不常見於其他國家的那種暴力性。在美國，兩派在一些重大問題上都是意見一致的，誰也不必爲了獲勝而去破壞舊的秩序和打亂整個社會體制。因此，任何一派都沒有把大多數人民的個人存在與本派原則的勝利聯繫起來。但是，兩派都十分關心諸如對平等和獨立的熱愛這樣的大事。只是這一點，便足以掀起狂熱的激情。

主張限制人民權力的一派，特別想把自己的學說應用於聯邦憲法，因而得名爲聯邦黨。以唯我獨愛自由自居的另一派，掛上了共和黨的名號。

美國是民主的國度，所以聯邦黨人始終居於少數的地位，但是獨立戰爭造就出來的偉大人物，差不多都屬於他們的隊伍，而且他們的道義力量也影響廣泛，何況環境還有利於他們。第一次聯合的瓦解，使人們心有餘悸，害怕陷入無政府狀態。聯邦黨人從人們的這種觀望傾向中獲得了好處。有十年或十二年之久，他們主持了國家的工作，並得以應用他們的原則。但是，並不是全部原則都得到了應用，而只是應用了其中的某些部分，因爲敵對思潮日益強大，使他們終於無力反對。

一八〇一年，共和黨終於執政。湯瑪斯・傑弗遜當選爲總統，他以自己的巨大名聲、卓越才能和極好人緣獲得了人們的支持。

聯邦黨人只是依靠一些並不可靠的辦法，在隨意決定的對策的幫助下，才得以維持他們的地位。他們之所以能夠執政，是憑藉他們領袖的德行和才能，以及環境對他們有利。在共和黨取代他們的地位後，他們便作為反對黨而一敗塗地。占有絕對優勢的多數宣布反對他們，他們立即感到自己已經成為微不足道的少數，以致悲觀失望起來。從此以後，共和黨或民主黨便接連從一個勝利走向另一個勝利，最後控制了全國。

聯邦黨人感到自己已被征服，一籌莫展，在國內陷於孤立，於是分裂為兩部分：一部分參加了勝利者的隊伍，另一部分放下原來的旗幟，改換了名稱。他們完全不再成為政黨，已經有許多年了。

在我看來，聯邦黨的執政，是伴隨偉大的美國聯邦的成立而出現的最幸運的偶然事件之一。他們抗拒了他們時代和他們國家的一些難以抵制的偏好。拋開他們的理論是好是壞不談，他們的理論總的來說有一個欠缺，那就是它不適用於他們想要去治理的社會，所以這個社會遲早要由傑弗遜去治理。但是，聯邦黨政府至少給了新共和國以自我穩定的時間，而後又大方地支持了它所反對的學說的迅速發展。而且它的大多數原則最後又被對手所採納，成為對手的政治信條。現今仍在實施的美國聯邦憲法，就是他們的愛國心和智慧的不朽業績。

因此，今天在美國已經看不到大政黨了。仍然存在許多威脅著美國未來的黨派，但沒有一個黨派表示反對政府的目前形式和社會發展的總方向。威脅著美國未來的黨派所依據的不是它們的原則，而是它們的物質利益。在如此遼闊的國家裡，這種利益與其說能在利益互不相同的地區形成政黨，不如說能在這樣的地區形成敵對的國家。舉例來說，最近北方主張採取貿易禁運政策，而南方則拿起武器去保護貿易自由。這個衝突的起因，只是由於北方是工業區，南方是農業區；而禁運政策對一方有利，對另一方有害。

在美國，雖然沒有大黨，但卻有許多小黨，且隨輿論對一些細小問題的看法不同，而形成許多不同的政見。當時沒有任何困難阻礙人們建黨；而在今天，建黨卻不是一件容易的事了。在美國，沒有宗教仇恨，因爲任何宗教都受到尊重，沒有一個教派占據統治地位；也沒有階級仇恨，因爲人民就是一切，還沒有一個人敢於反對人民；最後，美國的公眾不受剝削之苦，因爲國家的物質狀況爲勤勞開闢了無限廣闊的道路，只要自己動手，就能創造出奇蹟。但是，也存在企圖建立政黨的野心家，因爲他們知道，只憑自己的願望想上臺，很難把臺上的人拉下來。因此，政治家的全部伎倆都用於建立政黨。在美國，一個政治家首先要去設法認清自己的利益，發現哪些類似的利益可以聚集到自己的周圍；然後再去努力尋找一種適於加在自己的新組織頭上的學說或原則（如果由於偶然原因，這種學說或原則迄今還沒有在世界上出現），以使新組織獲得自行活動和自由發展的權利。這就像以前在出版書籍時要在扉頁印上國王的出版許可一樣，雖然這個許可與該書的內容毫不相干，但卻硬被塞進書裡。

做完這一切，新的政黨便進入政界。

一個外國人，對於美國人的所有國內糾紛，乍看之下，幾乎都是難以理解和無所謂的。他不知道自己是應當可憐這個民族把這類煩瑣小事當成正經大事，還是應當羨慕他們在爲國家的命運而操勞。

但是，當他細心研究支配著美國各黨派的隱密動因時，就不難發現這些黨派大部分都或多或少地與自從這個自由社會成立以來就把人們分成兩派的兩大黨有聯繫：它們不是靠近這一黨，就是親近那一黨。越是深入到這些黨派的內心世界，就越能看清其中之一是在致力於限制人民的權力，而另一個則是致力於擴大人民的權力。

我絕不是說美國政黨的公開目的，甚至隱蔽目的是在於使貴族政治或民主政治在國內占據優勢，而是說容易在一切政黨的內心深處發現貴族政治的激情或民主政治的激情。儘管這種激情能夠逃脫人們的視野，但它們仍然是美國政黨的敏感點和靈魂。

我舉一個最近的例子：合眾國總統攻擊銀行，全國騷然，意見不一，上層階級一般都站在銀行一邊，而人民擁護總統。你以為人民能從如此簡單但有經驗的人又認為難以解決的問題的糾葛中，找到可以證明自己的意見是正確的理由嗎？他們絕不能找到。但是，銀行是一個獨立存在的巨大機構，而能推翻或建立一切權力的人民卻對它毫無辦法，因而大吃一驚。在社會永不停止的普遍運動中，這個牢固的據點向人民發起挑戰，它想看一看自己是否也能像其他東西一樣繼續活動下去。

貴族黨在美國的殘餘

貴族暗中反對民主——他們退隱還鄉——他們在家一心享樂和奢華——他們在外微行簡出——他們向人民假獻殷勤。

在輿論紛紜的國家，有時黨派之間的平衡被打破，而使其中的一個政黨占據壓倒優勢。這時，它要摧毀一切障礙，壓制它的政敵，利用整個社會爲它的利益服務。被壓制的政黨感到沒有成功的希望之後，便暫時退隱，默不作聲。到處死氣沉沉，一片寧靜。全國好像被統一於一個思想之下。勝利的黨趾高氣揚，他們說：「我們給國家帶來了和平，你們應當爲我們慶功。」

但是，在這種表面一致的底下，依然隱藏著深刻的分歧和實質的對抗。

美國的情況就是如此。當民主黨占據優勢時，它就獨攬處理國務的大權。隨後，它又不斷地按照自己的想法去改變民情和國家法律。

今天，可以說，在美國，富有的社會階級幾乎完全不參加政治活動；而不能使人從政治活動中獲得權力的財富，已是使人在政界失勢的眞正原因，是人們從政的障礙。

因此，富人寧願離開官場，以免和最貧困的公民進行往往是不平等的鬥爭。由於他們在公共生活中不能占有他們在私人生活中占有的那種地位，所以便放棄前者，而埋頭於後者。他們在美國社會中形成了一個具有自己的愛好和樂趣的特殊社會。

富人把這種事態看成是無法救治的災禍而逆來順受，並且小心翼翼地避免對這種事態給他們帶來的損害表示不滿。因此，人們常常聽見他們在公眾面前讚揚共和黨政府溫和和民主制度良好。在人世間，有什麼比憎恨敵人之後又向敵人諂媚更常見的呢？

大家見過這樣的富人嗎？人們不是說中世紀有一個猶太人總怕別人對他的財富打主意嗎？他的服裝樸素，他的舉止沒有架子，但他的住宅內部卻十分豪華；除了幾個他自鳴得意地稱爲同好的貴賓，誰也不能進入這座聖殿。沒有一個歐洲貴族在享樂上比他更高一籌，他對特權地位帶來的任何一點好處都表示嫉妒。但是，當他由家裡出來，到位於市中心滿屋灰塵的小破房來做生意時，人人都可自由地與他交談。假如他在途中遇到他的鞋店經理，他們還會停下來寒暄幾句。他們會說些什麼呢？這兩位公民在談論國家大事，而且不握手不會道別。

在這種虛情假意的背面，在這種對當權人士阿諛奉迎的背面，不難看到富人對他們國家的民主制度懷有極大的惡感。人民是一支使他們既害怕又藐視的力量。假如民主的秕政有朝一日導致政治危機，假如君主制度有一天在美國可行，人們馬上就會發現我在上面所說的是正確的。

政黨爲了取勝而使用的兩大武器，是辦報和結社。

◆本章注釋◆

【1】關於美國政黨的問題，可參閱梅里亞姆：《美國的政黨制度：美國政黨初探》（紐約，一九二四年）；霍爾庫姆：《今日的政黨：對共和黨和民主黨的研究》（紐約，一九二四年）；卡曾斯：《美國的政治和政治機構》（紐約，一九四二年）；艾加：《美國的政黨》（倫敦，一九四四年）。——法文版編者

第三章　美國的出版自由

限制出版自由的困難——某些國家主張這種自由的特殊原因——出版自由是美國所理解的人民主權的必然結果——美國期刊使用的言辭激烈——期刊有其特有的本性，以美國的例子來證明——美國人對司法當局處分出版違章的看法——出版界在美國爲什麼不如在法國強大有力。

出版自由的影響不僅及於政治觀點，而且及於老百姓的一切見解。它不僅能使國家改變法律，而且能使社會改變風氣。在本書的另一部分，我將設法測定出版自由對美國的市民社會的影響力，努力指出它給美國人的思想提示的方向，以及它使美國人的精神和思想養成的習性。在這裡，我只想考察出版自由在政界產生的效果。

我坦白承認，我對出版自由並沒有那種因事物本身十分良好而產生的完全堅定的愛好。我之所以愛好出版自由，主要是因爲它能防止弊端，其次才是因爲它本身好。

假如有誰能在思想的完全自由和俯首聽命之間，指出一個可使我相信的中間立場，也許我會站在這個立場上。但是，誰能找到這個中間立場呢？現在，假定讓你按出版許可工作，按命令列事，這時，你該怎麼辦呢？首先，你可能把作家送交陪審團，但陪審員們宣判他無罪。這樣，本來只是一個人的意見就變成全國人的意見了。因此，你要辦的事情太多，可是能辦成的又太少，你還得接著辦下去。這回，讓你把作者送交常設的法院，但法官在判決前必須聽取被告的陳述，原來沒有敢於公開寫進書裡的東西，便要見於辯護詞而不構成犯罪，原來隱晦地寫在文章裡的話，也要重複出現於其他許多文章或文件。說話或寫文章只是思想的表現，而如果讓我說，我認爲這種表現只是思想的外殼，而不是思想本身。你的法庭只是懲罰了思想的外殼，而被告的靈魂卻逃脫了懲罰，仍在被告的身上微妙地發生作用。因此，你要辦的事情依然太多，而能辦成的也依然太少，你還得繼續辦下去。最後，你給作家設立了出版檢查制度。好極了！我們擁護這個制度。但是，政治法庭不會忙得不可開交嗎？因此，你還是一事無成。如果我猜錯了，你也得增加苦惱。你不是突然想起思想是宣傳者越多而越強大的物質力量之一嗎？你不是認爲作家就像軍隊的士兵嗎？但是，與一切強大物質力量相反，思想的威力卻往往因表述思想的人爲數甚少而增強。一個有能力的人在鴉雀無聲的群眾大會上所做的傾訴衷情的講話，比一千個演說家的大喊大叫還有力量。即使只能在一個公共場所自由演說，其影響也會像在每個村鎮面對大庭廣眾講話一樣。因此，你得像破壞寫作自由那樣去破壞演講自由。這次，你達到目的了：人人都不吭聲了。但是，你原來的目的是什麼呢？你本想制止自由的氾濫，但我卻把你帶到一個暴君的腳下。

你從極端的自主走到極端的屈從，而在如此漫長的途中，連一個可供歇一歇的落腳處都沒有遇到。

有些國家，除我方才指出的一般原因之外，還有一些特殊原因使它們不得不實行出版自由。

在某些自稱自由的國家，每個政府工作人員都可能犯法而又不受懲罰，因爲它們的憲法沒有給予被壓迫者以向法院控告官員的權利。在這樣的國家，出版自由就不僅是公民的自由和安全的保障之一，而且是這方面的唯一保障。

因此，如果這種國家的統治者宣布廢除出版自由，全體人民可以回答說：「如讓我們到普通法院去控告你們的罪行，我們也許同意不到輿論的法院去揭露你們的罪行。」

在完全按人民主權理論施政的國家，設立出版檢查制度不僅危險，而且極其荒謬。

當每個公民都被授予管理國家的權力時，那就必須承認公民有能力對同時代人的各種意見進行抉擇，對認識之後能夠指導他們的行爲的各種事實進行鑑別。

因此，出版自由和人民主權，是相互關係極爲密切的兩件事；而出版檢查和普選則是互相對立的兩件事，無法在同一個國家的政治制度中長期共存下去。生活在美國境內的一千兩百萬人，至今還沒有一個人敢於提議限制出版自由。

我抵達美國後看到的第一份報，載有一篇文章，我現在把它忠實地翻譯於下：

「在整個這件事情上，傑克遜（總統）使用的語言，是冷酷無情、一心一意保全自己權柄的一個暴君的語言。野心是他的罪惡，他也將因此受到懲罰。陰謀是他的愛好，但陰謀也將打亂他的計畫和奪去他的權力。他爲政腐化墮落，他的應受譴責的行爲將使他名譽掃地和被人辱罵。他登上政治舞臺，就像一個毫無廉恥而又無法無天的賭徒來到賭場。他賭贏了，但他受審的時間也接近了。他必須把他贏到手的東西退回來，扔掉他的假賭具，讓他退休後一命嗚呼。在退休後，他可能因爲感到自由而咒罵自己過去爲什麼發瘋，但懺悔並不是能使他的良心有所發現的一種德行。」（《文森斯報》）〔這個時期在（印第安那州）文森斯出版的報紙，但我們沒有找到引文的出處。印第安那州圖書館長認爲，托克維爾的引文很有可能經過他刪改〕。

在法國，許多人認爲，我們國家的報刊暴力來自社會情況的不穩定，來自我們的政治激情，來自隨之而來的普遍不安。因此，人們一直在等待，希望社會恢復安寧，使報刊不再大吵大喊。至於我，雖然願意把報刊對我國發生的巨大影響歸因於上述各項，但並不認爲這些因素曾對報刊的語言起過很大影響。我認爲報刊不管在什麼環境下，都該保存其特性和激情。美國目前的情況，就在證明我的看法。

現在，美國可能是世界上革命萌芽最難生長的國家。但在美國，報刊愛好破壞的傾向，也與法國相同。美國報刊的暴力雖與法國相同，但其激起人民發怒的原因則與法國不同。在美國，一如在法國，報刊是把善與惡混在一起的一種奇特的力量，沒有它自由就不能存在，而有了它秩序才得以維持。

應當指出的是，美國報刊的力量不如法國的強大。但在美國，卻很少見到司法當局懲治報刊的事件。這個原因很簡單：美國人接受人民主權學說以後，馬上就認眞地加以應用。他們從來沒有想過，用每天都在變化的因素能創造出永久存在的制度。因此，只要不是以暴力違法，攻擊現行法律亦不爲罪。

另外，他們又確信，法院無力管束報刊，而人類語言的微妙差別，又總能使司法當局抓不住辮子，所以這種性質的罪行幾乎都能從企圖抓住它們的手下溜走。於是他們認爲，爲了能夠有效地對付報刊，就得有一個不僅致力於維護現有的秩序，而且能擺脫周圍輿論影響的法庭。這個法庭要在審案時不公開，在宣判時不敘述處罰理由，懲處的主要對象是動機而不是語言。不管誰有權建立和主持這樣的法庭，我以爲追訴出版自由都是多餘的，因爲這個法庭將是社會本身的專制主子，它可以把作家連同他的著作一起除掉。因此，在出版問題上，屈從和許可之間沒有中庸之道。爲了能夠享用出版自由提供的莫大好處，必須忍受它所造成的不可避免的痛苦。想得好處而又要逃避痛苦，這是國家患病時常有的幻想之一。這時，國家已疲於鬥爭，力量衰竭，企圖找到一個使敵對意見與相反原則在同一塊土地上共存的方法。

美國報刊的影響力之所以很小，有許多原因。現舉其主要者於下。

寫作自由與其他自由一樣，在最初提出來的時候最令國家害怕；從來沒有聽到別人在自己面前討論國家大事的人民，完全相信第一個出現的法院。在英裔美國人中間，從建立殖民地之初就享有寫作自由了。但是，儘管報刊能對人的激情發生強大的火上加油作用，但它不能全靠自己創造激情。大家知道，在美國，政治生活是活躍、多變，甚至動盪的，但很少被狂暴的激情所打亂。當物質利益發生衝突而不能妥協時，也很少掀起狂暴的激情，何況在美國這種利益是容易得到滿足的。爲了判明英裔美國人和我們法國人在這個問題上存在的差別，只看一下兩國的報刊就可以了。在法國，報刊上登載商業廣告的版面非常有限，甚至商業新聞也不怎麼多。一份報紙的版面，大部分討論政治問題。在美國，你看一份大報時，立刻看到有四分之三版面全是廣告，其餘的部分經常是政治新聞或短小的趣聞軼事。翻來翻去之後，才能在人們不注意的角落，看到我們法國報刊每天爲讀者登載的熱烈討論的題材，但字數也不多。

任何力量，越集中使用於一個方向，其效果越大。這是一條已由實驗向觀察者證明的一般自然規律，而一些微不足道的暴君，也憑他們比實驗還要可靠的本能，一直感到這個規律在起作用。

在法國，報刊兼有兩種不同的集中。

首先，報刊將自己的所有力量都集中於一個地點；其次，可以說是集中於幾個人之手，因爲它的機構爲數很少。

在一個人人多疑的國家如此建立起來的權力，其影響當然是接近無限的。它是政府的敵人，政府可以與它建立或長或短的休戰協定，但與它長期共處是不容易的。

我方才講的兩種集中，沒有一個存在於美國。

美國沒有大城市。在那裡，人力和物力分散於廣大國土的各處，人類智慧之光不是從一個共同的中心向四外散射，而是在各地交互輝映。美國人在任何方面都不規定思想的總方針和工作的總方針。

這一切都來源於不依人們的意志爲轉移的地方環境，但法律在這方面也起了作用。

在美國，既不向印刷業發放執照，又不要求報刊進行註冊，更不知保證金爲何物。

因此，創辦報刊既簡單又容易，只要有少量的訂戶，就足以應付報刊的開銷，所以美國定期期刊和半定期期刊的種類數量多得令人難以置信。一些很有教養的美國人，都把報刊影響力之小歸咎於出版力量的這種過度分散。因此，美國政治學有一項原理：沖淡報刊影響的唯一辦法，是增加報刊的種類數量。我眞不明白，這樣一個顯而易見的眞理，爲什麼還未在我們法國推廣。因此，我不難理解，那些想借助報刊進行革命的人，爲什麼要使報刊只有幾個強大機構。但是，現存秩序的官方維護者和現行法律的天然支持者，爲什麼相信把報刊集中起來能減弱報刊的影響力，這我就不知其所以然了。我覺得，歐洲各國政府好像在用中世紀騎士對付敵人的辦法來對付報刊。它們從自己的經驗得知，集中是強有力的武器；而它們把武器供給自己的敵人，無疑是爲了在抗擊敵人時獲得更大的光榮。

在美國，幾乎沒有一個小鎮沒有自己的報紙。在這麼多的鬥士中間，是無法建立秩序和統一行動的。因此，每個人都自樹旗幟，各顯神通。在美國，沒有一切報紙聯合起來支持或反對政府的情形，而且它們在攻擊政府和爲政府辯解時，也使用許許多多不同的方法。因此，報紙在美國無法匯成可以衝擊或衝垮牢固的大壩的洪流。報刊力量的這種分散，還產生了另外一些也很明顯的後果：辦報容易，所以人人都能辦報；另一方面，由於競爭，任何報紙都無望獲得巨大效益，因而使精明能幹的實業家在這類事業面前卻步。再者，即使辦報是生財之道，但由於報刊的種類數量過多，有天賦的文人也難於致富。因此，美國的報人一般都地位不高，教育水準低下，思路不敏。大家知道，在任何事情上，都是多數決定一切，由多數規定每個人應當遵行的行動守則。這些共同習慣的總合，名曰「宗旨」。於是，有律師業的宗旨、法院的宗旨等。在法國，報業的宗旨是用猛烈但又高尚，和經常是雄辯的方式討論國家大事。有時，沒有經常如此堅持下去，那是說明所有的規律都有它們的例外。美國報人的宗旨，是以粗暴的、毫不做作的、單刀直入的方法刺激他們所反對的人的感情，不以道理誨人，甚至攻擊人家的私生活，揭露他們的弱點和毛病。

應當對這樣濫用思想自由的做法表示惋惜。以後，我還有機會來談報紙對美國人民的愛好和道德都發生了什麼影響，而我現在的題目是專談政界，所以對這種影響只能附帶說一下。不能否認，對出版界採取這種放任做法的政治效果，曾間接地促進了公共安寧的維持。因此，已在同胞們的思想裡占有地位的人不敢在報紙發表文章，以免失去他們爲了自己利益而去鼓動大眾激情的最強有力武器[1]。由此可見，報上發表的個人觀點，可以說在讀者的眼裡經常是無足輕重的。讀者想從報紙看到的，是關於事實的報導。只有報導改變或歪曲事實，撰稿人的觀點才能產生某種影響。

雖然報紙所能做到的只有這些，但它在美國仍是一個有強大影響的權力。它使政治生活傳播於這個遼闊國家的各地。它經常瞪著眼睛不斷地觀察政治的祕密動力，把搞政治活動的人依次推上輿論的法庭。它把人們的注意力集結到某種主義或學說的周圍，並為政黨樹立旗幟。它使那些彼此對話，但未見面的政黨能夠聽到對方的聲音，從而得以不斷接觸。當大量的報紙在同一道路上前進時，它們的影響久而久之就變得幾乎是不可抗拒的，而始終被另一個方面控制的輿論，最後也將在它們的打擊下屈服。

在美國，每一家報紙都各有一點權力，但期刊的權力比報紙的要大，僅次於最有權威的人民。（A）

在美國出版自由的環境下形成的見解，經常比在其他地方受檢查制度影響形成的見解更堅定

在美國，民主制度永遠不斷地在推出新人去管理國家事務，所以政府的施政難得一貫和按部就班。但是，該國政府的總方向卻比其他大多數國家穩定，而支配社會的主要輿論也比其他國家持久。當一個思想占領了人們的頭腦後，不管它是否合理，就再也沒有比從頭腦裡把它趕走更難的了。同樣的事實也見於歐洲的英國，這個國家在過去一百多年中，曾有過比任何國家更大的思想自由和更牢不可破的偏見。

我把這個現象歸因於乍一看來好像是本應阻止這個現象產生的事實，即歸因於出版自由。實行這種自由的國家，高傲和自信對見解的影響程度完全相等。他們之所以喜歡一種見解，是因為這一見解在他們看來是正確的和由他們自己選定的。他們之所以支援一種見解，不僅是因為它是眞實的，而且

是因爲它是屬於自己的。

還有幾個別的原因。

一位偉人說過：**無知處於知的**兩端。如果說自信處於兩端，而懷疑居於中間，也許更爲正確。實際上，可以認爲人類的智力發展有三個總是前後銜接的不同階段。

一個人之所以對某事堅信不疑，是因爲他沒有深入調查就接受了它。當出現異議時，他就會產生懷疑。最終，他往往能夠克服這一切懷疑，從而又開始相信。這一次，他不是隨隨便便和馬馬虎虎地去認識眞理，而是切切實實地去考察眞理，並緊跟著眞理之光前進[2]。

當出版自由發現人們處於智力發展的第一階段時，它還得在一段很長的期間內對他們的不經深思熟慮就堅信不疑的習慣聽之任之，只能逐漸地改變他們輕信的對象。因此，在智力的整個發展過程中，人類的理性只能一次認識一點地向前發展，但被認識的那一點也在不斷改變。這正是爆發革命的時期。於是，最先突然接受出版自由的那一代人，就要吃點苦頭！

不久以後，一批新的思想又接踵而來。人們有了經驗，在懷疑和普遍不信任中摸索。可以認爲，大多數人都總是停留在下述兩個階段之一：不是信而不知其所以然，就是不能確知該信什麼。

至於來自眞知和衝破懷疑的干擾的深思熟慮的自信，以及對這種自信的主宰，那只有很少人有能力達到這個階段。

但也有人曾經指出，在宗教狂熱鼎沸的時代，人們有時改變他們的信仰，而在人們普遍懷疑的時代，人人卻死守自己的信條不放。這種情形也見於出版自由風行時候的政治。在互相質疑和輪番角逐的一切社會理論中，如有一個被人採納並加以保護，那也不是因爲人們相信它是好的，而是因爲人們不相信會有比它更好的。

在我們這個時代，人們不會輕易地爲自己的見解賣命，但也不會輕易地改變自己的見解。同時，殉道者和變節者亦都同樣少見。

再爲這個理由補充一個更爲強而有力的理由：當人們懷疑某種見解時，最終總是要聯繫自己的本能和物質利益，因爲本能和物質利益比見解更容易看到，更容易感覺到，更能持久。

究竟是民主制度的治理好，還是貴族制度的治理好，這是一個很難解答的問題。但有一點是明確的，那就是民主制度要使一些人感到不快，而貴族制度則將壓迫另一些人。你富了，我就窮了——這是一個自行成立和不需討論的眞理。

◆本章注釋◆

【1】他們只是在向人民呼籲和表示自己的見解的極少數情況下，比如在他們答覆惡意的誹謗和說明事實的真相時，才在報紙上發表文章。

【2】不過，我還不知這種深思熟慮的自信和對這種自信的主宰，是否曾經依靠理性信念的鼓舞把人的熱心和信心提高到一定程度。

第四章　美國的政治社團

英裔美國人對結社權的日常應用——三種政治社團——美國人如何將代議制用於社團——這對國家的危險——一八三一年關稅問題大會——這次大會的立法性質——爲什麼結社權的無限應用在美國不如在他處危險——爲什麼可以認爲這樣做是必要的——社團在民主國家的功用。

美國是世界上最便於組黨結社，和把這一強大行動手段用於多種多樣目的的國家。

除了依法以鄉、鎮、市、縣爲名建立的常設社團以外，還有許多必須根據個人的自願原則建立和發展的社團。

美國的居民從小就知道必須依靠自己去克服生活的苦難。他們對社會的主管當局投以不信任和懷疑的眼光，只在迫不得已的時候才向它求援。他們從上小學就開始培養這種習慣。孩子們在學校裡遊戲時，要服從自己制定的規則，處罰由自己制定的犯規行爲。這種精神也重現於社會生活的一切行爲。假如公路上發生故障，車馬行人阻塞不通，附近的人就會自動組織起來研究解決辦法。這些臨時聚集在一起的人，可以選出一個執行機構，在沒有人去向有關主管當局報告事故之前，這個機構就開始排除故障了。假如是事關慶祝活動，則自動組織活動小組，以使節日增輝和活動有條不紊。而且，還有反對各種道德敗壞行爲的組織。比如，把大家組織起來反對酗酒。在美國，爲促進公安、商業、工業和宗教，也建有社團。人們的願望一定會透過私人組織強大集體的自由活動得到滿足。

以後，我再找機會敘述社團對公民生活發生的作用。現在，我的任務是只談政界。

既然結社權是公認的，所以公民們可以用各種不同方式去行使。

一個社團可以由一致贊成某一學說或主張的若干人組成，並約定以某方式去促進該學說或主張獲勝。因此，結社權與寫作自由幾乎沒有什麼不同。但是，早先建立的社團，卻比出版界擁有更大的權力。當一種見解由一個社團來代表時，它必須具有簡單明確的形式。這個社團要擁有它的支持者，並讓支持者爲本社團的事業獻身。支持者們彼此結識以後，他們的熱情便隨人數的增加而增強。社團把多數人的精神力集結在一起，促使他們精神飽滿地奔向由它指明的唯一目標。

行使結社權的第二階段，是行使集會權[1]。當一個政治社團將其活動中心設在國內的某個重要地點時，它的活動顯然要強大，而它的影響也將擴大。在那裡，人們容易互相見面，各種執行手段可以結合使用，思想可以用文字永遠無法達到的力量和熱情向外傳播。

最後，在政治方面，結社權的第三階段是：同一見解的支持者們可以組成選舉團，選出代表到中央立法機構去代表本社團。這就是眞正將代議制用於政黨了。

因此，第一，擁護同一見解的人要在彼此之間建立純思想的聯繫；第二，他們要組成只代表本黨的一個派系的小團體；第三，他們要建立一個國中之國，政府中之政府。他們的代表表面上好像是在代表多數，而其實只代表他們的支持者的集體。他們的支持者也給人以代表國家和由此而來的一切道義力量的外貌。不錯，這些支持者不能像他們那樣有權制定法律，但支持者們可以攻擊現行的法律和協助他們草擬法律。

假如一個民族完全沒有利用自由的習慣，或易於掀起狂熱的政治激情，而在它的立法者的多數之旁，只有一個負責審議和監督執行的少數，那我不妨認爲它的公共秩序一定處於嚴重的危險之中。證明一項法律本身比另一項法律好，與證明這項法律應代替另一項法律，其間無疑有很大不同。但是，當聰明人的智慧又發現一個重大差別時，他便不再考慮眾人的想像。有時，一個國家分裂爲勢均力敵的兩派，每派都爭做多數的代表。如果在領導權之旁再建立一個道義權威幾乎與它同樣大的權力，你會認爲領導權能夠長期光說不做地混下去嗎？

認爲結社的目的在於引導輿論而不在於強制輿論，在於審議法律而不在於立法，乃是形而上學的想法。人們能在這樣的想法面前止步不前嗎？

我越深入研究出版自由的主要成果，便越深信它在現代世界裡是自由的主要成分，也可以說是自由的基本組成部分。因此，一個決心保衛自由的國家，有權要求人們全力尊重自由。但是，政治結社的無限自由，又與出版自由不盡相同：前者的必要性不如後者，而其危險性卻大於後者。一個國家能夠把結社自由限制起來，並使其永遠處於國家的控制之下；但是，國家爲使結社自由存在，有時也需要耍些手腕。

在美國，以政治爲目的的結社自由是無限的。

有一個例子可以清楚的表明這項權力被容許到我們難以想像的最大程度。

我們可以回想一下，關稅問題和貿易自由問題曾在美國引起人們很大衝動，關稅制度不僅影響輿論，而且影響十分重大的物質利益。北方把它的一部分繁榮歸因於關稅制度，而南方則把它的一切災難歸因關稅制度。可以說有很長一段時間，關稅制度一直是使當時美國不安的唯一政治激情的製造者。

一八三一年，當爭論處於最激烈的時候，一個名不見經傳的麻塞諸塞州公民想出一個辦法，即透過報紙向反對現行稅制的人建議，請他們派代表到費城，共同研究恢復貿易自由的辦法。這項建議，經過報刊轉載，沒有幾天就由緬因州傳到新奧爾良。反對現行稅制的人熱烈地採納了這項建議，他們到處開會，推選代表。選出的代表都是知名人士，有的人還大有名氣。南卡羅來納州為此問題還拿起了武器，僅它一州就派去六十三名代表。一八三一年十月一日，一個按照美國人的習慣取名為全國代表大會的大會，於費城召開，有兩百多人參加。會上的辯論是公開的，大會自開幕日起就具有立法的性質。會上討論了國會的職權範圍、自由貿易理論和稅則。第十天，大會在草擬一封致美國人民的信後閉幕。這封信中宣稱：（一）國會無權制定關稅稅則，現行稅則是違憲的；（二）不准自由貿易對任何國家均無利益，特別是對美國。

應當承認，政治方面的結社無限自由，至今在美國還未產生在別處也許會產生的致命後果。在美國，結社權是從英國輸入來的，輸入之後便一直存在下去。現在，這項權力的行使，已成為美國人的習慣和氣尚。

在我們這個時代，結社自由已成為反對多數專制的一項必要保障。在美國，一旦一個黨居於統治地位，一切國家大權就都落於它的手中；它的黨徒也將取得各種官職，掌握一切有組織的力量。反對黨的最出名人物也不能打破把他們排除在政權以外的藩籬，反對黨只能在野，發動少數的全部道義力量去反對壓制他們的強大物質力量。可見，這是用一種危險去平衡另一種更為可怕的危險。

在我看來，多數的無限權威對美國共和制度的危害十分巨大，以致使我認為用來限制它的那個危險手段還好一些。

在這裡，我要提出一個想法，它使讀者可以想起我在本書第一部分講述鄉鎮自由時所說的話。這個想法就是：再沒有比社會情況民主的國家，更需要用結社自由去防止政黨專制或大人物專權的了。在貴族制國家，貴族社團是制止濫用職權的天然社團。在沒有這種社團的國家，如果人們之間不能隨時仿造出類似的社團，我看不出有任何可以防止暴政的堤壩。另外，在這樣的國家，一個偉大的民族不是要受一小撮無賴的殘酷壓迫，就是要受一個獨夫的殘酷壓迫。

常有可能成爲一種必要手段的大政治集會（有各種人參加），即使在美國也經常是重大事件，使國內的好心人表示驚異。

這種情況，在一八三一年的大會期間表現得最爲清楚。參加大會的所有傑出人物，都竭力使發言溫和，把目標限制在一定範圍之內。大概，一八三一年的大會對不滿政府措施的人起了很大影響，促使他們在一八三二年對聯邦商業法進行了公開造反。

不能否認，政治方面結社的無限自由，是一切自由當中最後獲得人民支持的自由。即使說這種自由沒有使人民陷入無政府狀態，也可以說它每時每刻都在使人民接近這種狀態。但是，這個如此危險的自由，卻在一點上提供了保障：即在結社自由的國家，是沒有祕密結社的。在美國，只有黨派分子，而沒陰謀造反者。

歐洲和美國對結社權的不同理解——它們對結社權的不同使用

人們把自己的力量與自己夥伴的力量聯合起來共同活動的自由，是僅次於自己活動自由的最自然的自由。因此，我認爲結社權在性質上幾乎與個人自由一樣是不能轉讓的。一個立法者要想破壞結社權，他就得損害社會本身。但是，如果說結社自由在一些國家可促進和加快繁榮，那麼在另些國家又可能因爲濫用和歪曲結社自由，而使它由積極因素變爲破壞的原因。在我看來，對比一下對自由有正確理解的國家的社團，和濫用自由的國家的社團所經常採用的不同方法，對於政府和政黨都會是有好處的。

大多數歐洲人，目前還把社團視爲在戰鬥中匆匆忙忙組織起來而馬上投入戰場的武器。

在結社時應當說清目的，但急於行動的思想卻限制了創辦人的頭腦。一個社團，等於一支軍隊。向士兵講話，是爲了檢查軍容和激發士氣，然後讓他們衝向敵人。在結成社團的人們看來，合法的手段可能是成功的手段，但絕非唯一的成功手段。

在美國，人們卻不是這樣理解結社權的。處於少數地位的美國公民之所以結社，首先是爲了顯示自己的力量和削弱多數的道義力量；其次是爲聯合起來進行競爭，從而找出最適於感動多數的論據，因爲他們總希望把多數拉進自己的陣營，然後再以多數的名義掌權。

因此，美國政治社團的宗旨是溫和的，而其手段則是合法的。由於它們只想依靠法律取勝，所以一般都講眞話。

美國人和歐洲人在這方面存在的不同，來自數種原因。

在歐洲，有些政黨完全與多數分家，以致它們永遠不能指望得到多數的支持，但這些政黨又自信自己強大得足以與多數抗衡。當這樣一個政黨結社時，它並不想進行說服，而只想進行戰鬥。在美國，觀點與多數大相徑庭的人，絕對鬥不過多數的權力，因爲其餘所有的人都想拉攏多數。因此，大黨越是不可能成爲多數，結社權的行使越是沒有危險。在像美國這樣各黨意見只有細微差別的國家，結社權可以說能夠無限地存在下去。

促使我們把結社自由只看成是攻擊政府的權利的，是我們對自由還沒有經驗。一個黨也和一個人一樣，當它意識到自己強大而產生的第一個念頭，就是以力服人。說服人的念頭，只在很久以後才出現，因爲這要由經驗中獲得。

因意見嚴重分歧而形成各種不同派別的英國人，很少濫用結社權，因爲他們已有長期行使這項權力的經驗。

而在我們法國，人們則被一種強烈的好戰精神所激勵，以致凡是繫於國家安危的事，人們都發瘋似地參與，認爲手握武器戰死是光榮。

但在美國，促使政治結社暴力趨於緩和的最強有力因素，也許是普選權。在實行普選的國家，多數從來都是容易辨別的，因爲沒有一個政黨能夠冒充沒有選舉它的選民的代表。因此，各個社團都知道，而且人民大眾也知道，那樣的黨並不代表多數。這也是它們的存在本身所決定的，因爲如果它們眞是代表多數，它們本身就能修改法律而不必乞求改革法律了。

受到它們攻擊的政府的道義力量，必將大大增強；而它們自己的這種力量則必將大大減弱。

在歐洲，幾乎沒有一個社團不自充或自信自己是多數意志的代表。這種自充和自信，使它們的力量驚人地擴大，並令人不可思議地將它們的手段合法化。有什麼事件比用暴力去打擊壓制權利的事件更值得原諒的呢？

正因爲如此，在浩繁而又複雜的人類行動準則中，極端自由有時反而能糾正自由的濫用，而極端民主有時反而能防止民主的危險。

在歐洲，社團差不多總把自己看成是無法發表意見的人民的立法機構和執行機構，並憑著這種想法去行動和發號施令。而在人人都認爲社團只代表人民中的少數的美國，社團只靠說理和懇求。

歐洲各國社團所使用的手段，與它們所提出的目的一致。

這些社團的主要目的是行動而不是空談，是戰鬥而不是說服，所以它們自然要建立沒有一點和平氣氛的組織，並使其內部具有軍事生活的習慣和準則。它們儘量集中領導自己的下屬，把一切權力交給少數幾個領袖。

這些社團的成員，要像戰場上的士兵一樣服從命令。他們信奉盲目服從的理論，或者更確切地說，他們一旦聯合起來，就立刻放棄了自己的判斷和自由意志。因此，這些社團內部實行的專橫統治，往往比它們所攻擊的政府對社會實行的專橫統治還要令人難於忍受。

這便大大削弱了它們的道義力量。它們也失去了被壓迫者反對壓迫者的鬥爭所具有的神聖性。心甘情願在一定的場合下，奴顏婢膝地屈服於同夥中的某幾個人，拱手交出自己的意志，甚至思想由他人控制的人，怎麼能奢談他希望自由呢？

美國人也在他們的社團中建立統治組織，但是，如果我可以用「和平」一詞的話，那都是和平的統治組織。在社團中，承認個人的獨立，每個人就像在社會裡一樣，同時朝著一個目標前進，但並非都要循著同一條路走不可。沒有人放棄自己的意志和理性，但要用自己的意志和理性去成就共同的事業。

◆本章注釋◆

【1】參閱奧格和雷著作第一六一頁及以下幾頁，以及埃斯曼：《法國比較憲法要義》第一卷第六一四頁及以下幾頁（巴黎，一九二八年）。——法文版編者

第五章　美國的民主政府

我知道我在討論中將遇到一些棘手的問題。這一章的每句話，都在某些方面刺痛使我國分裂的各個政黨。儘管如此，我還是要說出我的全部想法。

在歐洲，我們很難判斷民主的眞理性和不變性，因爲歐洲有兩個互相對立的主義在鬥爭，我們無法準確地判斷哪些爭論是來自主義本身，而哪些爭論又是來自爭論所引起的激情。

這與美國的情形完全不同。在那裡，人民毫無阻礙地統治著國家，他們既沒有什麼危險需要擔心，又沒有什麼損害需要報復。

因此，在美國，民主是任其所好而行事的。它的表現合乎自然，它的一切活動不受限制。只有在美國，才能對民主做出正確的判斷。這項研究對我國比對任何國家都有用有益，因爲我們每天都在一種不可抗拒的運動的驅動下盲目地前進。我們在向何處走呢？也許是在走向專制，也許是在走向共和，但社會情況必定要走向民主。

普選權

我在前面說過，全美國都承認普選權。不管社會地位高低，人人都有這項權利。我在一些不同的地區，在因語言、宗教和風習的差異而彼此形同外國人的一些種族之間，在路易斯安那和新英格蘭，在喬治亞和加拿大，都有機會看到普選權的實施效果。我曾說過，普選權在美國遠未產生人們期望它在歐洲產生的一切善和一切惡，它在美國的實施效果一般也與想像的不同。

人民的選擇和美國民主在這種選擇中的本能

在美國，一些最出名的人很少出任公職——產生這種現象的原因——法國下層階級對上層階級所懷的嫉妒心不是法國人特有的感情，而是一種渴望民主的感情——在美國，為什麼一些最優秀的人往往本人遠離政界。

在歐洲，許多人不是口上不說而心裡相信，就是心裡本不相信而口上卻說：普選權的最大好處之一，在於籲請最受公眾信任的人出任公職。他們認為，人民不能自己管理自己，但人民衷心希望國家富強；人民的愛好絕不妨害他們推選和他們懷有同樣願望，和最能勝任的人去主持政務。

至於我，必須說我在美國看到的，使我無權認為他們也是如此。我到美國後，就吃驚地發現，被治者中眞正人才薈萃，而統治者當中卻很少有名流。今天，在美國，最卓越的人士很少去當官，乃是一個常見的現象。而且必須承認，這也是隨著民主超出其原來的一切界限而產生的結果。顯而易見，半個世紀以來，美國的政治世家大大減少了。

可以指出這個現象的數個成因。

儘管做了許多工作，但仍未能使人民的文化高達一定的水準。簡化人們的學習內容，改進教育方法，使學習走上正確道路，這些都好辦；但用於學習的時間不夠，人們仍不能學到知識和發揮學到的知識。

因此，人們不需勞動而能生活的閒置時間的長短，就決定著他們獲得知識的必要時間。在某些國家，這個時間比較寬裕；而在另些國家，這個時間就不夠寬裕。而如果完全沒有這個時間，人們就不得不盡爲生活的物質方面而操勞，即不能作爲眞正的人而生活。同樣，既難於想像在一個社會裡，人人都博學多聞；又難於想像在同一個國家裡，每個公民都家財萬貫。這兩種不可能是彼此相關的。我欣然承認，廣大公民都衷心希望國家富強；我還願意更進一步承認並曾講過，社會的下層階級在這個願望中摻雜的私念，一般來說少於上層階級。但是，他們卻總是不同程度地沒有本領去判斷，達到他們衷心希望的目的所用的手段是好是壞。爲了徹底認識一個人的性格，必須進行長期觀察和各種分析。一些偉大的天才在這方面都有失誤，而普通人就能辦到嗎？人民沒有時間和辦法去做這項工作。他們的判斷總是匆匆忙忙做出的，並且是只看事物的表面特點。因此，各種騙子能夠施用他們取悅於人民的花招，而人民的最忠實友人卻不能取信於人民。

另外，人們並不是總能按民主方式去選擇值得他們信任的人，有時他們也不願意這樣做和不想這樣做。

不可否認，民主制度使人們心中的嫉妒感情發展到了最高點。這與其說是因爲民主制度給每個人提供了使自己與他人拉平的手段，不如說是因爲人們總是覺得不能得心應手地使用這些手段。民主制度喚醒和慫恿了永遠無法完全滿足的要求平等的激情。這種完全的平等，總是在人們以爲得到它的瞬間，便從他們的手中溜走和消逝了。用巴斯卡的話來說，就是永遠消逝了。人們經常熱衷於追求那種近得足以使人摸到，而遠得又使人取不到的重大利益。成功的可能性大時，人們高興；成功的不確切性大時，人們懊喪。他們有時高興，有時灰心，有時發怒。凡是在某一點上超過他們能力的東西，都被他們視爲使他們的願望不能實現的障礙。因此，不管上司如何合法，他們都一概不理。

許多人認爲，這種引導下層階級把上司從領導公務的職位上拉下來的隱祕本能，只見於我們法國。但這是一個誤解。我所說的這個本能，不是法國人所固有的，而是一種民主的本能。特殊的政治環境雖然可以使這種本能帶有使人感到嚴厲的特點，但它不能創造這種本能。

在美國，人民並不憎恨社會的高層階級，只是對他們不太歡迎，設法不讓他們當權。人民不怕人們有天才，但對這種人不夠器重。一般說來，凡是沒有天才而發跡的人，都難於得到人民的好評。

一方面是這種天然本能在使人民排斥卓越人物當權，另一方面又有一種力量也不亞於這種本能地在使這些人遠離政界，因爲他們在政界的競技中難以保全自己和免於墮落。衡平法院首席法官肯特就十分坦率地流露過這種思想。我提到的這位著名作家在盛讚聯邦憲法授權總統提名法官的條款之後說：「最稱職的人，也許爲了不在普選中當選，而在行動上不十分積極，在精神上保持十分嚴肅。」〔肯特：《美國法釋義》第一卷第二七三頁〕這是在一八三〇年發表於美國而且沒有人反對的見解。

我只想用這些話證明，那些認爲普選權能夠保證人們做出最佳選擇的人，完全是在幻想。儘管普選權有許多優點，但並不在這裡。

能夠部分糾正民主的這種本能的因素

巨大的危險對國家和人民產生的不良效果——爲什麼五十年前美國有那麼多卓越人物主持政務——教育和民情對人民的選擇發生的影響——新英格蘭的例子——西南部各州——某些法律是怎樣影響人民的選擇的——兩級選舉制度——這種選舉制度對參議院的結構的影響。

當巨大的危險威脅國家的時候，人民往往能成功地選出最能拯救國家的公民。

我們可以看到，一個人在面臨危險的時候，很少能保持常態，他不是居於常態的水準之上，就是居於這個水準之下。國家的情形也是如此。極端的危險不但沒有使一個國家振奮，有時反而把它嚇倒。這種危險雖能盪起人民的激情，但沒有對激情加以引導。它雖能觸及人民的頭腦，但沒有使之清醒。猶太人就曾經在他們的硝煙彌漫的神殿廢墟上互相廝殺。但最常見的，是一些國家和個人在危險臨頭的時候，反而能格外冷靜，做出非凡的克服危險的行動。這時，一些偉大的人物突起，就像聳立在黑夜中的大廈，頓時被一場大火照亮。天才不再猶豫，挺身而出；苦於災難的人民，也會暫時忘卻他們的嫉妒感情。這時，從選票箱裡檢出偉人名士的名字，並不罕見。我在前面說過，今天的美國國務活動家，遠遠不如五十年前主政的人物。其原因不僅來自法律，而且來自環境。當美國在爲獨立這一正義的事業而鬥爭時，它是一個要擺脫另一個國家奴役的國家；而當它以一個新國家的身分進入世界時，它的全體人民的精神品質已經達到他們努力的目標所要求的高度。在這樣的舉國歡騰聲中，卓越的人物走到人民的前面，而人民也舉手歡迎他們，並把他們置於自己的監督之下。但是，這樣的事情畢竟少見，還必須從事物的另一側面去做判斷。

轉瞬即逝的事件有時會抑制民主的激情；而人們的知識水準，特別是民情，將對激情的發展趨勢發生不僅強大而且持久的影響。在美國，就常見這種情況。

在新英格蘭，教育和自由完全從屬於道德和宗教，很早以前就建立的長期存在下來的社會，已形成一套道德準則和習慣，所以人民在輕視財富和門第向來可以在人們中間造成的優勢的同時，卻習慣於尊重知識和道德的優勢，並毫無怨言地加以服從。因此，民主在新英格蘭比在其他各處可做出最佳的選擇。

但是，往南一走，就看到不同的情況。在南方的各州，社會紐帶形成得較晚和不夠牢固，教育不夠普及，道德、宗教和自由的原則還結合得不夠令人滿意。因此，在那些州的政府裡，有德、有才或德才兼備的人極爲罕見。

當進入不久以前才建立社會組織的西南部各州，人們看到的全是冒險家和投機家的莊園。在這裡，我們深爲管理社會的大權被幾個人所控制而大吃一驚，並在心中思忖：除了立法機構和人的獨立以外，有什麼力量能使國家發達和社會繁榮呢？

有些法律具有民主的性質，但它們也曾部分地糾正了民主的危險本能。

當你進入華盛頓的眾議院大廳時，你會爲這個大會議廳裡的粗俗舉止感到吃驚。儘管你在大廳裡一再環顧，依然看不到一個著名人士。幾乎全部議員都是無名之輩，他們的姓名沒有在我的頭腦裡留下任何印象。他們大部分是鄉村律師和商人，甚至是屬於最下層階級的人士。在這個教育幾乎普及的國家，據說人民的代表並非都是能夠寫字無訛的。

僅隔幾步，就是參議院大廳的大門。但在這個不大的會議廳裡，卻聚集了大部分美國名人。你在這裡見到的每個人，都會使你想起他最近的聲望。他們當中有善於雄辯的大律師、著名的將軍、賢明的行政官和出名的國務活動家。這個會議廳裡的一切發言，可與歐洲各國國會的最出色辯論媲美。

這兩種場面的奇異對照是怎樣形成的呢？全國的精華為什麼只見於參議院而不見於眾議院？為什麼後者只匯集了一些大老粗，而前者卻為天才和名人所壟斷？但是，這兩個議院都來自人民，均經普選產生，而且至今沒有聽到在美國有人指責參議院敵視人民的利益。那麼，為什麼會產生如此驚人的差異呢？我認為，只有一個事實可以說明這個原因，那就是：眾議院是由人民直接選舉，而參議院則經兩級選舉產生[1]。每個州的全體公民選舉本州的立法機構，而聯邦憲法又規定各州的立法機構為選舉團，由這些選舉團選舉參議員。當然，參議員也能代表（儘管是間接地代表）普選的結果，這是因為：選舉參議員的各州立法機構，並不是貴族團體或本身擁有選舉權的特權團體，它實質上服從各州的全體公民；各州的立法機構一般每兩年或一年改選一次，全體公民透過改選立法機構更新其成員，從而能對參議員的選舉進行控制。但是，人民的意志透過這個選舉團來表達時可能發生某些變化，使自己帶有更加莊重和嚴肅的形式。因此，選舉團選出的參議員也能經常切實地代表治理國家的多數。但是，他們只代表流行於國內的高尚思想和引導國家前進的國家精神，而不代表往往會使國家動亂的局部激情和使國家名譽掃地的邪念。

不難看到，將來總有一天，美國的各共和州因在選舉制度中採用兩級選舉而強大起來。否則，它們便有掉進民主的陷阱而受苦的危險。

對於這一點，我始終確信不疑。我認為兩級選舉是使各階層人民都得以享用政治自由的唯一手段。不管是希望把這個手段變成政黨的專有武器的人，還是害怕這一手段的人，在我看來都是錯誤的。

美國民主對選舉法產生的影響

選舉稀少會對國家造成重大危險——選舉頻繁會使全國處於激動不已的狀態——美國人從這兩種弊端中選擇了後者——法律常常改變——漢密爾頓、麥迪遜和傑弗遜對這個問題的看法。

在選舉的間隔期長時，每次選舉都有使國家發生動亂的危險。這時，所有的政黨都將全力以赴，設法抓住這個千載難逢的機會。對於候選人來說，選舉的失敗幾乎是不可救治的創傷，所以他們可能氣急敗壞，什麼都做得出來。但是，如果這種合法的鬥爭不久就能重新舉行一次，則失敗的政黨便可以忍耐一下了。

當選舉接踵而來時，選舉的頻繁會使社會動盪不安，使政務處於連續不斷的常變狀態。

因此，一方是使國家有小病纏身的危險，另一方是使國家有生一場大病即爆發革命的可能。第一種制度在損害政府的美好形象，第二種制度在威脅政府的生存。

美國人寧願忍受第二種弊端，而不願忍受第一種弊端。在這裡，指導他們行動的，主要是本能，而很少是理性，因爲民主將他們對變化的愛好發展成爲激情。結果，美國的立法出奇地多變。

大多數美國人認爲，他們法律的多變性是一種總體說來行之有效的制度的必然結果。但我確信，沒有一個美國人會硬說這種多變性沒有缺點或認爲它不是一大弊端。

漢密爾頓在論證一項可能防止或推遲頒布不良法律的權力後，補充說：「或許有人會說，防止頒行不良法律的權力亦包含防止頒行良好法律的力量。〔既可用於這個目的，又可用於另一目的〕但這個反對意見，對於能夠正確評價法律的不穩定性和多變性的壞處的人來說，並不怎麼重要。**法律的不穩定性已構成我國政府的性質和宗旨方面的最大汙點**。」（《聯邦黨人文集》第七十三篇，重點是托克維爾加的）。

麥迪遜說：「立法的方便和漫無節制，似乎是我國政府的最有害的病症。」（《聯邦黨人文集》第六十二篇）。

在美國的民主制度下迄今出現的最偉大民主主義者傑弗遜本人，也指出過這樣的危險。他說：「我國法律的不穩定性確實是一大弊端。我覺得我們應當除掉它，即應規定在一項法案被提出之後，允許在一年內批准實施。法案應交付討論，沒有更改意見後再表決。如果情況要求迅速通過該法案，亦不得根據簡單多數決定，而應以兩院各自的三分之二多數通過[2]。」

美國民主治下的公務人員

美國公務人員的簡樸——沒有公務人員制服——對所有公務人員均付酬——這樣做的政治後

果——美國沒有終身公職——它的後果。

美國的公務人員，與公民大眾沒有什麼區別，既無宮殿和衛士，又不著制服。統治者的這種簡樸作風，不僅與美國人的氣質有關，而且與美國社會的基本原則有關。

從民主的角度來看，建立政府並不是一件好事，而是一個必然的災難。這要授予官員們以一定的權力，因爲沒有這種權力他們還有什麼用呢！但是，作爲權力外表的制服，絕非工作之不可缺少，而且讓公眾看著也不舒服。

公務人員自己十分清楚，讓他們有權向其他人發號施令，是以他們的舉止不得高人一等爲條件的。

我想像不出哪個國家的官員會像美國公務人員那樣作風樸實，平易近人，問話時親切，答話時和藹。

我喜歡民主政府的這種自然作風，我在這種重視職責甚於重視職位、重視人品甚於重視權力外表的內務官員身上，看到了我所欽佩的男子漢工作作風。

關於制服可以發生的影響，我覺得我國一百多年以來把它的作用誇大了。我在美國從來沒有見到公務人員在執行公務時因穿著不合身分而被輕視或不被尊敬的情形。

另外，我也十分懷疑在公務人員裝模作樣地穿上制服時就能格外受到人們的尊敬，因爲我不相信他們之受人尊敬是來自衣著而不是來自人品。

當我看到我國的一些官老爺粗暴待人或挖苦人，聳一聳肩膀表示反對，或以得意的微笑下達指示時，我眞想剝下他們的制服，一直剝到露出他們作爲一個公民的眞正模樣，看這能不能使他們想起人類應當受到尊敬。

美國的公務人員均不著制服，但卻領取薪俸。

這一點比上述各點更自然是來自民主原則。民主制度亦准許官員擺闊，用絲綢和金銀打扮自己，但不得直接破壞民主的原則。這樣的特權只是暫時的，而且是屬於職位，並不屬於個人。但是，如果公務人員不拿薪俸，就會產生一個富有和獨立的公務人員階級，就會形成一個貴族核心。這時，即使人民還保留有選舉權，它的行使也必然受到限制。

如果一個民主共和國把公務人員的薪俸制改爲無償制，我可以十拿九穩地推論，這個國家正在走向君主政體。而在一個君主國開始實行公務人員的無償制時，這一行動無疑是在走向專制政體或走向共和政體。

因此，在我看來，用薪俸制公務人員代替無償制公務人員，這本身就是一場眞正的革命。

我把美國全無不付薪的職位這件事，看成是民主在該國發生絕對統治作用的最明顯標誌之一。爲公共服務，不管屬於什麼性質，都領報酬。因此，每個人不僅有權爲公共服務，而且服務時有生活保證。

在民主國家，雖然每個公民都能出任公職，但也不是全體公民都有希望出任。這不是因爲候選人的資格不夠，而是因爲候選人的人數和當選條件，在選舉時總是有限制的。

在一切方面都實行選舉原則的國家，嚴格說來沒有終身公職。人們就任公職，多半出於偶然，任何人也無法永久保住職位。當每年進行一次選舉時，情況尤其如此。因此，在平安無事時期，公職對野心的誘惑力不大。在美國，混跡於政治圈子裡的人，都是抱負不大的人。懷有大才和大志的人，一般都遠離政治而去追求財富。由於覺得辦不好自家的事業而去負責領導國家事務的，倒是大有人在。

平庸人士之所以有很多人擔任了公職，正是由於這些原因和民主的不良選擇。在美國，即使卓絕的人士希望當選，我也不知道人民會不會選舉他們，但我肯定他們不會出來競選。

美國民主治下的行政官[3]的專權

為什麼行政官的專權在專制君主國和民主共和國比在立憲君主國強大——新英格蘭行政官的專權。

有兩種政府對行政官授予很多專權。這兩種政府是：只由一個人統治的政府和民主的政府。這個同樣的結果，來自一些幾乎相同的原因。

在專制國家，人們的命運沒有保障，官員的命運並不比私人的命運有保障。君主掌握著他所僱用的人們的生命財產，有時還有他們的榮譽。他認為這些人沒有什麼可怕的，還讓他們有很大的行動自由，因為他確信他們不會濫用這種自由來反對他。

在專制國家，君主甚愛自己的政權，以致害怕自己規定的制度給政權帶來麻煩；他喜歡把他的臣民的輕微越軌行為看成是出於偶然，相信這不是出於存心反抗他的願望。

在民主國家，多數每年都能從他們以前委託的人們手裡收回權力[4]，所以他們絕不害怕那些人濫用職權。多數每時每刻都能使執政者知道他們對政府的意見，所以他們喜歡讓執政者發揮自己的能力，而不願意用一套死規矩去束縛執政者，因爲這樣的死規矩既限制執政者又限制他們自己。

但是，只要稍微深入考察，就會發現在民主制度下，行政官的專權還要大於專制國家。

在專制的國家，君主可以立即懲治他所發現的一切犯法行爲，但他不能確信自己可以隨時發現應予懲治的一切犯法行爲。而在民主制度下，執政者的權力不僅極高，而且無處不在。比如，我們可以看到，美國的公務人員在法律爲他們規定的範圍內，其行動的自由比歐洲的任何官員都廣泛得多。一般只向他們指出應當完成的任務，而方法則由他們自己選擇。

比如，在新英格蘭，規定由各鄉鎮的行政委員負責提出陪審員名單。但應當指出，他要從享有選舉權和名譽良好的公民中選擇陪審員[5]。

在法國，如對一個公務人員授予如此可怕的權力，不管他怎樣去執行，人們必定認爲老百姓的生命和自由處於危險之中了。

在新英格蘭，鄉鎮的行政委員還有權把酗酒者的名字張貼在酒店裡，禁止居民向他們提供酒類，違者罰款[6]。

這樣的查禁許可權，在最專制的君主國，也會激起人民的反對；但在新英格蘭，卻毫不費力地被人服從了。

沒有一個地方的法律，像在民主共和國那樣使行政官享有如此大的專權，因爲這種專權沒有可怕之處。甚至可以說，隨著選舉權日益擴及底層，行政官的任期日益縮短，行政官更加自由了。因此，要想把一個民主共和國改變爲君主國，將是極其困難的。如果行政官不再由人民選舉，但他們仍保留著民選的行政官的許可權和習慣，那就會導致專制。

只有在立憲君主國，法律在爲官員的行動劃定範圍的同時，還能想到指導官員的每一行動的問題。能夠如此的原因，是不難說明的。

在立憲君主國，權力由國王和人民分享，兩者都希望行政官的職位保持穩定。國王不願意將行政官的命運置於人民的控制之下，因爲怕行政官出賣王權的利益；而在人民方面，則怕行政官完全依附國王，從而壓制自由。因此，既不要讓行政官依附國王，又不要讓行政官依附人民。

使國王和人民准許官員保持獨立的同一原因，也在使國王和人民尋找不讓官員濫用這種獨立的保證，以防官員侵犯王權的利益和人民的自由。因此，雙方一致認爲必須事先爲官員劃定行動範圍，並發現爲官員制定一套不得違犯的守則也是有好處的。

美國行政的不穩定性

在美國，人們在社會活動方面留下的痕跡往往不如他們在家庭活動方面留下的痕跡——報紙是唯一的歷史文獻——行政的不穩定性爲什麼對施政藝術有害。

在美國，掌權的人在臺上的時間很短，不久便回到每天都在改變面貌的群眾中去，所以他們在社會活動方面留下的痕跡，往往不如他們在家庭活動方面留下的痕跡。美國的公共行政管理，差不多全憑口述和傳統進行。沒有成文的規定，即使寫出過一些，也像古代女巫寫在棕櫚樹葉的預言，遇上一陣微風，就被吹走，消失得無影無蹤。

美國的唯一歷史文獻是報紙。如果報紙缺了一期，時間的鎖鏈就會斷裂，現在和過去就接連不上了。我毫不懷疑，五十年後再蒐集有關今天美國社會詳情的確鑿文件，將比尋找法國中世紀行政管理的文件還要困難。如果美國有一天遭到蠻族入侵，要想了解今天住在這裡的人民的某些事情，那就只得依靠其他國家的史料了。

行政管理的不穩定性，已開始滲入人民的習慣。我甚至可以說，今天每個美國人都覺得這樣合乎口味。誰也不打聽在他以前發生的事情。沒有人研究管理方法，沒有人總結經驗。蒐集文獻本來十分容易，但也沒有人蒐集。偶然落到人們手裡的文件很少被保存下來。我手頭的幾份原始材料，還是一些行政部門爲答覆我對某些官員的提問而給我的。在美國，社會每天就像一支戰鬥中的軍隊在生活。然而，行政管理技術無疑是一門科學，而且所有的科學爲了不斷進步，都必須逐代總結前代的經驗。人們在短促的一生中，有的人篤行，有的人立言；前者在發明方法，後者在創造理論。人類就是這樣一邊前進，一邊蒐集個人的不同經驗果實，而逐漸建立起各門科學的。行政管理人員根本不互相學習，是美國的最大難題。而且，他們在指導社會工作時，只憑自己積累的經驗知識，而沒有指導該項工作所必備的科學知識。因此，推廣到行政管理工作的民主，反而阻礙了管理人員的技術進步。就這一點來說，民主對於已經完成行政管理教育的國家，比對於缺乏這方面經驗的國家更爲適合。

而且，這個論斷並不只適用於行政科學。但是，有按如此簡單和自然的思想建立的民主政府，就必須有非常開化和文明的社會[7]。最初，人們還以爲只是在遙遠的古代才存在過這種政府；但是，隨著後來的深入考察，才輕而易舉地發現，這種政府只能出現於社會發展的最後階段。

美國民主治下的公共開支

在任何社會，公民都被分爲幾個階級——每個階級要求管理國家財政的本能——爲什麼人民主政時公共開支必然增加——在美國，使民主制度造成浪費的事情並不可怕——民主治下的國庫收入的使用。

民主政府是節約的政府嗎？在回答這個問題以前，我們必須規定一個比較的標準。

如果我們拿一個民主共和國與一個專制君主國作對比，這個問題是容易解決的。這時，我們將會發現，前者的公共開支比後者大得多。而且，一切自由國家與不自由國家相比，情形也是如此。沒錯，專制制度使人民貧窮的主要原因，是它妨礙人民發展生產，而不是它奪去人民的生產成果。它使財源枯竭，卻始終重視既得的財產。自由與此相反，它生產出來的財富比它所毀掉的多千百倍。了解自由好處的國家，其財源總比稅收增長迅速。

我現在要說明的主題，是對各種自由國家進行對比，指出民主對各國財政的影響。

社會和有機體一樣，在組織上必須服從其不可須臾離開的固定規則。社會是由無處不在和無時不有的一定成分組成的。

在科學上，常把一個民族分爲三個階級。

第一個階級由富人組成。第二個階級的成員，是那些雖然不是富人但生活優裕的人。屬於第三個階級的人，只有很少財產或根本沒有財產，全靠爲前兩個階級勞動維持生活。

這三類人的人數，可能因社會情況而有多有少，但你不能否認每個社會裡都有這三類人。顯而易見，每個階級都對國家財政的管理有其自己的要求。

假如國家的法律都是由第一個階級制定的。這時，他們大概很少考慮節省國庫開支，因爲對大額財產的課稅只不過是動了一根毫毛，對它無關緊要。

再假如國家的法律全是由中間階級制定的。這時，它會考慮不要揮霍國家的稅收，因爲最大的災難莫如對小額財產課收高額稅金。

我認爲中間階級的政府應當是自由政府，我不說它是自由政府中最有知識和最慷慨的政府，但它卻是最節約的政府。

現在，我假設第三個階級總攬了制定法律的大權。我認爲這是爲公共開支的有增無減提供了良機，其理由有二：

首先，制定法律的人大部分沒有應當課稅的財產，國家的公共開支似乎只能使他們受益，而絕不會使他們受害；其次，稍微有錢的人不難找到辦法。把賦稅的負擔轉嫁給富人，而只對窮人有利，這是富人當政時不可能出現的事情。

因此，在窮人[8]獨攬立法大權的國家，不能指望公共開支會有顯著節省。這項開支經常是很大的，這是因爲立法抽稅的人可能不納稅，或者因爲他們不讓賦稅的負擔落到自己身上。換句話說，民主政府是唯一能使立法抽稅的人逃避納稅義務的政府。

你反對也沒有用，人民的眞正利益就是要引導人民去保護富人的財產，否則，人民很快就會感受到自找麻煩的痛苦。而且，國王的利益不也是人民幸福的所在嗎？貴族的利益不也是時時在向人民開放嗎？如果長遠的利益能夠克制目前的激情和要求，那就永遠不會有暴君統治或專橫的貴族制度。

可能有人反問我：不是有人主張由窮人獨攬立法大權嗎？他們是誰？他們是建立了普選制度的人。制定法律的是多數還是少數？無疑是多數。如果能夠證明窮人經常構成多數，那不是也可以補充一句說：在實行選舉制度的國家，窮人將獨攬立法大權嗎？

不錯，至今在世界上的所有國家，絕大多數人是沒有財產的，或者只有少數財產而得以在不勞動時維持生活的。因此，普選制度事實上是使窮人管理社會。

民權有時可能對國家財政發生災難性影響，這在古代的一些民主共和國已屬常見。在這些共和國，爲救濟貧困的公民或爲人民提供遊戲娛樂設施，幾乎耗盡了國庫。

老實說，代議制在古代還鮮爲人知。而在今天，人民的激情很難在公共事務方面表露，但可以斷定，久而久之，代表們總會按照選民的要求行事，照顧他們的愛好和利益。

再者，隨著人民日益富有，民主造成的浪費將按比例地減少其可怕性，因爲人民富有以後，一方面不再需要富人出錢，另一方面如要增加賦稅，自己難免不受損失。從這一點來說，普選制度在法國將比在英國較少產生危險，因爲在英國，幾乎所有應當課稅的財產，都集中在少數人手裡。在美國，絕大多數人都有財產，其社會地位亦比法國人有利得多。

還有一些原因可能增加民主國家的公共開支。

在貴族統治國家時，主持國務的人由於自己的地位而可以免於匱乏。他們自以爲生來有福，總是向社會要求權力和名譽；他們高居於芸芸眾生之上，從來看不到人民大眾的安寧幸福是怎樣促進他們的榮華富貴的。不錯，他們對窮人的苦難也不是毫無惻隱之心，但他們對於這種苦難的感受並不如窮人那樣切身。只要人民能夠安貧知命，他們便心滿意足，除了保住統治地位以外，便再無所求。貴族政體關心維持現狀勝於關心改進現狀。

反之，當人民掌握國家大權時，主政者便會到處興利除弊，因爲他們受過痛苦。這時，改革的精神將會波及百行百業，深入到最末的細節，特別會在需要花錢的事業上得到發揮，因爲這種事業的目的在於改善窮人無力自己改進的生活條件。

而且，在民主社會，還有一種目標並不明確的奮進精神，和一股不斷追求幾乎總是要花錢的各種革新的熱情。

在君主政體和貴族政體下，野心家們爲了迎合主政者好大喜功的自然心理，經常促使主政者去辦一些勞民傷財的事業。

在窮人主政的民主國家，主政者只會在增進社會福利的事業上表示慷慨，而這種事業幾乎總是要耗資的。

另外，當人民自己開始考慮本身的處境時，總會產生許許多多起初並未意識到的需要，而爲了滿足這些需要，就不得不依靠國家的資助。因此，一般說來，公共開支總是隨著文明程度的提高而增加，賦稅則隨著教育的普及而增加。

最後，還有一個原因常使民主政府比其他政府更爲可貴。即民主政府雖然有時打算節省開支，但它卻辦不到，因爲它沒有節約之術。

由於民主政府經常改變自己的目標和頻仍更換它的人員，所以它的事業缺乏首尾一貫性或經常半途而廢：在第一種情況下，國家花了錢，但與其所要達到的目的並不相稱；在第二種情況下，國家花了錢，但毫無所得。

美國民主在規定公務人員薪俸方面表現的本性[9]

在民主制度下，規定高薪制度的人並無機會牟利——美國民主的趨勢是增加下級公務人員的薪俸和降低高級公務人員的薪俸——這樣做的原因——美國和法國公務人員薪俸的對比。

通常有一個重大原因能使民主制度撙節公務人員的薪俸開支。

在民主制度下，規定薪俸制度的人很多，但其中卻很少有人有機會從中牟利。

反之，在貴族制度下，規定高薪制度的人幾乎總有從中牟利的隱約希望。這是他們爲自己創造的資本，或至少是爲其子女準備的財源。

但是應當承認，民主國家對其主要公務人員也是過於吝嗇了。

在美國，下級公務人員的薪俸高於其他國家，但高級公務人員的薪俸卻遠遠不如其他國家。

這兩個相反的現象，來自同一個原因。在這兩種情形下，公務人員的薪俸都是人民根據自己的需要，對比下級公務人員和高級公務人員的貢獻而規定的。由於人民自己生活寬裕，所以他們覺得公務人員也應分享這種寬裕生活，才是合情合理的[10]。但是，在規定國家的高級公務人員薪俸時，這個想法便不起作用了，而完全是出於隨意。

窮人對社會高層階級的生活需要認識不清。在富人看來一筆微不足道的款項，在窮人看來就是一筆非常可觀的財富，因爲後者覺得能夠滿足日常需要就不錯了。他們認爲，一個州長每年收入兩千埃居（六千法郎），就算得上幸福和值得羨慕的人了[11]。

假如你要設法說服他們，告訴他們一個偉大國家的代表應在外國人面前顯出一定的氣派，他們起初可能完全同意你的看法；但當他們想到自己的簡陋住所和辛勤勞動的微薄收入，看到用你以爲是微不足道的款項他可以做出一番事業時，他就會對這樣一筆財富感到吃驚，甚至會被嚇倒。

另外，當下級公務人員與人民差不多處於同一水準，而另一些人卻在這個水準之上時，前者還能激起他們的同情，而後者則會引起他們的嫉妒。

這種情形，在薪俸看來是隨公務人員的許可權的加大而減少的美國，也可以清楚的看到[12]。

在貴族統治的帝國，情況與此相反，高級官員均獲得極高的薪資，而小官員的收入只能餬口，其原因不難從我們上面指出的類似原因中找到。

如果說民主制度不會承認富人應當享樂和窮人應對富人嫉妒，那麼貴族制度則不會理解窮人的困苦，或者毋寧說它根本不知窮困爲何物。確切地說，窮人是另一種人，與富人非屬同類。因此，貴族制度很少關心下級官員的命運，只有在下級官員因爲薪資過少而拒絕爲它服務的時候，它才略微提高他們的薪資。

民主制度雖然沒有節約的愛好，但它對高級公務人員卻採取了節省開支的態度，以致對他們有虧待和吝嗇的傾向。

不錯，民主制度也使主政者能夠過上差強人意的生活，但它爲了滿足人民的需要和便於人民安居樂業，卻可以不惜耗費巨資[13]。這些開支主要來自稅收，但沒有被浪費。

一般說來，民主制度用於統治者方面的費用少，而用於被治者方面的費用多。貴族制度與此相反，它把國家的收入主要用於主持國務的階級身上了。

難於識別促使美國政府厲行節約的原因

凡是尋找法律對人類命運發生眞正影響事實的人，都犯過重大錯誤，因爲再沒有比識別這種事實更難的事情了。

一個民族天生輕鬆活潑和熱情洋溢，另一個民族喜歡深思熟慮和善於精打細算。這些特點來源於他們的身體素質或一些我們尚不清楚的古老原因。

有些民族喜歡排場、熱鬧和遊興，花費萬金求一時之樂亦不後悔。另些民族喜歡獨善其身，恥於表現自己富有。

有些國家熱衷於建築之美，另些國家毫不重視藝術，輕視一切沒有實效的東西。最後，有些國家愛好名譽，另些國家崇拜金錢。

除了法律以外，所有這一切表現都各自對國家的財政發生強有力的影響。

如果說美國人絕不把國家的錢花在公共慶典上，這不僅是因爲美國的稅收要由人民投票決定，而且是因爲美國人民不喜歡隆重的慶祝。如果說美國人不追求建築物上的裝飾，不重視虛有其表的華麗，這不僅是因爲他們是講究民主的民族，而且是因爲他們是重商的民族。

私人生活的習慣也被公共生活所接受。但是我們應當把美國來自制度本身的節約，與來自人們習慣和社會風氣的節約區別開來。

可否拿美國的公共開支與法國的對比

要衡量公共開支的多寡，必須確定兩點：國富和稅收——我們無法確知法國的財富和開支——爲什麼也無望知悉美國的財富和開支——作者爲研究賓夕法尼亞州的稅收總額所做的調查——可以表示一個國家的開支多寡的總指標——對美國進行的這項調查的結果。

最近，人們對於美國和法國的公共開支進行了大量的對比研究，但均未獲得滿意的結果，而且我認爲用幾句話就足以說明他們爲什麼沒有達到目的。

爲了能夠查明一個國家的公共開支有多少，有兩項研究工作必不可少。第一，必須知道這個國家有多少財富；第二，必須知道它把多少財富用於公共開支。只調查稅收的總額而不研究應當課稅的財源，將是一件徒勞無功的工作，因爲我們想要知道的並不只是開支，而且還有開支與收入的關係。

一個富人可以輕易繳納的一筆稅款，如由窮人去交付，可使這個窮人傾家蕩產。

人民的財富由許多成分構成，其中主要的是不動產，其次是動產。

一個國家的可耕地面積及其天然價值和增益價值，是很難精確計算出來的。而要計算人民擁有的動產的價值，尤其困難。由於財產的種類繁多和數量龐大，所以即使你算出了總數，也幾乎無法使你進行正確的分析。

因此，我們發現，歐洲的一些文明悠久的國家，甚至包括行政集權的國家，至今都未能精確地算出它們的財富總額。

在美國，人們甚至沒有計算財富總額的打算。在這個新興國家，社會還沒有安定下來，全國政府還沒有像我國這樣擁有大批調遣自如的下屬人員，統計資料由於無人蒐集或無時間研究而不齊備，你怎樣能相信會得出正確的計算結果呢？

因此，我們不會獲得計算所需的資料。我們無法拿法國的財富與美國的財富進行對比。法國的財富還沒有精確計算出來，而美國的財富則根本無法進行這種計算。

但是，我寧願暫時不用「對比」這個必要的字眼，先不去考察稅收與稅源的關係，而只想計算稅收的實際金額。

讀者將會看到，我的研究範圍雖然縮小了，但我的任務並未因此減輕。

我毫不懷疑，法國的中央集權行政管理制度雖有大批官員的努力，也無法精確算出課自公民的直接稅和間接稅的總額。而且，這項並非個人所能承擔的工作，法國政府本身也沒有完成，或至少尚未公布其結果。現在，我們雖然可以知道國家的支出總額，知道各省的支出總額，但尚不了解鄉鎮的開支情況，所以還不能說我們已經知道了法國的整個公共開支情況。

如果我們現在回過頭來研究美國的公共收支，則會發現困難更多，而且更無法克服。美國使我知道了它的開支總額的確切數字，我也得以看到它二十四個州的預算，但是誰能使我了解美國公民向他們所在的縣和鄉鎮提供了多少行政開支呢〔14〕？

聯邦政府不能強迫各州政府向我提供這方面的資料，而且即使各州政府全都願意幫助我，我也懷疑它們能否使我滿意。拋開這項工作的自然困難不管，國家的政治結構也在妨礙各州政府的努力獲得成功。鄉鎮和縣的行政委員不是由州長任命的，不受州長的管轄。因此可以斷定，即使各州政府願意向我提供所需的資料，也會遇到很大的障礙：本應當向州政府服務的下級官員可能敷衍塞責〔15〕。

探問美國人能否提供這方面的材料，也是徒勞的，因爲迄今爲止他們肯定在這方面什麼也沒有做。

因此，今天在美國或歐洲，沒有一個人能告訴我們美國的每個公民每年要爲社會負擔多少費用〔16〕。

總之，比較美國和法國的社會開支很難得到成果，而比較兩國的財富亦然。我再補充一句，試圖這樣做也同樣危險。當統計資料不是以確實可靠的計算爲基礎時，不但不能指導工作，反而會把你引入歧途。人們的頭腦容易被貌似正確而實際上卻有出入的事物所迷惑，對披著數學眞理外衣的錯誤置信不疑。

因此，讓我們放棄數字而設法另找證明吧！

在缺乏確實可靠的資料的情況下，要想查明人民的公共開支負擔是否與他們的財富相稱，只能觀察這個國家在物質上是否繁榮，觀察人民在向國家繳納稅款之後窮人是否還能維持生計，富人是否更加富有，雙方是否對自己的命運感到滿意，雙方是否每天又在繼續改善自己的生活，從而資本是否缺乏投資的場所，而需要投資的產業是否需要資本。

按這些標誌進行觀察的人，無疑會斷定美國人民的收入給予國家的部分，遠遠低於法國人民收入的這一付出部分。

但是，怎樣才能斷定兩者之間的不同呢？

法國的一部分債務，是兩次受侵略的結果，而美國不必擔憂入侵。我們的地理位置，使我們不得不經常維持一支龐大的軍隊；而美國孤懸於大西洋彼岸，使它只擁有六千名士兵就可以了。我們有三百艘軍艦，而美國只有五十二艘[17]。因此，美國居民怎麼能比法國居民負擔多呢！

由此可見，在如此不同的兩國財政之間是不能進行對比的。

我們之所以能夠斷定美國的民主制度是眞正節儉的制度，是基於對美國的實際情況的考察，而非基於美國與法國的對比。

我考察了聯邦的各個州，發現各州政府常常沒有首尾一貫的計畫，對僱用的人員也不進行經常監督。因此，我自然得出一個結論：認爲它們必然要浪費納稅人的金錢，或在一些事業上花費了不必要的金錢。

可是我看到，忠實於選民的政府，卻在付出巨大的努力去滿足社會下層階級的需要，爲他們敞開監督政府的大門，在他們中間普及幸福和知識。它使窮人溫飽，每年撥付巨款創辦學校，對每項服務均付報酬，使小人物也能得到良好的待遇。雖然我認爲這樣的治國方式是合情合理的，但我又不得不說它是耗費過大的。

我看到這裡是窮人在管理公共事務和掌握國家的財源，而且我相信這裡的國家支出有利於窮人，所以國家經常增加新的開支。

因此，我不依靠不完整的統計數字，也不想進行沒有把握的對比，便敢於斷言美國人的民主政府並非像人們有時想像的那樣是一個吝嗇的政府；我也不怕預言美國人民一旦遇到嚴重困難，美國的稅收也將達到與大多數歐洲貴族國家或君主國家一樣的高度。

民主國家統治者的貪汙腐化及其對公共道德的影響

在貴族政體下，統治者偶爾試圖學壞——在民主政體下，統治者經常自動變壞——前者的敗壞行爲直接影響人民的道德——後者對人民道德的影響雖是間接的，但其危害更大。

貴族政體和民主政體互相指責對方容易貪汙腐化。對此要做辨析。

在貴族政府，政務工作人員都是富人，他們只貪圖權勢。在民主政府，國家工作人員都是窮人，他們希望發跡高升。

結果，在貴族國家，統治者很少貪汙，對金錢的欲望不大；而在民主國家，情況與此相反。

但在貴族制度下，想當頭目的人都有很多金錢，而能夠當上頭目的人，又由於職位有限而為數不多，所以可以說政府是待價而沽的政府。反之，在民主制度下，渴望當權的人幾乎一文不名，而競爭當權的人又為數甚多。因此，在民主制度下，賣主可能不少，但幾乎找不到買主。而且，一次就得收買很多人才能達到目的。

四十年來在法國掌權的人，有許多被指控為了發財而曾犧牲本國和盟國的利益，而舊君主制度的官員則很少有人受到這種譴責。但在法國，幾乎沒有賄選的例子；而在英國，這種事情則是司空見慣的[18]。

我在美國從未聽說有人用錢去買官做，但我總是對公務人員的廉潔表示懷疑。尤有甚者，是我經常聽說他們是依靠卑鄙的陰謀和應受譴責的手段而獲得成功的。

因此，如果說貴族政體的主政者偶爾試圖學壞，那麼民主政府的首長則自動變壞。在前一種情況下，學壞的官員使人民的道德受到直接打擊；在後一種情況下，變壞的官員對人民的思想意識發生的影響必將更為可怕。

在民主國家，當上國家首腦的人差不多總要受到使他感到不快的懷疑，所以他會利用某種辦法由政府來保護他被指控的罪行。這樣，他就為尚在與惡進行鬥爭的善提供了危險的榜樣，使被掩蓋的惡披上了光榮的外衣。

有人會說，邪惡的感情各階層都有，王位往往是憑生來具有的權力而登上的，無論是貴族國家還是民主國家都有非常可鄙的人物當上國家首腦。但是，這種辯解也是徒勞的。

這種答辯不會使我滿意，因爲在偶然掌權的人物的腐化行爲中，有一種粗野庸俗的東西在把腐化行爲傳染給大眾，而在一些大闊佬的墮落生活中，反倒有某種貴族的文雅風度和高大氣派，使墮落生活往往不至於外傳。

人民永遠不會理解宮廷內部鬥爭的祕密，而且往往難於察覺被文雅的舉止、高尚的愛好和美麗的言辭所掩蓋的卑劣行徑。但是，偷盜國庫或出賣國家利益的行爲，就是最微不足道的小人物也能看得出來，而且他們自己也可能躍躍欲試。

另外，值得害怕的倒不是大人物的缺德，而是缺德使人成了大人物。在民主制度下，一些普通公民看到他們當中的一個人，沒有幾年就從無名小卒爬到有錢有勢的地位後，必定吃驚和眼紅，並在心裡琢磨昨天還與自己一樣的人，爲什麼今天有權領導他們了。要把這個人的發跡歸因於他的才德，那是令人不痛快的，因爲這等於承認自己的才德不如人家。因此，他們便到這個人的某一劣行中去找主要原因，並且經常認爲這樣做是對的。結果，在卑鄙和權勢之間，在下賤和成功之間，在丟臉和實惠之間，便出現了可悲的概念混亂。

民主能夠做出哪些努力

聯邦只爲自己的生存作過一次鬥爭——戰爭開始時的熱情——戰爭將近尾聲時熱情減退——在美國難於建立徵兵制和海員強迫服役制——爲什麼民主國家不如任何其他國家能做出不懈的努力。

我要提醒讀者注意，我在這裡講的是遵循人民眞正意願的政府，而不是僅以人民的名義發號施令的政府。

沒有比以人民的名義發號施令的政府更難抗拒的了，因爲它可以假借大多數人的意志所形成的道義力量，堅定地、迅速地和頑固地去實現獨夫的意志。

很難說一個民主政府在國家發生危機時，能夠做出多大的努力。

至今還未出現過強大的民主共和國。用共和去稱呼一七九三年統治過法國的寡頭政治，那是對共和政體的侮辱。只有美國是共和政體新的光輝榜樣。

聯邦政府至今已經存在五十多年，但它的生存只遇到過一次危險，那就是在獨立戰爭時期。在這場長期戰爭開始時，人們曾以罕見的熱情爲祖國效勞[19]。但是，隨著戰爭的曠日持久，昔日的自私自利心理又重新抬頭：人們不再向國庫交款，不應募去當兵；人民仍想獲得獨立，但在爭取獨立的手段面前卻步。漢密爾頓在《聯邦黨人文集》（第十二篇）中寫道：「我們陡然增加了許多稅目，我們徒然試行了一些新的徵稅辦法。公眾的期望已一律化爲失望，國庫空空如也。我們的民主政府的性質所固有的民主行政制度，面臨著硬通貨奇缺的局面，而這種局面又導致貿易陷入蕭條不振狀態。民主行政當局至今雖一再試圖努力擴大稅收，但不見成效，以致各州的立法機構也終於認識到這樣做是愚蠢的。」〔萬人文庫版第五十五頁〕。

從此以後，美國再沒有進行過一次需要堅持到底的嚴重戰爭。

因此，要想知道哪些犧牲是民主制度能夠忍受的，必須等到美國人民也像英國人民那樣不得不把收入的一半交由政府處理的時候，或者等到也像法國人民那樣，必須把全國人口的二十分之一送上戰場的時候。

在美國，人們不承認徵兵制，招我去當兵就得給我錢。強制徵兵的辦法與美國人民的思想格格不入，爲美國人民的習慣所不容，以致我不相信有人敢於把它寫進法律裡去。法國所謂的徵兵制，無疑是我國人民的最沉重負擔。但是，沒有徵兵制我們怎麼能支援一場陸上大戰呢？

美國人也不接受英國的那種強制海員服役的辦法，他們也沒有我們法國那樣的海軍徵兵制。美國的海軍和商船的海員一樣，都是根據自願參加的辦法應募的。

但是，很難想像一個能夠支持一場大海戰的國家不求助於上述兩種辦法中之一種。因此，曾在海上進行過光榮戰鬥的合眾國，就未有過一支大艦隊，可是它爲裝備爲數不多的幾艘艦艇，也曾花了很多錢。

我曾聽到美國的國務活動家們承認，美國如不採用海員強制服役制或海軍徵兵制，將難於維持它在海上的地位，但是要讓行使國家主權的人民忍受這種制度那是困難的。

無須證明，自由國家在危機時期，一般能比非自由國家表現出更大的堅強毅力；但我偏於相信，在貴族成分占優勢的自由國家，這種情形尤爲眞實。在我看來，用民主制度治理承平的社會，或在必要時用它作爲鼓舞人心的突擊力量，要比用它去長期抵制威脅國家政治生活的大風暴合適得多。這個理由很簡單：熱情雖能使人不畏艱險，但不如深思冷靜能使人長期頂住艱險。所謂自發的天生勇敢，也比不假思索的行動具有心計。雖然只靠激情一般就能鼓起最初的幹勁，但最終的結果全憑把最初的幹勁堅持下去。人們用一部分珍貴的東西去冒險，是爲了拯救其餘的部分。

但是，民主所經常缺乏的，正是這種建立在知識和經驗之上的對未來的清晰認識。人們運用感情多於運用理智。眼前的苦難雖然很大，並不可怕；而可怕的是，不去考慮因爲頂不住苦難而造成的更大苦難。

還有一種原因可使民主政府的努力，不如貴族政府的堅定持久。人民不僅不如高層階級能夠看清未來的禍福，而且也要比高層階級更多地忍受目前的災禍。貴族雖將自己的生命置於危險之中，但他們獲得榮譽的機會與遭受損害的機會相等。貴族將其大部分收入交給國家時，只是暫時使其失去對某些富裕的享受。但是，對窮人來說，死得光榮並沒有誘惑力，而使富人也討厭的賦稅負擔，卻經常威脅著他們的生活來源。

民主共和國在危機時期的這種相對弱點，也許是阻止在歐洲建立這樣的共和國的最大障礙。要使民主共和國容易在歐洲的一個國家存在下去，就得同時在其他所有國家建立這種制度。

我相信，民主政府經過時間的推移，一定能增加社會的實力，但它不能像貴族政府或專制君主國那樣，立即把力量集中於一點和一個時刻。如果一個民主國家由共和政府管理一個世紀，那麼在這個世紀結束的時候，我相信它一定會比相鄰的專制國家更加富有，更加人丁興旺，更加繁榮。但在這一個世紀內，它也會多次遭受這些專制國家入侵的危險。

美國民主通常顯示的自制能力

美國人民經過很長時期才接受了對他們的幸福生活有利的東西，有時還曾拒絕接受——美國人能夠補救他們的失誤。

民主為了未來的利益而暫時克服激情和壓制需求的困難，在美國的一些小事情上有所表現。愛受奉承的人，難於自我克制，當有人請求他們解決困難或救助時，即使目的他們也認為合理，他們最初也幾乎總是加以拒絕。美國人對法律的服從，得到人們的公正贊許。但必須補充一句，美國的法律是由人民和為了人民而制定的。因此，美國的法律對於那些到處都想逃避法律的人有利。由此可以設想，一項在大多數人看來對自己沒有實際效益的令人討厭的法律，不是難於通過，就是通過以後也不會被遵守。

在美國，沒有懲治虛報破產的法律[20]。這是不是因為美國沒有破產者呢？不是，恰恰相反，而是因為破產者太多了。大多數人害怕被指控為破產者，甚於害怕因他人破產而使自己遭殃，而且公眾對私人告發的犯罪抱有一種錯誤的原諒心理。

在新成立的西南各州，司法權幾乎全都掌握在公民自己手裡，謀殺案件不斷發生。這種現象之所以產生，是因為那片荒漠上的居民作風粗野和無知，他們認為與其訴諸法律，不如彼此進行決鬥。

有一天，在費城有人對我說，美國幾乎所有的犯罪全是由酗酒造成的；下層人民可以放懷暢飲，因為酒很便宜。我問他：「你們為什麼不對燒酒抽稅呢？」他回答說：「我們的立法者倒是常想這樣做，但是難於做到，害怕人民反對，而且投票贊成這項法律的議員，肯定不會再次當選。」我接著說：「這樣看來，嗜酒者在你們國家是多數，而禁酒在你們國家就不得人心了。」

當你向美國的國務活動家提到這個問題時，他們只會回答你說：「讓時間去解決問題吧；痛苦的體驗會使人民清醒，明白什麼是真正的需要。」事實往往真是如此。民主制度失誤的機會雖多於一個國王或一群貴族，但它一旦察覺失誤，回到正確路上的機會也多，因為民主制度本身一般沒有與大多數人對抗和反對理性的利益。但是，民主制度只有透過實踐才能被人承認爲眞理，而且許多國家在沒有看到失誤的後果時就可能滅亡了。

因此，美國人的巨大優越性，不僅在於他們比其他民族明智，而且在於他們犯了錯誤之後能夠改正。

還應補充一點：爲了容易從過去的經驗吸取教訓，民主制度應當事先使人民達到一定的文明和教育水準。

有些國家的初等教育很差，人民的性格是激情、無知和對一切事物的錯誤認識的大雜燴，以致自己找不到不幸的根源，被其不了解的災難壓倒。

我曾從幾處原先是強悍的印第安人的家鄉，而現已不見他們蹤跡的廣大地區通過；我曾在目睹自己的人口日益減少和勇猛的光榮逐漸消失，而現在苟延殘喘的印第安部落裡住過數日；我曾聽到這些印第安人預測，他們種族的末日即將到來。當時，沒有一個歐洲人不認爲應當設法保護這些不幸的人，使他們免於滅亡。但是，他們自己毫無作爲。他們感到災難年復一年地加在他們的頭上，但是毀滅到只剩下一個人，他們也不肯接受救助。將來只有採取強制辦法，他們才能生存下去。

看到南美的一些新興國家二十五年來一直處於革命的烽火之中[21]，眞使人感到吃驚。人們每天都在等待，希望早日看到這些國家回到所謂**自然狀態**。但是，誰能斷言革命在目前不是南美西班牙人的最自然狀態呢？在這一地區，社會正在一個深淵的底部掙扎，而社會本身的努力卻無法使自己走出這個深淵。

居住在占西半球二分之一的美麗土地上的這些人民，好像一心要互相消滅，毫無回心轉意的模樣。筋疲力竭時，他們暫時休戰；休戰後不久，他們又要發瘋。當我看到他們不是在受苦受難就是在犯罪作孽的情景時，我不得不相信專制對他們可能還是一種恩澤。

但是，專制和恩澤這兩個詞，在我的思想中是無法統一起來的。

美國民主處理國家對外事務的方法[22]

華盛頓和傑弗遜對美國對外政策的指導——在對外事務的指導方面民主制度的固有缺陷幾乎全都表露出來，而其優點則很少使人覺察。

我們已經看到，聯邦憲法把經常指導對外事務的責任交給了總統和參議院[23]，而總統和參議院卻在一定程度上能使總體對外政策擺脫人民的直接和日常監督。因此，絕對不能說美國的對外事務的管理是民主的。

有兩個人對美國對外政策的指導至今還在發生影響：第一個人是華盛頓，第二個人是傑弗遜。

華盛頓有一封致其同胞的值得讚美的信，我們可以把它看作是這位偉人的政治遺囑。他在這封信裡寫道：

「在對外政策方面，我們主要的處事守則是：擴大我們與外國的貿易往來，儘量少與它們發生政治關係。就我們已經簽訂的條約來說，我們要儘量信守它們。但是，我們也就到此爲止。」

「歐洲各國有其互相牽涉的一套根本利益，這些利益不是與我們根本無關，就是關係極爲疏遠。因此，它們必然要陷入經常不斷的糾紛之中，而糾紛的根源本質上與我們無涉。所以今後要用人爲的紐帶把我們與歐洲的日常政治變動牽連起來，或與歐洲各國的時而爲友、時而爲敵的分合牽連起來，那是很不明智的。」

「我們遠離他國和獨處一隅的地理位置，促使和允許我們能夠採取與眾不同的路線。假如我們在一個有效率的政府的治理下作爲一個民族存在下去，那麼在不遠的將來，我們就可以不致因外國入侵而遭到物質損失，可以採取使我們在任何時候都能保持的中立受到尊重的立場，可以使各交戰國因爲不能從我們身上撈到好處而不敢輕舉妄動向我們挑釁，可以根據我們的利益和正義的原則而選擇是和是戰。」

「爲什麼要放棄這種獨特的地理位置帶來的好處呢？爲什麼要離開自己的基地而跑到外國的基地去呢？爲什麼要把我們的命運與歐洲的某一部分的命運聯繫起來，從而使我們的和平與繁榮和歐洲人的野心、對抗、利害、任性或妄爲糾纏在一起呢？」

「我們的眞正政策，是避免與任何外國永遠結盟。我的意思是說，我們要像目前這樣不受束縛地行動下去；請不要把我的話理解爲我主張不遵守現有的條約。誠實向來是最好的方策，我在公務上信守這個箴言不亞於在私事上信守它。因此，我再重複說一次，我們要按條約的本義信守條約。但我認爲，擴充原來的條約或另訂新約，都是沒有必要和不明智的。」

「要始終注意採取適當的措施，以使自己保持受人尊重的防禦態勢，在遇到意外的危險時亦可安全地利用暫時的聯盟。」〔見馬歇爾：《華盛頓生平》第五卷第七七八頁和以下幾頁〕。

在這段話的前面，華盛頓說過一句值得欽佩的至理名言：「一個國家總是慣於懷恨或喜歡另一個國家，它便形同一個奴隸，即成爲自己的愛和憎的奴隸。」（見《華盛頓生平》第五卷第七七五頁）。

華盛頓的政治活動，始終是以這些箴言爲指南的。在世界上的其他所有國家捲入戰爭的時候，他使自己的國家保持了和平。他認爲美國人的根本利益，是絕不介入歐洲內部的糾紛，並把這一點作爲他的行動準則。

傑弗遜走得更遠，他在對外政策上信守的箴言是：「美國人絕不向外國要求特權，以免自己被迫向外國出讓特權。」

這兩項原則的公正性一目了然，容易爲群眾所理解。它們使美國的對外政策大爲簡化。

嚴格說來，不介入歐洲事務的聯邦政府，沒有什麼需要爭奪的對外利益，因爲在美洲還沒有與它對抗的強鄰。美國的地理位置和它的本身願望，使它沒有發生舊大陸的那種動亂。它既不袒護動亂，又不支援動亂。至於新大陸的動亂，還隱藏在未來之中。

聯邦政府不受舊條約的約束。因此，它既得益於歐洲的一些舊國家的經驗，但又不像它們那樣不得不利用過去和使過去適應現在。這樣，它也就可以不像它們那樣被迫接受祖先遺留下來的一大堆遺產。在這堆遺產裡，既有光榮，又有苦難，既有國家間的相互友好，又有國家間的相互憎惡。美國的對外政策，是一種執行得很好的觀望政策。這種政策的要求是有所不爲，而不是有所爲。

因此，目前人們還很難斷定，美國的民主在國家對外事務的處理上，將會表現得如何成熟。關於這一點，無論是它的朋友，還是它的敵人，都只能暫時存疑。

至於我本人，我會毫不遲疑地說：在我看來，在指導國家的對外關係方面，民主政府絕對不如其他政府。但是，經驗、習慣和教育，幾乎經常在爲民主制度提供一種日常的實用知識，以及稱之爲常識的關於生活小事的學問。常識足以指導人們的一般行動。一個教育事業完備的國家，在國內事務方面應用民主的自由，經常要比民主政府因失誤而造成災難好得多。但在處理國與國的關係時，情況並非總是如此。

對外政策幾乎不需要民主所固有的任何素質；恰恰相反，它所需要的倒是發揮民主幾乎完全不具備的那些素質。民主有利於增加國內的資源，使人民生活舒適，發展公益精神，促進社會各階級尊重法律；而且，所有這一切，還能對一個國家的對外關係發生間接的影響。但是，民主卻難於調整一項巨大事業的各個細節，它只能制定規劃，然後排除障礙去監督執行。民主很少能夠祕密地擬定措施和耐心地等待所定措施產生的結果，而這卻是一個個人或一個貴族所具有的素質。但是，一個國家經過長期的治理，也能像一個個人那樣養成這種素質。

反之，如果你考察一下貴族制度的天然缺陷，你就會發現這些缺陷可能造成的後果幾乎不會對國家的對外事務的指導發生顯著影響。使貴族制度受到非難的主要缺點，是它只爲自己工作，而不爲人民大眾工作。在對外政策方面，貴族制度很少將自己的利益與人民的利益區別開來，它認爲自己就代表人民。

促使民主在政治方面服從感情而不服從理智，爲滿足一時的衝動而放棄成熟的長期計畫的那種傾向，在法國爆發革命時期亦曾出現於美國。當時，也像現在一樣，只是那些頭腦清晰的人去說服美國人相信他們的利益所在，是不介入正在血洗歐洲的戰爭，使美國不受任何損害。

但是，人民支持法國的心情極爲熱烈，若不是華盛頓具有不屈不撓的堅定性格和爲人民所愛戴，恐怕無法阻止美國向英國宣戰。但是，這位偉人以其嚴密的理智，去抵制同胞慷慨卻輕率的激情所做的努力，還險些使他失去他唯一希望保存的報償：他的國家對他的愛戴。有許多人曾責備他的政策，但現在全國人民都支持這個政策[24]。

假如憲法當初不把指導國家對外事務的責任交給華盛頓和人民不支持他，那麼美國當時一定會採取它今天所譴責的措施。

從羅馬人開始到今天的英國人，凡是對世界起過重大影響，擬出過、遵循過和執行過偉大計畫的民族，幾乎都是用貴族制度治理的。對此怎麼能感到驚奇呢？

其實，在這些國家看來，世界上最牢固的制度就是貴族制度。人民大眾可能因無知或衝動而被迷惑，國王可能因意志不堅而在執行計畫時猶豫不決。另外，國王也不能長生不老。但是，一個貴族集體既可因爲人多而不致陷入迷途，又可因爲人強而不容易被輕率的激情所驅使。一個貴族集體，就像一個永遠不死的堅定而明智的個人。

◆本章注釋◆

【1】參閱奧格和雷著作第二九六頁及以下幾頁。自一九一二年提出的憲法第七次修正案通過以後，參議員已改為先由「初選」或各黨的「全國代表大會」提名後由人民直接選舉。——法文版編者

【2】《一七八七年十二月二十日致麥迪遜的信》，孔塞伊先生法譯本（《傑弗遜文集》第六卷第三九三頁（華盛頓，一九〇五年））。

【3】我這裡指的是廣義的「行政官」，凡負責執行政府法令的一切官員，均包括在內。

【4】「多數每年都能從他們以前委託的人們手裡收回權力。」關於每年選舉的問題，可參閱奧格和雷著作第二四九頁。——法文版編者

【5】見《麻塞諸塞州法令彙編》第二卷第三三一頁：一八一三年二月二十七日法令。應當補充一點，陪審員的最後名單要用抽籤辦法決定。

【6】見《麻塞諸塞州法令彙編》第一卷第三〇二頁：一七八七年二月二十八日法令，其中寫道：「各鄉鎮的行政委員可令有司在本鄉鎮的酒館、旅店、小鋪等的室內和作坊張貼一貫酗酒、耍酒瘋、賭博以及在這些場所胡聊瞎扯的人的名單。上述店鋪的所有者接到通知後，如再允許這些人到店內飲酒或賭博，或再向他們出售含酒飲料，則處以六十先令罰款。」

【7】毋需贅言，我這裡所說的民主政府，是指一個民族建立的民主政府，而非一個小部族建立的民主政府。

【8】十分清楚，這裡和本章其他各處所用的「窮人」一詞，只是相對而言，而非絕對而言。比起歐洲的窮人來，美國的窮人很容易致富。但是，在拿他們與比他們富有的同胞比較時，便可以稱他們為窮人。

【9】「公務人員薪俸」。參閱奧格和雷著作第四九〇頁及以下幾頁，第九六六頁及以下幾頁，第一〇五頁及以下幾頁。——法文版編者

【10】美國下級公務人員的寬裕生活，還來自另一個原因。這個原因與民主的通性無關，即在美國，各種私人營業都能比擔任公職獲得更多收益，如果國家不對下級公務人員規定較高的報酬，誰也不會去擔任下級公職。因此，即使商業活動要精打細算，面對激烈的競爭，人們也願意去從事這種活動。

【11】俄亥俄州有一百萬人口，而它的州長每年只有一千二百美元的薪資收入。一千二百美元等於六千五百零四法郎。

【12】為了查明這個顯然存在的事實，只要考察一下聯邦政府的某些官員的薪資就可以了。我認為應當拿法國的同類官員的薪資來對照，以使讀者更容易了解。

美國

（財政部官員）

傳達員……三千七百三十四法郎

低級科員……五千四百二十法郎

高級科員……八千六百七十二法郎

科長……一萬零八百四十法郎

部長（國務卿）……三萬二千五百二十法郎

政府首腦（總統）……一萬三千五百法郎

法國

（財政部官員）

大臣的傳達員……一千五百法郎

低級科員……一千至一千八百法郎

高級科員……三千二百至三千六百法郎

科長……二萬法郎

大臣……八萬法郎

政府首腦（國王）……一千二百萬法郎

我拿法國作為比較的基點或許有些不當。在民主的本能日益深入政府的法國，已經出現國會要求提高低額薪資和普遍降低高額薪資的強硬趨勢。因此，法國的財政大臣在第一帝國時期年薪為十六萬法郎，而在一八三四年已降低為八萬法郎；而財政部各司長的年薪則由以前的五萬法郎降低為二萬法郎。

【13】考察一下美國的預算，就可知道美國為維持窮人的生活和免費教育支出了多少錢。

一八三二年，紐約州為維持窮人的生活共支出一百二十萬法郎（二十四萬五千四百三十三美元），而國民教育費至少高達五百四十二萬法郎（一百零八萬六百九十八美元）。見威廉斯：《紐約年報》第二〇五和二四三頁（一八三二年）。

一八三〇年，紐約州的人口為一百九十萬，約等於法國諾爾省人口的兩倍。

【14】大家知道，美國的預算有四種：聯邦有聯邦預算，各州、各縣和各鄉鎮也有自己的預算。我在美國逗留期間，曾為了解幾個主要州的鄉鎮和縣的公共開支總額，做了大量的調查研究。我很容易就得到了幾個大鄉鎮的預算資料，但沒有能夠看到小鄉鎮的支出資料。因此，我不能對鄉鎮開支做出明確的判斷。關於縣的開支情況，我蒐集到一些資料，儘管這些資料還不夠完整，但仍會引起讀者的興趣。我應當感謝原費城市長理查先生，他向我提供了賓夕法尼亞州十三個縣的一八三〇年度預算資料。這十三個縣是：萊巴農、森特爾、富蘭克林、費耶特、蒙哥馬利、盧澤恩、道芬、巴特勒、阿勒格尼、哥倫比亞、諾森伯蘭、北安普敦、費拉德爾菲亞。一八三〇年，賓夕法尼亞州共有居民四十九萬五千二百零七人。如果看一下賓夕法尼亞州的地圖，就會看到這十三個縣分布在四面八方，並都服從於指導整個州的總方針，所以不能說它們不能使我們形成關於賓夕法尼亞州各縣財政情況的明確概念。這十三個縣在一八三〇年共支出一百八十萬零二百二十一法郎，每個人平均負擔三法郎六十四生丁。我通過計算得知，這些居民在一八三〇年每人向聯邦政府納稅十二法郎七十生丁，向賓夕法尼亞州納稅三法郎八十生丁。這樣，這些縣的公民為擔負公共開支（還不算鄉鎮的開支），在一八三〇年每人就向社會提供了二十法郎十四生丁。這項計算雖然因為只限於一個年度和一部分開支而不夠全面，但還應當認為是可靠的。*

*為了解美國聯邦政府的預算編制問題，可參閱奧格和雷著作第五六三頁及以下幾頁，第九八四頁及以下幾頁，第一〇七六頁及以下幾頁。當然，參加聯邦的州現已有四十八個，而不是托克維爾那時的二十四個。（現已為五十個。——譯者）——法文版編者

【15】一些試圖比較美國和法國的預算支出的人，都深深感到不能拿法國的公共開支總額與美國的公共開支總額對比，但他們力圖對兩者的公共開支的各組成項目的總額進行對比。不難證明，這第二種方法的缺欠也不少於第一種方法。

比如說，拿我們的國家預算和什麼對比呢？與美國的聯邦預算對比嗎？但是，美國的聯邦預算專案比

我們中央政府的預算專案少得多，所以它的支出總額也自然要小得多。那麼，拿我們的各省預算與美國的各州預算對比嗎？但是，美國各州的事業開支一般都比我們各省的事業開支重要，而且項目也比我們的多，所以美國各州的支出也自然要大得多。至於各縣的預算，也在財政制度上與我們的不同。再回到各州或各鄉鎮的預算去比較其中所列的支出嗎？兩個國家的鄉鎮都有預算，但兩者並不一樣。在美國，鄉鎮的開支大部分自己負擔；而在法國，大部分由省或國家負擔。怎麼去研究美國鄉鎮的支出呢？美國鄉鎮的組織因州而不同。我們能用同一標準去研究新英格蘭和喬治亞州或賓夕法尼亞和伊利諾的鄉鎮嗎？

在兩個國家預算的某些項目之間，是不難找出類似處的，但預算包括的專案總是或多或少有些不同，所以在整個預算之間不能進行精確的對比。

【16】即使我們能夠知道法國或美國的每個公民向國庫交納的準確稅額，我們還只是掌握了部分事實。政府不僅要求納稅人交納金錢，而且要求公民提供可以換算成金錢的人力。國家要招兵，有了兵以後，全國人民還要養活他們，而且兵員本身也要根據服役的長短付出一定的時間。我認為民兵的值勤也是如此。參加民兵隊伍的人，要隨時付出寶貴的時間為公安服務，這實際上是只向國家支出而自己沒有收入。我已舉過這方面的例子，我還可以再舉一些例子。法國政府和美國政府都規定有這種性質的義務勞動，而這種勞動當然要由公民擔負。但是，誰能精確地算出兩個國家徵集的這種勞動的數字呢？

這還不是你要比較美國和法國的公共開支時，使你無法進行準確比較的最後困難。有些義務在法國有，而在美國沒有；另些義務在美國有，而在法國沒有。法國政府向神職人員支付薪資，美國政府令教徒自己維持教會。在美國，國家負責救濟窮人；在法國，國家令社會慈善團體養活窮人。法國對一切官員只付固定的薪資，美國允許公務人員享有一定的權益。在法國，只要求公民對少數道路提供義務勞動；在美國，則要求公民對幾乎所有的道路提供義務勞動。法國的道路為一切能夠利用道路的旅客開放，且不收款；而在美國，你會看到所有的道路都設有柵欄向車輛收款。在納稅人承擔社會義務方面的這一切差別，使我們很難在這兩個國家之間進行對比，因為有些費用公民們一分也不負擔，或者在國家沒有正式下令由公民負擔時，只負擔很小一部分。

【17】見法國海軍部的詳細預算，而關於美國的資料，則見《一八三三年美國大事記》第二三八頁。

【18】關於英國的賄選問題，可參閱奧格和雷：《英國政府和政治》第二九二頁及以下幾頁（紐約，一九三八年）。奧格寫道：「今天，情況完全不同了。在選舉方面本來就作弊成風的大不列顛，今天已是搞賄選的國家的典範。」——法文版編者

【19】我認為，一件最了不起的事情，是國家決定暫時停止飲茶。凡是知道人們已把吃茶看作日常生活中不可或缺的習慣的人，都毫無疑問會對全體美國人民為此所付出的重大而難以忍受的犧牲表示驚訝。

【20】關於「虛報破產」的問題，可參閱奧格和雷著作第六四八頁及以下幾頁。一八九八年，國會通過了聯邦關於破產的法案。——法文版編者

【21】關於南美諸國，可參閱西格弗里德的名著《拉丁美洲》（巴黎，一九三四年）。——法文版編者

【22】關於美國的對外事務，可參閱奧格和雷著作第七八九頁及以下幾頁。——法文版編者

【23】聯邦憲法第二條第二項說：「經參議院建議和同意……總統有締結條約之權。」讀者不要忘記，參議員任期六年，由各州的立法機關選舉，而且是每兩年改選其中的三分之一。

【24】參看馬歇爾：《華盛頓生平》。這部書在第三一四頁上寫道：「在像美國建立的那樣政府，即使首席行政長官十分堅定自信，他也不能長期頂住人民輿論的洪流。當時，人民的輿論好像力主戰爭。事實上，在這個時期召開的國會會議上，人們也屢次看到華盛頓在眾議院失去多數。」此外，指責他時使用的言辭也是非常強烈的。比如，在一次政治會議上，有人竟把他比做賣國賊阿諾德（第二六五頁）。在第三五五頁上，馬歇爾說道：「支持反對派的人們斷言：政府擁護者們已形成一個貴族集團，這個集團受到英國的支持，希望建立君主政體，從而與法國為敵；它的成員是一批持有銀行股票的顯貴，凡是能夠損害他們資產的措施，他們都害怕得要命，以致對國家的榮譽和利益所反對的屈辱都感到無所謂。」（托克維爾在引用馬歇爾的話時做了刪節，引文見馬歇爾著作的法文版第一卷（巴黎，一八〇七年）。後段引文不是如托克維爾所說在第三五五頁，而在第三五三頁）。

第六章　美國社會從民主政府獲得的眞正好處

在進入本章的正文之前，我認爲應當請讀者回想一下我在前面已經多次講過的看法。美國的政治結構，在我看來只是民主國家可以採取的政府形式之一，而我並不認爲它是民主國家應當建立唯一的和最好的形式。

因此，在說明美國人可從民主政府獲得什麼利益時，我決不斷言，也不認爲類似的利益只能依靠同樣的一些法律來獲得。

美國民主治下法制的總趨勢及其享用者的本能

民主的缺點馬上可以察覺——而其優點只有經過長期觀察才能發現——美國的民主往往不夠成熟，但法制的總趨勢是向善的——在美國民主制度下，公務人員沒有與大多數人不同的長遠利益——由此產生的結果。

民主政府的缺點和弱點可以不難察覺，並爲一些明顯的事實所證明，但它的良好影響只能以不夠明顯的形式，甚至可以說是以隱祕的形式表現出來。民主政府的毛病馬上即可被人看到，但其優點只有經過長期觀察才能發現。

美國的民主法制，經常是殘缺不全的。美國的法律有時侵犯既得權益，或由此而認可侵權的危險行爲。即使說美國的法律都是好的，但法律的改變頻繁畢竟是一大缺點。所有這一切，都是一眼就可以看到的事實。

那麼，美國的共和制度怎麼又能繼續存在和繁榮呢？

在研究法律時，應當把法律所要達到的目的，與爲達到此目的而採取的手段仔細區分開來，把法律的絕對善與其相對善仔細區分開來。

現在，假定立法的目的在於優待少數人的利益而犧牲多數人的利益，並定出了既最省時又最省力的達到目的的手段。這樣，法律雖然定得很細緻，但其目的並不好；而且，它的效力越大，其危險性也越大。

民主的法制一般趨向於照顧大多數人的利益，因爲它來自公民之中的多數。公民之中的多數雖然可能犯錯誤，但它沒有與自己對立的利益。

貴族的法制與此相反，它趨向於使少數人壟斷財富和權力，因爲貴族生來總是少數。

因此，一般可以認爲民主立法的目的，比貴族立法的目的更有利於人類。

但是，民主立法的好處也就止於此。

貴族制度精於立法科學，而民主制度則不善此道。貴族制度有自我控制的能力，不會被一時的衝動所驅使。它有長遠的計畫，並善於在有利的時機使其實現。貴族制度辦事考究，懂得如何把法律的合力同時會聚於一點。

民主制度就不能如此，它的法制幾乎總是不夠完善或不合時宜。因此，民主制度的手段不如貴族制度的完備；民主制度在行動時往往不講究手段，甚至違背自己，但它的目的卻比較有益於人民。

如果想像有一個社會，它的自然條件和政治體制容許不良的法律可以暫時通行，並在這種法律的總趨勢結束的時候社會還能依然存在，而它的民主政府儘管還有許多缺點，但它仍然是最能使社會繁榮的政府。

這正是出現於美國的情景。我再把我在前面說過的話重複一遍：美國人的巨大優點，在於他們允許犯錯誤，而事後又能糾正錯誤。

我認爲，對於公務人員的甄選，一般說來也是如此。

不難發現，美國的民主常在選擇受託執政的人員方面犯錯誤；但要解釋在被選錯的人執政期間美國爲什麼會照樣繁榮，那就不容易了。

首先，你可以看到，在一個民主國家，雖然它的統治者不夠忠誠或不怎麼能幹，但其被治者卻很聰明和很認眞。

在民主國家，不斷關心自己的事業和重視自己的權利的人民，可防止他們的代表偏離他們根據自己的利益爲代表規定的總路線。

其次，你還可以看到，如果民主國家的行政官員比其他國家的官員易於濫用權力，則人民一般不會讓他們長期留任。

但是，還有一個比這個理由更有普遍性和說服力的理由。

毫無疑問，統治者有德有才，對於國家的富強來說是十分重要的；但統治者沒有與被治者大眾的利益相反的利益，或許更爲重要，因爲他們有了這種利益以後，德便幾乎不發生作用，而才也將被用於幹壞事。

我認爲，統治者沒有與被治者大眾的利益相反或不同的利益，是十分重要的；但我絕不認爲，統治者具有與全體被治者的利益一致的利益也很重要，因爲我還不知道哪裡有過這樣的利益。

迄今爲止，還未見過對社會各階級都一視同仁地促進它們興旺和繁榮的政體。在一個國家裡，有幾個社會階級就像有幾個不同的國家；而且經驗也已證明，把其他階級的命運完全交給一個階級去掌管，其危險並不亞於讓國家中的一個民族充當另些民族的仲裁者。當只由富人統治國家時，窮人的利益總要受到損害；而在窮人立法時，富人的利益便要遭到嚴重的危險。那麼，民主的好處究竟是什麼呢？民主的眞正好處，並非像人們所說是促進所有階級的興盛，而只是對最大多數人的福利服務。

在美國，負責領導國家事務的人，在才德兩方面都不如貴族國家的執政者，但他們的利益卻是與大多數同胞的利益相同和一致的。因此，他們可能常常不忠於職守和犯重大錯誤，但他們絕不能把敵視這個大多數的方針貫徹下去，他們也無法使政府具有獨斷獨行和令人生畏的形象。

而且，在民主制度下，一個行政首長的不良政績不過是孤立現象，只能在其短暫的任期內發生影響。腐化和無能，絕非來自可以把人們經常聯合在一起的共同利益。

一個腐化或無能的行政官員，不能只靠另一個行政官員也像他一樣無能和腐化而彼此勾結，並聯合起來使腐化和無能在他們的後代繁衍。相反，一個行政官員的野心和陰謀，還會促使他去揭露另一個行政官員。在民主制度下，行政官員的劣跡，一般來說完全是屬於他們個人的。

但是，在貴族國家的政府中，官員就受他們的階級利益支配了。他們的階級利益只是有時與多數人的利益一致，而在大多數情況下，則是與多數人的利益相反的。這個階級利益，在官員之間形成一條共同而耐久的紐帶，促使他們把力量聯合和結合起來，以奔向總是不讓絕大多數人幸福的目標。它不僅使統治者彼此勾結起來，而且還把統治者與很大一部分被治者聯合起來，因爲很多沒有擔當任何公職的公民也屬於貴族。

因此，貴族政體的行政官員既受到社會的堅定支援，又得到政府的堅定支持。

使行政官員的利益與他們的一部分同代人的利益結合起來，進而與他們的子孫的利益統一起來，甚至服從於子孫的利益，就是貴族政體的共同目的。在貴族政體下，行政官員的工作既是爲了現在，又是爲了未來。因此，貴族政體的行政官員，同時被自己的激情和被治者的激情，而且我幾乎可以說被他們後代的激情，驅向同一目標。

這種現象有什麼值得驚奇的呢？因此，人們經常看到，在貴族政體下，階級屬性總是指引行政官員免於腐化，讓他們不知不覺地使社會逐漸符合他們的習慣，並爲把這個社會傳給他們的後代做好準備。

我不知道過去有哪個國家的貴族政體曾像英國的貴族政體那樣自由，那樣對政府不斷提供如此高尙和如此賢明的人才。

但是，也不難看到，英國的立法常爲富人的福利而犧牲窮人的福利，使大多數權力爲少數幾個人所專有。結果，今天的英國集極富與極窮於一身，其窮人的悲慘處境與其國力和榮譽形成鮮明的對照。

在美國，公務人員沒有使自己居於優勢的階級利益，儘管統治者常是一些無能之輩，有時甚至是一些可鄙之徒，但政府的日常工作仍然是有利於人民的。

因此，在民主制度中，有一種隱祕的趨勢在不斷引導人們於糾正錯誤與缺點之中，走向普遍繁榮；而在貴族制度中，則有時存在一種潛藏的傾向，在勾引官員們濫用他們的才德去爲同胞製造苦難。可見，在貴族政府中，官員做了壞事可能出於無心；而在民主政府中，公務人員做了好事可能並非有意。

美國的公共精神

本能的愛國心——理智的愛國主義——兩者的不同特點——爲什麼各國在前者消失時要全力以赴地去培養後者——美國人爲培養理智的愛國主義所做的努力——個人利益與國家利益密切相關。

有一種愛國心，主要來自那種把人心與其出生地聯繫起來，直覺的、無私的和難以界說的情感。這種本能的愛國心混雜著很多成分，其中既有對古老習慣的愛好，又有對祖先的尊敬和對過去的留戀。懷有這種情感的人，珍愛自己的國土就像心愛祖傳的房產。他們喜愛在祖國享有的安寧，遵守在祖國養成的溫和習慣，依戀浮現在腦中的回憶，甚至覺得生活於服從之中有一種欣慰。這種愛國心，在宗教虔誠的鼓舞下，往往更加熾烈。這時，人們會創造出奇蹟。這種愛國心本身就是一種宗教，它不做任何推理，只憑信仰和感情行事。有些這樣的民族以某種方式把國家人格化，認爲君主就是國家的化身。因此，他們把愛國主義中所包含的情感一部分轉化爲忠君的熱情，爲君主的勝利而自豪，爲君主的強大而驕傲。法國在舊的貴族統治時期，人民有一段時間就曾因此而感到快慰，而對自己依附於國王的專橫並不覺得難受。他們驕傲地說：「我們生活在世界上最強大的國王的統治之下。」

和所有輕率的激情一樣，這種愛國心雖能暫時地激起強大的幹勁，但不能使幹勁持久。它把國家從危機中拯救出來以後，往往便任其於安寧中衰亡。

當民族的生活習俗還很樸素，宗教的信仰還很堅定的時候；當社會還安然固守事物的舊秩序，而這種秩序的合法性尚未受到懷疑的時候，這種本能的愛國心也正在風行。

另有一種愛國心比這種愛國心富有理智。它雖然可能不夠豪爽和熱情，但非常堅定和非常持久。它來自眞正的理解，並在法律的幫助下成長。它隨著權利的運用而發展，但在摻進私人利益之後便會削減。一個人應當理解國家的福利對他個人的福利具有影響，應當知道法律要求他對國家的福利做出貢獻。他之所以關心本國的繁榮，首先是因爲這是一件對己有利的事情，其次是因爲其中也有他的一份功勞。

但是，在人民的生活中有時也會出現停滯時期。在這個時期，舊的習慣改變了，社會風尚遭到了破壞，宗教信仰動搖了，昔日的榮譽消失了，知識依然不夠完備，政治權利得不到保證或受到限制。這時，人們所看到的國家只是一個虛弱而模糊的影子，他們不再從國土去看國家，因爲他們認爲國土已經變成一片不毛之廢土；他們不再從祖先傳下來的習慣去看國家，因爲他們把這些習慣看成是羈絆；他們不再從宗教去看國家，因爲他們開始懷疑宗教；他們不再從法律去看國家，因爲他們不再自己制定法律；他們也不再從立法機關去看國家，因爲他們害怕和鄙視立法機關。於是，他們覺得一無是處，只認爲自己對，而其他皆非。最後，他們便完全陷入狹隘而又封閉的自私之中。這種人雖然排斥原先的偏見，但不承認理性的王國。他們既沒有君主國本能的愛國主義，又沒有共和國理智的愛國主義；他們止步於兩者之間，陷入羞愧和苦惱之中。

在這種處境中會怎麼樣呢？只會衰退。一個民族之所以不能恢復其青春的銳氣，正如一個人之所以不能恢復其童年的稚氣。看來，這也許令人惋惜，但誰也無法使青春和童年再來。因此，必須繼續前進，在人民面前迅速把個人利益與國家利益統一起來，因爲無私的愛國心已經一去不復返了。

我絕不一定認爲，爲了獲得這一結果，就必須立即讓人人行使政治權利；但我要說，使人人都參加政府的管理工作，則是我們可以使人人都能關心自己祖國命運的最強有力手段，甚至可以說是唯一的手段。在我們這個時代，我覺得公民精神是與政治權利的行使不可分的；而對將來的歐洲來說，我則認爲公民人數的增減，將與這項權利的擴大和縮小成正比。

因此，在被不久以前移來的居民開發的美國，移民們既未帶來使他們必須遵守的習慣，又未帶來使他們難忘的回憶；他們來到這裡都是初次相見，以前並不認識。簡而言之，在這裡很難產生本能的愛國心。那麼，每個人爲什麼卻像關心自己的事業那樣關心本鄉、本縣和本州的事業呢？這是因爲每個人都透過自己的活動積極參加了社會的管理[1]。

在美國，人民都知道社會的普遍繁榮對他們本身的幸福的影響。這個看法雖然如此簡單，但卻很少為人所道出。而且，美國人民習慣於把這種繁榮看作是自己的勞動成果，所以他們認為公共的財富也有他們自己的一份，並願意為國家的富強而效勞。他們這樣做不僅出於責任感和自豪感，而且出於我甚至敢於稱之為貪婪的心理。

為了說明這個說法的真實性，並不必研究美國的制度和歷史，因為美國的民情已足以向人們證明了這一點。美國人在參加國家所辦的一切事業的同時，也關心捍衛被人無端指責的一切事情，因為這時遭到無端攻擊的不只是他們的國家，而且有他們本人。因此，他們在維護國家榮譽時要採用各種手段，甚至玩弄出於個人虛榮心的無聊花招。

在日常的交往中，再沒有比美國人這種令人不舒服的愛國主義更使人覺得尷尬的了。外國人都願意表揚美國的許多事情，但在請問美國人可否對他們的某件事情進行譴責時，那他們一定拒絕。

因此，美國雖然是一個自由國家，但外國人在那裡為了不使美國人不快，既不能自由地談論個人私事，又不能自由地談論國家大事；既不能自由地談論治人者，又不能自由地談論治於人者；既不能自由地談論公營事業，又不能自由地談論私營事業。一句話，在那裡或許除了談談氣候如何、土地怎麼樣以外，什麼也不能自由地談論。而且，即使在談論氣候和土地的時候，美國人也會隨時為兩者辯護，好像他們曾經出力製造過天氣和土地似的。

在現代，我們必須勇於表態，敢於在全體人的愛國主義和少數人的政府之間進行抉擇，因為不能同時把前者產生的社會力量和社會積極性，與後者提供的社會安寧的保證結合起來。

美國的權利觀念

沒有一個偉大民族沒有權利觀念——使一個民族產生權利觀念的辦法是什麼——在美國，人們尊重權利——這種尊重從何而來。

除了一般道德觀念之外，我不知道再有什麼觀念可與權利觀念媲美的了，或者毋寧說兩者是渾然一體的。權利觀念無非是道德觀念在政界的應用。

使人們能夠用以確定什麼是跋扈和暴政的，正是權利觀念。權利觀念明確的人，可以獨立地表現自己的意志而不傲慢，正直地表示服從而不奴顏婢膝。屈服於暴力的人，只能自侮和自卑。但是，當讓他服從與他同樣的人的指揮權時，他卻表現自己好像有些高於那個指揮者似的。沒有一個偉大人物沒有德行，沒有一個偉大民族不尊重權利，因爲一個理性與良知的集合體怎麼能單憑強制而結合起來呢？

我曾尋思，在我們這個時代，用什麼辦法能使人們養成權利觀念，並使這種辦法能被人們所牢記。結果發現，這只有讓所有的人都和平地行使一定的權利。大家知道，兒童的能力和經驗都是後來逐漸獲得的，當一個嬰兒能夠開始移動自己身體的時候，凡是周圍他能夠用手觸到的東西，他都會本能地將它抓住不放。他沒有這是屬於誰的財產的觀念，更沒有什麼是財產的觀念。但是，隨著他逐漸長大，明白物品的價値，發現別人也會從他手中搶去他的物品以後，便會愼重起來，並透過尊重他人而最後得到他所期望於他人的尊重。

兒童希望獲得玩具的心理，後來發展為大人希望獲得財物的心理。在美國這個極端民主的國家，人們怎麼會聽到一般迴響於歐洲各地的那種爲苦於沒有財產而發出的嘆息呢？這個理由還需要說明嗎？這是因爲美國沒有無產者。由於人人都有自己的財產需要保護，所以人人原則上都承認財產權。

在政界也是如此。在美國，成年人都把政治權利看得很高，因爲他們都有政治權利；爲使自己的政治權利不受侵犯，他們也不攻擊別人的這項權利。在歐洲，擁有政治權利的成年人，連國家主權都不放在眼裡，而美國人卻能毫無怨言地服從行政官員的小小權力。

這個眞理，也表現在人民日常生活的最微小細節上面。在法國，只有極少數享樂是專爲社會的高層階級而設的，凡是富人可去之處，窮人幾乎都可以去。因此，人們舉止端莊，對他們參與的一切享樂表示尊重。在英國，富人既壟斷了享樂，又獨占了權力。因此，怨聲載道，窮人偷偷溜進專爲富人設立的娛樂場所，並喜歡在裡面惡作劇，使場面大殺風景。這有什麼奇怪的呢？他們準知道這對自己一無所失。

正如財產的分配使成年人都具有財產權觀念一樣，民主政府使政治權利的觀念普及到了每個公民。我認爲這也是民主政府的最大優點之一。

我並不是說，教會所有的人行使政治權利是一件容易的事；我只是說，當這件事可以辦到時，它所產生的效果將是巨大的。

我再補充一句：如果問哪個時代可以產生這種想法，那就是我們這個時代。

君不見宗教信仰已經動搖，神授的權利觀念已經消失？君不見社會風氣已經變壞，道義的權利觀念亦隨之衰弱？

君不見一切信仰均被詭辯所代替，一切感情均被詭計所取代？假如在這場大動盪之中你不把權利觀念與在人心中生根的私人利益結合起來，那又有什麼方法使你敢於去治理社會呢？

因此，如果有人對我說，法律已經無力而被治者喜歡鬧事，人心容易激動而德行已經無用，因而在這種情況下不該主張擴大民主權利。那麼，我將回答說，正是因爲這些事實，我才認爲應當主張擴大民主權利。而且我確實相信，政府比社會還要關心擴大民主權利，因爲政府終將消失，而社會是不會死亡的。但是，我絕不想濫用美國提供的範例。

美國在公民人數不多和社會風氣樸素而不善於行使政治權利的困難時期，人民就已享有政治權利了。美國人後來雖然增多了，但可以說沒有增加民主的權利，而只是擴大了民主的範圍。

無可懷疑，賦予一個從未享有過政治權利的民族以政治權利的時刻，就是發生激變的時刻。這種激變雖然往往是必要的，但總是帶有危險。

兒童在不知道生命的價值的時候可能殺人，在明白自己的財物會被別人搶走以前也會搶走別人的財物。成年人在被賦予政治權利的時候，他對這種權利所持的態度，與兒童尚不懂事時對自然所持的態度一樣。這也正是成年人適用「年富力強之士」（homo puer robustus）這句名言的時候。

這個眞理也同樣見於美國。公民們最先享有政治權利的那些州，也往往是公民們行使政治權利最好的州。

下述的說法也不爲過分：任何才幹也沒有比保持自由的技巧可以收穫更豐，但任何事情也沒有比學習運用自由更苦。專制卻非如此。專制政體往往把自己表現爲受苦受難人的救濟者，表現它修正過去的弊端、支持正當的權利、保護被壓迫者和整頓秩序。人民被它製造出來的暫時繁榮所蒙蔽，睡入夢中，但他們醒來以後，便會感到痛苦。自由與專制不同，它通常誕生於暴風驟雨之中，在內亂的艱苦中成長，只有在它已經長大成熟的時候，人們也能認識它的好處。

美國對法律的尊重

美國人尊重法律——美國人愛法律如愛父母——每個人從法律力量的增強中看到個人利益。

號召人民去制定法律，不管是直接號召還是間接號召，並非總是可以行得通的。但也不能否認，在可以如此做時，法律就將擁有巨大的權威。這個群眾基礎雖然往往有損於立法者的德才，但它能大大增強立法者的力量。

在全民的意志表現當中，有一種強大無比的力量。當這種力量一旦爆發出來的時候，本想與它對抗的人也會銷聲匿跡。

這種情況的眞實性，是各黨派所熟知的。

因此，只要有可能，各黨派無不去爭取多數。在已經投票的人中沒有形成多數時，各黨派便到棄權投票的人中去找多數；而當這些人還不足以湊成多數時，各黨派便到沒有投票權的人中去找多數。

在美國，除了奴隸、僕人和依靠公家救濟的窮人以外，任何人都有選舉權，並由此對立法發生間接影響。因此，凡是想要攻擊法律的人，就必須公開地採取下述兩種手段之一：或是設法改變全國的輿論，或是踐踏人民的意志。

除了這項重要的理由之外，我還可以舉出另一項更加直接和更加有力的理由。那就是：在美國，每個人的私人利益都與他服從法律有關，因爲今天不屬於多數的人，明天可能進入多數的行列，而現在聲言尊重立法者意志的人，不久以後又會要求別人服從他的意志。不管一項法律如何叫人惱火，美國的居民都容易服從，這不僅因爲這項立法是大多數人的作品，而且因爲這項立法也是本人的作品。他們把這項立法看成是一份契約，認爲自己也是契約的參加者。

因此，在美國沒有爲數眾多的人視法律爲天生的敵人，對法律表示害怕和懷疑，因而經常集聚起來鬧事的現象。相反，你卻不可能不發覺，所有的階級都對國家的現行法律表示巨大的信任，以一種愛父母的情感對待現行法律。

我似乎不該說所有的階級。在美國，人們把歐洲人的權力階梯倒置過來，以致富人的地位與歐洲窮人的地位一樣，而經常抗拒法律的反而是富人。我在本章的前面說過，民主政府的好處，並不像人們有時斷言的那樣在於保護所有人的利益，而只在於維持大多數人的利益。在美國，窮人居於統治地位，富人總是戰戰兢兢，害怕窮人濫用自己的權力。

富人的這種精神狀態，可能在內心產生不滿，但社會不會因此發生強烈的動盪，因爲不讓富人信任立法者的那個理由，也在不讓他們去抗拒立法者的命令。他們不能立法，因爲他們是富人，而且他們不敢違法而使自己失去財產。在文明國家，只有沒有什麼可失的人才會起來造反。可見，雖然民主的法律並不總是值得尊重的，但卻幾乎總是受到尊重的，因爲一般說來，打算違法的人，還不能不遵守他自己制定的並對他有利的法律，而且即使從違法當中可能獲利的公民，也要考慮自己的人格和地位而去服從立法者的任何一項決定。再說，美國人民之所以服從法律，不僅因爲法律是他們自己制定的，而且因爲當法律偶爾損害他們時，他們也可以修訂。這就是說，他們首先把法律作爲自己加於身上的災難來接受，然後又把法律作爲隨時可以解除的災難來對待。

美國各黨派在政界的活動及其對社會的影響

敘述流行於美國的政治活動比敘述見於美國的自由或平等還難——立法機構不斷進行的巨大活動，不過是遍及全國的政治活動的插曲和延續——很難發現美國人都只在幹自己的私事——市民社會中開展的政治鼓動——美國人的實業活動部分地來因於這種鼓動——社會得自民主政府的間接好處。

當你由一個自由國家來到一個沒有自由的國家，你會爲變化之大而大吃一驚：在前一個國家，人們忙於各種活動，熱火朝天；而在後一個國家，到處安安靜靜，辦事四平八穩，好像一切都停滯了。在一個當中，改革和進步是人們談論的問題；而在另一個當中，社會除了繼承原有的財富以外不再創造，人們只是坐吃山空，沉湎於享樂。但是，鼓勵人們創造幸福的國家，一般均比滿足於自己命運的國家富有和繁榮。在拿這兩種國家對比時，人們簡直不能理解爲什麼前者每天都感到需要創新，而後者卻好像對新的東西不那樣需要。

如果這種說法可以適用於仍然保存君主政體的自由國家，或仍在採用貴族制度的自由國家，那麼，它更加適用於民主共和國。在民主共和國，已經不是一部分人民去從事改善社會的狀況，而是全體人民都以關切的心情承擔起這項任務。這時，不僅是向一個階級，而且是同時向所有階級提供生活的必需品和舒適。

想像美國人享有的廣泛自由，並不是不可能的；人們也能對美國人的極端平等形成一個初步的概念。但是，對於遍及美國的政治鼓動，除非親眼看到以後，是無法理解的。

你一踏上美國的國土，就會覺得置身於一片喧鬧之中。嘈雜的喊叫四起，無數的呼聲同時傳到你的耳鼓，每個呼聲都表達某一社會要求。你舉目四望，看到人們都在活動：這裡，有一夥人在開會，討論如何建立一座教堂；那裡，人們在忙於選舉一名議員；再遠一點，一個選區的代表們正匆匆忙忙趕赴鄉鎮，去研究地方的某些改革事項；在另一處，是一群放下了田間工作的鄉下人，前來討論在他們鄉修路或建校的計畫。公民們集會在一起，有的是專爲宣布他們不贊成政府的施政，有的是爲了公布某一官員爲本地之父。在美國，還有人視酗酒爲國家之主要禍根，他們集合起來開會，莊嚴宣布以身作則，爲禁酒作表率[2]。

美國立法機構不斷進行的巨大政治活動，是唯一可供外界觀察的運動。這個運動，不過是開始於人民的最低階層，而隨後又逐漸擴及公民的所有階級的全國運動的一個插曲，或是它的一種延續而已。爲了追求幸福，再也沒有比這項活動更吃力的了。

很難說哪些職位是美國成年人政治生活的關心所在。參與社會的管理並討論管理的問題，是美國人的最大事情，而且可以說是他們所知道的唯一樂趣。從這裡，你可以看到美國人生活習慣的細節。甚至女人，也經常參加集會，以傾聽政治辯論來解消家務的煩惱。對於婦女來說，辯論俱樂部在一定程度上已經是娛樂場所了。一個美國人，雖然不善於與人交談，但卻會辯論；他不善於高談闊論，但能說到點子上。他對你談話，就像在大會上發言一樣；當他講得興高采烈的時候，還會對他的對話者說上一句：先生們！

在某些國家，居民們總是以一種厭惡的態度來對待法律授予他們的政治權利。他們認為，為公共利益而活動是浪費自己的時間。他們喜歡把自己關閉在狹小的自私圈子裡，四周築起高牆和挖上深壕，與外界完全隔離開來。

美國人與此相反。如果叫他們只忙於私事，他們的生存就將有一半失去樂趣；他們將會在日常生活中感到無限空虛，覺得有難以忍受的痛苦[3]。

我深信，倘若專制制度將來竟有一天在美國建立，它在消除自由所形成的習慣方面，將要比在壓制人們對自由本身的愛好方面遇到更大的困難。

由民主政府引進政界的這種此起彼伏的狂熱鼓動，隨後便擴及整個市民社會。我不知道這究竟是不是民主政府的最大優點，但我祝願民主政府的成就將來比現在更好。

毋庸置疑，人民插手公共事務，往往會把事情搞得很糟。但是，不擴大人民的思想境界，不讓人民擺脫陳規舊套，他們就參與不了公共事務。被委任參與社會管理的人，都對自己的地位有一定的認識。這樣，由於他手中有權，便可使非常有知識的人為他服務。人們紛紛向他求援，而在這些人企圖以各式各樣的方法欺騙他的時候，他也從中接受了教訓。在政治方面，他所從事的活動，雖非他的本行，但卻使他對此項活動產生了強烈的愛好。人們每天都在向他提出關於增進公共財產的新建議。於是，他自己也產生了打算增進自己的私人財產的願望。他也許不比他的前任德高望重和幸福，但卻比前任見識廣博和積極。我毫不懷疑，美國的民主制度與其國家的物質條件相結合，雖然不像人們所認為的是其巨大的實業活動的直接動因，但卻是間接的動因。這種實業活動並非法律所創造，而是人民透過立法而學會創辦的。

當民主的反對者們聲稱，一個人單獨去做他所承擔的工作，會好於由多人管理的政府去做它所承擔的工作時，我認為他們說得並不錯。假如雙方的才力相等，則一個人主持的政府會比多人主持的政府更有一貫性，更堅定不移，更思想統一，更工作細緻，更能準確甄選官員。否認這一點的人，不是從來沒有見過民主共和國，就是只憑少數例證而下判斷的。即使當時的地方環境和人民愛好允許民主制度存在，民主制度也不能馬上拿出一套關於行政管理和政府建制的方案，這也確實不假。民主的自由舉辦的事業，不能每項都像開明的專制所做的那樣完善，它往往在一項事業取得成果以前就半途而廢，或拿事業去冒風險。但是，隨著時間的推移，它舉辦的事業將比專制舉辦的越來越多。它辦好的事業雖然較少，但它舉辦的事業卻很多。在民主制度下，蔚為大觀的壯舉並不是由公家完成的，而是由私人自力完成的。民主並不給予人民以最精明能幹的政府，但能提供最精明能幹的政府往往不能創造出來的東西：使整個社會洋溢持久的積極性，具有充沛的活力，充滿離開它就不能存在和不論環境如何不利都能創造出奇蹟的精力。這就是民主的眞正好處。

在基督教世界的命運似乎懸而未決的今天，有些人在民主尚在成長的時候，便急於攻擊民主，說它是一種敵對的力量；而另一些人，則已把它作為無中生有的新神而加以崇拜。但是，雙方對於他們所仇恨或膜拜的對象都認識得很不全面。他們在黑暗中互相亂打，只是偶爾能擊中對方一下。

你要求社會及其政府做些什麼呢？對此，是需要加以說明的。

你想使人的頭腦達到一定的高度，讓它以寬宏大量的眼光去觀察這個世界上的各種事物嗎？你想讓人們對物質財富產生一種鄙視感嗎？

你要養成和保持堅強的信念嗎？

你要使風尚高雅、舉止文明和藝術大放異彩嗎？你嚮往詩歌、音樂和榮譽嗎？

你試圖組織一個民族對其他一切民族採取強力行動嗎？你打算創辦偉大的事業，而且不管成敗，使其名留青史嗎？

假如你認爲人生在世的主要目的就是如此，你就別要民主政府，民主政府肯定不會把你帶到這個目的地。

但是，假如你認爲把人的智力活動和道德活動用於滿足物質生活的需要和創造福利是有益的；假如你覺得理性的判斷比天才更對人們有利；假如你的目的不是創造英勇的美德，而是建立溫良的習慣；假如你喜歡看到弊端少造成一些罪孽，而且只要沒有重大犯罪，你寧願少見到一些高尚行爲；假如你以在一個繁榮的社會裡生活爲滿足，而不以在一個富麗堂皇的社會裡活動爲得意；最後，假如在你看來政府的主要目的，不在於使整個國家擁有儘量大的力量或儘量高的榮譽，而在於使國內的每一個人享有更多的福利和免遭塗炭；那麼，你就得使人們的身分平等和建立民主政府[4]。

假如已經沒有進行選擇的時機，而且一個居於人上的最高權力，不徵求你的意見就已把你推進這兩種政府中之一種，那你至少應從你被推進的那個政府吸取它可能提供的全部好處，並在你認清那個政府的善的本性和惡的傾向以後竭力抑制後者而促進前者。

◆本章注釋◆

【1】參閱奧格和雷著作第一七八頁及以下幾頁。——法文版編者

【2】各地的禁酒協會是一些表示保證戒酒的人成立的團體。我在美國考察時，禁酒協會合計起來已擁有二十七萬多名會員；唯有賓夕法尼亞州還收效不大，它的全年酒類消費量為五萬加侖。

【3】這種現象，在古羅馬就已被最初幾位皇帝所察覺。孟德斯鳩在某處說過，使一些羅馬公民最痛苦的，是在他們從事一項政治鼓動之後便立即回到平靜的私人生活中去。

【4】這段話是托克維爾對作為他的民主哲學基礎的社會學原理所下的定義。參閱托克維爾一八三五年二月二十一日致友人斯托費爾的信。——法文版編者

第七章　多數在美國的無限權威及其後果

多數在民主政體中的天然力量——美國大部分州的憲法均人爲地加強了這種力量——怎樣加強的——強制性委託——多數的精神影響——多數無錯論——尊重多數的權利——這種尊重在美國的推廣。

民主政府的本質，在於多數對政府的統治是絕對的，因爲在民主制度下，誰也對抗不了多數。

美國大部分州的憲法，還設法人爲地加強了多數的這種天然力量[1]。

在所有的政權機構中，立法機構最受多數意志的左右。美國人規定立法機構的成員由人民**直接**任命，並將他們的任期定得甚短，使他們不僅服從選民的長遠觀點，而且服從選民的臨時動議。

他們是從同樣的一些階級中選出，並用同樣的方法任命爲兩院的議員的。因此，由兩院構成的立法機構，其行動與單一的立法機構幾乎同樣迅速和不可稍微。

立法者們以這種方式建立立法機構之後，便把政府的幾乎所有權力控制在立法機構之手。

立法者在增加本來就很強的權力當局的力量的同時，又逐步縮小本來就很弱的權力當局的力量。立法者既未賦予行政權的代表們以穩定性，又未賦予他們以獨立性；而且，立法者在使行政權的代表們完全屈從立法機構的任性的同時，也把民主政府本性容許行政權的代表們可以行使的少許權力拿走了。

在某些州，立法者把司法權也變由多數表決；而在所有的州，立法者甚至使司法人員的生活都依存於立法機構，因爲立法機構把每年規定法官薪資的許可權交給了它的代表。

習慣法比成文法走得還遠。

在美國，有一種非得把代議制政府的種種保證推翻才肯善罷甘休的習慣日益風行。比如，常有這樣的事情發生：選民們在選舉一名議員時，除爲他擬出行動計畫外，還爲他定出一定數量的不可須臾放棄的硬性義務。這樣的多數表決，活像小販在市場上一邊叫賣，一邊討價還價。

在美國，一些特殊的環境條件還在促使多數的力量，不僅居於壓倒一切的地位，而且促使它成爲不可抗拒的力量。

多數的道義影響，一部分來源於下述這樣一種思想：許多人聯合起來總比一個人的才智大，所以立法的人數比選舉還重要。這是在人的智慧上應用平等理論。這個理論反對個人自命不凡，對此窮追不捨，所以不容易爲少數所接受，但久而久之會被少數習以爲常。因此，多數的權利像其他一切權利一樣，也需要經過一段時間才能顯出它的合法性，也許它比任何權利還更需要如此。多數的權利在開始建立的時候依靠強制使人服從，只有在它的法制下長期生活以後，人們才會開始對它表示尊重。

多數以爲自己有權管理社會的觀念，是由最初的移民帶到美國來的。這個只憑本身的力量就足以創造一個自由國家的觀念，今天已經風行於社會，深入到日常生活的一切細節。

法國人在舊的君主政體統治時期，堅定不移地認爲國王是不可少的；而當國王給他們製造了災難的時候，他們卻認爲應當歸咎於國王的顧問們。這種想法大大方便了統治，使人民只抱怨法律而繼續愛戴和尊重立法的人。美國人對於多數也持有這種看法。

多數的道義影響，還來源於多數人的利益應當優先於少數人的利益的原則。因此，不難理解，對大多數人的這種權利表示尊重，是隨政黨的情況而自然增減的。當一個國家有數個不可調和的利益集團對峙時，多數的特權往往得不到重視，因爲服從這種特權將使人們難以忍受。

如果美國有一個居於少數地位的特權公民階級，而立法者試圖剝奪他們長期獨占的某些特權，想把他們從高高在上的地位上拉下來，使其降入大眾的行列，那麼，這個少數大概不會輕易服從立法者的立法。

但是，美國是由一些彼此完全平等的人所開發建立的，所以那裡的不同居民之間在利益上還沒有自然形成的長期對立。

有些國家的社會體制，使少數派永遠不想把多數拉到自己一邊，因爲他們要想這樣做，就必須放棄他們反對多數的鬥爭目的本身。比如貴族體制，就不能在保留貴族特權的條件下使貴族變成多數，而如果叫貴族讓出特權，它自己就不再是貴族體制了。

在美國，政治問題不能以這樣一般的和這樣絕對的方式提出，所以各黨派都情願承認多數的權利，因爲它們都希望有朝一日控制多數的權利而爲自己謀利。

因此，在美國，多數既擁有強大的管理國家的實權，也擁有幾乎如此強大的影響輿論的實力。多數一旦提出一項動議，可以說不會遇到任何障礙。這不只包括阻止通過動議的障礙，甚至包括推遲表決動議的障礙，以及給留出點時間在表決的過程中聽一聽反對者的呼聲的障礙。

這樣處理問題的結果，對於未來是有害而危險的。

多數的無限權威在美國是怎樣增加民主所固有的立法與行政的不穩定性

美國人是怎樣透過每年改選立法者和授予立法者以幾乎無限的權力的途徑而增加了民主所固有的立法的不穩定性——在行政方面發生的同樣現象——在美國，人們要求社會改革的力量遠比歐洲強大，但不如歐洲持久。

我已講過民主政府所固有的缺點。這些缺點沒有一個不是隨著多數的權利增加而擴大的。

現在，先講其中最明顯的缺點。

立法的不穩定性，是民主政府必然具有的一個弊端，因爲它來自民主制度要求不斷改換新人執政的本性。但是，這個弊端是隨著授予立法者的許可權和行動手段的增減而增減的。

在美國，立法當局享有最高的權力。它可以迅速地和不受阻擋地提出自己的每一項動議，而且每年它都有新議員補缺。這就是說，凡是能助長民主的不穩定性和迫使民主政府接受議員對一些重大問題反覆無常的意見的手段，它都一概俱全。

這樣，美國在今天就成了世界上法律壽命最短的國家。三十多年以來，美國各州的憲法幾乎全都經過修改。因此，在此期間，美國沒有一個州沒有修改過它的立法原則。至於法律本身，只要一瞥美國各州的檔案，就足以使你確信美國的立法者從來沒有停止過立法活動，不斷頒布或修改法律。這並不是說美國的民主在本性上比其他國家不穩定，而是說美國人民使其民主擁有了可以將其所愛好的天然不穩定性帶進立法工作的手段[2]。

多數的無限權威及其快速堅定地表達意志的方式，在美國不僅使法律趨於不穩定，並且對法律的執行和國家的行政活動發生了同樣的影響。

多數是人們唯一要巴結的權威，所以人們都競相參加多數提議的工作；但當多數的注意力轉到別處時，人們也就不再對原來的工作努力了。而在歐洲的一些自由國家，由於行政權有獨立性和受到保護，所以在立法機構把注意力轉到另一項事業時，行政機構仍可繼續執行立法機構原來的決定。

在美國，人們對一些改革事業要比其他國家熱心得多和積極得多。

在歐洲，人們爲這種事業使用的力量雖然不夠多，但能更加持久。

多年以來，一些篤信宗教的人士，就在致力於改善監獄的狀況。公眾被他們的宣傳所感動，因而幫助犯人新生的工作也成了流行的事業。

於是，建立起一批新的監獄。對罪犯進行改造的觀點，破天荒第一次與對罪犯進行懲罰的觀點，並駕齊驅進入了監獄。

但是，這場有公眾熱心參加的和公民的一致努力使其勢不可擋的可喜改革，並未能一蹴而就。

當新的感化院正在興建，而多數的意願也急於促成這項事業的時候，舊的監獄依然存在，並關押著大批的罪犯。這些舊的監獄，隨著新感化院日臻完善和健全，而使人感到更加有害健康和更加腐敗。這種事半功倍的工作容易被人所理解，以致銳意建立新的改造設施的多數，竟把早已存在的舊監獄忘掉了。於是，人人都把注意力轉向不爲老眼光所注意的事物上，並停止了對舊監獄進行監督。一系列有益的管教制度，先是自行鬆弛下來，隨後便遭到破壞。因此，在建有足以表現當代的藝術和文明的宏偉建築物的監獄中，尚有一看就使人想起中世紀的野蠻苦牢。

多數的暴政[3]

應當如何理解人民主權原則——設想建立一個混合政府，那是不可能的——最高主權必然有其所在——必須採取預防措施，以節制最高主權的行動——美國未曾採取這種預防措施——由此造成的後果。

我認爲「人民的多數在管理國家方面有權決定一切」這句格言，是瀆神的和令人討厭的；但我又相信，一切權力的根源卻存在於多數的意志之中。我是不是自相矛盾呢？

一項通行的法律，在一個國家，要由人民的多數來制定和最後採納；而在全世界，則要由全人類的多數來制定和最後採納。這樣的法律才是公道的法律。

因此，公道就爲每個國家的權力劃定了界限。

一個國家就像一個大陪審團，它受權代表整個社會和主持公道，而公道就是國家的法律。代表社會的這個大陪審團的權力，是不是應當大於它在其中實施法律的社會本身的權力呢？

當我拒絕服從一項不公道的法律時，我並不是否認多數的發號施令權，而僅僅是從依靠人民的主權轉而依靠人類的主權。

有些人曾經大膽聲稱，人民在只與其本身有關的問題上，絕對不該越過公道和理性的界限，而且也不必害怕授予代表他們的多數以全權。然而，這是奴隸的語言。

如果多數不團結，得像一個人似地行動，以在觀點上和往往在利益上反對另一個也像一個人似地行動的所謂少數，那又叫什麼多數呢？但是，如果你承認一個擁有無限權威的人可以濫用他的權力去反對他的對手，那你有什麼理由不承認多數也可以這樣做呢？許多人團結在一起的時候，就改變了他們的性格嗎？在面對艱難險阻的時候，他們的耐力能夠因其力量強大而就強大嗎？[4]至於我，可不相信這一點。我反對我的任何一位同胞有權決定一切，我也絕不授予某幾個同胞以這種權力。

我並不認爲，爲了維護自由，就可以把幾個不同的原則混合於同一政府之中，因爲這樣會使它們彼此直接對立。

我一直認爲，建立所謂的混合政府，不過是異想天開。老實說，從來就沒有存在過混合政府（從這個詞的本義來理解的混合政府），因爲在任何社會，最終只能保留一個支配其他一切行動原則的基本行動原則。

作爲這種政府的例子而最常被人引證的十八世紀的英國，儘管其中有若干重要的民主因素，但它實質上是一個貴族國家，因爲它的法制和習慣向來是按照貴族的要求建立起來的，並隨著時間的推移而逐漸占據了統治地位和按照自己的意志去指導公共事務。

這種引證之所以錯誤，是因爲引證人在不斷觀察貴族利益與人民利益的相互鬥爭時，只看到了鬥爭本身，而沒有注意這一鬥爭的結果，但鬥爭的結果才是問題的主要所在。如果一個社會眞正建立一個混合政府，也就是說，它以平等的態度對待一些相互對立的原則時，它不是正在醞釀一場革命，就是行將瓦解。

因此，我認爲必然有一個高於其他一切權力的社會權力；但我又相信，當這個權力的面前沒有任何障礙可以阻止它前進和使它延遲前進時，自由就要遭到破壞。

我本人認爲，無限權威是一個壞而危險的東西。在我看來，不管任何人，都無力行使無限權威。我只承認上帝可以擁有無限權威而不致造成危險，因爲上帝的智慧和公正始終是與它的權力相等的。人世間沒有一個權威因其本身值得尊重或因其擁有的權利不可侵犯，而使我願意承認它可以任意行動而不受監督，和隨便發號施令而無人抵制。當我看到任何一個權威被授以決定一切的權利和能力時，不管人們把這個權威稱作人民還是國王，或者稱做民主政府還是貴族政府，或者這個權威是在君主國行使還是在共和國行使，我都要說：這是給暴政播下了種子，而且我將設法離開那裡，到別的法制下生活。

我最挑剔於美國所建立的民主政府的，並不像大多數歐洲人所指責的那樣在於它軟弱無力，而是恰恰相反，在於它擁有不可抗拒的力量。我最擔心於美國的，並不在於它推行極端的民主，而在於它反對暴政的措施太少。

當一個人或一個黨在美國受到不公正的待遇時，你想他或它能向誰去訴苦呢？向輿論嗎？但輿論是多數製造的。向立法機構嗎？但立法機構代表多數，並盲目服從多數。向行政當局嗎？但行政首長是由多數選任的，是多數的百依百順工具。向公安機關嗎？但員警不外是多數掌握的軍隊。向陪審團嗎？但陪審團就是擁有宣判權的多數，而且在某些州，連法官都是由多數選派的。因此，不管你所告發的事情如何不正義和荒唐，你還得照樣服從[5]。

相反，假如把立法機構組織得既能代表多數又一定不受多數的激情所擺布，使行政權擁有自主其事的權利，讓司法當局獨立於立法權和行政權之外，那就可以建立起一個民主的政府，而又使暴政幾乎無機會肆虐。

我並不是說，在今天的美國，人們經常使用暴政的手段；而是說，那裡沒有防範暴政的保證措施，而要揭示美國政府所以能夠寬容待人的原因，與其到美國的法律中去尋找，不如到它的地理位置和民情中去尋找。

多數的無限權威對美國公務人員的專斷權的影響

美國法律給予公務人員的自由，在法律上劃定了範圍——公務人員的許可權。

必須把專斷權與暴政分開，兩者並不是一回事。暴政可憑法律本身而實施，所以它與專斷專權不同。專斷權可以爲被治者的利益而行使，所以它絕不是暴政。

暴政一般也利用專斷權，但在必要時可以不依靠專斷權。

在美國，多數的無限權威在幫助立法者的合法專制的同時，也爲行政官員的專斷權助了一臂之力。多數是立法和監督司法的絕對主人，既控制著治人者，又控制著治於人者，所以它把公務人員視爲自己唯唯諾諾的下屬，而且也安心託付他們去執行自己的計畫。因此，多數絕不過問公務人員的職責的細節，也不爲具體地規定他們的權利而操心。它對待他們，猶如主人對待僕人。由於他們始終在它的監視下工作，所以它能隨時指導或修正他們的行動。

一般說來，法律在其劃定的範圍內給予美國公務人員的自由，要比法國公務人員享有的這種自由大。有時，多數甚至准許公務人員越過爲其規定的界限。輿論保護他們，他們人多勢眾，所以他們敢做連看慣了專斷權的歐洲人見了也大吃一驚的事情。一些習慣就這樣在自由中形成，而這些習慣終有一天會給自由帶來致命的危害。

多數在美國對思想的影響

在美國，多數一旦對一個問題做出不可更改的決定，便對這個問題不再進行討論——爲什麼——多數對思想的精神影響——民主的共和制度不依物質力量進行專制。

我們一考察美國是怎樣左右人們的思想時，就立刻清晰地看到多數對思想的影響，是怎樣超過我們在歐洲所熟知的一切權威的這種影響。

思想是一種看不見摸不到的力量，它敢於輕視一切暴政。在我們今天的歐洲，一些最專制的君主，也阻止不了某些敵視他們權威的思想在國內甚至在宮內祕密傳播。美國就沒有這種現象。在美國，只要多數還沒有最後形成統一意見，討論就得繼續下去；但是，一旦多數做出不可更改的決定，所有的人便默不作聲了，不管是決定的支持者，還是決定的反對者，現在都合在一起，表現擁護決定。其之所以如此的理由很簡單：那就是沒有一個君主，能像既有權立法又有權執法的多數這樣專制到可以總攬一切社會權力，和打敗其反對者的地步。

而且，國王只擁有一項物質力量，這項力量僅能影響人民的行動，而觸及不了人民的靈魂。但是，多數既擁有物質力量又擁有精神力量，這兩項力量合在一起，既能影響人民的行動，又能觸及人民的靈魂，既能消弭動亂於已現，又能防止動亂於預謀。

我還不知道有哪一個國家，在思想的獨立性和討論眞正自由的方面一般來說不如美國。

在歐洲的立憲國家，沒有不能自由宣傳的宗教和政治理論，而且准許向外國傳播，因爲沒有一個歐洲國家，曾被一個單獨的權威統治使敢說眞話的人都得不到支持，從而無法維護自己獨立的成果的地步。如果敢說眞話的人，不幸生活在一個專制政府的統治之下，則人民往往都會站在他一邊；如果他有幸住在一個自由國家，則他必要時可以用王權作擋箭牌；如果他在民主國家，則有社會的貴族階層支持他；如果他在其他國家，則有民主力量支持他。但是，在民主制度組織得像美國這樣的國家，卻只有一個權威，即只有一個力量和成功的根源，此外再無其他。

在美國，多數在思想的周圍築起一圈高牆，在這圈牆內，作家可以自由寫作，而如果他敢於越過這個雷池，他就要倒楣了。這不是說他有被宗教裁判所燒死的危險，而是說他要成爲眾人討厭和天天受辱的對象。政界爲他關上了大門，因爲他冒犯了唯一能使他走進這個大門的權威。人們什麼也不給他，甚至空頭的名義，也沒有他的分。他在發表自己的觀點之前，本以爲會有人支持，而在發覺無人支持以後，已把自己全部暴露於眾人的面前。於是，責罵他的人喊聲震天，而與他想法相同的人，則失去勇氣，不敢作聲，躲避起來。他只好表示讓步，最後完全屈服，保持沉默，好像不該說眞話而後悔了。

鐐銬和劊子手，是暴政昔日使用的野蠻工具；而在今天，文明也使本來覺得自己沒什麼可學的專制得到了改進。

昔日的君主只靠物質力量進行壓制；而今天的民主共和國則靠精神力量進行壓制，連人們的意志它都想征服。在獨夫統治的專制政府下，專制以粗暴打擊身體的辦法壓制靈魂，但靈魂卻能逃脫專制打向它的拳頭，使自己更加高尙。在民主共和國，暴政就不採用這種辦法，它讓身體任其自由，而直接壓制靈魂。這時，國家的首腦已不再說：「你得跟著我思想，否則你就別想活。」而是說：「你是自由的，不必跟著我思想；你的生活，你的財產，你的一切，都屬於你；但從今以後，你在我們當中將是一個外人。你可以保留你在社會上的特權，但這些特權對你將一無用處，因爲如果你想讓同胞選舉你，他們將不會投你的票；而如果你想讓他們尊重你，他們將假裝尊重你。你雖然仍然留在我們當中，但你將失去做人的權利。在你接近你的同胞時，他們將像躲避髒東西一樣遠遠離開你；即使是那些認爲你是乾淨無垢的人也要離開你，因爲他們也怕別人躲避他們。你安安靜靜地活下去吧，但這樣活下去比死還難受。」

專制的君主政體已使專制爲人們所不齒。我們可要警惕，別讓民主共和國使專制死灰復燃，使專制只成爲某些人的沉重負擔，而被大多數人認爲並不那麼可鄙和可憎。

在舊大陸的一些自命不凡的國家，還曾有人發表作品公開譴責時弊和嘲弄同時代人的愚蠢。比如，拉布呂耶爾住在路易十四宮內期間，完成了其巨著中的〈論偉大〉一章（拉布呂耶爾的巨著爲《品格論》，一六八八年初版於巴黎。托克維爾所說〈論偉大〉這一章，見《拉布呂耶爾全集》第二六八頁及以下各頁，普列伊阿德版，巴黎，一九五一年）；莫里哀在演給朝臣們看的戲劇裡批判宮廷。但是，統治整個美國的權威，卻不容人嘲弄。最輕微的指責，都會使權威發火；稍微帶刺的話，都會使權威大怒。多數的一言一行，都得加以讚美。任何一個作家，不管他多麼出名，都不能避而不恭維其同胞。因此，多數永遠生活於自我喝彩聲中。關於國內的一些眞實情況，美國人只能從外國人口中聽到，或從經驗中察覺。

如果說美國至今還沒出現偉大作家，那就只能在這方面去尋找原因。沒有精神的自由，就產生不了文學天才，而美國就缺少這種自由。

宗教裁判所始終未能阻止反對宗教的書籍在西班牙大量流通。在美國，多數的統治在這方面比西班牙做得高明：它把人們打算出版這種書籍的思想都剝奪了。美國雖有不信宗教的人，但他們沒有自己的報刊。

有些政府曾以譴責淫穢書刊作者的辦法來維護社會風氣。在美國，雖然沒有人因爲這種書刊受到過譴責，但也沒有人想去寫這種書。不過，這不是說每個公民都高尙無瑕，而是說多數在公民當中表現嚴肅。

在這方面，權力的行使無疑是好的，但我只是就權力的本身而言。這種不可抗拒的權力，是一個經常的存在，而它的正確行使，卻只是偶然的現象。

多數的暴政對美國人國民性的影響及巴結思想在美國的表現

迄今爲止，多數的暴政對民情的影響大於對社會行動的影響——這種影響妨礙了偉大人物的成長——像美國這樣建立的民主共和制度，使人容易產生巴結大多數的思想——這種思想在美國的表現——人民自身的愛國主義爲什麼比那些以人民的名義進行統治的人的愛國主義強烈。

我方才指出的那種趨勢，雖然還在政界表現得不夠明顯，但已對美國人的國民性發生了令人擔憂的影響。我認爲，美國至今活動於政治舞臺上的傑出人物所以爲數不多，正是因爲多數專制的作用日益加強。

在美國爆發獨立戰爭時，傑出的人物大批湧現。當時，他們的政治觀點鼓舞了人們的鬥志，而沒有壓制人民的鬥志。這個時期的那些鼎鼎大名之士，在自由參加人民群眾的精神活動的過程中，表現出他們各自特有的偉大性格。他們將其偉大性格的光輝照遍全國，而沒有借用全國的力量來增加自己的光輝。

在專制政府中，接近王權的高官顯貴，迎合主子的感情獻媚，心甘情願服從主子的任性。但是，全國的人民大眾並不想奴顏婢膝。他們之所以服從，常常是由於自己軟弱，由於習慣或無知，有時也由於忠於王權或國王。有些民族以犧牲自己的意志而滿足君主的意志，作爲一種快慰和驕傲，從而在服從之中，仍保持一種精神上的獨立。這樣的民族雖然不幸，但並沒有墮落。而且，做自己不贊成的事與做自己假裝贊成的事有很大差別：前者是由於人的軟弱無能，而後者是出於奴僕的習性。

在自由國家裡，每個人都能或多或少地對國家的事務發表意見；在民主共和國裡，公共生活不斷地有私人生活滲進，各個方面都能接近主權，主權也希望人民發表意見，以便引起它的注意。因此，在這兩種國家裡，企圖利用主權的弱點和討好主權而生活的人，一般就比在專制君主國裡爲多。這不是說這些國家的人天生就比別處壞，而是說這些國家誘惑人的東西多於他處，而且許多人都同時趨向這些東西。結果，人們的心靈有普遍墮落的趨勢。

在民主共和國，人們有巴結大多數的思想，而且使這個思想立即滲入各個階級。這是可以加於民主共和國的主要譴責之一。

對美國這樣的民主共和國，這樣譴責尤爲確切。在這裡，多數的統治極爲專制和不可抗拒，以致一個人如想脫離多數規定的路線，就得放棄自己的某些公民權利，甚至要放棄自己做人的本色。

在擠進美國政界的那一大群人中，現已很少有人具有昔日美國人曾引以爲榮的，和何時何地都應當作爲偉大人物的突出特點的那種豪爽性格和剛直不阿精神了。乍看上去，仿佛所有美國人的頭腦都是出於同一個模子，以致他們能夠分毫不差地沿著同樣道路前進。不錯，外國人有時會遇到一些離經叛道的美國人，見到一些慨嘆於法律多弊和激憤於民主任性多變的人。這些人往往談到那些敗壞了國民性的缺點，並指出可以糾正這些錯誤的方法。但是，除了你以外，他們不會向別人述說，而他們對之傾訴隱祕思想的你，卻是一個外國人，一個過客。他們願意把眞心話告訴你，但這對你並沒有什麼用處。他們到了公共場所，便不這樣講了。

如果上述這些被我轉述的話將來有一天被美國人讀到，我猜想會出現兩種情況：第一，讀者們將放滿嗓子高聲譴責我；第二，其中大多數人將在內心裡原諒我。

我在美國聽到人們談論祖國，也在人民中間見到眞正的愛國主義表現，但從國家的領導者身上尋找這種表現時，卻經常一無所獲。用類推方法不難解釋專制主義對其所治人民的敗壞作用，爲什麼遠遠超過對其執行者的敗壞作用。在專制君主國，國王往往品德高尚，但其朝臣多爲卑鄙無恥之徒。不錯，美國的當選官員不稱他們的主人——選民爲「大人」或「陛下」，這似乎與君主國的朝臣有很大不同。但是，他們卻不斷稱道其主人天生明情達理，從不爲他們的主人到底有什麼值得稱讚的美德而爭論，因爲他們確信主人具有一切美德，而即使現在沒有或不想有，將來也一定會有。他們並不把自己的妻子和女兒送給主人，供其寵愛而納爲嬪妃，但他們卻因爲犧牲自己的觀點而出賣了自己。

在美國，道德家們和哲學家們，雖然不必以寓言掩蓋其觀點，但他們在壯著膽子講述一項令人不快的眞理之前，總是加上一段引子：「我們知道，聽我們講話的人民品德極高，絕沒有可使自己失去主人身分的那些缺點。假如聽我們講話的人士，其品德和學識不是好得使他們比其他人更值得享有自由的話，我們就不說這些話了。」

在路易十四面前獻媚的人，能夠奉承得比這還好嗎？

就我來說，我確信在一切政府中，不管其性質如何，下賤者一定趨炎，獻媚者一定附勢。而且我認爲，只有一種方法可防止人們自侮，那就是不賦予任何人以無限權威，即不賦予任何人以可誘引他人墮落的最高權力。

美國共和政體的最大危險來自多數的無限權威

導致民主共和政體破滅的是政府濫用權力，而非政府無能——美國的共和政府比歐洲的君主政府更集權和更強大——由此產生的危險——麥迪遜和傑弗遜對這個問題的看法。

政府通常不是由於無能，就是由於暴政而垮臺。在前種情況下，是權力自行離開政府；在後種情況下，是權力被人奪走。

許多人在看到民主國家陷入無政府狀態時，總以為這些國家的政府天生軟弱無能。實際的情況是：這些國家的政黨之間一旦燃起戰火，政府就對社會失去了控制。但我並不認為，一個民主政權天生就缺乏人力和物力；恰恰相反，我卻相信一個民主政府之所以垮臺，幾乎總是由於濫用人力和物力。無政府狀態總是來因於暴政或管理不當，而不是由於政府無能。

不要把穩定與力量，或把一件事情的偉大性與其持久性混為一談。在民主共和國，指導社會的權力[6]並不穩定，因為它經常易手和改變方向。但是，在權力易手和改變方向時，它的力量也幾乎是不可抗拒的。

在我看來，美國的共和制政府也像歐洲專制君主國政府那樣集權，而其力量猶有過之。因此，我不認為它會因為軟弱無力而垮臺[7]。

假使有一天自由在美國毀滅，那也一定是多數的無限權威所使然，因為這種權威將會使少數忍無可忍，逼得少數訴諸武力。那時將出現無政府狀態，但引起這種狀態的是專制。

麥迪遜總統就表現過這種看法〔見《聯邦黨人文集》第五十一篇〕〔萬人文庫版第二六六頁及以下各頁〕。

他說：「對於共和政體來說，最為重要的是：不僅要保衛社會不受統治者的壓迫，而且要保護社會上的一部分人不受另一部分人的不公正對待。……公正是政府的目的，也是公民社會的目的。人們曾一直追求，並將以全力永遠追求這個目的，直到獲得成功為止，或直到在追求中喪失自由時而被迫停止。

「如果在一個社會中，較強的派系能夠利用這種社會情況隨時聯合起來壓迫較弱的派系，那麼可以斷言，這個社會將自然而然地陷入無政府狀態，使軟弱的個人失去抵抗較強的個人的暴力的任何保障；在這種狀態下，原來較強的人也會由於不滿意社會動盪，而願意服從於一個既能保護弱者又能保護自己的政府；而出現這種願望之後，同樣的動機又逐漸激起較強的派系和較弱的派系，願意組織一個能夠保護一切強的和弱的派系的政府。可以不必懷疑，如果羅德島州脫離聯邦而獨立，則其以人民名義在極其有限的土地內進行統治的權力的不牢靠性，必將因多數的暴政而證明這種完全脫離人民的權力，正是由那個需要這種虐政的多數迫不及待地弄出來的。」

傑弗遜也說：「我國政府的行政權，並非我所擔心的唯一問題，或許可以說不是我所擔心的主要問題。立法機構的暴政才眞正是最可怕的危險，而且在今後許多年仍會如此。行政權的暴政雖然也會出現，但要在很久以後[8]。」

在這個問題上，我寧願引用傑弗遜的話，而不願引用其他人的話，因爲我認爲他是迄今爲止宣傳民主的最堅強使徒。

◆本章注釋◆

[1]我們在考察聯邦憲法時已經看到，聯邦的立法者們曾反對過這種力量。由於立法者的努力，聯邦政府才得以在工作中比州政府有較大的獨立性。但聯邦政府只主管對外事務，而實際管理美國社會的，則是各州的政府。

【2】只是麻塞諸塞州從一七八〇年至今公布的立法文件，就已裝訂成三大卷。還應當指出，我說的這部文件彙編是在一八二三年經過修訂而輯成的，其中已剔除大量舊的或失效的法令。要知道，居民不如法國一個省人多的麻塞諸塞州，在全美國還算是法律最穩定的州，但它也為立法工作連續不斷地投入了大量的人力。*

*參閱弗蘭克福特：《人民及其政府》（紐哈芬，耶魯大學出版社，一九三〇）第十頁及以下幾頁。——法文版編者

【3】「多數的暴政」。這一節對於理解托克維爾的政治哲學十分重要。我們在這裡可以看到托克維爾對民主的最終目的的表達。據他說，民主的最終目的應當是保護少數和個人的權利。參閱康馬傑：《多數的統治和權利》（牛津，一九四四年）。——法文版編者

【4】任何人都不會主張一個民族可以濫用它的武力去反對另一個民族。但是，一個大國中的政黨，卻可變成國中之小國。

如果承認一個國家可以對另一個國家實行暴政，那怎麼能否認一個政黨也可以這樣對付另一個政黨呢？

【5】在一八一二年戰爭時期，巴爾的摩發生一個多數專制所造成的暴力事件。在這個時期，巴爾的摩人非常支持這場戰爭。當地出版的一家報紙，對居民熱烈支持戰爭的行為採取了截然相反的態度。人民自動集合起來，搗毀了報社，襲擊報社人員的住宅。有人還想召集民兵，但民兵沒有出動。最後，為了保護生命受到憤怒的公眾威脅的那些無辜者，而把他們當作罪犯投入監獄。這項預防措施並未生效。人民在夜裡又集合起來，當地的行政官員去召集民兵來驅散人群，但沒有成功；監獄被砸開大門，一名記者就地被殺，還要處死報社的其他人員，但經陪審團審理後，宣判無罪。

有一天，我對賓夕法尼亞的一位居民說：「我請您告訴我，為什麼在一個由教友會教徒建立，並因他們的寬宏大量而出名的州裡，已經獲得解放的黑人還不能享有公民權呢？他們照章納稅，讓他們參加選舉豈不是很公正的嗎？」

他回答說：「請不要這樣侮辱我們，你去看一看我們的立法者制定的法令有多麼公道和寬宏大量。」

「這樣說來，在你們這裡，黑人是享有選舉權的了？」

「當然。」

「那麼，今天早晨我在選民的會議上，為什麼連一個黑人也沒有見到呢？」

這位美國人說：「這不是法律的錯誤。黑人確實有權參加選舉，但他們總是故意躲避不來出席。」

「他們也太謙虛了。」

「啊！不是他們拒絕出席，而是他們害怕到這裡受虐待。在我們這裡，有時法律因為得不到多數的支持而失效。要知道，多數對黑人最有偏見，各級行政官員也愛莫能助，無力保證黑人行使立法者賦予他們的權利。」

「怎麼！享有立法特權的多數也想享有不遵守法律的特權？」

【6】權力可能集中於一個議會之手。這時，它雖很強大，但不穩定。如果權力集中於一個人之手，那它可能不太強大，但非常穩定。

【7】我認為不必提醒讀者注意，我在這裡和在本章其他各處說到多數的專制時，不僅指聯邦政府，而且也指各州的政府。

【8】《一七八九年三月十五日傑弗遜致麥迪遜的信》（參看《傑弗遜文集》第七卷第三一二頁（華盛頓，一九〇五年））。

第八章　美國怎樣削弱多數的暴政

全國的多數沒有包辦一切的思想——全國的多數必須利用鄉鎮和縣的行政委員去執行其主權意旨。

不存在行政集權

我在本卷第一部分，曾對兩種集權做過區分。我把其中的一種集權稱爲政府集權，把另一種稱爲行政集權。

在美國，只有第一種集權，而另一種集權則不存在。

假如領導美國社會的權力把管理國家的這兩項手段均掌握在手，並兼有包辦一切的能力和習慣，以及發號施令的大權；假如它在確定管理國家的一般原則之後，還要屈尊去管理其應用的細節；假如它在規定國家的重大利益之後，還能屈尊去過問私人利益，那麼，自由在新大陸早就不復存在了[1]。

在美國，多數雖然經常流露出暴君的嗜好和脾氣，但還沒有施行暴政的最完備手段。

在美國的任何一個州裡，中央政府至今只管理少數值得它特別注意的事務。它不參與管理社會的次要事務。它甚至沒有這樣的想法。多數雖然越來越專制，但沒有給中央政府增加特權，而一直把一切大權留給自己。因此，專制在一個點上可能是大大加強了，但未擴及到面上。全國的多數，儘管其激情動人，其倡議振奮人心，也無法在全國各地以同樣方法、在同一時間使全體公民服從它的意旨。當代表多數的中央政府發布國家命令時，必須責成一些官員去執行命令，但這些官員並不總是隸屬於它，它也不能每時每刻予以指導。因此，鄉鎮和縣的行政機構就像一座座暗礁，不是延緩了代表人民意志的命令的流速，就是使命令流錯了方向。即使法令是強制性的，自由也會在法令的實施當中找到庇護所，而且多數也無法管到事情的細枝末節，甚至我敢說管不住行政當局的敷衍塞責。其實，多數本身也不認爲自己能夠做到這一點，因爲它尚沒有充分認識自己的權力。它只知道自己的自然力量，還未掌握擴大這個力量範圍的技巧。

這一點很值得注意。假如將來有一天類似美國這樣的民主共和制度在某一個國家建立起來，而這個國家原先有過一個獨夫統治的政權，並根據習慣法和成文法實行過行政集權，那麼，我敢說在這個新建的共和國裡，其專橫之令人難忍將超過在歐洲的任何君主國家。要到亞洲，才會找到能與這種專橫倫比的某些事實。

美國的法學家精神及其如何成為平衡民主的力量

探討什麼是法學家精神的本性是有好處的——法學家對行將誕生的社會負有重大使命——法學家從事的工作何以使他們的思想具有了貴族氣質——可以抑制這種思想發展的偶然原因——貴族發現自

己容易與法學家聯合——暴君利用法學家的可能性——法學家是如何成爲與民主因素自然結合起來的貴族因素的——使英國和美國的法學家精神易於具有貴族氣質的特殊原因——美國的貴族是律師和法官——法學家對美國社會的影響——他們的思想是如何深入到立法機構和行政機構的，以及最後是如何使人民本身都具有了行政官員的某些屬性的。

我在走訪一些美國人和研究美國法律之後，發現美國人賦予法學家的權威和任其對政府施加的影響，是美國今天防止民主偏離正軌的最堅強壁壘。在我看來，這個效果來自一個原因，而研究這個原因則很有好處，因爲它在別處可能再現。

五百多年以來，法學家在歐洲一直參加政界的各種運動。他們時而被政權用作工具，時而把政權作爲自己的工具。在中世紀，他們爲王權的擴大效了犬馬之勞；從那以後，他們卻堅定不移地致力於限制這個權力。在英國，他們和貴族結成了親密的聯盟。在法國，他們以貴族的最危險敵人的面目出現。那麼，法學家是不是被偶然和暫時的衝動左右過呢？或者是不是因爲環境而被他們天生和經常重現的本性驅使過呢？我想弄清這個問題，因爲法學家在行將誕生的民主政治社會或許負有首要的使命。

對法律做過特別研究的人，從工作中養成了按部就班的習慣，喜歡講究規範，對觀念之間有規律的聯繫有一種本能的愛好。這一切，自然使他們特別反對革命精神和民主的輕率激情。

法學家在研究法律當中獲得的專門知識，使他們在社會中獨闢一個行業，在知識界中形成一個特權階級。他們在執業當中時時覺得自己優越，他們是一門尚未普及、不可缺少的科學大師，他們經常在公民中間充當仲裁人；而把訴訟人的盲目激情引向正軌的習慣，又使他們對人民群眾的判斷產生一種蔑視感。除此而外，他們還自然而然地形成一個團體。這不是說他們彼此已經互相了解和打算同心協力奔向同一目標，而是說猶如利益能把他們的意願聯合起來一樣，他們的專業相同和方法一致，使他們在思想上互相結合起來。

因此，在法學家的心靈深處，隱藏著貴族的部分興趣和本性。他們和貴族一樣，生性喜歡按部就班，由衷熱愛規範。他們也和貴族一樣，對群眾的行動極為反感，對民治的政府心懷蔑視。

我不想說法學家的這些本性，已經頑固到足以把他們死死捆住的地步。支配法學家的東西，也和支配一般人的東西一樣，是他們的個人利益，尤其是眼前的利益。

有一種社會，其法律界人士在政界不能獲得他們在民間所處的地位。在這種社會體制下，我們可以肯定法學家必將成為革命的急先鋒。但是，應當研究他們走上破壞或改造現實的原因是出於他們的固有本性還是出於偶然。不錯，一七八九年推翻法國的君主政體，主要應當歸功於法學家。但是，他們之所以能夠如此的原因，是出於他們研究了法律還是出於他們沒有能參與制定法律，尚有待於研究。

五百多年以來，英國的貴族曾多次領導人民，並代人民發言；但在今天，他們卻維護王位，並為捍衛王權而鬥爭。但是，貴族仍保持其特有的本性和偏好。

因此應當注意，不要以偏概全，即不要把團體的個別成員視為團體本身。

在所有的自由政府中，不管其形式如何，法學家總是在各黨派中居於首列。這種看法亦適用於貴族政體。激發群眾起來行動的民主運動，幾乎都是由貴族發動的。

一個群英薈萃的團體，永遠滿足不了它的全體成員的各種野心。其成員的天才和激情往往沒有用武之餘地，所以很多人因不能很快享有團體應有的特權而攻擊這些特權，以便儘快升到上層或另建新的團體。

因此，我不認爲將來會出現一個**全**由法學家做主的局面，也不認爲法學家在**任何**時候大部分都能表現自己是秩序的友人和改革的敵人。

我認爲，在一個社會裡，如果法學家安居高位而無人反對，那他們的思想將是極其保守的，並將表明是反民主的。

當貴族政體爲法學家關上晉升的大門時，法學家就會變成它的最危險的敵人。這個敵人在財力和權力上雖然不如貴族，但在活動上卻可以獨立於貴族，並認爲自己的智力與貴族不相上下。

但是，每當貴族願意將其某些特權分給法學家時，這兩個階級便能十分容易地聯合起來，甚至可以說能夠成爲一家人。

我也偏於相信，一個國王經常可以輕而易舉地使法學家成爲自己政權的最有用工具。

儘管法學家往往與人民聯合起來打擊行政權，但法學家與行政權之間的自然親和力，卻遠遠大於法學家與人民之間的這種親和力。同樣地，儘管經常看到社會的高層階級與其他階級聯合起來反對王權，但貴族與國王之間的自然親和力，卻大於貴族與人民之間的這種親和力。

法學家之愛秩序甚於愛其他一切事物，而秩序的最大保護者則是權威。另外，也不應當忘記，即使法學家重視自由，他們一般也把法治置於自由之上。他們害怕暴政不如害怕專斷。而且，如果立法機構以立法剝奪人們的自由，並對此承擔責任，法學家也不會有什麼不滿。

因此我認爲，一個君主面臨日益高漲的民主，而欲削弱國家的司法權和減弱法學家的政治影響，那將是大錯特錯。他將失去權威，而徒有權威的外表。

我不懷疑，讓法學家參加政府，對國王是比較有利的。如果政府的專制是以暴力進行的，那麼，在把政府交給法學家管理以後，專制在法學家手裡將會具有公正和依法辦事的外貌。

民主政府有利於加強法學家的政治權力。如果把富人、貴族和君主攆出政府，法學家在政府裡就將總攬大權，因爲那時唯有他們是人民能夠找到的最聰明能幹的人了。

法學家一方面因其愛好而自然傾向貴族和君主，另一方面又因其利益而自然傾向人民。因此，法學家雖然也喜歡民主政府，但沒有民主的偏好，沒有承襲民主的弱點，從而能透過民主並超過民主使自己加倍強大。

在民主政體下，人民也信任法學家，因爲人民知道法學家的利益在於對人民的事業服務；人民聽法學家的話而不氣惱，因爲人民預料法學家不會出什麼壞主意。事實上，法學家根本不想推翻民主創造的政府，而是想不斷設法按照非民主所固有的傾向，以非民主所具有的手段去領導政府。法學家，從利益和出身上來說，屬於人民；而從習慣和愛好上來說，又屬於貴族。法學家是人民和貴族之間的天然鎖鏈，是把人民和貴族套在一起的環子。

法學家的行業，是唯一容易與民主的自然因素混合，並以有利於己的方式與其永久結合的貴族因素。我並非不知道什麼是法學家精神的固有缺點，但民主精神如不結合法學家精神，我懷疑民主可以長期治理社會；而且，如果法學家對公務的影響不隨人民權力的增加而增加，我也不相信在我們這個時代一個共和國能夠有望保住其存在。

我從法學家精神中見到的這個貴族特點，在美國和英國比在其他任何國家都表現得明顯[2]。其原因不僅在於英國和美國的法學家參與了立法工作，而且在於立法工作的性質本身及法律解釋者在這兩個國家所處的地位。

英國人和美國人保留了比附先例的立法辦法，即他們繼續依據祖先的法學觀點和法律定則，來建立自己在法律方面應持的觀點和應守的定則。

一個英國或美國的法學家，幾乎總是把對古老東西的敬愛和尊重與對正規和合法的東西的愛好結合起來。

這對法學家的精神面貌，隨後又對社會的動向，還起著另一種影響。

英國或美國的法學家重視既成的事實，法國的法學家重視何以出現此事實，即前者注重判決的本文，後者注重判決的理由。

當你傾聽英國或美國的法學家的陳述時，你會爲他們三番五次地引證他人的觀點，極少發表自己的見解，而感到吃驚。在法國，情況就與此不同。

法國的律師在處理一個小案時，也不能只是進行一般的陳述而不引證他所持的成套法學思想。他將滔滔不絕地引述法律的立法原則，以勸說法庭採取變通辦法後退幾步。

英國和美國的法學家，從思想上就反對這種做法，因爲這與他們祖先的思想不符。這種盲從祖先思想的百依百順，必然使法學家精神沾染上畏畏縮縮的習性，使其在英國和美國養成的惰性比在法國嚴重。

法國的成文法往往很難理解，但人人都可以研討。相反的，對於普通人來說，再也沒有比以先例爲基礎的法律更使他糊塗和莫名其妙的了。英國和美國的法學家對先例的這種尊重，他們在教育中養成的這種尚古思想，日益使他們脫離人民，並終於使他們成爲一個與眾不同的階級。法國的法學家都是學者，而英國或美國的法律界人士，則好像是埃及的祭司，並像埃及的祭司一樣，只充當一種玄奧科學的解釋者。

法律界人士在英國和美國所處的地位，對他們的習慣和思想起著一種不算小的影響。一心將一切在本性上與己有某些類似的東西拉到自己方面來的英國貴族，極爲尊重法學家，並賦予他們以極大的權力。在英國的社會裡，法學家雖然沒有進入最高等級，但他們卻滿足於現在所在的等級。他們是英國貴族中的少壯派，他們愛戴和尊敬他們的老大哥，而且不去和他們爭權。這樣，英國的法學家便把他們活動圈子裡的貴族思想和情趣，與他們職業的貴族利益結合起來。

我試圖描繪的這種法學家的形象，在英國表現得最爲突出。英國法學家之所以尊重法律，並不是因爲法律良好，而是因爲法律古老；即使他們要對法律進行某些修改，使其適應社會的時勢，他們也是萬變不離其宗，對祖先留下的東西進行修修補補，只發展祖先的思想，只完善祖先的業績。不要期待他們會以革新者的面貌出現，他們寧願被人指爲荒謬絕倫，也不願承擔冒犯老祖宗遺訓的大罪。這就是英國人對待法律的態度。這種態度毫不關心事物的實質，只重視法律的條文，寧肯違反理性和人情，也不改動法律上的一文一字。

英國的立法工作就像侍弄一棵古樹，立法者向這棵樹上嫁接各式各樣的枝條，希望枝條結出千奇百怪的果實，或至少讓繁茂的枝葉簇擁支撐著它們的樹幹。

在美國，既沒有舊式貴族又沒有文士，人民不信任富人。因此，法學家形成了一個高等政治階級，他們是社會上最有知識的部分。於是，他們只能捨棄改革，使自己愛好秩序的本性增添了保守的志趣。

假如有人問我美國的貴族在何處，我將毫不遲疑地回答：他們不在富人中間，富人沒有把他們團結在一起的共同紐帶。美國的貴族是從事律師職業和坐在法官席位上的那些人。

我們越是深思發生於美國的一切，就越是確信法學界是美國能夠平衡民主的最強大力量，甚至可以說是能夠平衡民主的唯一力量。

我們在美國不難發現，法學家精神是如何因其優點，甚至還可以說如何因其缺點，而適於中和平民政府所固有的弊端的。

當美國人民任其激情發作，陶醉於理想而忘形時，會感到法學家對他們施有一種無形的約束，使他們冷靜和安定下來。法學家祕而不宣地用他們的貴族習性去對抗民主的本能；用他們對古老事物的崇敬去對抗民主對新鮮事物的熱愛；用他們的謹慎觀點去對抗民主的好大喜功；用他們對規範的愛好去對抗民主對制度的輕視；用他們處事沉著的習慣去對抗民主的急躁。

法院是法學界對付民主的最醒目工具。

法官都是法學家，他們除了喜愛在研究法律的過程中獲悉的秩序和制度以外，還因其職位的終身性而酷愛安寧。他們的法學知識，早已保證他們可以在同胞中出人頭地。他們的政治權力，可以把他們推上高人一等的地位，並使他們養成特權階級的習性。

有權宣布法律違憲的美國司法官員，管理日常的司法事務[3]。他們不能強制人民立法，但至少可以強迫人民信守他們自己制定的法律，要求他們言行一致。

我並非不知道，在美國存在著一種驅使人民削弱司法權的潛在趨勢。大部分州的憲法，都規定州政府可以應兩院之請撤換法官。某些州的憲法，規定法庭的成員由選舉產生，並准許多次連選連任。我敢大膽預言，這項改革遲早要產生極壞的後果，而且將來總有一天要發現，這樣削弱司法官員的獨立性，不僅打擊了司法權，而且打擊了民主共和制度本身。

此外，千萬不要以爲，在美國只有法院才有法學家精神。這種精神早已遠遠擴展到法院以外。

由於法學家是人民信賴的唯一知識階級，所以大部分公職自然都被他們占去。他們既壟斷了立法機構，又主持了司法機構。因此，他們對法律的制定和行使具有極大的影響。但是，他們必須服從對他們發生牽制作用的輿論。即使他們不受限制而自由行動，人民也不難及早發現其不軌的苗頭。在政治法方面做了很多改革的美國人，卻在民法方面只做了微小的改革，而且這一小點改革還費了很大周折。儘管民法中的許多規定與美國社會的現實格格不入，但他們還是如此泰然處之。造成這種情況的原因是，在公民權利的問題上，多數往往託付法學家去處理，而自行其是的美國法學家卻不肯改革。

一個法國人，在美國聽到人民抱怨法學家有惰性和喜歡維持現狀時，確實大爲吃驚。

法學家精神的影響，大大超過了我已確切指出的範圍。

在美國，幾乎所有政治問題遲早都要變成司法問題。因此，所有的黨派在它們的日常論戰中，都要借用司法的概念和語言。大部分公務人員都是或曾經是法學家，所以他們把自己固有的習慣和思想方法都應用到公務活動中去。陪審制度更把這一切推廣到一切階級。因此，司法的語言差不多成了普通語言；法學家精神本來產生於學校和法院，但已逐漸走出學校和法院的大牆，擴展到整個社會，深入到最低階層，使全體人民都沾染上了司法官的部分習性和愛好。

在美國，法學家形成一個並不足懼但難於察覺的權力。這個權力沒有自己的旗幟，能夠極其靈活地迎合時代的要求，不加抵抗地順應社會的一切運動。但是，這個權力卻擴展到整個社會，深入到社會上的每一個階級，在暗中推動社會，默默地影響社會，最後按自己的意願塑造社會。

美國視陪審團為政治機構[4]

作爲人民主權的表現形式之一的陪審團，必須與確立這個主權的其他法律協調一致——美國陪審團的結構——陪審制度對國民性產生的影響——陪審制度對人民的教育作用——陪審制度是如何樹立司法官員的影響和發展法學家精神的。

由於我的講題自然引導我去敘述美國的司法制度，我就不能在此略而不談陪審制度。

在講述陪審制度時，必須把這個制度的兩種作用區別開來：第一，它是作爲司法制度而存在的；第二，它是作爲政治制度而起作用的。

如果要問陪審制度在哪一方面有功於司法行政，特別是在民事方面是否有功於健全的司法行政，我承認陪審制度的功用問題可能引起爭論。

陪審制度初建於社會尚不發達的時期，那時提交法院審理的案件只是一些簡單的訴訟。但是，要想使陪審制度適應高度發展的社會的需要，便不是一件容易的任務了，因爲這時人們之間的關係已經非常複雜，各式各樣，並具有需要用科學和理智加以判斷的性質[5]。

現在，我的主要目標是向陪審制度的政治方面走去，其他任何途徑都會使我離題。對於陪審制度作爲司法手段的問題，我只能少談幾句。當英國人採用陪審制度的時候，他們還是一個半野蠻的民族。後來，他們發展成爲世界上最文明的民族之一，而他們對於這一制度的愛慕，仿佛也隨著他們的文明而俱增。他們走出自己的國土，向世界的各地發展。結果，有些地方成了他們的殖民地，而另些地方則建立了獨立的國家。一些國家仍然承認英王是它們的君主，而許多殖民地卻建立了強大的共和政體，但到處的英裔國家都一律提倡陪審制度[6]。它們不是到處建立陪審制度，就是馬上回復陪審制度。這個偉大民族所提倡的司法制度，後來便長期存在下來，並在文明的各個階段，被各個地區和各種政府所採用，而且沒有遭到司法界的反對[7]。

但是，我們不談這個問題。把陪審制度只看作一種司法制度，這是十分狹窄的看法，因爲既然它對訴訟的結局具有重大的影響，那它由此也要對訴訟當事人的命運發生重大的影響。因此，陪審制度首先是一種政治制度。應當始終從這個觀點去評價陪審制度。

所謂陪審制度，就是隨時請來幾位公民，組成一個陪審團，暫時給予他們以參加審判的權利。

我認爲，在懲治犯罪行爲方面利用陪審制度，會使政府建立完美的共和制度。其理由如下：

陪審制度既可能是貴族性質的，又可能是民主性質的，這要隨陪審員所在的階級而定。但是，只要它不把這項工作的實際領導權交給統治者，而使其掌握在被統治者或一部分被統治者手裡，它始終可以保持共和性質。

強制向來只是轉瞬即逝的成功因素，而被強制的人民將隨即產生權利的觀念。一個只能在戰場上擊敗敵人的政府，也會很快被人推翻。因此，要加強政治工作，而政治方面的眞實法律懲治，必須體現在刑法裡面。沒有懲治，法律遲早會失去其強制作用。因此，主持刑事審判的人，才眞正是社會的主人。實行陪審制度，就可把人民本身，或至少把一部分公民提到法官的地位。這實質上就是陪審制度把領導社會的權力置於人民或這一部分公民之手[8]。

在英國，陪審團係由該國的貴族中選出的。貴族既制定法律，又執行法律和懲治違法行爲（B）。一切都得經貴族同意，所以英國簡直是一個貴族的共和國。而在美國，這一個制度則應用於全體人民。每一個美國公民都有選舉權，都有資格參加競選，都有資格當陪審員（C）。在我看來，美國人所同意實行的陪審制度，像普選權一樣，同是人民主權學說的直接結果，而且是這種學說的最終結果。陪審制度和普選權，是使多數能夠進行統治的兩個力量相等的手段。

凡是曾想以自己作爲統治力量的源泉來領導社會，並以此取代社會對他的領導的統治者，都破壞過或削弱過陪審制度。比如，都鐸王朝曾把不想做有罪判決的陪審員投入監獄，拿破崙曾令自己的親信挑選陪審員。

儘管前人提供的大部分眞理十分明顯，但並沒有打動所有的人，而且在我們法國，人們還往往對陪審制度持有混亂的觀點。要想知道什麼人可以當選陪審員，那就只是把陪審制度當作一種司法制度，討論參與審判工作的陪審員應當具備什麼知識和能力就可以了。其實，在我看來，這是問題的無關緊要部分，因爲陪審制度首先是一種政治制度，應當把它看成是人民主權的一種形式。當人民的主權被推翻時，就要把陪審制度丟到九霄雲外；而當人民主權存在時，就得使陪審制度與建立這個主權的各項法律協調一致。猶如議會是國家負責立法的機構一樣，陪審團是國家負責執法的機構。爲了使社會得到穩定和統一的管理，就必須使陪審員的名單隨著選民的名單擴大而擴大，或者隨其縮小而縮小。依我看，這一點最值得立法機構經常注意。其餘的一切，可以說都是次要的。

由於我相信陪審制度首先是一種政治制度，所以在把這一制度應用於民事訴訟時，我依然是這樣看它。

法律只要不以民情爲基礎，就總要處於不穩定的狀態。民情是一個民族唯一的堅強耐久的力量。

當陪審團只參與刑事案件的審理時，人民只能逐漸地發現它的作用，而且只能從個別的案件中發現。人民沒有在日常生活中應用陪審制度的習慣，只把它看作獲得公道的一般手段，而沒有把它視爲獲得公道的唯一手段[9]。

反之，當陪審團參加民事案件的審理時，它的作用便可經常被人看到。這時，它將涉及所有人的利益，每個人都來請它幫助。於是，它深入到生活的一切習慣，使人的頭腦適應它的工作方法，甚至把它與公道等量齊觀。

因此，只用於刑事案件的陪審制度，必永遠處於困境；而一旦把它用於民事案件，它就經得起時間的考驗和頂得住人力的反抗。假如英國的統治者能像從法律中那樣容易排除陪審制度而從英國人的民情中排除陪審制度，英國的陪審制度早在都鐸王朝時期就不復存在了。因此，事實上拯救了英國的自由的，正是民事陪審制度。

不管怎樣應用陪審制度，它都不能不對國民性發生重大影響。不過，隨著它越早應用於民事案件，這種影響更會無限加強。

陪審制度，特別是民事陪審制度，能使法官的一部分思維習慣進入所有公民的頭腦。而這種思維習慣，正是人民為使自己自由而要養成的習慣。

這種制度教導所有的階級要尊重判決的事實，養成權利觀念。假如它沒有起到這兩種作用，人們對自由的愛好就只能是一種破壞性的激情。

這種制度教導人們要做事公道。每個人在陪審鄰人的時候，總會想到也會輪到鄰人陪審他。這種情況，對於民事陪審員來說，尤為千眞萬確。幾乎沒有人不害怕有朝一日自己成為刑事訴訟的對象，而且人人又都可能涉訟。

陪審制度教導每個人要對自己的行為負責。這是大男子漢的氣魄，沒有這種氣魄，任何政治道德都無從談起。

陪審制度賦予每個公民以一種主政的地位，使人人感到自己對社會負有責任和參加了自己的政府。陪審制度以迫使人們去做與己無關的其他事情的辦法，去克服個人的自私自利，而這種自私自利則是社會的積垢。

陪審制度對於判決的形成和人的知識的提高有重大貢獻。我認為，這正是它的最大好處。應當把陪審團看成是一所常設的免費學校，每個陪審員在這裡運用自己的權利，經常與上層階級最有教養和最有知識的人士接觸，學習運用法律的技術，並依靠律師的幫助、法官的指點，甚至兩造的責問，而使自己精通了法律。我認為，美國人的政治常識和實踐知識，主要是在長期運用民事陪審制度當中獲得的。

我不知道陪審團是否對涉訟的人有利，但我確信它對主審的法官有利。我把陪審團視為社會能夠用以教育人民的最有效手段之一。

以上所述，是就一切國家而言；而以下所述，則是專門就美國和就一般民主國家而言。

我在前面已經說過，在民主政體下，法學家和司法人員，構成了唯一能夠緩和人民運動的貴族團體。這部分貴族並沒有任何物質力量，只對人們的精神發生保守性的影響。但是，他們的權威的主要根源，就存在於民事陪審制度之中。

刑事訴訟是社會反對某人的鬥爭，陪審團在參加這種訴訟的審理時，愛把法官視爲社會權威的消極手段，對法官的意見持懷疑態度。但是，刑事訴訟要完全以常識容易辨認的單純事實爲依據。在這一點上，法官和陪審員是平等的。

在民事訴訟上，情況就與此不同了。這時，法官是激烈爭論的兩造之間不偏不倚的仲裁人；陪審員要對法官表示相信，洗耳恭聽法官的仲裁，因爲法官的法律知識遠遠高於陪審員。當著陪審團的面，陳述陪審員們已經記不清的各項法律根據的，是法官；引導陪審團經過曲折的訴訟程序的，也是法官；向陪審團指明事實的要點和告訴它應當如何回答法律問題的，還是法官。法官對陪審員的影響幾乎是無限的。

人們可能問我爲什麼對於陪審員在民事案件中沒有能力引證法律根據一事表示坦然？

因爲在民事訴訟中，凡是不涉及事實的問題，陪審團都幾乎無從置言，而只是在形式上參與了司法審理。

陪審員宣布法官所做的判決。一般來說，他們都是以他們所代表的社會權威，以理性和法律的權威認定法官的判決（D）。

在英國和美國，法官對於刑事訴訟的結局具有法國的法官從來沒有聽說過的影響。這種情況的產生原因是不難理解的：英國和美國的法官先在民事訴訟中確立了自己的權威，而後又把這種權威全盤搬到他們在其中本無權威的另一個舞臺。

對某些案件，而且往往是重大案件，美國的法官有權獨自宣判[10]。這時，他們的地位有時與法國法官的通常地位一樣，但他們的道義力量卻大得多，因爲陪審團的影響還在幫助他們，他們的聲音幾乎與陪審團所代表的社會聲音同樣洪亮。

他們的影響甚至大大超過法院本身的影響，這是因爲美國的法官在私人的娛樂中和在政治活動中，以及在公共場所和在立法機構內部，都不斷遇到一些慣於認爲自己的智慧總有些不如法官的人向他們致敬；而且在他們處理完案件以後，他們的權力還在影響著在辦案當中與他們結識的那些人的整個思維習慣，甚至影響著這些人的內心世界。

因此，表面上看來似乎限制了司法權的陪審制度，實際上卻在加強司法權的力量；而且，其他任何國家的法官，都沒有人民分享法官權力的國家的法官強大有力。

美國的司法人員能把我所說的法治精神滲透到社會的最低階層，借助於實行民事陪審制度之處最多[11]。

因此，作爲使人民實施統治之最有力手段的陪審制度，也是使人民學習統治的最有效手段。

◆本章注釋◆

[1] 「自由在新大陸早就不復存在了」。參閱法文版第九十八頁編者注。托克維爾的話或許適用於我們當代，因為他在一八三五年就已預見到政府集權將會得到行政集權的增援。——法文版編者

[2] 參閱霍爾茲沃思：《英國法律史》（共九卷，倫敦，一九二二—一九二六年）；沃倫：《美國法律史》（劍橋，一九一二年）。韋伯在其《經濟與社會》（杜賓根，一九二五年）和《政治論》（慕尼克，一九二一年）中，曾強調律師在政治生活中的優越作用。再參看我（梅耶）的《馬克斯·韋伯和德國政治學：關於政治社會學的一項研究》（倫敦，一九四五年）。——法文版編者

[3] 參看第一部分講述司法權的章節。

[4] 「陪審制度」是盎格魯撒克遜人實行的一種審判制度或「普通法」，即在一定的地區（英語稱venue——審判管轄區）從公民中選出或指定幾名陪審員，參加某些案件的審判工作。這些陪審員組成陪審團審理民事和刑事案件，並在辯論後做出自己的判斷。為了使陪審員能做出正確的判斷，法官或法庭應告知陪審員該案將適用哪些法律。一般均把「陪審制度」與一二一五年的《大憲章》聯繫起來，但它在這之前早已存在了。——法文版編者

[5] 把陪審制度作為司法制度來研究，探討這個制度在美國產生的效果，考察美國人是怎樣以這個制度來牽制政黨的，將是一項有益而有興趣的工作。如果只考察這個問題，你可以找一本全書研究這個問題的著作，和一本專為法國人寫的著作。這樣，你可以從中研究美國陪審制度的哪些部分能夠用於我國和對我們有多大幫助。在美國，使我們最能了解這個問題的州，是路易斯安那州。這個州的居民有英裔和法裔。這個州的兩種法制，使他們形成了兩個並立的民族，但他們也正在逐漸融合。可以向讀者推薦的好書有兩部：一部是兩卷本的《路易斯安那州法令彙編》（本書的全名、出版地點和年月為：《路易斯安那州一八〇四—一八二七年立法機關通過的法令彙編》二卷本（新奧爾良，一八二八年））；另一本是講述民事訴訟程序的，它可能更好一些，係用英、法兩種語言寫成的，書名為《論民事訴訟程序》，一八三〇年由布依松先生出版於新奧爾良（見美國國會圖書館藏路易斯安那州法令、文件集）。這部書特別便於法國人閱讀，因為其中附有英法對照的術語表，並對這些術語做了精

確和權威性的解釋。在所有國家，法律用語都有其一定的含義，特別是在英國，同一法律用語，其含義就不同於其他國家。

【6】英國和美國的法學家，在這一點上是意見一致的。現任聯邦最高法院法官的斯托里先生，在其《美國憲法釋義》中，一再稱道民事案件實行陪審制度的好處。他說：「賦予陪審團參加民事案件審理的寶貴特權，完全不亞於陪審團參加刑事案件審理的特權，因為這實質上等於讓人人享有政治自由和公民自由。」（第三卷第三十八章第六五四頁）。

【7】要想詳說作為司法制度的陪審制度的好處，還可以找到許多論據。現舉幾個如下。

陪審員參加審判工作，可減少法官的人數，而且不致給工作帶來不便。這就是一個很大好處。當法官的人數很多而又採用晉升制度時，只有在職的法官死去才能出缺，使活著的法官晉升。因此，司法人員總是希望他人早死，而這種心理又自然使他們依附於多數或有權指定補缺的人。法官的這種晉升辦法，猶如軍銜的遞進。這種辦法，是與良好的司法行政和立法機構的意向格格不入的。有人主張實行法官終身制，使法官保持獨立。但是，只要法官不自願辭職，任何人也不得罷免他，亦不失為一種好辦法。

當法官的人數很多時，其中不免有人濫竽充數。但是，責任重大的法官絕不應當由普通人擔任。因此，由平庸之輩組成的法庭，應當是法院組織中的最壞環節。

至於我，我寧願把一個案件交由一位精明強幹的法官領導的不太懂法律的陪審團審理，也不願意把它交給絕大多數只對法學和法律一知半解的一夥法官審理。

【8】但應當作一個重要注釋：

不錯，陪審制度使人民擁有了監督公民行為的一般權利，但它並未給予人民以在一切場合進行這項監督的手段，也沒有讓人民經常以暴力方式實行這種監督。

當一個專制君主可以自行指定他的代表處罰犯人時，被告的命運可以說是早就注定了。但是，如果由人民審判，則陪審團的決定及其不可駁回性，尚會為無辜者提供有利的機會。

【9】當陪審制度只用於某些刑事案件時，這個論點尤其是真理。

【10】聯邦的法官幾乎總是獨自解決直接觸犯聯邦政府的問題。

【11】參閱韋伯：《經濟與社會》第四〇四頁。另參閱拉德克利夫和格羅斯：《英國法制》（倫敦，一九三七年）；詹克斯：《英國法讀物》第九十七頁及以下幾頁（倫敦，一九二八年），梅特蘭等人：《英國法史略》第四十五頁及以下幾頁（倫敦，一九一五年）。為了能對「陪審制度」及其在英美的實際運用有個明確的認識，可閱讀《社會科學百科全書》的「陪審員」條（第八卷第四九二頁及以下幾頁）。——法文版編者

第九章　有助於美國維護民主共和制度的主要原因

美國實行的是民主共和政制。本書的主要目的是闡述這一現象的原因。

在這些原因中，有幾項由於我要連續敘述一個問題而被迫略過，或在敘述當中只是一筆帶過。因此，尚有一些原因我還未來得及討論；而已被我提及的一些原因，也由於淹沒在細節的敘述當中而被我置於腦後。

因此我認爲，在連續往下敘述和評述美國的未來之前，我應當集中談一談能夠說明美國現狀的一切原因。

在集中討論這些原因時，我將說得簡單扼要一些，因爲我只想讓讀者概括地回顧一下已經講過的一切，而對還沒有機會講到的一切，亦只選其中的主要者加以敘述。

我一直認爲，有助於美國維護民主共和制度的原因，可以歸結爲下列三項：

第一，上帝爲美國人安排的獨特的、幸運的地理環境；

第二，法制；

第三，生活習慣和民情。

有助於美國維護民主共和制度的偶然或天賜的原因

聯邦沒有強鄰——沒有巨大的首都——美國人生而有幸和生得其所——美國地廣人稀——這種地理環境是怎樣大力地幫助了美國維護民主共和制度的——美國的荒野是怎樣開發的——英裔美國人占有新大陸上的荒野的貪欲——物質福利對美國人的政治觀點的影響。

有許許多多不依人們的意志爲轉移的環境條件，使美國容易實行民主共和制度。其中有一些是人所共知的，還有一些是不難看到的，但我只想談最主要的。

美國人沒有強鄰，所以不用擔心大戰、金融危機、入侵和被人征服，不必有巨額的稅收、龐大的軍隊和偉大的將軍，幾乎不會爲一種比這些災難加在一起還要對共和制度有害而可怕的禍害即軍事的榮譽而受累。

怎麼能否認軍事榮譽對人民精神發生的難以置信的影響呢？曾被美國人兩次選爲國家首腦的傑克遜將軍，是一個性格粗暴和才能平庸的人，在他的整個任期中沒有一件事證明他有資格統治一個自由的民族，所以聯邦的知識界大多數人都始終反對他。那麼，是誰把他擁上總統的寶座並得以連任的呢？是人民記得二十年前他在新奧爾良城下打過一次勝仗。然而，新奧爾良城下的這次勝仗，不過是一次普普通通的軍事勝利，只有在一個戰事不多的國家，才能長期留在人們的心裡。而且，被虛榮迷住心竅的民族，無疑是世界上一切民族中最冷酷無情、最愛斤斤計較和最不懂軍事的民族，如果容許我直說，也是最平凡的民族。

美國沒有可以使自己的影響直接或間接及於全國各地的巨大首都[1]，我把這一點看成是美國得以保持民主共和制度的主要原因之一。在城市裡，無法防止人們集會議事、聚群起鬨和突然採取激烈的行動。城市猶如一個以其市民為會員的人民大會。城市的人民對其司法和行政官員具有莫大的影響，而且往往不經官員的同意就自己採取行動。

因此，使地方服從首都，就等於把全國的命運不僅不公正地交給一部分人，而且十分危險地交給一些自行其是的人。這樣，首都的絕對優勢就給代議制帶來了一個嚴重的威脅。這種優勢使現代的共和國也犯了古代的共和國的錯誤，古代的共和國就因為沒有了解這一點而全部滅亡了。

我在這裡可以毫不費力地列舉出許多曾對美國建立民主共和制度做過貢獻，而現今又在保證美國維護這一制度的次要原因。但是，在這一大堆有利的環境原因當中，我發現有兩個是主要的。現在，我就來講這兩個原因。

我在本書第一部分第二章裡說過，美國人的起源，或我稱之為他們的出發點，對美國目前的繁榮做出過最重要和最有力的貢獻。美國人生而有幸和生得其所。他們的祖先昔日把身分平等和資質平等帶到他們現在居住的土地上，所以民主共和制度必然在有利的自然環境下應運而生。這還不是全部情況，因為除了共和的社會體制外，他們的祖先還給子孫留下了最能促進共和制度成功的習慣、思想和民情。當我沉思於這個根本事實所產生的後果時，我好像從第一個在美國海岸登陸的清教徒身上就看到美國後來的整個命運，猶如我們從人類的第一個祖先身上看到了人類後來的整個命運。

在曾對美國建立民主共和制度做過貢獻，而現今仍在保證美國維護這一制度的有利環境因素中，最重要的是被美國人選來居住的這片國土。他們的祖先給他們帶來了愛平等和愛自由的習尚，但把他們安排在這片無邊無際的大地上，並給予他們以長期保持平等和自由手段的，卻是上帝本身。

社會的普遍富裕有利於一切政府的安定，而特別有利於民主政府的安定，因爲民主政府的安定取決於最大多數人的情緒，而且主要是取決於最貧困階層的情緒。當人民治理國家時，只要無人顛覆國家，人民就必然幸福。只有懷有野心稱王當皇帝的人，才希望國家動盪不安。看來，排開法制的原因不談，能夠促進普遍富裕的物質原因，在美國比在世界上其他任何國家都多，比在歷史上其他任何時期都強。

在美國，不僅立法是民主的，而且大自然本身也在爲人民出力。

請大家回憶一下，歷史上何時出現過與我們在北美所見的類似的情況？

古代的那些赫赫有名的國家，都是在戰勝周圍的敵對國家，鞏固自己的地位以後建立起來的。一些現代的民族看到南美的某些地區，有大片的土地居住著不夠開化，但已占有並耕種那片土地的民族。於是，這些現代的民族爲在那裡建立自己的新國家，勢必消滅或征服眾多的土著居民，並以他們的勝利去玷辱文明。

但在北美，只有一些到處漂泊的不定居部落，他們從未想過利用土壤的天然地力。嚴格說來，北美還是一個沒有人煙的大陸，一片等待人去居住的荒野。

所有這一切，便使美國人的社會情況和法制與眾不同了。但是，還有與眾更不同的，那就是他們生活於其上的土地。

當創世主賜予人們大地的時候，大地上是人稀而物豐，取之不盡，用之不竭。但是，人們沒有能力和知識去利用大地。當人們學會開發大地的寶藏而獲得好處時，大地上已經到處是人。不久，人們便不得不爲獲得在一個地方居住和自由生息的權利而互相廝殺。

正在這個時候，北美被發現了。它好像是一直被上帝保藏著，而現在才從洪水中露出水面的。當它出現於人們面前的時候，仍保留著創世之初的面貌，上面是一條條源頭永不枯竭的河流，一塊塊濕潤青蔥的綠野，一片片沒有觸過犁鏵的無邊無際的土地。它就以這種面貌呈現在人們的面前，但這時的人已經不是初民時期孤立的、無知的野蠻人了，而是已經揭開大自然的主要奧祕、與同胞們團結一致、從五千多年的經驗中得到教訓的人了。

就在我寫這部書的時候，已有一千三百多萬文明的歐洲人和平地生活在這片富饒的土地上，而他們自己對這塊土地的資源與面積還沒有精確的數字。在他們的前面，有三四千名士兵在追趕沒有固定居處的當地土人。跟在這些武裝人員後面的，是一批批披荊斬棘的拓荒者。他們穿過森林，驅走野獸，開闢內河航道，爲文明向荒野的勝利進軍鋪平道路。

我在行文當中，時常提到美國人享有的物質福利，並指出這種福利是使他們法制成功的重大原因。其理由，在我之前已有許多作者解釋過。由於只有這個理由容易爲歐洲人所理解，所以也被我們所公認。因此，我不想對這個如此經常被人論述和如此容易理解的題目再作發揮，而只打算補充幾個事實。

一般人都認爲，美洲荒野的開發全靠每年來到新大陸的歐洲移民，而美國的居民仍留在他們祖先早已開拓的土地上繁衍。但這是一個很錯誤的看法。漂洋過海來到美國的歐洲人，在這裡無親無故，而且往往一文不名。爲了謀生，他們不得不受雇於人，很少有人能夠離開大洋沿岸的大工業地帶到內地去開發。沒有資本和貸款，豈能開墾荒地；而欲到森林裡去冒險，又必須事先鍛鍊身體，使其適應新環境中的凜冽氣候。因此，長期離開自己的出生地，到遙遠的荒涼地區創業的，實際上是美國人自己。最初，是歐洲人放棄自己的茅屋，來到大西洋彼岸定居；而現在，是在同一岸邊出生的美國人，深入到美國中部的荒野。這種兩次性移民運動，從來沒有停止過。即最初由歐洲的基地開始，陸續來到大洋彼岸；隨後再由大洋沿岸開進新大陸的中部荒野。千千萬萬的人，同時開向地平線上的同一點。他們的語言，他們的宗教，他們的習俗，都不一樣；但他們的目標，卻是相同的。有人對他們說，到西部可以發財致富；於是，他們便聽信這句話，匆匆忙忙奔向西部。

大概，除了羅馬帝國崩潰時期發生的那次大遷徙以外，沒有一次大遷徙可與人類的這次不斷遷徙相比。當時也像今天一樣，人們成群結隊地向同一地點進發，並亂哄哄地在同一地方相遇，但上帝爲人們所做的安排，卻今昔大有不同了。當時，每個新來的人到達之後，等待他們的是毀滅和死亡；而現今，每個新來的人卻隨身帶來了繁榮和生命的種子。

美國人的這種向西部遷徙的將來後果，對我們來說還是一個有待未來解決之謎。但其直接結果，卻是有目共睹的：一部分老戶居民逐年離開他們出生的州，而這些州儘管建立已久，但人口卻增加得極其緩慢。康乃狄克州就是如此，它每平方英里的居民平均只有四十九人，全州的人口四十年來只增加四分之一；而在同一期間，英國的人口卻增加了三分之一。因此，歐洲的移民不斷地來到人口還不太多而工業又缺乏勞動力的美國。他們成了富裕的工人，而他們的兒子，則到地廣人稀的地區去找發財的機會，最後成了大財主。父親聚斂資本，兒子拿資本去增值：從外遷來的和當地出生的都不貧窮。

在美國，法制有助於財產盡可能分散，但有一個比法制更強大的因素在防止財產過於分散[2]。在後來才開始人煙稠密起來的一些州裡，這種情況尤爲明顯。麻塞諸塞州是美國開發較早的地區，但其每平方英里的居民只有八十人。這個人口密度比法國小得多，法國每平方英里有居民一百六十二人。

但在麻塞諸塞州，土地再往小分割的現象已經少見，因爲這裡一般由年長的子女繼承父業，其餘的子女都到荒野去創業。

法律雖已廢除年長子女的這種特權，但上帝又差不多把這個權利恢復，而且沒有任何人抱怨，或至少未失公允。

一個簡單的事實，就在告訴我們有非常多的人離開新英格蘭而到荒野去安家立業。這個事實如下。一八三〇年，全體國會議員中，有三十六人出生於康乃狄克這樣的小州，但它的人口只占全美國的四十三分之一，而它提供的議員卻占議員總數的八分之一。

但是，康乃狄克州本身選進國會的代表只有五人，其餘三十一人是作爲西部新建的幾個州的代表進入國會的。如果這三十一人仍留在康乃狄克州居住，他們大概不會成爲大財主，而繼續是微不足道的莊稼漢，以致一生默默無聞而進不了政界。至於能夠當上有權的立法人員，那更是無從談起，他們甚至會成爲危險的公民。

美國人和我們一樣，也有過這樣的評論。

前衡平法院首席法官肯特在其《美國法釋義》（第四卷第三八〇頁）中說道：「當土地過於分散，以致每一小塊土地不足以維持一家人的生計時，一定會造成巨大的災難。但是，這樣的不良後果在美國至今還沒有發生，只有再過很多代以後才會出現。我們的人煙稀少地區廣闊，我們的尚待開墾的土地甚多，從大西洋沿岸向內地遷徙的人流不斷，現在足以而且在將來的很長時間內還足以防止土地的過於分散。」〔第四版，紐約，一八四〇年〕。

要描述美國人撲向命運爲他們安排的這些大量的獵物的貪欲，是不容易的。他們爲了追捕獵物，不怕印第安人的毒箭和荒野上的疫病，森林裡的寂靜沒有使他們驚恐，猛獸的來襲沒有把他們嚇退。總之，一種比對生命的熱愛還強烈的激情，在鼓勵他們的勇氣不斷前進。展現在他們面前的，是一片幾乎沒有邊際的大地。他們說，擔心那裡已經沒有空地，所以急急忙忙前進，唯恐去晚了失去機會。這是一些舊州的居民向外遷移的情況。至於一些新州的居民是怎樣外遷的呢？俄亥俄州成立還不到五十年，但它的大部分居民已非生於該州；它的首府才建成不到三十年，它的境內尚有大量的土地沒有開發，但它的居民已開始向西部進軍了，其中大部分來到伊利諾州的肥沃大草原定居。這些人最初離開他們的第一個故鄉是爲了追求幸福，而他們後來離開第二個故鄉則是爲了追求更大的幸福。幾乎到處都有幸福在等待他們，但並不是所有的人都有這個幸運。希望獲得幸福的人，都有一種無法遏制的熱烈激情，而這種激情又隨著得到滿足而繼續增強。他們已經切斷了把他們繫於出生地的那些紐帶，而且後來在新地點也沒有結成這種紐帶。對他們來說，外遷是始於一種追求幸福的需要；而在今天，外遷在他們的眼裡，已是一場好像他們想贏多少就能贏到多少的賭博。

有時，他們前進得太快，以致在他們身後又重新出現荒野。森林剛剛屈服於他們的刃下，但在他們走了之後，馬上又茂密地生長出來。在你路過西部的一些新州時，經常遇到一些被遺棄在樹林裡的住房，往往在荒野的深處看到一些破壁殘垣，使你對拓荒者的行動有些無法理解，他們既證明了人有能力，又證明了人無常性。在這些被遺棄的田野中，在這些不久才出現的廢墟上，以前的森林又很快長出新枝，野獸又重建起它們的王國。這樣，大自然又微笑著用綠蔭和鮮花覆蓋了人的足跡，並很快把軋出不久的車轍抹去。

我記得，在我穿過昔日遍布森林的紐約州的一個林區時，來到一個周圍都是原始森林的湖泊岸邊：一個小島立於水中，上面的樹木以其繁茂的枝葉把小島包起，使小島的周邊都被覆蓋於綠蔭之下。湖濱沒有一件東西證明這裡有人住過。只看見天邊有一縷炊煙從樹梢上筆直升起，衝向雲端，它好像是從天而降，而不是從地上升起。

一艘印第安人獨木舟繫於沙灘，我決定用它到這個一開始就引起我注意的小島上去看一看。不多工夫，我就登上了小島。全島是一片令人心曠神怡的幽靜，而新大陸的這種幽靜，幾乎使文明人都羨慕起野人生活。青蔥的草木以其繁茂證明這裡的土壤十分肥沃。這裡也像在北美荒原上一樣，到處是一片沉寂，只有野鴿的咕咕聲，或啄木鳥的啄木聲，才偶爾打破這種沉寂。我絕沒有想到這樣的地方曾有人居住過，因為大自然在這裡還保留著它原來的面貌。但是，當我走到小島的中心時，立即確信眼前的一切是人的活動遺跡。於是，我仔細地看了看周圍的遺物，馬上不再懷疑曾有一個歐洲人來到這裡棲身。但是，他勞動過的現場已經發生了多麼大的變化呀！被他當初匆匆忙忙砍倒而用來搭架小屋的圓木，又重新抽枝生葉；小屋的籬笆，已經變成一圈生長旺盛的樹牆；他的小屋，完全變成了一個樹叢。在這榛莽汙穢的灌木叢中，還可以見到幾塊被火燒黑了的石頭，石頭旁邊有一小堆灰燼。毫無疑問，當時的爐灶就設在這裡。已經坍塌的煙筒，將其碎塊覆蓋在爐灶的上面。我站了一會兒，默默地讚嘆大自然的強大本領和深感人力的渺小。最後，當我要離開這個迷人的場所時，我又一再悲傷地嘆息：怎麼，這麼快就成了廢墟！

在歐洲，我們慣於把人心的激盪、人們對財富的貪求和對自由的過分愛好，看成是一大社會危險。然而，正是這一切在保證美國的共和制度有長治久安的未來。假如沒有這種好動的激情，人口就會集中於某些地點，而且不久也會像我們歐洲一樣，體驗到難於滿足的匱乏。新大陸之所以有幸，就在於那裡的人的惡習，幾乎與人的德行同樣有利於社會！

這對如何評價東西兩個半球的人的行動，具有重大的意義。美國人往往把我們所說的唯利是圖稱之爲値得敬佩的勤勉，而我們所稱道的清心寡欲則往往被他們視爲膽小怕事。

在法國，人們把趣味單純、習慣樸素、家庭情感、安土重遷視爲國家安寧幸福的最大保證。但在美國，好像再沒有什麼東西比這些美德更有害於社會了。加拿大的法國人仍信守自己古老的傳統習俗，但已經感到在他們居住的地區難於生活下去。這個在加拿大剛剛形成的小小人民集團，不久即將爲他們的古老民族沉痼做出犧牲。在加拿大，最有知識、最有愛國心和最有人道精神的人，正在作非凡的努力，以喚醒人民不要滿足於他們還覺得不錯的小康現狀。他們盛讚致富的好處，如果他們到了法國，都會爲一些平庸之輩成爲暴發戶而喝彩。他們用於刺激人們大腦發熱之精力，大於他們爲使人們頭腦冷靜下來所作的努力。在他們看來，最値得讚揚的是：不在故土安貧樂賤，而到外去致富享樂；不老守田園，而砸碎鍋碗瓢盆到他鄉去大幹一場；不惜放棄生者和死者，而到外地去追求幸福。

今天，美國爲人們提供了無邊無際的土地，只要你勤勞，可以任你開墾。

在美國，知識大有用武之餘地，因爲所有的知識既可能爲有知識的人帶來好處，又可能對沒有知識的人有用。這裡不怕出現新的需求，幾乎所有的需求都容易得到滿足。激情的變化過速亦不足爲懼，幾乎所有的激情都能找到有益的和容易發洩的場所。這裡也不會使人過於自由，因爲他們從來也未想讓人濫用自由。

今天的美國共和社會，宛如一個爲共同開發新大陸的土地和經營興隆的商業而組織起來的大批發公司。

最能振奮美國人的激情是商業激情，而非政治激情。或者不如說，他們把商人的習慣帶進了政界。他們喜歡秩序井然，沒有秩序，事業就不能發達。他們特別重視遵守信譽，信譽是營業興隆的基礎。他們寧願憑常識去慢慢創造巨富，而不願憑天才冒危險去發大財。按常規辦事的思想在使他們的頭腦保持警惕，不做不切合實際的打算。他們重視實踐甚於重視理論。

因此，到了美國，就必須了解什麼力量在使物質福利對政治行動，甚至對合理的輿論發生影響。對於外國人來說，主要應當考察這方面的實況。由歐洲遷來的移民，大部分是因爲在故鄉貧困、嚮往自由和希望改變窘境才來新大陸的。我在美國有時碰到一些歐洲人是由於政治見解而被迫遷來的。他們的言談使我大爲吃驚，而其中有一個人使我最爲驚奇。當我路過賓夕法尼亞的一個最偏僻地區因夜幕降臨而去找宿地時，我敲開了一個富有的種植園主的大門。主人是一個法裔美國人。他把我請到壁爐旁邊坐下，我們倆像離開故國兩千里約之遙而在異鄉的森林裡相遇的親人，開始無拘無束地交談起來。我終於知道，我的主人四十年前原是一位偉大的平等派活動家和激進的鼓動家，青史上留有他的名字。

因此，聽到他能像一位經濟學家那樣講述土地所有權時，我眞是不敢相信自己的耳朵：我幾乎要喊他是大地主。他談到了財富在人們中間建立的不可缺少的等級，談到了對已定的法律的服從，談到了共和制度對良好民情的影響，談到了宗教觀點對秩序和自由的支持。他甚至更進一步，無意之中引用耶穌基督的權威來支持他的政治見解。

我一面傾聽，一面感嘆人類理智的脆弱。怎麼能從學說的變化無常和經驗的教訓不同當中去斷定這個是眞還是假呢？他的一段自白，驅散了我的一切疑問：我本來很窮，而現在變得富有了；只要富裕生活在影響我的行動，我的判斷豈能不任我自由！事實上，我的觀點是隨著我的財富之多寡而改變的，而在有利於我的一切事件中，我才眞正發現了我以前所沒有的決定性論據。

富裕生活對美國人的影響比對其他國家人更爲廣泛。美國人始終認爲，秩序和社會繁榮是彼此攜手並肩前進的。在他們看來，秩序與社會繁榮分離，那是不可想像的。因此，他們絕不會像歐洲人那樣，把在初級小學學來的東西都忘掉而置之不用。

法制對美國維護民主共和制度的影響

維護民主共和制度的三大原因——聯邦的形式——鄉鎮的制度——司法權。

本書的主要目的，本來是使讀者了解美國的法制。假如說這個目的已經達到，則讀者已能自行判斷哪些法律有助於維護民主共和制度，哪些法律有害於民主共和制度。假如說我在本書的以上各章沒有達到這個目的，那麼，我在本章更不能達到這個目的。

我並不打算折回已經走過的路，而只用幾段文字就足以使我總結已經說過的一切。

看來，有三件事情比其他任何事情都更有助於在新大陸維護民主共和制度。

第一是美國人採取的聯邦形式，它使美國把一個大共和國的強大性與一個小共和國的安全性結合起來。

第二是鄉鎮的制度，它既限制著多數的專制，又使人民養成愛好自由的習慣和掌握行使自由的藝術。

第三是司法權的結構。我已經指出法院是如何糾正民主的偏差，以及如何約束和引導多數的運動而又從來不禁止這種運動的。

民情對美國維護民主共和制度的影響

我在前面說過，我認爲民情是使美國得以維護民主共和制度的重大原因之一。

我在這裡使用的「民情」（mœurs）一詞，其含義與其拉丁文原字 mores 一樣。它不僅指通常所說的心理習慣方面的東西，而且包括人們擁有的各種見解和社會上流行的不同觀點，以及人們的生活習慣所遵循的全部思想。

因此，我把這個詞理解爲一個民族的整個道德和精神面貌。我的目的不是一一描述美國的民情，而只想在這裡考察其中有助於維護政治制度的幾項。

作為一種政治設施的宗教及其如何有力地幫助了美國人維護民主共和制度

北美是由信奉民主和共和的基督教徒開發的——天主教徒的到達——天主教徒今天爲什麼形成了一個最民主和最共和的階級。

在每一種宗教之旁，都有一種因意見一致而與它結合的政治見解。如果任人類的理性隨其所好，則它將以統一的辦法統治政治社會和天國；我甚至敢說，它將設法使人世和天堂和諧一致。

英屬美洲的大部分地區，是由一些先是反對教皇的權威而後又不承認宗教的至高無上的人開發的。因此，他們把一種我除了把它稱爲民主和共和的基督教之外，再無法用其他詞彙稱呼的基督教，帶到了新大陸。這一點，當然要大大有助於在政治活動中確立共和和民主制度。在這裡，政治和宗教一開始就協調一致，而且以後從未中斷這種關係。

大約五十年前，愛爾蘭的天主教徒開始湧向美國。隨著他們的到來，美國的天主教增加了許多教徒。現在，信奉羅馬教會眞理的基督教徒，在美國已有一百多萬人。

這些天主教徒忠實地遵守他們的宗教儀式，虔誠而又熱烈地信奉他們的教義。但是，他們卻在美國形成了一個最共和及最民主的階級。這種情況，乍一看來使人感到吃驚；但是經過思考，其內在原因也是不難找到的。

我認爲，把天主教說成是民主的天然敵人，那是一個錯誤。在我看來，在基督教的不同宗派中，天主教反而是最主張身分平等的教派。在天主教的宗教社會裡只有兩種成分：神職人員和普通教徒。只有神職人員高於信徒，而全體信徒雖然居於神職人員之下，但都是平等的。

在教義方面，天主教認爲人的資質都處於同一水準，它要求智者和愚夫、天才和庸人都一律遵守同一教規的細節，它使富人和窮人都一律履行同樣的宗教儀式，它令強者和弱者都一律實行同樣的苦修；它對一切壞事絕不妥協，對每個人都一視同仁；它主張所有的社會階級都混在一起做彌撒，這就好像是把所有的社會階級都領到神的面前。

雖然天主教要求信徒服從，但它不准許信徒之間不平等。我認爲新教就不是這樣。一般說來，新教主要是使人趨於獨立自由，而不是使人趨於平等。

天主教就像一個專制君主國。如果去掉君主不談，人們在這個君主國的身分比在共和國還要平等。

天主教的神職人員也時常辭去神職，到社會裡出任公職，從而進入社會的等級行列。他們有時也利用自己的宗教影響，來保證自己參與創造的政治秩序能夠持久。因此，人們才可以看到天主教徒往往從他們的宗教立場出發去擁護貴族政體。

但是，一旦神職人員離開或退出政府，比如在美國發生這種情況時，就再也沒有一個人能像天主教徒那樣以其信仰將身分平等的觀念輸入到政界。

因此，即使說美國的天主教徒不是因其信仰的性質而被迫接受民主和共和的觀點，那麼至少可以說他們並不是天生就反對這種觀點。而且，他們的社會地位，以及他們的有限人數，也會使他們去制定維護這種觀點的法律。

天主教徒大多數是窮人，所以他們要求全體公民參政，以使自己將來參政。天主教徒是少數，所以他們要求尊重一切權利，以保證自由行使自己的權利。這兩個原因，促使他們不知不覺地採納了那些如果他們有錢有勢，就不會那麼熱烈贊同的政治學說。

美國的天主教神職人員，從來沒有試圖反對這種政治傾向，反而設法證明其合理。美國的天主教教士，把全部知識分成兩類：屬於第一類的，是他們不加討論就接受的神所啓示的教義；屬於第二類的，是他們認爲神讓人們自由探索的政治眞理。因此，美國的天主教徒既是最馴服的教徒，又是最獨立的公民。

因此可以說，美國沒有對民主共和制度懷有敵意的宗教學說。那裡的所有神職人員均有共同的語言，他們的見解和法律一致，可以說統治人們靈魂的只有一個思想[3]。

我曾在美國的一個大城市作過短暫的停留，並被邀去參加一個公共集會。集會的目的是支援波蘭人，向他們提供武器和金錢。

我看到有兩三千人聚集在一個爲開會而準備的大廳裡。不一會兒，一個身著教袍的神父，走到講演臺的前沿。在場的人都脫去帽子，鴉雀無聲地站在那裡聽他講話。他講道：

「全能之主！萬軍之主！當我們的祖先維護自己民族獨立的神聖權利時，是您堅定了他們的信心和指導了他們的行動。您使他們戰勝了可恨的壓迫者，賜予我國人民以和平與自由。啊，主啊！請您將恩慈的目光轉向另一個半球，垂憐俯視一下現在仍像我們過去那樣爲保衛自己的權利而進行戰鬥的英雄民族吧！主啊！您既以同樣的模式創造了整個人類，那就不要讓暴政毀壞您的創造和在世上建立不平。全能之主！請您關注一下波蘭人的命運，使他們享得自由吧！願您的智慧啓示他們的籌劃，願您的力量支持他們的行動。讓他們的敵人感到恐怖，使企圖瓜分他們的列強分裂，不要讓已被世人目睹五十多年的不義之舉在今天繼續發展。主啊！您強大的手，猶如掌握著世人的心一樣，也掌握著各民族的心。願您喚起同盟者爲正義的神聖事業而戰鬥，使法蘭西民族從其領袖爲他們創造的無爲狀態走出來，帶頭再一次爲世界的自由而鬥爭。」

「啊！主啊！請您不要把臉離開我們，俯允我們能夠永遠成爲最虔誠和最自由的民族。」

「全能之主！請您今天滿足我們的祈求：拯救波蘭人吧！我們以您的愛子的名義，即以爲了拯救全人類而死於十字架上的我們的主耶穌基督的名義，向您提出這個請求。阿們！」

全場虔誠地齊呼：阿們！

宗教信仰對美國政治社會的間接影響

各教派一致主張的基督教道德——宗教對美國民情的影響——對婚姻關係的尊重——宗教是怎樣把美國人的想像力限制在某些範圍內和節制美國人的激情的——美國人對宗教的政治功用的看法——美國人爲擴大和確保宗教的權威所作的努力。

我方才講述了宗教對美國的政治發生的直接影響。在我看來，宗教在這方面的間接影響更爲強大，而且別看它不談自由，但它卻很好地教導美國人掌握行使自由的技巧。

美國有不勝枚舉的教派[4]。各教派在對它們所應崇敬的創世主的禮拜儀式上雖有不同，但在人與人之間的義務上卻意見一致。因此，各教派雖以各自的方式去崇敬上帝，但都以上帝的名義去宣講同一道德。對於一個人來說，教派對他可能十分重要，但對於整個社會來說卻非如此。社會對來世既無所懼，又無所望。對於社會來說，最重要的不是全體公民信奉什麼教派，而是全體公民信奉宗教。何況在美國這樣的社會，所有的教派都處於基督教的大一統之中，而且基督教的道德到處都是一樣的。

可以認爲，一些美國人之奉行崇敬上帝的某種禮拜儀式，主要是出於習慣，而非出自信仰。另外，在美國，主權者必須表示信奉宗教，所以僞裝信教的現象也普遍存在。但是，美國仍然是基督教到處都對人們的靈魂發生強大的實在影響的國度，而且再沒有什麼東西能夠表明它比宗教更有利於人和合乎人性，因爲這個國家在宗教的影響下，今天已是最文明和最自由的國家。

我曾經說過，美國的神職人員都一致主張公民自由，甚至那些不同意信教自由的人也不例外。但是，他們並不支援任何一個特定的政治派系。他們不關心政治，也不參與黨派的鉤心鬥角。因此，不能說宗教在美國對法律和政治見解的細節有所影響，但它卻在引導民情，而且透過約束家庭對國家發生約束作用。

我一刻也不懷疑，美國的民情表現的極端嚴肅性，首先來自宗教信仰。在美國，宗教往往無力阻止人們被命運爲他們安排的無數良機所誘惑。宗教並不抑制人們一心要發財致富的熱情，但它對婦女思想的控制卻是絕對的，而民情的主要創造者卻正是婦女。美國的確是世界上最尊重婚姻關係的國家，美國人對夫妻的幸福也持有高尚的和正確的看法。

在歐洲，社會上的一切混亂現象，幾乎都來因於家庭生活問題，而非來源於婚姻。歐洲的男人有輕視家庭的天然結合和合法樂趣的表現；他們喜歡混亂，心裡不能保持平靜，願望總是在變。一個歐洲人，在這些往往會擾亂其家庭生活的起伏不定的激情影響下，很難服從國家的立法權。而一個美國人，從政界的激烈鬥爭中退出而回到家裡後，立刻會產生秩序安定和生活寧靜的感覺。在家裡，他的一切享樂簡樸而自然，他的興致純眞而淡泊。他好像因爲生活有了秩序而獲得幸福，而且容易習慣於調整自己的觀點和愛好。

歐洲人喜歡用擾亂社會的辦法來忘卻其家庭憂傷，而美國人則從家庭中汲取對秩序的愛好，然後再把這種愛好帶到公務中去。

在美國，宗教不僅支配著民情，而且把它的影響擴及人們的資質。

在英裔美國人中，有些人信奉基督教的教義，是出於他們對教義的眞誠信仰；而另一些人信奉基督教的教義，則是因爲害怕別人說他們沒有信仰。因此，基督教可以毫無障礙地發揮支配作用，並得到所有的人承認。結果，正如我在前面說過的，在道德即精神方面，一切都是事先確定和決定了的，而在政治方面，則一切可任憑人們討論與研究。因此，人們的精神在基督教面前從來沒有自由活動的餘地：儘管它十分果敢，但經常要在一些不可逾越的障礙面前止步。人們的精神不論有什麼革新，事先都必須接受一些早已爲它規定下來的重要原則，使其最大膽的設想服從於一些只會推遲或阻止其行動的清規戒律。

美國人的想像力，即使飛翔得很高時，也是小心謹愼和遲疑不決的。它的行動受到束縛，它的目標難以達到。這些謹小愼微的習慣，也見於政治社會，並對國家的安定和所定制度的持久起到極爲有利的作用。大自然和環境，把美國的居民造就成大膽果敢的人；當你看到他們用盡一切辦法去追求幸福的時候，自會認定他們確實是大膽果敢的人。如果美國人的精神能夠擺脫一切束縛，那他們當中有些人很快就會成爲世界上最大膽的革新者和最有邏輯頭腦的理論家。但是，美國的革命家們，必須公開表示自己眞誠尊重基督教的道德和公理。當他們受託按自己的意圖執行法律時，基督教的道德和公理不允許他們隨便違反所執行的法律；即使他們能夠不顧自己良心的譴責而違法，也會由於同黨人的譴責而後止步。至今，還沒有一個人敢於在美國提出如下的箴言：凡事聽從社會的利益。這個有點蔑視宗教的箴言，似乎在某個自由時代有人提出過，以此來爲他們未來的暴政做輿論準備。

因此，法律雖然允許美國人自行決定一切，但宗教卻阻止他們想入非非，並禁止他們恣意妄爲。

在美國，宗教從來不直接參加社會的管理，但卻被視爲政治設施中的最主要設施，因爲它雖然沒有向美國人提倡愛好自由，但它卻使美國人能夠極其容易地享用自由。

美國的居民本身，正是從這一觀點去看待宗教信仰的。我不知道全體美國人是不是眞信他們的宗教，因爲誰能鑽到他們的心裡去看呢！但我確信，他們都認爲必須維護共和政體。這個看法並非一個居民階級或一個政黨所獨有，而是整個民族所共有。所有的階層都有這種看法。

在美國，一個政治家攻擊某一教派，不能被屬於這個教派的他的同黨作爲不支持他的藉口。但是，他如果攻擊全國的一切教派，則人人都會躲開他，使他成爲孤家寡人。

我在美國期間，得知一個證人被傳到賈斯特縣（屬紐約州）出庭作證，而此人在法庭上宣稱：他不相信有上帝存在，也不相信靈魂不滅。庭長說：鑒於證人在准許他作證之前已使法庭失去對他的信任，故拒絕此人宣誓作證[5]。報紙登了這條消息，但未作評論。

美國人在他們的頭腦中把基督教和自由幾乎混爲一體，以致叫他們想這個而不想那個，簡直是不可能的。但在美國人身上，這並不是那種由往昔傳到現在的，好像就要滅亡但又生根於靈魂深處的貧乏信仰的表現。

我曾看到美國人向新建的西部各州派遣神職人員，並在那裡建立學校和教堂，還自動組織起各種團體。他們擔心宗教在西部各州的森林裡消失，害怕遷到那裡的人不會像在原籍時那樣享得自由。我曾遇到一些新英格蘭的居民離開故土，長途跋涉來到密蘇里河兩岸或伊利諾州的大草原上，以在這些地方爲基督教和自由奠基。在美國，宗教的熱情就是這樣在愛國主義的溫床上不斷提高的。你可能認爲這些人之所以如此，完全是爲了來世；但是你想錯了，因爲永生只是這些人關心的事情之一。當你與這些基督教文明的傳播者交談時，你會爲他們總是談論今世的好處，爲他們本是教士而對你談話時卻以政客的面目出現而大吃一驚。他們會對你說：「美國的各共和州是互相依賴的；如果西部的一些共和州陷入無政府狀態，或被帶上專政的枷鎖，那麼，繁榮昌盛於大西洋沿岸的共和制度，就會遭到嚴重的危險。因此，我們希望新建的各州也是信奉宗教的州，以使它們能叫我們把自由維護下去。」

這就是美國人的見解，但是有些書呆子認爲我的觀察有錯誤。他們總是旁徵博引地向我證明，美國的一切都是好的，但其中唯獨沒有我所讚美的宗教精神；我向他們指出，在大洋彼岸人們關於自由和人類幸福的看法，只是沒有和斯賓諾莎一樣相信世界是永恆的，沒有和卡巴尼斯一樣主張思想是頭腦的分泌物而已。說實在的，對這些話無須作答，只能說：講這種話的人沒有到過美國，也不曾見過篤信宗教和享有自由的民族。因此，我只好等他們去過後回來再談。

在法國，有些人把共和制度看成是顯示自己偉大的暫時手段。他們用眼睛估量了一下就想把窮困苦難的他們與有錢有勢的顯貴隔開的那條鴻溝，用廢墟上的殘垣破壁填滿這個深淵。他們主張自由，猶如中世紀的自由傭兵維護國王。不管他們穿著什麼顏色的服裝，他們參加戰鬥自有其自己的打算：希望共和制度能夠長久到把他們從目前的低卑狀態中解救出來。眞正嚮往自由的，不是這樣的人，而是另一種人。這種人視共和制度爲一種長治久安的政體，是理想和民情每天都在迫使現代社會必須追求的目的。他們衷心希望把人教育成爲自由的人。當這些人攻擊宗教的時候，他們是出於自己的激情，而不是出於自己的利益。專制制度可以不要宗教信仰而進行統治，而自由的國家卻不能如此。宗教，在他們所讚揚的共和制度下，比在他們所攻擊的君主制度下更爲需要，而在民主共和制度下，比在其他任何制度下尤爲需要。當政治紐帶鬆弛而道德紐帶並未加強時，社會怎麼能免於崩潰呢？如果一個自己做主的民族不服從上帝，它能做出什麼呢？

宗教在美國發生強大影響的主要原因

美國人注重政教分離——法制、輿論和神職人員本身都爲達到這一目的而努力——宗教在美國之能對人們的靈魂發生強大影響，應歸功於這一原因——爲什麼——什麼是人們今天在宗教方面所處的自然狀態——在某些國家，是哪些特殊的和偶然的原因在阻止人們適應這種狀態。

十八世紀的哲學家們，曾用一種非常簡單的方法解釋過宗教信仰的逐漸衰退。他們說，隨著自由意識和知識的提高，人們的宗教熱情必然逐漸消失。遺憾的是，這個理論完全不符合事實。

在歐洲，有些人不信宗教，只是由於他們愚蠢無知；而在美國，你卻可以看到作爲世界上最自由和最有教養的民族之一的美國人，以極大的熱情履行宗教所賦予的義務。

我一到美國，首先引起我注意的，就是宗教在這個國家發生的作用。我在美國逗留的時間越長，越覺得這個使我感到新鮮的現象的政治影響強大。

在法國，我看到宗教精神與自由精神幾乎總是背道而馳的；而在美國，我卻發現兩者是緊密配合，共同統治著同一國家的。

我想找到造成這一現象的原因的願望，與日俱增。

爲了查明這個原因，我曾同各個教派的信徒交談，尤其是走訪了屬於不同教派和終生獻身於宗教事業的教士們的團體。由於我本人信奉天主教，所以我特別願意與天主教的神職人員接近，從不放過與他們大多數人親密交談的機會。我向他們每個人談到我的驚訝，提出我的疑問。結果我發現，他們只是在細節問題上看法不同，但都把宗教能在美國發揮和平統治的作用歸功於政教分離。我不妨斷言，我在美國逗留期間，從未遇到一個人，不管是神職人員還是俗人，在這個問題上持有不同意見。

這就使我比以前更加專心於考察美國神職人員在政界所占的地位。我吃驚地發現，他們沒有一個人擔任公職[6]。我沒有見到一個擔任行政職務的神職人員，我在眾議院和參議院裡也沒有見到他們的代表。

在許多州裡，法律就爲他們關上了進入仕途的大門[7]；輿論在所有的州裡都不同意他們從政。

後來，當我考察神職人員本身對這個問題的看法時，我發現他們大多數人好像自願不搞政治，而把這一行的榮譽讓給別人。

我聽到他們痛斥野心和邪惡信仰，而不管這些東西以什麼政治觀點遮掩。但是，我在聽的過程得知他們認爲：一種政治觀點只要是眞實的，上帝並不懲罰持有這種觀點的人；政府管理方面的錯誤，並不比蓋錯一座房或犁錯一壟地罪過更大。

我看到他們小心翼翼地躲開一切黨派，唯恐損害自己利益地極力避免和它們接觸。

這一切事實，使我確信他們的話都是眞實的。於是，我打算探討事實的成因，即尋找究竟是什麼力量在削弱宗教表面影響的同時，卻加強了它的實際影響。我確信，我一定能夠找到這個力量。

六十年的短暫人生，還不足以使美國人發揮其全部的想像力；不是十全十美的現世生活，也絕不會使他們心滿意足。在所有的生物中，只有人對本身的生存有一種天生的不滿足感，總是希望人生無可限量。人既輕視生命，又害怕死亡。這些不同的情感，不斷地促使人的靈魂凝視來世；而能把人引向來世的，正是宗教。因此，宗教只是希望的一種特殊表現形式，而宗教的自然合乎人心，正如同希望本身的自然合乎人心一樣。只有人的理智迷亂，或精神的暴力對人的天性施加影響，才會使人放棄宗教信仰。但是，有一種不可戰勝的力量，在使人恢復宗教信仰。沒有信仰只是偶然的現象，有信仰才是人類的常態。

在僅從人的觀點來考察宗教時，可以說一切宗教都能從人本身汲取用之不竭的力量因素，因爲這種因素是人性的主要構成因素之一。

我知道，過去有些時代，宗教除了本身固有的這個影響之外，還可以得到法制的人爲幫助，以及指導社會的現世政權的支持。在那樣的時代，宗教曾與人世的政府緊密結合，從恐怖和信仰兩個方面去控制人們的靈魂。但是，當宗教與人世的政府建立這樣的聯盟時，我敢說它會像一個人犯錯誤那樣去行動，即它可以爲現在而犧牲未來，爲取得它不應有的權力而放棄自己的合法權利。

當宗教把它的帝國建立在所有人都一心嚮往的永生願望上時，它便可以獲得普遍性。但是，只要它與一個政府結成聯盟，它就必然採取只適用某些人的準則。因此，宗教與一個政權結盟之後，將增加對某些人的權力，而失去支配一切人的希望。

宗教只有依靠使所有人都能得到安慰的感情，才能把人類的心吸引到自己這邊來。而當它與人生的苦難情感廝混在一起時，則有時會被迫去幫助那些不是要求愛而是要求利的盟友，並且會把那些還在繼續愛它，但在全力反對它的盟友的人斥爲敵人。因此，宗教只要不分享統治者的物質權力，就不會分擔統治者所煽起的仇恨的後果。

表面上看來建立得很鞏固的政權，並不能保證它比一代人的觀點或一個時代的利益更持久，而且往往會比一個人還要命短。法制可以改變看來似乎十分牢固和十分穩定的社會情況，而且在改變社會情況的同時可以改變其他一切。

人們在社會上建立的權力，也像人生在世一樣，都是白駒過隙，轉瞬即逝。權力的迅速更替，猶如人生的苦樂多變。至今還沒有看見一個政府一直受到始終不變的人心的支持，或一直依靠一種永不消失的利益。

人們的感情、偏好和激情，自有史以來，總是以同樣的形式反覆重現。一種宗教只要受到它們的支持，就能在一段時間內得勢，或至少不會被另一種宗教所消滅。但是，宗教一旦依附於現世的利益，幾乎又會和世上的一切權力一樣，變得脆弱無力。唯有宗教能夠有希望永垂不朽，但它一與那些短命的權力結盟，便要把自己拴在這個權力的命運上，而且往往是隨著昔日支持這些權力的激情的消失而滅亡。

因此，宗教與各種政治權力結盟時，只會使自己擔起沉重的盟約義務。宗教不需要依靠政治權力的說明而生存，而如果給予政治權力以幫助，則會導致自己滅亡。

我方才指出的危險，在任何時代都是存在的，但不總是表現得那麼明顯。

在某些時代，政府好像是永垂不朽的；而在另些時代，社會的生存又似乎比人的生命還要岌岌可危。有些政體使公民處於昏睡狀態，而另些政體則令公民保持興奮狀態。

當政府仿佛十分強大，法制好像十分穩定的時候，人民並不能察覺政教結合可能產生的危險。

當政府顯得十分軟弱，法制顯得十分不定的時候，危險是有目共睹的，但往往是已經來不及避免了。因此，必須學會很早就預見出危險。

隨著一個國家的社會情況日益趨向民主，社會本身日益走向共和，政教結合的危險性也必定逐漸增強，因爲在這個過程中，國家權力將經常易手，政治理論將相繼迭起，人事、法律和制度本身將處於飄忽不定狀態，並且不是爲時甚短，而是長期如此。愛動和喜變是民主共和制度的本性，正如停滯和昏睡是專制君主制度的定則一樣。

既然美國人每四年改換一次政府首腦，每兩年改選一批新的立法者，每一年改選一次地方官員，即把政治不斷地交給新手去做試驗，而不讓宗教沾政治的邊，那麼，宗教在輿論常變和眾說紛紜之中能夠依靠什麼呢？它在黨派的鬥爭之中到哪裡去找它應當享有的尊重呢？它在周圍的一切都處於毀滅狀態之下能夠永垂不朽嗎？

美國的神職人員，已經早於他人看清了這個實況，並根據這個實況採取了自己的行動。他們已經看明白，如果想取得政治權力，就得放棄宗教的影響力。結果，他們寧願不要政權的支持，而分享國家興衰的苦樂。

在美國，宗教也許不像它早先在某些時期或在某些國家裡那樣強大，但它的影響力卻更爲持久。它只依靠自己的力量發生影響，但這個力量任何人也剝奪不了。它的活動領域雖然只有一個，但它在這個領域裡可以通行無阻，並能毫不費力地控制這個領域。

我在歐洲，聽到四面八方都在抱怨缺乏宗教信仰，呼籲人們設法使宗教恢復它先前保有的某些權威。

我認爲，首先應當仔細地考察一下，在我們這個時代，人們在宗教方面的自然狀態應當是個什麼樣子。只有我們知道了什麼是可以期望的，什麼是應當害怕的，我們才能清晰地看到我們應當努力去達到的目標。

威脅宗教生存的兩大危險，是教派的對立和人們對宗教的漠不關心。

在宗教的狂熱時代，人們有時會放棄一種宗教，但他們只是擺脫了這一宗教的束縛，而去就另一宗教的約束。信仰改變了目標，它並沒有死亡。這時，舊的宗教不是激起人們的熱愛，便是遭到人們的痛恨。有些人怒氣衝衝地脫離了它，而另些人則以一種新的虔誠皈依了它。這就是說，信仰的目標不同了，而不是沒有宗教信仰了。

但是，當一種宗教信仰被我稱之爲否定的學說暗中破壞時，情形就不是這樣了，因爲否定的學說在宣布這種宗教是虛假的時候，並未論證另一種宗教是眞實的。

於是，人們思想中的巨大變革，便在沒有激情的協助之下發生了，甚至可以說是在人們毫不知情之中發生了。人們就像遺忘了什麼似的，丟棄了他們最心愛的希望目標。一股冷漠無情的思潮向他們襲來，他們不但沒有勇氣阻擋，反而膽怯地表示屈服。於是，他們放棄了心愛的信仰，而追逐把他們引向失望的懷疑。

在我方才描述的那種時代，人們之放棄自己的信仰，與其說是出於厭惡，不如說是出於冷漠。應當說，不是人自動放棄了信仰，而是信仰脫離了人。不信宗教的人雖然不再相信宗教是眞實的，但依然認爲宗教是有用的。他們從人生方面去看待宗教信仰，所以承認宗教信仰對民情的教化作用，承認宗教信仰對法制的影響。他們知道宗教信仰能夠如何使人和平生活和安然對待死亡。他們爲失掉了信仰而惋惜，他們爲失去了一筆他們深知其價值的財產而擔心手中尚留有的財產再被人奪走。

另外，那些繼續信教的人，則不怕公開承認自己的信仰。他們沒有把不具有他們的信仰的人看成敵人，而是看成值得可憐的人。他們知道，爲了能夠得到這些人的尊重，並不一定要效法他們，所以他們絕不跟著任何人的屁股後走。他們沒有把自己所在的社會看成是宗教必須與無數死敵進行不斷鬥爭的沙場，所以他們既愛護他們的同時代人，又譴責同時代人的軟弱無力，並爲同時代人的錯誤而嘆息。

由於不信教的人並不是眞正不信教，而信教的人又公開表示其信仰，所以輿論有利於宗教，即可以引導人們熱愛、支持和頌揚宗教，並將觸及人們的靈魂深處，找到靈魂所受的創傷。

永遠不會放棄宗教情感的人民群眾，沒有人使這種情感與已建立的信仰脫離。嚮往來世的本能願望，可以毫不費力地指引人民群眾到教會去接受洗禮，把他們的心扉敞開來接受信仰的告誡和安慰。

這樣的描述爲什麼不能適用於我們呢？

我在我們法國，看到有些人不再信奉基督教，但也沒有皈依其他宗教。我也看到另一些人徘徊在疑惑之中，有的已經宣稱不再信教。更有甚者，我還看到一些基督徒雖然仍在信教，但不敢宣稱自己信教。

最後，在這些溫和的教友和激烈的反對者中間，我還發現有少數的信徒準備衝破一切障礙，甘冒一切危險，去保衛自己的信仰。這些人竟不顧輿論，以暴力去對付人的弱點。他們在這種衝動的驅使之下，甚至忘乎所以，不知在何處停步。但是，由於他們知道在他們的祖國人們用來取得獨立的第一個方法就是攻擊宗教，所以他們又害怕他們的同時代人鬧事，並懷著恐怖的心情排斥他們的同時代人所追求的自由。他們把不信宗教看成一件新事，所以凡是新的東西，他都一律仇視。他們與他們的時代和他們的國家處於作戰狀態，把當時人們提出的每一個見解，都視爲信仰的死敵。

這不應當是人們今天在宗教方面所處的自然狀態。

因此，在我們中間有一個特殊的和偶然的原因，在阻止人們的精神按其天性發展，驅使它越過自己應當自動停止的界線。

我深信這個特殊的和偶然的原因，就是政教的密切結合。

歐洲的不信教人士，主要是把基督徒當作政治敵人，而不是把他們當作宗教敵人加以攻擊的。他們仇恨宗教信仰，多半是把它視爲一個政黨的意見，而很少把它視爲一種錯誤信仰。他們排斥教士，主要是因爲教士是政府的朋友，而不是因爲教士是上帝的代表。

在歐洲，基督教曾准許人們把它與世間政權緊密結合起來。今天，與基督教結合的那些政權已經衰落，而基督教本身則好像被埋在那些政權的廢墟堆裡。它還活著，但被死去的政權壓在底下；只要清除壓著它的瓦礫，它會立刻站起來。

我不知道怎樣做才能使歐洲的基督教恢復其青春的活力。只有上帝能夠做到這一點，但無論如何，也得有賴於人們相信它仍然保留的全部力量是有用的。

美國人的教育、習慣和實踐經驗是如何促進民主制度獲得成功的

應當怎樣理解美國人的教育——人的理性在美國受到的培養不如在歐洲深刻——但沒有一個人仍處於無知狀態——爲什麼——即使在半開化的西部各州，思想的傳播也很迅速——實踐經驗爲什麼比書本知識對美國人更爲有用。

我在本書的許多地方，已向讀者指出了美國人的教育和習慣，對於維護他們的政治制度所起的作用。因此，我在這裡只想補充幾個新的事實。

美國至今只出現很少幾位著名作家，它沒有偉大的歷史學家，而且連一個詩人也沒有。它的居民用一種不大贊成的眼光，看待名副其實的眞正文學。歐洲的一個三流城市每年出版的文學作品，也比美國二十四個州加起來要多。

美國人的思想缺乏一般觀念，他們根本不追求理論上的發現。政治本身和實業，也不引導他們去

進行此種研究。在美國，不斷制定新的法律，但還沒有出現過一個探討法律的一般原理的大學者。美國人有他們的法律顧問和評論家，但沒有政治家。在政治方面，他們向世界提供的，主要是範例，而不是教訓。

對於技術，也可以作如是觀。

在美國，對歐洲的發明創造利用得很好，並在加以完善以後，使其令人讚嘆地適用於本國的需要。美國有實業家，但他們沒有受到科學的訓練。美國有優秀的工人，但發明家不多。富爾頓在為外國人服務多年之後，才得以將自己的天才貢獻於祖國。

凡欲考察英裔美國人的智力水準的人，都應當從兩個不同方面去研究這個問題。如果你考察的全是學者，你會為美國學者之少而感到吃驚；如果你在調查時將無知的人包括進去，你又會覺得美國人的知識水準在世界上是最高的。

我在本書的另一處已經說過，全體美國人民的知識水準處於最高者和最低者之間。

在新英格蘭，每個公民都受過初等教育，而且在這種教育中他們還學到了宗教方面的若干知識和論據。他們了解本國的歷史，知道本國憲法的要點。在康乃狄克州和麻塞諸塞州，很難碰上一個對這些事情不甚了了的人；對這些事情一無所知的人，簡直可以說是怪物。

當我拿希臘和羅馬的共和制度和美國的共和制度進行比較，拿前者的手抄本珍貴圖書和無知群眾與後者的無數報刊和有知識人士進行比較，隨後再回顧我們為了古為今用和根據兩千年前的經驗來推斷我們今後的未來而仍在進行的一切努力時，我真想把我的書全部燒掉，以便只用全新的觀點來考察如此全新的社會情況。

但是，不要把我關於新英格蘭所述的一切，一股腦地推及整個聯邦。越往西或越往南，人民的知識水準越低。在瀕臨墨西哥灣的各州，也像我們歐洲一樣，有些人連初等教育也沒有受過。但是，你要想在美國發現一個全是無知人居住的地區，那是枉然。其道理很簡單：歐洲各國是從愚昧和野蠻狀態走出來，朝向文明和開化前進的。但各國的進步是不平衡的：有的在這個征途上走得快一些，有的在途中耽誤了一些時間，還有的在途中停下來睡起大覺。

美國的情況就不是這樣。

英裔美國人本來都已經開化，來到新大陸後又繼續繁衍子孫。他們不用從頭學起，只要不忘記原來的東西就可以了。但是，這些美國人的子孫，後來又年年遷往內地的荒野定居；而隨著他們的定居，也把原有的知識帶來，並且繼續尊重知識。教育使他們知道了知識的功用，並能使他們把這些知識傳給後代。因此，美國的社會沒有搖籃時期，它在建立時就已經是成年。

美國人從來不使用「農民」一詞。他們不用這個詞，是因爲他們不了解這個詞的含義。在他們的印象中，不知什麼是初民時期的無知、田野的單調和鄉村的粗野。他們對文明早期階級的那些德行、惡習、鄙俗和粗獷，一概不知。

在聯邦的邊遠地區，或在人口稠密地區與荒野的接壤地帶，有一些大膽的冒險家在那裡落戶。他們爲了不在家鄉挨餓受窮，而不怕艱險，深入到美國的荒僻地區，在那裡建立新的家園。拓荒者一到可供安身之處，便立刻伐倒樹木，在樹蔭下蓋起木房。再沒有比這些孤零零的住所，更使人感到凄涼的了。旅行者在夜幕降臨的時刻走向這種住房時，遙見燈火閃閃發光；而走進屋子裡以後，則見爐火通紅；在夜裡，一有風吹來，就可以聽到用樹葉覆蓋的屋頂，在大森林裡搖來晃去作響。誰會不以爲這座可憐的小屋是粗鄙無知的人的棲身處呢？然而，拓荒者的精神面貌與其棲身之處之間，卻毫無共同之點。他周圍的一切雖然原始和粗野，但他本人，卻可以說是十九世紀的勞動和經驗的體現。他穿著城市的衣服，說著城市的語言；他知道過去，憧憬未來，正視現實。他本是一位很文明的人，過了一段時間，他就適應了森林裡的生活。他在進入新大陸的荒原時，只隨身帶來一部聖經、一把斧頭和一些報紙。思想在這些荒原裡傳播的極其神速，是難以用筆墨形容的[8]。

我不相信，在法國的最開化和人口最多的地區，能有這樣規模巨大的知識傳播活動[9]。

毫無疑問，美國的國民教育對維護民主制度是有大幫助的。而且我相信，在啓迪人智的教育和匡正人心的教育不相分離的地方，情況更會如此。

但是，我不想誇大這個優點，而且我也遠遠不像大多數歐洲人那樣，以爲只要教會人們讀書寫字，人們就可立刻成爲公民。

眞正的知識，主要來自經驗。假如美國人不是逐漸地習慣於自己治理自己，他們學到的書本知識今天也不會爲他們的成功提供太大的幫助。

我和美國人在一起生活過很長時期，我無法表達我是多麼欽佩他們經驗豐富和常識廣泛。

千萬不要讓美國人談論歐洲，他們一談起歐洲，總是表示非常自負，而且還很看不起歐洲。這時，他們也不過發表一通在所有的國家只能唬住無知人的籠籠統統的泛泛之論。但是，當你把話題轉到他們的國家時，你會看到籠罩著他們理智的烏雲立即消散：他們的語言和思想變得清晰和準確了。他們將告訴你，他們的權利都有什麼，他們應當怎樣去行使這些權利。他們也知道按照哪些慣例在政界活動。你會看到，他們對行政制度十分熟悉，而且很懂得法律的機制。美國的居民不從書本去汲取實際知識和實證思想。書本知識只能培養他們接受實際知識和實證思想的能力，但不能向他們直接提供這些東西。

美國人是透過參加立法活動而學會法律，透過參加管理工作而掌握政府的組織形式。社會的主要工作，每天都是在他們的監視之下，甚至可以說是透過他們的手來完成的。

在美國，對人們所進行的一切教育，都以政治爲目的；在歐洲，教育的主要目的，是培養人們處理私人生活的能力。公民參加公務活動，很少需要事先學習。

一瞥美國和歐洲這兩種社會，這方面的不同立即出現在你的眼前。

在歐洲，我們經常把私人生活的一些觀點和習慣帶到公共生活中去，所以當我們一下子從家庭的生活圈子裡走出而管理國家時，我們就往往像在家裡與朋友談話那樣去討論國家大事。

美國人就與此相反，他們差不多總是把公共生活的習慣帶回到私人生活中去。在他們那裡，陪審制度的思想，在學生的遊戲當中就有所反映；而代議制的方法，甚至被用去組織宴會。

法制比自然環境更有助於美國維護民主共和制度，而民情比法制的貢獻更大

美洲的所有人民都有民主的社會情況——但民主制度只得到英裔美國人的支持——南美的西班牙人雖與英裔美國人同樣得益於自然環境，但未能維護民主共和制度——仿效美國憲法制憲的墨西哥也是如此——西部的英裔美國人維護這種制度比東部的英裔美國人困難——造成這種情況的原因。

我已經說過，美國之所以能維護民主制度，應歸功於地理環境、法制和民情【10】。

大部分歐洲人只知道這個因素中的第一個，並賦予它實際上沒有的重大作用。

不錯，英裔美國人把身分平等帶到了新大陸。他們當中既沒有貧民，又沒有貴族。門第的偏見和行業的偏見，均不爲人所有。這樣，由於社會情況是民主的，民主制度也就不難獲得了勝利。

但是，這個情況並非美國所特有。幾乎所有的美洲殖民地，都是由一些彼此平等的人或遷來後變得平等的人建立的。歐洲人在新大陸的任何部分，都未能建立起貴族政體。

但是，民主制度卻只在美國得到發展。

美利堅合眾國沒有需要對抗的敵人。它像大洋中的一個孤島，屹立於北美的曠野。

但是，大自然也同樣使西班牙人屹立於南美，而這種與外界隔離的狀態，並沒有防止西班牙人建立常備軍。他們在沒有外敵的時候，總是彼此交戰。只有英裔美國人建立的民主制度，是迄今爲止能夠以和平方法自立的民主制度。

美國的領土，爲人類的活動展現出一片無邊無際的園地，向實業和勞動提供了用之不竭的資源。在這裡，發財致富的欲望代替了爭權奪利的野心，而社會的繁榮則撲滅了派系鬥爭的烈火。

但是，在地球上的哪一部分能夠找到比南美的平原更肥沃的平原，比南美的河流更大的河流，比南美的資源更待開發和更取之不竭的資源呢？可是，南美卻未能建立起民主制度。如果說在地球上占有一塊土地，而且只要隨意向無人居住的地區擴大，就足以使人民幸福的話，那麼，南美的西班牙人就不該埋怨自己的命運不濟了。儘管他們沒有享受到美國居民那樣的幸福，但至少也要使歐洲人感到羨慕。然而，世界上卻沒有一個國家再比南美諸國更悲慘的了。

可見，自然環境不僅未能給南美帶來北美那樣的結果，而且使南美在某些方面還不如自然環境差的歐洲了。

因此，自然環境對一個國家的命運所起的作用，並不像人們想像的那樣巨大。

我在新英格蘭看到一些人，準備離開他們本可以安居樂業的故土，而到荒地裡去創造幸福。離新英格蘭不遠，我見到加拿大的法國移民，他們寧願密密地擠在一個無法再擠的狹小地區，也不肯到近在咫尺的荒地去開發。由美國遷來的移民用不長時間的勞動收入，就在荒地裡購進大片的地產；而加拿大的法國移民，卻甘願以比在法國還要高的價格去購買人口稠密地區的土地。

可見，大自然雖然也同樣把新大陸的荒地賜給了這些歐洲人，但他們卻始終不會好好利用這個禮物。

我認爲，美洲其他國家繁榮致富的自然條件，與英裔美國人的完全相同，但它們的法制和民情不如英裔美國人。這些國家現在都很貧困。因此，英裔美國人的法制和民情是使他們強大起來的特殊原因和決定性因素，而這個原因或因素也正是我要研究的對象。

我的意思不是說美國的法制已經十全十美，我也絕不認爲美國的法制可以應用於一切民主國家。在我看來，在美國現行的法律中，有些法律對美國本身也是有危險的。但是，不可否認，總的說來，美國的立法是極其適應它所治理的人民的天才和國家的性質的。

因此，美國的法制是良好的，而美國民主政府所取得的成就，也有很大一部分應歸功於法制，但我不認爲美國的法制是美國獲得成功的最主要原因。雖然我認爲美國的法制對美國人的社會幸福的影響大於自然環境；但另一方面，我又有理由確信，美國法制的這種影響小於民情。

全聯邦性的法律當然是美國立法的最重要部分。

墨西哥所處的地理位置，其有利性不亞於美國，而且墨西哥還採用了與美國相同的法律，但墨西哥沒有促使自己建立民主政府的民情。

因此，除了自然環境和法制的原因之外，還有一個原因使民主制度得以在美國建立。

但是，對這個原因還須進一步加以證明。居住在聯邦境內的人，幾乎都是同一種族的後裔。他們說著同樣的語言，以同樣的儀式禮拜上帝，受著同樣的物質條件的影響，服從於同樣的法律。

那麼，我們所要考察他們之間的差異又是從何而來的呢？

爲什麼在聯邦東部，共和政府的管理顯得強而有力、有條不紊和穩健成熟呢？又是一些什麼原因使政府的一切活動具有了明智性和持久性呢？

與此相反，爲什麼在西部，社會的管理工作就顯得有些紊亂呢？

爲什麼在西部，各行各業的活動表現得有點混亂和頭腦發熱，而且幾乎可以說有點發狂，以致不考慮長遠的未來呢？

我不再拿英裔美國人與外國作比較，而要在他們之間互相對比，並考察他們爲什麼未能一致。在這裡，取自自然環境的論據和取自法制差別的論據，對我都沒有用處。我要另找原因，這個原因，除了到民情中去尋找，又能到什麼地方去找到呢？

英裔美國人長期實行民主管理制度的經驗和習慣，以及最有利於維護這種制度的思想，都是在東部取得或形成的。在這裡，民主制度逐漸深入到人們的習俗、思想和生活方式，並反映在社會生活的一切細節和法制方面。也是在東部，人民的書本教育和實際訓練最爲完善，宗教最富有自由色彩。這些習慣、思想和習俗的總體，如果不是我所說的民情，又是什麼呢？

西部就不同了，這些長處至今尚有一部分未在那裡出現。西部各州的美國人，大部分出生於森林地區，他們把粗野生活的思想和習慣摻進了他們父兄的文明。他們的激情比較暴烈，他們的宗教道德比較薄弱，他們的思想不夠堅定。在那裡，誰也不管誰，誰也管不了誰，因爲他們彼此才剛剛認識。因此，西部的居民在某些方面還像處於搖籃時期的民族，沒有經驗和習慣於粗野。在東部，社會是由舊社會的人組成的，但他們是剛剛湊在一起。

因此，只有美國人特有的民情，才是使全體美國人能夠維護民主制度的獨特因素。英裔美國人在各州建立的民主制度之所以在細節和發展程度上有所不同，也正是這個因素所使然。

因此，一個國家的地理位置對民主制度的壽命的影響，在歐洲被人誇大了。另外，他們對法制的重要性也評價得過高，而對民情的重要性又評價得過低。毫無疑問，這三大原因都對調整和指導美國的民主制度有所貢獻。但是，應當按貢獻對它們分級。依我看，自然環境不如法制，而法制又不如民情。

我確信，最佳的地理位置和最好的法制，沒有民情的支持也不能維護一個政體；但民情卻能減緩最不利的地理環境和最壞的法制的影響。民情的這種重要性，是研究和經驗不斷提醒我們注意的一項普遍眞理。我覺得應當把它視爲我的觀察的焦點，我也把它看作我的全部想法的終點[11]。

最後，我對這個問題只想補充如下一點：

如果說我在本書的敘述中，還未能使讀者理解我所指出的美國人的實踐經驗、習慣和見解，總而言之，即他們的民情在維護他們的法制上所起的重要作用，那麼，我就沒達到我在寫作本書時爲自己規定的主要目的。

法制和民情在別處能否比在美國更足以維護民主制度

如果英裔美國人返回歐洲，他們將不得不修改他們的法律——應當區分一般的民主制度與美國的民主制度——可以設想出好於或至少不同於美國的民主所提供的法制的民主法制——美國的例子只能證明在法制和民情的幫助下有希望建立民主制度。

我已經說過，美國民主制度的成功，有賴於它的法制本身和民情之處多於其自然環境。

但是，由此可以認爲同樣的這些因素放在別處也能發生同樣的作用嗎？既然自然環境代替不了法制和民情，那麼法制和民情能不能代替自然環境呢？

不難設想，我們沒有證據對此做肯定的回答。不錯，在新大陸，除了英裔美國人外還有其他民族，而且這些民族也具有與英裔美國人一樣的物質條件，所以我可以對兩者進行比較。

但是，除美國人之外，世界上並沒有本身不具備英裔美國人那樣的優越自然條件，但卻實行他們那樣的法制和擁有他們那樣的民情的國家。

因此，我沒有用來與美國進行比較的對象，而只能隨便談幾點看法。

首先，我認爲必須把美國的民主制度與一般的民主制度嚴格地區分開來。

環顧一下歐洲的現況，看一看歐洲的一些大國、人口眾多的城市、龐大的軍隊、複雜的政局，我不相信英裔美國人帶著他們現在的思想、宗教和民情遷回到歐洲，在不大大改變他們的法制的條件下能夠生存下去。

但是，可以設想一個民主國家不按美國那樣的方式來建立。

那麼，能不能設想一個政府按照多數的眞正意願來建立，但這個多數爲了國家的秩序和安定，可以違反自己的要求平等的本性，同意將行政權的一切許可權授予一個家族或一個個人呢？是否可以設想有一個民主社會，其國家權力比美國更爲集中，其人民對國家工作的影響雖然不全是直接的和不全是不可抗拒的，但擁有一定權利的每個公民都可以依靠這些權利參加國家的管理呢？

在英裔美國人那裡看到的一切，使我確信：如果將以上設想的民主制度審愼地移植於一個社會，而它在這個社會裡又能逐漸地滲入到人民的習慣，逐漸地深入到人民的思想，那麼，在美國以外的其他地方，也能建立起這種民主制度。

假如美國的法制眞是人們可以設計出來的唯一民主法制，是人們可能遇到的最完善的法制，那我對此只能做如下的結論：美國法制的成功，除了證明一般的民主法制可在自然條件較差的國家獲得成功以外，其餘也證明不了什麼。

但是，假如我認爲美國的法制在許多方面尚有欠缺，而且我也不難想像出其他一些良好的法制，那麼，美國特有的自然環境也不能使我們得出結論說：民主制度不能在自然環境不夠有利，而法制卻是很好的國家獲得成功。

假如人們生活在美國時的表現，與他們生活在其他地方時的表現不同，人們的社會地位使他們在美國形成的習慣和觀點，不同於他們以同樣的社會地位在歐洲形成的習慣和觀點，那麼，民主制度在美國所產生的一切，也不能和它在其他國家所產生的一切一模一樣。

假如美國人的愛好也和其他民主國家的人民一樣，而這些國家的立法者又能夠依靠國家的自然條件和環境的優點，把他們的愛好約束在正當的範圍之內，那麼，美國一些首先應當歸功於純自然原因的繁榮，對於希望以美國爲榜樣但沒有美國的自然條件優勢的國家，並非沒有借鑑作用。

但是，這些假設還沒有一個被事實所驗證。

我在美國見到人們表現的激情，也和我們在歐洲見到的激情一樣：其中有一些來自人心的天性本身，而另一些則來自社會的民主制度。

比如，我在美國見到人心有焦急的情緒，這是在人們的身分都接近平等，人人都有同樣的機會進取時，人們都會產生的自然感情。我還見到以許許多多不同形式表現出來的民主嫉妒感。我曾經說過，美國人在處理工作的過程，經常有自以爲是和不懂裝懂的表現。而且，我曾由此總結說，在美國也像在法國一樣，人們同樣有失敗的遭遇和痛苦的經歷。

但是，當我仔細研究美國的社會制度時，很快就發現，美國人曾付出巨大而可貴的努力，去克服人心的這種缺點和糾正民主的天然缺陷。

在我看來，美國各式各樣的地方性法律，就是把公民永久無法滿足的野心限制在一個狹小的範圍內，使同樣一些可能破壞國家的民主激情轉化爲對地方造福的激情。我認爲，美國的立法者在以權利觀反對嫉妒感上，在以宗教道德的固定不變對抗政界的經常變動上，在以人們的經驗彌補他們的理論無知上，在以人們處事的熟練習慣抵消欲望的急切上，並不是沒有取得成功。

因此，美國人並不是依靠國家的自然環境的優勢，而戰勝來自他們的制度和政治法的危險。對於一切民主國家所共有的弊端，他們採用了迄今只有他們才擬出的補救辦法。儘管他們是第一個採用這種辦法的，但他們卻成功了。

美國的民情和法制，並非只對民主國家適用；而且，美國人已經證明，不要放棄以法制和民情來調整民主制度的希望。

假如其他國家在借用美國人的這個普遍而有益的思想時，並不想照搬美國人實際應用這個思想的獨特方法，而是試圖根據上帝爲我們這個時代的人規定的社會情況採取自己的辦法，以避免威脅著它們的專制和無政府狀態，那麼，我們有什麼理由認爲它們的努力一定要失敗呢？

在基督教世界組織和建立民主制度，是我們時代的重大政治問題。毫無疑問，美國人並沒有解決這個問題，但他們爲試圖解決這個問題的人提供了經驗。

已經發生的事情對歐洲的重要性[12]

讀者不難發現，我爲什麼要用這樣多時間專門討論上面的問題。我提出的這個問題，不僅與美國有關，而且與全世界有關，不僅涉及一個國家，而且涉及整個人類。

假如那些具有民主的社會情況的國家，只能在地處荒涼地區的時候才能保持自由，那麼，我們對人類的未來命運只好絕望了，因爲人類正在迅速地走向民主，而荒涼地區也快要住滿了人。假如法制和民情確實不足以維護民主制度，那麼，除了個人的專制以外，還有什麼其他的制度可供各國選擇呢？

我知道今天還有許多心地善良的人未被這樣的未來嚇倒，但他們厭煩自由，喜歡躲開自由的風暴而偏安。

然而，這些人對於他們所駛向的避風港並不熟悉。他們囿於以往的成見，按絕對權威的過去表現去評價絕對權威，而不按它在今日可能顯出的表現去評價它。

假如絕對權威在歐洲的民主國家重新樹立起來，我不懷疑它會採取一種新的形式，呈現出一些我們的祖先所不知道的特點。

在歐洲，以往有一段時間，法律的規定和人民的同意，曾使國王們擁有過幾乎無限的權力，但那些國王幾乎沒有加以利用。

我不準備談那些可以阻止國王濫用權力的權力，比如，貴族的特權、最高法院的強制執行權、行會的權利、地方的優惠權等。這些權力一方面減緩了當局的壓力，另一方面又使人民保持了反抗的精神。這些政治制度雖然往往妨礙個別人或個別集體的自由，但能使人們的心中保持對自由的愛好，而這種愛好對於自由的行使是十分有用的。除了這些政治制度之外，社會輿論和民情還在王權的周圍築起一道不那樣惹人注意但作用很大的高牆。

宗教、臣民的忠心、君主的仁慈、榮譽感、家庭情感、地方的本位主義、習慣和輿論，都在限制著王權，把國王的權威局限在一個隱而不現的圈子裡。

當時，國家的制度是專制的，但民情是自由的。君主雖然有權，但他無法全部行使，而且也不想全部行使。

以前防止暴政的樊籬，而今安在嗎？

宗教正在喪失其對人們心靈的控制作用，區別善惡的標準完全被顚倒過來，一切從道德世界看來都變得不可信和不可靠了，君民均任意行事，誰也說不清專制的自然極限和放縱的界限在哪裡。連綿不斷的革命，永遠驅散了人們對國家元首的尊重感。卸下受公眾尊敬負擔的君主，從此以後也可以肆無忌憚地濫用其權力。

當國王看到臣民的心傾向他的時候，他寬宏大量，因爲他感到自己是強大的；他在愛惜臣民對他的忠心，因爲這種忠心是王位的支柱。這時，君民之間的感情交融，就像人們在家裡那樣親密無間。臣民可能發發牢騷，而他們在發現君主因此而不快時，又會感到後悔。這時，君主將像父親懲罰子女那樣，只用輕輕的手拍打一下臣民而已。

然而，一旦王權的威信在革命的紛亂中喪失殆盡，或相繼登上王位的國王一代不如一代，使人民感到他的權力減弱和行爲殘暴時，誰也不再把君主視爲國父，人人都把他看作是一個頭子。如果他軟弱，人們就輕視他；如果他強大，人們便憎恨他。他本身充滿著怒氣和恐懼，他在國內形同外人，他把臣民視爲被征服的敵人。

當同一國家裡的各省或城市變成一些不同的小國時，它們就都擁有了各自的特殊意志。這種意志是與原先的服從一個中央的共通意志完全相反的。但是，如果先讓同一帝國所屬的各個部分喪失各自的獨立、習慣、成見，甚至主權和名稱，然後再讓它們習慣於服從同一法律，那麼，現在把它們合起來加以統治，並不比原先分別統治時困難。

在貴族享用其權力的時期，甚至在他們喪失其權力以後的很長一段時期，貴族制度的聲譽都會給予個人的抵抗行動以莫大的力量。

因此，有些人儘管那時已經沒有權力，但仍能保持他們的高尚人格，敢於單槍匹馬地抵抗國家權力的壓力。

但在今天，當所有的階級都接近混爲一體，出眾的個人逐漸消失在群眾之中，從而容易默默無聞的時候；當君主制度的聲譽已經幾乎掃地而又沒有德行來補救，沒有任何東西促使人們上進的時候，誰能說清強者的要求和弱者的服從將在何處止步呢？

只要家庭情感活著一天，反對暴政的人就不會孤立無援，他的周圍有他的追隨者、世交和近親。即使沒有這種支持，他也會感到他的祖先在督促他前進，他的後代將接替他的事業。但是，當祖傳的家業日益分散，種族的差別不多年就要消失的時候，到哪裡去找家庭情感呢？

在一個已經完全改變面貌或正在不斷改變面貌的國家，如果它的一切暴政行動都有先例可援，它的一切罪行都是例行公事，現存的古老事物的滅亡沒有人惋惜，凡能想像出來的新鮮事物人們都敢去做，那麼，它的習慣法還有什麼力量呢？

如此屢遭踐踏的民情又能提供什麼抵抗力呢？

當沒有很多人由一條共同紐帶聯繫在一起時，當沒有一個人、一個家庭、一個團體、一個階級、一個自由結社可以代表和鼓動輿論時，這個輿論又能有什麼用呢？

當每個公民都同樣無能，同樣貧窮，同樣孤立無援，而且只能以個人的軟弱去對抗政府的有組織的暴力時，輿論又能有什麼用呢？

至於我們國家在某些方面是否會出現類似局面，這不是我們這一代人所能預見到的。也許應當追溯古代的史實，回顧可怕的羅馬暴政時代。在那個時代，社會風氣頹廢，傳統中斷，習慣腐敗，意志動搖，自由為法律破壞而無容身之地，公民不受保護和不能自保，人性被人玩弄，君主不再開恩而強迫臣民逆來順受。

在我看來，那些希望復興亨利四世或路易十四的君主政體的人，神智已經不清到了極點。至於我，當我看到許多歐洲國家的現況和預見其他國家將要達到的狀況時，我就情不自禁相信它們很快就會做出抉擇：不是走向民主的自由，就是走向專制者的暴政。

難道這不值得人們深思嗎？假如人們將來不是全部自由就是全都被奴役，不是全都權利平等就是權利全都被剝奪；假如面對這項抉擇的社會統治者不是逐漸將群眾提高到他們的水準，就是讓公民降到人的水準之下，那麼，只要戰勝疑慮，堅定信心，教育每個人自願做出巨大的犧牲，不就足夠了嗎？

因此，難道不應當認為逐漸發展民主的政治制度和民情，不僅是使我們自由的最好手段而且是唯一手段嗎？其次，如果不喜歡民主的政府[13]，又怎麼能把它作為醫治社會目前弊病的最適合和最良好的藥劑而加以利用呢？

讓人民參加政府的管理工作很難，而讓他們積累管理的經驗和產生管好國家的意識更難。

我承認，民主的意向是常變的，它的執行者還不精幹，它的法制還不完備。但是，如果在民主的統治和獨夫的壓迫之間確實很快就將沒有任何中間道路可走，難道我們與其自暴自棄地屈從於後者，而不如傾向於前者嗎？而且，假如我們最後必然變得完全平等，那麼，讓自由把我們拉平不是比讓一個暴君把我們拉平更好嗎？

如果讀過我的這本書之後，斷定我寫此書的意圖，是讓已經具有民主的社會情況的國家全都仿效英裔美國人的法制和民情，那他就大錯特錯了。這樣的讀者只注意到我思想的外表，而沒有認識我思想的實質。我的目的，是想以美國為例來說明：法制，尤其是民情，能使一個民主國家保持自由。但我絕不認為，我們應當照抄美國提供的一切，照搬美國為達到它所追求的目的而使用的手段，因為我不是不知道，一個國家的自然環境和以往經歷，也對它的政治制度發生某種影響；而且，如果自由要以同樣的一些特點出現於世界各地，我還覺得那是人類的一大不幸。

但我認為，如果我們不逐漸採用並最後建立民主制度，不向全體公民灌輸那些使他們首先懂得自由和隨後享用自由的思想和感情，那麼，不論是有產者還是貴族，不論是窮人還是富人，誰都不能獨立自主，而暴政則將統治所有的人。我還可以預見，如果我們不及時建立絕大多數人的和平統治，我們遲早要陷於獨夫的無限淫威之下。

◆本章注釋◆

【1】美國雖然還沒有巨大的首都，但已有一些很大的城市。一八三〇年，費城已有居民十六萬一千人，紐約已有人口二十萬二千人。居住在這些大城市的下層人民，是一群比歐洲的賤民還要危險的賤民。這群賤民主要由被解放的黑人構成，法律和輿論都把他們看成是卑賤和世世代代貧困的居民。其中也有許多因為運氣不佳或行為不軌而被不斷趕到新大陸的歐洲人，他們把我們歐洲的一些很壞的惡習帶到美國，並對放棄這些惡習毫無興趣。他們定居在這個國土時沒有公民資格，所以準備為所欲為，以便從中撈到好處。因此，我們從某個時期以來，就看到費城和紐約時常爆發惡性的暴亂。但其他地方還沒有出現這種動亂，這就沒有使全國感到不安，因為城市的居民至今還不能對鄉村的居民發生任何影

響。

但是，我認為美國某些城市的豪華壯麗，特別是這些城市居民的性格，是威脅新大陸的民主共和制度的未來的真正危險；而且我敢預言，除非政府建立一支隨時準備支持全國多數的意旨，但要保護城市居民的自由並能鎮壓他們的暴力行為的武裝力量，某些地方的民主共和制度就將因此危險而壽終正寢。

【2】在新英格蘭，土地就是一小塊一小塊地分散在農戶手裡，但已不能再往小分割了。

【3】參閱斯佩里：《美國的宗教》。——法文版編者

【4】「美國有不勝枚舉的教派」。參閱《美國的宗教》第七十一頁及以下幾頁；以及《宗教社會學論文集》（杜賓根，一九二〇年）中之《基督教新教概況和資本主義精神》。——法文版編者

【5】下面是一八三一年八月二十三日《紐約旁觀者報》對此事的報導：「賈斯特縣（屬紐約州）民事法庭，幾天前斥退了一位聲稱自己不相信有上帝存在的證人。法庭的庭長指出：在未作證言之前，他就說他不相信有上帝存在；這樣的聲言等於對法庭上的一切證言的懲罰；而且他也知道，在信奉基督教的我縣，不允許不相信有上帝存在的證人對案件作證。」。

【6】不包括他們大多數人在學校裡擔任的職務。美國的大部分學校是由神職人員創辦的。

【7】見《紐約州憲法》第七條第四項。

見《北卡羅來納州憲法》第三十一條。（托克維爾所引係一七七六年憲法）見《維吉尼亞州憲法》。

見《南卡羅來納州憲法》第一條第二十三項（一七九〇年憲法）。

見《肯塔基州憲法》第二條第二十六項。（托克維爾所引係一七九九年憲法）見《田納西州憲法》第八條第一項（一七九六年憲法）。

見《路易斯安那州憲法》第二條第二十二項。

《紐約州憲法》有關的條文如下：

「鑒於神職人員以服務上帝和拯救靈魂為職，且不得稍懈於其重大職責，故任何教派之神職人員或教士……均不得或不能在州裡擔任任何文職或軍職。」（一八二一年憲法第七條第四項）。

【8】我曾乘一種兩輪無篷的馬拉驛車，到過美國的部分邊遠地區。我們在無邊無際的林海裡開闢出的道路上，驅車疾馳了一天一夜。在天黑得伸手不見五指的時候，我們的嚮導燃起一束松枝，以火光引導我們繼續趕路。走了很長一段路程之後，我們才遇到一所位於森林深處的木房。這是一家驛站旅店，郵件押送員把一大包信件卸下來，放到這所孤零零的房屋門口。我們又繼續登程，讓這附近的每位居民來取他們最盼望的東西吧！

【9】一八三二年，密西根州每個居民支付的郵費平均為一法郎二十二生丁，佛羅里達州平均為一法郎五生丁（見《一八三三年美國大事記》第二四四頁）。這一年，法國諾爾省每個居民支付的郵費平均為一法郎四生丁（見《一八三三年法國政府決算》第六二三頁）。但在這一時期，密西根州的人口密度每平方里約為七人，佛羅里達州為五人，而這兩個州的教育和實業卻不如美國大部分州發達；可是在法國文化最高和工業最發達的省分之一的諾爾省，每平方里約卻有居民三千四百人。

【10】在這裡，我請讀者回想一下我所說的「民情」一詞的一般含義。我把這個詞理解為人在一定的社會情況下，擁有的理智資質和道德資質的總和。

【11】對美國民主的結構發生制約作用的三大原因（自然原因、法制原因、精神原因），是托克維爾政治社會學的構成因素，其中的精神因素占主要地位。——法文版編者

【12】本節的主要目的，是論證和應用他的學說。——法文版編者

【13】在專制和民主之間抉擇：「不喜歡民主的政府。」另見法文版第二八一頁編者注。——法文版編者

第十章　概述美國境內的三個種族的現況及其可能出現的未來

我爲自己規定的主要任務現已完成，我已盡我之所能說明了美國民主的法制，解釋了美國的民情。我本可以就此停筆，但讀者可能覺得我還沒有滿足他們的期望。

在美國，除了廣泛而完整的民主制度外，還有其他一些東西値得研究。比如，我們還可以從另一個角度來研究居住在新大陸的人民。

我在講述的過程中，話題常引致我談及印第安人和黑人，但我一直無暇說明這兩個種族在我所描述的這個民主國家中所占的地位。我已經說明英裔美國人是根據什麼精神和法律組成聯邦的；我對威脅這個聯邦存在的危險，只是隨帶說明了一下，而且說得很不全面。除了美國的法制和民情以外，我對這個國家長治久安的條件，也未能做詳盡的敘述。在敘述合眾國的共和制度時，我從未對這個制度能否在新大陸長期存在的問題做過隨意的臆測；而在經常提及聯邦盛行的商業活動時，我也未能預測美國人作爲一個商業民族的未來。

這些問題雖然都與我的主題有關，但我並沒有對它們做深入的研究。它們雖然都與美國人有關，但與民主無涉。我要研究的，主要是美國的民主。我最初要把這些問題暫時擱置起來，但現在當我要結束本書的論述時，我應當回過頭來談一談這些問題。

現在爲美國聯邦所占有的或被宣稱爲它所擁有的領土，從大西洋海岸一直延伸到太平洋海岸。因此，它的邊界，無論是東面還是西面，都是大陸本身的邊界。往南，它幾乎伸進熱帶；往北，它到達北部的冰原。

分布在這個廣大空間的人，不像在歐洲那樣，形成爲同一種族的數個分支。一眼看去，就可以在他們中間發現有三個體形面貌不同，而且幾乎可以說互相敵對的種族。教育、法律、血統，甚至外貌特徵，在他們之間築起了一道幾乎無法逾越的屏障。命運雖把他們集合在同一塊土地上，但未能把他們混合起來形成爲一個整體。他們各自按照本身的條件向前發展。

在這個差別如此巨大的人群中，首先引人注意的，是在知識、力量、生活享受上均屬第一的白人，即歐洲人，或者可以說是傑出的人。在他們之下，則是黑人和印第安人。

這兩個不幸的種族，在族源、外貌、語言和民情上均不相同；他們的唯一相同之處，就是他們都不幸。他們在其所住的地區，均處於低卑地位；兩者都受暴政的摧殘。雖然兩者所受的虐待不同，但虐待卻來自同樣一些人。

從世界的既往情況來看，豈不可以說歐洲人對待其他種族猶如其他種族對待動物嗎？他們奴役其他種族，而當其他種族不肯服從時，他們就加以消滅之。

歐洲人的壓迫，一下子就把非洲人後裔的人類特權幾乎全部奪走。美國的黑人，現在連自己原來的祖國都不知道了。他們不再講他們祖先所講的語言；他們放棄了原來的宗教，忘記了原來的民情。他們離開了非洲，但未能享受到歐洲人那樣生活的權利。他們居於兩個社會之間，過著不同於另外兩個種族的生活，被一個人賣掉之後再被另一個轉賣出去。普天之下，只有主人爲他們安排的住所，可以爲他們留下關於故土的模糊記憶。

黑人沒有家庭，女人只是男人尋歡作樂的暫時伴侶。他們的孩子從出生之日起，就與他們處於同樣的地位。

我應當把這種對極端悲慘的境遇無動於衷，甚至對這種不幸的根源往往採取一種可鄙的大方態度的心靈狀態，稱作是上帝對人們的慈悲還是上帝對人們最嚴厲的怒斥呢？

陷進這種災難深淵的黑人，對他們的不幸處境只是剛剛有所感覺；暴力使他們變成了奴隸，而受人役使的習慣又使他們養成了奴隸的思想和一種奴隸的奢望。他們對他們殘暴主人的羨慕甚於憎恨，並以卑躬屈膝地仿效他們的壓迫者爲得意和驕傲。

黑人的智力下降到與他們的心靈同樣低的水準。

黑人一生下就是奴隸。我還能再說些什麼呢？他們往往在娘胎裡就被人出賣，可以說在出世之前就成了奴隸。

他們既沒有需要，又沒有享受，這些對他們均無用處。他們從出生後懂事開始，就知道自己是別人的財產，應當爲這個人的利益貢獻自己的一生。他們認爲，照料自己的生活，不必由自己操心。甚至用頭腦思考問題，在他們看來都是上蒼的無用恩賜。他們對於自己處於卑賤的地位，感到心安理得。

即使在他們獲得解放以後，也往往把獨立看作比奴役還要沉重的枷鎖，因爲在他們的一生中只學會萬事均應當服從，唯獨沒有學會服從理性，並當理性要來指引他們的時候，他們根本不聽理性的呼聲。許許多多新的要求向他們襲來，但他們沒有必要的知識和能力抵制它們。這些要求來自他們本應當反對的主人，可是他們只知道屈從和順服主人。因此，他們陷入了苦難的深淵，在這個深淵裡，奴役使他們失去理性，放任自由使他們走向滅亡。

壓迫對印第安人造成的影響也不小，但後果有所不同。

在白人來到新大陸以前，居住在北美的人一直安居於林野之中。他們飽經野人生活的滄桑，仍然保留著未開化人的惡習和德行。歐洲人把印第安諸部趕進深山老林以後，迫使他們去過痛苦到無法形容的漂泊不定的生活。

野蠻民族只受輿論和民情的支配。

歐洲人的暴虐使北美的印第安人失去了對故土的觀念，拆散了他們的家庭，使他們忘記了傳統，打斷了他們記憶的鏈子，改變了他們的一切習慣，並大大加快了他們的貧困化過程，從而使他們比以前更加雜亂無章和不文明了。這些部落的身心狀況不斷惡化，他們隨著苦難的加重而日益野蠻。儘管如此，歐洲人並未能完全改變印第安人的習性，甚至他們用國家權力來摧殘印第安人，也一直未能制服印第安人。

黑人被奴役到不能再奴役的地步，而印第安人則被放任自由到極限。奴役對黑人造成的後果，並不比放任自由對印第安人造成的後果更爲致命。

黑人沒有任何財產，連自己的人身都不屬於自己。他們要是出賣自己的人身，就等於侵犯他人的財產。

但是，野蠻人只要能行動，就是自己的主人。他們幾乎不知道什麼叫家長權，從來沒有使自己的意志屈服於族長權，誰也教不會他們區分自願服從和可恥屈從，甚至法律這個詞彙在他們那裡都沒有。在他們看來，自由就是擺脫社會的一切羈絆，不受任何束縛。他們滿足於這種野蠻的獨立，寧願因喜愛獨立而毀掉自己，也不肯放棄一絲一毫的獨立。文明對這樣的人，作用不大。

黑人為進入那個始終在排斥他們的社會，做了許許多多徒勞無功的努力。他們屈從自己的壓迫者的愛好，接受壓迫者的觀點，企圖仿效壓迫者的一舉一動，以便和他們混為一體。從幼年時代起，別人就告訴他們是天生不如白人的種族，而且他們也推翻不了這種說法，因而他們自愧不如白人。他們發現自己的一舉一動都有奴隸的痕跡。如果他們能夠做到，他們真願意丟掉這一切。

印第安人與此相反，他們在想像中以為自己出身高貴。他們的生和死，都寄予這種自以為了不起的夢幻。他們根本不想使自己的民情服從我們歐洲人的民情。他們把野蠻生活當作自己種族的獨特標誌加以熱愛。他們拒絕接受文明，而且拒絕的原因，主要的不是出於仇恨文明，而是出於害怕自己變得與歐洲人一模一樣[1]。

他們只能以原始的弓箭來對付我們的精良武器，以沒有紀律的野蠻來對付我們的戰術，以野蠻人的自發本能來對付我們的老謀深算。在這場力量懸殊的鬥爭中，他們只能接連失敗。

黑人希望與歐洲人混為一體，但他們沒能辦到。印第安人在一定程度上可以做到這一點，但他們不屑於做此種打算。一個是奴性使自己註定為奴，另一個是傲慢使自己必然滅亡。

我還記得，在我途經至今仍覆蓋著阿拉巴馬州的森林時，有一天來到一個拓荒者的木房前邊。我不想進美國人的住宅，而停在離這所木房不遠的一個水池旁邊休息一會兒。我剛在那裡坐下，來了一個印第安女人（這裡離克里克部的居住區不遠），手裡拉著一個五、六歲的白人小女孩，看來是拓荒者的女兒。一個黑人女人跟在她們後面。這個印第安女人的打扮，集盡了野蠻人華麗裝飾之大成：鼻孔和耳垂掛著銅環，頭髮綴著玻璃珠披散在肩上。我看得出她還沒有結婚，因為她還帶著貝殼項鍊，而按照習慣，她要是新娘，該把它放在新婚的床上。那個黑人女人，穿著一身襤褸的歐洲式服裝。她們三人都來到水池邊坐下。那個年輕的印第安女人抱起小姑娘，像母親一般對她愛撫備至。坐在旁邊的黑人女人，想盡各式各樣的辦法逗弄小混血兒高興。而這個小混血兒，卻在她那慢條斯理的動作中表現出一種優越感，這與她的幼小年齡形成了使人驚異的對照，好像是她在屈尊接受同伴的關懷。

黑人女人蹲在小主人的面前，想盡辦法迎合她的願望，好像既分享著一種母愛，又懷著一種唯恐得罪小主人的奴性心理。而那個印第安女人，則在她的溫柔的表情中，流露出一種自由自在、有點驕傲和近乎憤世的神氣。

我向他們走去，默默地看著這個場面。我的好奇心顯然引起印第安女人的討厭，因爲她霍地站立起來，粗暴地把孩子推到一邊，怒視了我一眼以後，便走進叢林裡去了。

我經常看到北美的這三大種族混合集會在同一地點的場面。我曾藉由多次的不同觀察，看到白人的優越地位。但在我方才描述的這幅圖景中，卻有一種特別動人的情景：一種感情上的聯繫，在這裡把壓迫者和被壓迫者結合在一起了，而大自然爲了使兩者接近而進行努力時，卻使偏見和法制在兩者之間所設的鴻溝更加觸目了。

居住在聯邦境內的印第安部落的現況及其可能出現的未來

土著部落的逐漸消失——消失是怎樣進行的——印第安人的被迫遷徙給他們帶來的苦難——北美

的野蠻人只有兩條可以逃避滅亡之路：不是進行戰鬥，就是接受文明——他們已無力進行戰鬥——當他們能夠接受文明時爲什麼不願意接受，而當他們願意接受文明時又爲什麼不能接受了——克里克部和柴羅基部的例子——個別州對待印第安人的政策——聯邦政府的政策。

在世世代代居住在新英格蘭境內的印第安諸部中，納拉幹部、莫希幹部和佩科特部，除了留在人們的記憶中，早已不復存在了；而一百五十年前在德拉瓦灣歡迎佩恩的勒納普部，現今也不存在了。我見到過幾個僅存的易洛魁人，他們都在以討飯維持生活。我方才提到的諸部，昔日曾滿布於北美各地，甚至發展到海岸。現在，只有深入到內陸一百多里約，才能見到印第安人。這些野蠻人不僅向內陸逃離，而且正在逐漸滅亡[2]。隨著印第安人的遠徙和死亡，便不斷遷來大量的居民而把他們的地盤住滿。在人類的歷史上，還沒有見過一個發展得如此驚人而消失得又如此迅速的民族。

至於這種消失是怎樣進行的，並不難解釋。

當印第安人還是他們後來被逐出的那片荒野的唯一居民時，他們的需求很少，他們自製武器，河水是他們的唯一飲料，他們用獸皮做衣服，用獸肉做食物。

歐洲人把火器、鐵器和酒帶到了北美的土著居民中間。他們教會了印第安人改穿紡織品製成的服裝，把原先只能滿足於簡樸需要的野蠻人服裝丟掉。印第安人在沾染上新的嗜好後，並沒有學到滿足這些嗜好的技術，所以他們只得依靠白人的工業。爲了換取自己不能製造的這些物品，野蠻人除了森林裡還可出產的毛皮財富外，再也拿不出來什麼東西。這樣，狩獵便不僅爲維持生活所需要，而且爲滿足歐洲人的奢望所需要。印第安人不再單純地爲了獲取食物，而且還要爲了取得以物易物的物資而打獵了[3]。

土著的需要如此日益增加，但他們的資源卻又不斷減少。

自從歐洲人在印第安人居住地區的附近定居以後，飛禽走獸都嚇得逃進森林[4]，而對漂泊在森林裡沒有固定住所的數千名野蠻人，它們並不害怕。但是，一旦從某個地方傳來歐洲人不斷勞動的聲音，它們便開始逃走，退藏到西部。它們的本能，指引它們能在西部找到仍是無邊無際的荒野。卡斯先生和克拉克先生在他們一八二九年二月四日的報告中說道：「成群的野牛不斷地後退，幾年以前它們還經常出沒在阿勒格尼山麓。但數年之後，在沿著洛磯山脈伸展的廣闊原野上，也難以見到它們的蹤影了。」有人以堅信不疑的口氣向我指出，白人來臨的這種影響，往往在離他們住區兩百里約以遠的地方就可以感受到。他們也對他們剛剛知道族名的一些部落發生了影響，而這些部落在認識他們的苦難的製造者以前，早就嘗到掠奪的痛苦[5]。

一些大膽的冒險家，很快就深入到印第安人的居住地區。他們越過白人居住區的邊界，向前深入十五或二十里約，在野蠻人的居住區內建起文明人的住所。他們沒有遇到困難，因爲狩獵民族的領地邊界是不明確的。何況狩獵的領地是屬於全民族的，而不是個別人的財產，所以保護領地的任何部分均與個人利益無關。

一些歐洲人全家搬到印第安人居住地區，在那裡建立起一些相隔很遠的據點，不久便把據點之間的一切野獸嚇走而不再回來。原來在那裡過得還算豐衣足食的印第安人，現在處於難以維持生計的境地，而要獲得他們以物易物所需的東西，也更加困難了。趕走他們的獵物，其後果等於我們農民的耕地變得貧瘠不毛一樣。不久以後，他們的生活手段幾乎完全喪失。這些到處漂泊的不幸人，就像徘徊在荒山野林裡的一群群野狼。安土重遷的本能，使他們熱愛自己的出生地區[6]，但他們在那裡只有受苦和餓死。於是，他們終於決心離開，跟蹤大角鹿、野牛和河狸的逃退路線，讓這些野獸指引他們選定新的家園。因此，有人竟說，把美國土著攆走的，不是歐洲人，而是饑荒。這眞是以往的碩學之士都沒有找到而由現代有識之士發明的高論。

隨著這種被迫遷徙而來的可怕苦難，是不堪設想的。當印第安人離開世世代代居住的家園時，他們已經筋疲力竭，衰敗不堪；而在他們新選定的落腳地區，又早已住有只會對新來者懷有敵意的其他部落。他們的背後是饑荒，而面前又是戰爭，眞是到處受苦受難。爲了避開這麼多的敵人，他們只好分散開來活動。每個人獨自一人默默地去尋找謀生的手段。就像文明社會裡無家可歸的人那樣，漂泊生活在無邊無際的荒野之中。很早以來就已削弱的社會紐帶，這時已經完全斷裂。對於他們來說，已不再有故國，並且很快將不再成爲一個部族。家庭已經難保，共同的族名正在失去，共同的語言逐漸被人遺忘，族源的痕跡行將消失。作爲一個民族，他們已經不復存在了。他們的族名還勉強地留在美洲考古學家的記憶裡，或只有歐洲的某些學者還記得。

我想讀者不會不信我在這裡所述的一切。我要把我目睹的一些悲慘局面描述出來，把我看到的苦難盡可能再現出來。

一八三一年底，我來到密西西比河左岸一個歐洲人稱做孟菲斯的地方。我在這裡停留期間，來了一大群巧克陶部人。路易斯安那的法裔美國人稱他們爲夏克塔部。這些野蠻人離開自己的故土，想到密西西比河右岸去，自以爲在那裡可以找到一處美國政府能夠准許他們棲身的地方。當時正値隆冬，而且這一年奇寒得反常。雪在地面上凝成一層硬殼，河裡漂浮著巨冰。印第安人帶領著他們的家屬，後面跟著一批老弱病殘，其中既有剛剛出生的嬰兒，又有行將就木的老人。他們既沒有帳篷，又沒有車輛，而只有一點口糧和簡陋的武器。我看見了他們上船渡過這條大河的情景，而且永遠不會忘記那個嚴肅的場面。在那密密麻麻的人群中，既沒有人哭喊，又沒有人抽泣，人人都一聲不語。他們的苦難由來已久，他們感到無法擺脫苦難。他們已經登上載運他們的那條大船，而他們的狗卻仍留在岸上。當這些動物最後發現它們的主人將永遠離開它們的時候，便一起狂吠起來，隨即跳進浮著冰塊的密西西比河裡，跟著主人的船泅水過河。

今天，對印第安人的剝奪，經常以一種正規的或者可以說是合法的形式進行。

當歐洲人開始進駐被一個野蠻部族占據的荒涼地區時，美國政府一般都先向這個部族派去一名官方信使。隨後，白人將印第安人召集到一個空場裡，和他們大吃大喝一頓，然後對他們說：「你們在你們祖先的這塊土地上能幹出什麼大事？過不了多久，你們就得靠挖他們的骨頭來生活。你們居住的這塊土地怎麼就比別的地方好？難道除了你們住的這個地方，別處就沒有森林、沼澤和草原嗎？難道普天之下，除了你們這裡就沒有可住的地方了嗎？在你們看見的天邊那些大山後面，在你們的土地西面盡頭的那個湖的對岸，有一大片還奔馳著許多野獸的土地。請把你們的土地賣給我們，到那邊的土地上去過幸福生活吧。」講完這一番話後，他們就在印第安人面前，陳列出一些火槍、呢絨服裝、成桶的酒、玻璃項鍊、金屬手鐲、耳環和鏡子[7]。假如印第安人看到這些寶貴物品後還不動心，可以慢慢說服他們不要拒絕對他們提出的要求，並向他們暗示將來政府也不能保證他們行使自己的權利。結果會怎麼樣呢？印第安人在一半說服和一半強迫之下，離開了他們的土地。他們來到新的荒涼地區住下，但白人也不會讓他們在那裡太太平平地住上十年。美國人就這樣以非常低廉的價格，買到了歐洲最富有的君主也買不起的大片大片的土地[8]。

我已描述了這些深重苦難，但我還得補充一句：我認為這些苦難是無法挽救的。我相信，北美的印第安人註定要滅亡。我也無法使自己不認為，一旦歐洲人在太平洋海岸立足，那裡的印第安人亦將不復存在[9]。

北美的印第安人只有兩條得救的出路：不是對白人開戰，就是自己接受文明。換句話說，不是消滅歐洲人，就是變成和歐洲人一樣的人。

在白人建立殖民地之初，他們本來可以聯合起來趕走剛剛登上這個大陸海岸的一小撮外來人[10]。他們曾不止一次試圖這樣做過並接近成功。今天，力量的對比懸殊，以致他們都不能產生這種想法了。但在印第安人中間，仍有些傑出人士預見到蠻族的未來厄運，而試圖把所有的部落聯合起來，共同對付歐洲人。然而，他們的努力是無濟於事的。鄰近白人的部落，都已經衰弱得無力進行有效的抵抗；而其他一些部落，則出於野蠻人的天性，對於明天採取聽天由命的態度，只等待厄運來臨，而不採取對策。其中，有的部落是無力採取對策，有的部落是根本不想採取對策。

不難預見，印第安人不是永遠不想接受文明，就是在想開始這樣做的時候已經為時甚晚。

文明是人們在同一地方長期勞動的結果。它代代相傳，每一代都得益於上一代。使文明最難在其中建立統治地位的民族，是狩獵民族。遊牧部落雖然經常改換住地，但在遷徙的過程中總是依照一定的路線，最後又回到原處。而狩獵部落的住處，則隨著他們所追捕的動物的棲息場所而改變。

有人曾多次試圖深入印第安人地區，在那裡傳播知識，並任其保持漂泊流動的習性。耶穌會士在加拿大試圖這樣做過，清教徒試圖在新英格蘭這樣做過[11]。無論是耶穌會士，還是清教徒，都未能長期工作下去。文明在獵人的茅屋裡開花了，但到森林裡又枯死了。這些在印第安人中間傳播文明的人所犯的最大錯誤，在於他們不懂：要想使一個民族接受文明，就必須先讓它定居下來，而要使它定居下來，就得叫它種地務農。因此，應當先讓印第安人成為種田人。

印第安人不僅缺乏文明的這個不可缺少的前奏，而且很難叫他們進入這個前奏。人們一旦沉迷於獵人那種到處遊蕩的冒險生活，就對農耕所需經常而有規律的勞動，有一種幾乎不可克服的厭惡感。這種情況，也見於我們文明人的社會；但在狩獵習慣已變成全民習慣的民族中，表現得尤為明顯。

除了這個一般原因之外，還有一個也很重要但只見於印第安人社會的原因。我在前面已談到這個原因，但我認為應在這裡再重複一次。

北美的土著不僅把勞動視為壞事，而且認為勞動是一件不光彩的事。他們的傲慢之於對抗文明，與他們的懶惰之於對抗文明，幾乎同樣頑固【12】。沒有一個印第安人認為在自己的樹皮蓋的茅屋裡生活，就失去了個人的尊嚴和因而覺得可悲。他們認為辛苦的勞動是下賤的活動，將種田的人比做耕田的牛，把我們的每一種手藝都看成是奴隸的勞作。他們對白人的能力和高超智慧倒是不乏欽佩之感，但他們在讚揚我們的勤勞成果時，卻又瞧不起我們獲得這種成果的手段；在承認我們的高超時，卻又覺得他們比我們還高明。在他們看來，打獵和打仗是值得人去做的唯一工作【13】。印第安人在他們的森林裡過著悲慘的生活，他們的思想和觀點與中世紀在古堡裡生活的貴族一模一樣。他們只要變成征服者，便與中世紀的貴族一般無二了。眞是一件怪事！今天重現歐洲古老偏見的地方，並不是歐洲人居住的新大陸沿岸，而是土著所在新大陸林野。

我在本書的敘述當中，曾不止一次試圖讓讀者明瞭：在我看來，社會情況對於法制和民情具有重大的影響。在這個問題上，請允許我再補充幾句。

當我察覺我們的祖先日爾曼人和北美的遊獵部落在政治制度上存有相似之處，看到塔西佗當年描寫的日爾曼人的生活習慣，和我有時可以目睹的印第安人的生活習慣之間存有相似之點時，我不禁在想：既然同樣的原因在兩個半球造成了同樣的結果，那麼，要想在紛繁不一的人類活動中找出少數幾個促使其他事實產生的主要事實[14]，並不是不可能的。因此，我認爲一定能在我們所稱的日爾曼人的政治制度中找到野蠻人的習慣，在我們所說的封建思想中找到野蠻人的觀點。

儘管惡習和偏見在妨礙北美的印第安人去從事農耕和接受文明，但現實的需要有時也逼得他們非從事農耕和接受文明不可。

南部的幾個相當大的部落，特別是其中的柴羅基部和克里克部[15]，現已被歐洲人所包圍。這些歐洲人有的來自大西洋沿岸，有的順俄亥俄河而下，有的溯密西西比河而上，一起蜂擁來到他們的周邊。這些部落沒有像北部的部落那樣從一個地方被攆到另一個地方，而是在各自所在地區，被逐漸圍縮在一塊很小的土地上，就像獵物被獵人圍住，只待就擒了。這樣被置於文明和死亡之間的印第安人，只好依靠白人那樣的勞動餬口了。於是，他們開始種田，但並沒有完全放棄他們原來的習慣和民情，只是爲了生存而做了不可不做的犧牲。

柴羅基部比其他部落進步一些。他們創造了文字，建立了相當穩定的管理組織。同時，由於新大陸裡的一切都是發展得很快的，所以他們在全體還過著裸體生活的時候就出了一份報紙[16]。

混血兒的出現，明顯地加速了歐洲人的生活習慣在印第安人中間的傳播[17]。混血兒從父方學來了知識，但又沒有完全放棄母方種族的野蠻人習慣，他們是文明和野蠻之間的天然紐帶。凡是混血兒多的地方，野蠻人就逐漸在改變他們的社會情況和民情[18]。

因此，柴羅基部的成就證明印第安人有能力接受文明，但絕不證明他們能夠成功。

印第安人之難於在接受文明化方面獲得成功，來自一個他們無法擺脫的普遍原因。

仔細閱讀一下歷史，就可以發現：一般說來，野蠻民族都是依靠自己的努力，逐漸地自行文明起來的。

當他們主動去從外族汲取文化知識時，他們在這個異族面前，總是處於征服者的地位，而不是處於被征服者的地位。

當被征服的民族是開化的民族，而進行征服的民族是半野蠻的民族時，比如像羅馬帝國被北方民族入侵時，或像中國被蒙古人入侵時，勝利賦予蠻族的權力足以使他們達到文明人的水準，並能把他們的平等地位保持到文明人變成他們的對手的時候。一個憑藉武力，另一個依靠智力。前者欽佩被征服者的學識和技術，後者羨慕征服者的權勢。最後，野蠻人把開化人請進他們的宮殿，而開化人則對野蠻人開放他們的學校。但是，當擁有物質力量的一方也同時具有智力的優勢時，則被征服的一方很少能夠走向文明，他們不是後退便是滅亡。

總之，可以說野蠻人是手持武器去尋找知識，而不是憑自己的資質去接受知識。

現今住在大陸中部的印第安部落，當初如憑藉自己的力量，十分堅定地設法使自己開化，它們也許可以成功。當時，它們已比周圍的部族優越，可以逐步地發展自己的力量和取得經驗；而後來當歐洲人出現於它們的邊界時，它們即使保持不了獨立，至少也能讓歐洲人承認它們的土地所有權和融合於征服者的行列。但是，印第安人的不幸，則來自他們在同一個最開化的民族，我再加上一句，地球上最貪婪的民族接觸的時候，自己還處在半野蠻的狀態。也就是說，印第安人的不幸，來自他們找到的教員要做他們的主人，來自他們在接受文明的同時就接受了壓迫。

在北美的森林裡，自由生活的印第安人是貧困的，但他們在任何人面前都沒有自卑感。自從他們試圖進入白人的社會階梯後，他們總是感到自己處於最下層，因爲他們在走進一個被知識和財富所統治的社會時，自己既無知識又一文不名。他們在經歷了一段動盪不安、充滿災難和危險，但又覺得高興和自豪的生活以後[19]，只好去煎熬單調無味和渾渾噩噩的一生。在他們看來，在遭別人白眼的條件下，用辛苦的勞動賺錢購買麵包餬口，就是他們所讚揚的文明的唯一成果！

而且，就連這一點點成果，也不是他們總有把握取得的。

當印第安人著手仿效他們的鄰居歐洲人種田的時候，他們立即受到了激烈的競爭給他們造成的嚴重損害。白人精通農業技術，而印第安人則剛剛開始學習他們所不懂的技術。前者毫不費事就可獲得豐收，而後者千辛萬苦才能使土地長出莊稼。

歐洲人居住在生活需要與自己相同的人們中間，而且他們對這種需要也瞭若指掌。

野蠻人孤立於與他們爲敵的白人中間，他們不了解白人的習俗、語言和法律，但事實上又離不開白人。他們只有與白人交換自己的產品，才能獲得生活所需的物品，因爲他們的同族已不再能向他們提供本來就很少的援助。

因此，印第安人在打算出售自己的勞動果實時，並不是總能像白人農戶那樣找到買主。而且，他們只有付出高額的費用，才能生產出白人以低價出售的產品。

這樣，印第安人剛剛走出野蠻民族的生活苦海，又陷入了走向開化的民族的更加悲痛的深淵。他們覺得在我們的富裕環境中生活，其困難並不亞於他們在森林裡生活時期。

他們的漂泊生活習慣，還沒有完全丟掉。他們的傳統沒有失去作用，而狩獵的愛好也依然如故。昔日在森林裡享受的蠻族歡樂，現在只是在模糊的記憶中留下了鮮明的痕跡。在他們看來，在森林裡忍受的貧苦，反而不可怕了；而以前在森林裡面臨的危險也不算大了。他們以前在彼此平等的人們中間享有的獨立，與他們現今在文明社會所處的奴隸地位形成了鮮明的對照。

另一方面，曾長期使他們和平生活的荒野，仍然近在咫尺；只消走幾個小時，就能重回舊地。如果他們那塊賴以勉強餬口的半荒半墾的土地，被他們的鄰居白人用一筆在他們看來是相當不小的款項買去，而歐洲人給他們的這筆錢可使他們遠離白人而去過幸福安寧的生活，那麼，他們便要放下犁頭，重新拿起武器，永遠回到荒野中去[20]。

我已提到的克里克部和柴羅基部的情況，就可以證明這幅悲慘的圖景屬實。

這些印第安人在他們所做的少數事情上表現的天才，無疑與歐洲人在他們大事業上表現的天才不相上下。但是，一個民族與一個人一樣，不管它的智力和能力如何高強，在學習上也是需要時間的。

在野蠻人致力於開化期間，歐洲人繼續從四面八方包圍他們，並逐漸縮小包圍圈。現在，這兩個種族終於相會，並直接接觸了。印第安人已經比他們的野蠻祖先進步，但他們仍然大大不如他們的白人鄰居。歐洲人依靠自己的物力和知識，很快就把土著因占有土地而能得到的好處大部分據爲己有。他們在土著的居住地區定居下來，用武力強占土著的土地，或以低價購買他們的土地，並透過他們毫無辦法對付的競爭使他們破產。孤立於自己土地上的印第安人，被一個人數眾多和占有統治地位的民族所包圍，而這個民族又把他們的所在地區看成了不夠安分守己的異族殖民地[21]。

華盛頓在他致國會的一篇諮文中說過：「我們比印第安諸部文明和強大；而為了我們的榮譽，我們必須對他們和善，甚至寬容。」

但是，這一高尚而合乎道德的政策，並沒有被遵守。

移民們的巧取豪奪，通常與政府的暴政相結合。儘管柴羅基部和克里克部在歐洲人沒有來到以前就已在他們的土地上定居，而且美國人往往像對待外來的民族那樣對待他們，但他們所在的各州都一直不願意承認他們是獨立的民族，並強迫這些剛從森林裡走出來定居的人服從本州的行政管理、習慣和法律[22]。貧困曾促使這些不幸的印第安人走向了文明，而壓迫現在又把他們趕回到野蠻。他們當中有許多人放棄了半開墾的土地，而恢復起野蠻人的生活習慣。

只要看一看南部各州的立法機構採取的暴虐措施，看一看那些州的統治者的行徑和法院的判例，就不難確信：把印第安人完全攆走，曾是這些州的全部措施所要一致達到的最終目的。住在聯邦這一地區的美國人，以貪婪的眼光注視著仍被印第安人占據的土地[23]。他們覺得這些印第安人還沒有完全放棄野蠻人生活的傳統，所以擬在文明使這些人安心定居以前，就讓他們破產而絕望，並逼著他們離開。

受到所在州壓迫的克里克部和柴羅基部，到中央政府去告狀。中央政府沒有對他們的不幸置之不理，衷心希望拯救這些殘存的土著，願意保護它曾給予他們占有土地的自由[24]。但當中央政府著手實施這項計畫時，那幾個州都堅決反對。於是，中央政府為了不使美國聯邦陷入危機，也就只好把心一橫，聽任那幾個已經處於半死半活狀態的野蠻人部落自消自滅。

無力保護印第安人的聯邦政府，後來又曾設法減輕他們的苦難。為了這個目的，它決定由政府出錢把這些印第安人遷往他處。

在北緯三十三度和三十七度之間，有一片廣大的空曠地區，因流經域內的一條大河的河名，而得名為阿肯色。它有一側與墨西哥接壤，還有一側瀕臨密西西比河。境內許多河流縱橫交錯，氣候溫暖，土壤肥沃，只有幾個野蠻部落流動於其上。聯邦政府就想把南部的殘餘土著，遷到這個與墨西哥毗鄰而離美國白人居民點較遠的地區。

到一八三一年末，據說已有一萬多名印第安人來到阿肯色河兩岸，而且每天都陸續有新人前來。但是，國會對把命運交由它支配的人，尚未做出意見完全一致的決定。結果，有一些印第安人，高高興興地離開了白人肆虐的地區；但是，已經開化的印第安人，卻不肯放棄他們正在生長中的莊稼和剛剛建造起來的新房。他們認為，接受文明的進程一旦中斷，便永遠無法恢復。他們擔心，剛剛養成的定居生活習慣，會在仍是野蠻人居住而且未給務農人的生活做好任何準備的地區，失而不可復得。他們知道，他們到了新的荒涼地區，將會遇到一些敵對部落，而為了抵抗敵人，他們既沒有野蠻人那樣的體力，又沒有文明人那樣的智力。此外，印第安人到了新地點後立即發現，為他們所做的一切安排都是暫時性的。誰能擔保他們在新的住區可以平平安安地生活下去呢？美國政府答應到那裡後保護他們，但對他們現在所在的地區，美國政府也曾信誓旦旦地做過這樣的保證[25]。不錯，美國政府現在不是搶占他們的土地，但它卻聽任別人去侵占。毫無疑問，再過幾年，現在聚集在他們周圍的這夥白人，也會把腳插到阿肯色的荒原，再來擠壓他們。那時，他們將會遭到同樣的苦難，而且同樣沒法補救。土地遲早要從他們手中奪走，而他們本人只有等待死亡。

聯邦政府對待印第安人的措施，沒有各州對印第安人實行的政策那樣貪婪和暴虐。但是，聯邦政府和州政府均不守信用。

這些州在把它們所謂的法律恩典施於印第安人時，就已預料到印第安人寧願遠走他鄉，也不願意受這些法律的束縛；而中央政府在給這些不幸的人在西部安排永久住所時，也不是不知道它不能保證他們永久住下去[26]。

因此，這些州全是靠暴力把野蠻人攆走的；而聯邦政府則利用它的許諾和財力，幫助了這些州驅逐野蠻人。這些措施雖有不同，但它們所追求的目的是一致的[27]。

柴羅基部在它提交國會的請願書[28]中說道：「奉統治宇宙的我們在天祖先之旨意，美洲的紅色人種變得弱小了，而白色人種則變得強大和出名了。」

「當你們的先人登上我們的海岸時，紅色人是強大的；儘管紅色人當時無知和野蠻，但以和善的態度接待了他們，並讓出乾爽的土地供他們疲勞的雙腳休息。我們的先人和你們的先人，當時握手言歡，和平相處。」

「凡白人提出的要求，印第安人無不欣然允諾，並予以滿足。當時，印第安人是施主，而白人是乞者。今天，局面改變了：紅色人的力量削弱了。隨著鄰居人數的增加，紅色人的權力越來越小了。昔日布滿你們稱謂的合眾國各地的許多強大部落，而今免於大災大難的只有幾個了。往昔在我們當中以強大著稱的北方諸部落，如今已幾近滅絕。這就是美洲紅色人至今的遭遇。」

「我們這些倖免於難的紅色人，難道也得同樣去死嗎？」

「從無法追憶的遠古起，我們共同的在天祖先，就把我們現在所占據的土地給了我們的先人，我們先人又把它作爲遺產傳給了我們。我們以尊敬的心情把它保存下來，因爲這裡埋藏著先人的遺骨。我們什麼時候讓出或放棄了這塊遺產？請允許我們不揣冒昧地問問你們：除了繼承權和最先占有權，還有什麼更充分的權利可使一個民族擁有一片國土呢？我們知道，喬治亞州和合眾國總統現在硬說我們已經喪失了這項權利。但我們認爲這是毫無根據的武斷。我們在什麼時候喪失了它？我們犯了什麼可使我們喪失這項權利的罪行？你們是指責我們在獨立戰爭時期曾在大不列顛國王的旗幟下和你們打過仗嗎？假如你們說這就是罪行，那麼，爲什麼在這次戰爭後簽訂的第一個條約中，你們沒有指出我們已經喪失對我們土地的所有權呢？你們當時爲什麼沒有在這項條約中加進『合眾國願意與柴羅基部媾和，但爲了懲罰它曾參加戰爭，茲宣布：今後只把柴羅基部視爲土地的佃戶，當與柴羅基部接壤的州要求它撤走時，它必須服從而離開』這樣的條款呢？那時是你們可以這樣說的時候，但當時你們誰也沒有想到這一點，而且我們的先人也未曾同意會使他們喪失最神聖的權利和失去他們的土地的條約。」（實際上，托克維爾是節譯的。全文見第二十一屆國會（眾議院）第一次會議第三一一號報告第七頁及以下幾頁）。

這就是印第安人說的，而且他們說的都是實情。他們所預見的事，看來是不可避免的了。

無論從哪一方面去考察北美土著的命運，他們的災難好像都是無法補救的：如果他們繼續保持野蠻，則白人會一面前進一面驅趕他們；如果他們想要自己開化，則與比他們開化得多的人接觸後，就要受到壓迫和使自己貧困；如果繼續從一塊荒野漂泊到另一塊荒野，則會滅亡；如果設法定居下來，也還得滅亡。他們只有依靠歐洲人的幫助方能開化，但歐洲人的來臨，卻使他們的處境更壞了，又把他們驅回到野蠻生活中去。而只要讓他們繼續在荒野裡生活下去，他們就不會改變他們的民情。當他們被迫想要去改變時，又已爲時晚矣。

當年，西班牙人曾用他們的獵犬像追逐野獸那樣去追逐印第安人。他們不分青紅皀白，毫無憐憫地像摧毀一座城市那樣洗劫了新大陸；但他們未能把印第安人殺光滅絕，而且瘋狂也總有一個限度。在大屠殺中倖免於難的印第安人，最後與他們的征服者融合在一起，並接受了他們的宗教和生活方式【29】。

與西班牙人相反，美國人對待土著的態度，還有點講究規矩和法制的表現。只要印第安人願意保持他們的野蠻狀態，美國人絕不干預他們，而以獨立的民族對待他們。在按照條約中規定的手續購買以前，絕不允許任何人占有印第安人的土地。當某一印第安部落因不幸事故而不能在原地生活下去時，美國人會向他們伸出兄弟的手，把他們送到遠離故土的一個地方去，讓他們在那裡自消自滅。

西班牙甘冒天下之大不韙，使自己遭到奇恥大辱，以史無前例的殘酷手段，也未能滅絕印第安種族，甚至未能阻止印第安人最後分享了他們的權利。而美國人用十分巧妙的手段，不慌不忙，透過合法手續，以慈善爲懷，不流血，不被世人認爲是違反偉大的道德原則【30】，就達到了雙重目的。以尊重人道的法律的辦法消滅人，可謂美國人之一絕。

黑色人種在美國的處境【31】和他們的存在給白人帶來的危險

爲什麼廢除蓄奴制和消除其一切痕跡在現代比古代更爲困難——在美國，白人對黑人的偏見似隨蓄奴制的廢除而日益加深——黑人在北方和南方各州的地位——美國人爲什麼要廢除蓄奴制——使奴隸致蠢的奴役不再能使奴隸主發財致富——俄亥俄河左岸和右岸之間出現的差異——這種差異應歸因於什麼——隨黑色人種向南方退卻蓄奴制也向南方轉移——怎樣解釋這一現象——在南方廢除蓄奴制所遇到的困難——將來的危險——人們的憂慮——在非洲建立一個黑人殖民地——爲什麼南方的美國人在厭惡蓄奴制的同時反而加劇了這種制度的殘酷性。

印第安人在孤立狀態中生存，並將在孤立狀態中消滅。但是，黑人的命運卻幾乎總要與白人的命運交織在一起。這兩個種族互有聯繫，卻不混爲一體。它們既不能完全分開，又不能完全結合。

在威脅美國的未來一切災難中，最可怕的災難是黑人在這個國土上的出現。一些觀察家雖然出發點不同，但他們在考察美國的目前困境和未來危險的原因時，幾乎總是歸結於這一主要事實。

一般說來，人們好高騖遠和拼命追求，常會造成長期的災難。但是，有一種災難卻是悄悄地降臨於世界上的：最初，它以人們剛能察覺的形式出現於一般的權力濫用之中，肇始於一個歷史上沒有留下名字的人之手；隨後，它像一種可怕的病菌被撒在大地的某些點上，經過自身的繁殖，不費力地向外蔓延，並隨著它所在社會的發展自然地成長起來。這個災難就是蓄奴制。

最初的基督教廢除了奴役，而十六世紀的基督教徒又把它恢復。但是，他們絕不是把它作爲一種例外實施於他們社會的，而是針對整整一個種族實施的。他們又使人類受到一次創傷，這次創傷的規模雖然不大，但要治癒它卻要困難得多了。

要對蓄奴制本身和蓄奴制後果這兩件事加以區分。

蓄奴製造的直接災難，在古代和現代大致一樣；但這種災難的後果，在現代就與古代大不相同。在古代，奴隸與其主人屬於同一種族，而且奴隸的教育和知識水準往往高於他的主人[32]。有無自由，是他們之間的唯一差別。一旦賦予奴隸自由，奴隸就與奴隸主容易混爲一體。因此，古代人取消蓄奴制的辦法很簡單。這個辦法就是給予奴隸自由，而且只要他們普遍採取這個辦法，就會獲得成功。

但在古代，取消奴役以後，奴役的痕跡還繼續存在一個時期。

有一種天生的偏見使人看不起比自己地位低的人，而當這些人已與自己平等以後，他也會長期看不起人家。繼財富或法律造成的不平等之後，總是產生一種扎根於民情的想像的不平等。但在古代，奴役的這種第二次效果有一個極限。奴隸一旦獲得自由，就將與生來自由的人完全一樣，以致很快就無法把他與那些自由人區別開來。

古代人的最大困難在於改革法制，現代人的最大困難在於改變民情；而我們現代人的眞正困難，又與古代人所要解決的困難有聯繫。

這是因爲現代人把蓄奴制無形的和短期的壓迫，與種族差別有形的和長期的壓迫極其有害地結合在一起了。一回憶起蓄奴制，就使某些種族感到恥辱，而這些種族又總浮起這種回憶。

沒有一個非洲人是自由來到新大陸的海岸的。因此，今天居住於新大陸的非洲人，不是仍爲奴隸，便是已經解放了的奴隸。於是，黑人一出生就將其恥辱的外在標誌傳給了他們的後代。法律可以廢除奴役，而能夠抹去奴役痕跡的唯有上帝。

現代的奴隸不僅在自由上，而且在族源上，都與奴隸主不同。你可以使黑人獲得自由，但你無法使歐洲人把他們看成是自己人。

情況還不僅僅如此。他們生下來就低人一等，是以奴隸身分進入我們社會的異類，我們只勉強承認他們具有人類的一般特點。我們認爲他們的面貌可憎，他們的智力有限，他們的趣味低下，而且幾乎把他們視爲介於人獸之間的生物[33]。

因此，現代人在廢除蓄奴制以後，還要破除三個比蓄奴制還要不好對付的頑固偏見。這就是奴隸主的偏見、種族的偏見和膚色的偏見。

我們有幸生在大自然使我們都一樣和法制使我們都平等的人們中間，但這一情況也給我們造成一個極大的困難。而我所說的這個困難，就是這一情況使我們很難理解把美國黑人與歐洲人隔開的那條鴻溝。但是，我們可以用類比推理的辦法，得出一個大致不會離譜的看法。

在我們國家，曾經有過一些主要是立法所造成的較大的不平等。純由法律規定的尊卑，是人們所能想像出來的最大虛構！在分明是同類的人之間建立的永恆差別，是對人性的最大違反！但是，這種差別卻存在了許多世紀，而且現在仍然存在於許多地方，並到處留有只有時間才能把它抹去的想像中存在的痕跡。既然純由法律規定的不平等都如此難於根除，那麼，怎樣才能消除那種看來其本身還有不可動搖的基礎的不平等呢？

至於我，當我想起一些貴族團體，不管它們的性質如何，怎麼不肯和人民群眾混合時；當我想起這些貴族團體，爲保護把它們與人民群眾隔開的思想屏障，而一連許多世紀煞費心機時，我覺得要想看到一個舉著鮮明而光輝的旗幟的貴族制度自消自滅，恐怕是沒有希望的。

所以我認爲，那些希望有一天歐洲人會與黑人混爲一體的人，是在異想天開。我的理性告訴我，不會有這一天的到來；而且我在觀察事實時，也沒有見到此種形跡。迄今爲止，凡是白人強大的地方，白人都使黑人處於屈卑和被奴役的地位；凡是黑人強大的地方，黑人就消滅白人。這是兩個種族之間向來如此的唯一結局。

現在來看今天的美國。我清楚的看到，在美國的一些地方，把兩個種族隔開的法律屏障正在消除，但民情方面的屏障並未消除。我發現，蓄奴制衰弱了，但它所造成的偏見卻依然故我。

在美國的黑人已經不再是奴隸的地區，他們是不是與白人更接近了呢？凡在美國待過的人都會看到，情況適得其反。

我覺得，種族偏見在已經廢除蓄奴制的州，反而比在尙保存蓄奴制的州強烈；而且，沒有一個地方的種族偏見，像在從來不知蓄奴制爲何物的州那樣不能令人容忍。

不錯，在聯邦的北部，法律准許黑人與白人合法結婚，但輿論卻要辱罵與黑人女人結婚的白人男人，而且也難以見到這種婚配的例子。

凡是廢除了蓄奴制的州，差不多都授予了黑人以選舉權；但他們如果去投票，生命就會遭到危險。他們受到迫害時可以去告狀，但當法官的都是白人。法律准許黑人充當陪審員，但偏見卻排斥他們出任陪審員。黑人的子女進不了爲歐洲人子女開設的學校。在劇院裡，黑人有錢也買不到與曾經是他們主人的白人並排坐在一起的票。在醫院裡，他們要與白人分開。雖然也讓黑人敬拜白人所敬拜的上帝，但不能在同一教堂祈禱。黑人有自己的教士和教堂。天堂的大門雖然未對他們關閉，但不平等的地位只能使他們停在來世的牆外。當黑人死去時，他們的骨頭就被拋到一旁，身分的差別都造成了死後的不平等。

可見，黑人雖然獲得了自由，但他們並未分享向他們宣布大家都已平等的那些人享有的同樣的權利、苦樂和勞動機會，甚至死後都進不了同一墓地。無論是在生前，還是在死後，他們都不能與那些人在一起。

在仍然保存蓄奴制的南方，黑人與白人的隔離還不如此嚴格。黑人有時還能與白人一起勞動和一起娛樂，白人也同意在一定範圍內與黑人混在一起。立法對待黑人很嚴，但人們的習慣卻有比較寬容和同情的精神。

在南方，奴隸主不怕把奴隸的能力提高到與自己相等的水準，因爲他們知道，他們可以隨意把奴隸投進垃圾堆裡。在北方，白人雖然不再把自己與劣等種族之間的壁壘看得那樣森嚴，但他們總是小心翼翼地避免與黑人接觸，唯恐有一天會與黑人混爲一體。

在南方的美國人中間，造物主有時收回它的權力，使白人與黑人之間暫時恢復平等。在北方，驕傲感已經達到使人不敢流露眞實感情的地步。如果北方的立法者宣布黑人女人無權與白人男人同床共枕，北方的白人男人倒可能找一個黑人女人作爲臨時伴侶行樂；但在北方，法律允許她可以成爲他的妻子，所以他出於一種害怕的心理而不敢接近她。

因此在美國，排斥黑人的偏見仿佛隨著黑人不再是奴隸而加深，而日常生活中的不平等則隨著法律廢除不平等反而加強。

但是，既然居住在美國的這兩個種族的地位對比有如上述，那麼，美國人爲什麼在北方廢除了蓄奴制，而在南方卻保留著蓄奴制呢？他們又爲什麼使蓄奴制的殘酷性加劇了呢？

答案容易找到。這是因爲美國廢除蓄奴制是出於白人的利益，而非出於黑人的利益。

第一批黑人被輸入維吉尼亞，係在一六二一年左右[34]。因此，在美國也像在世界其他地方一樣，蓄奴制始於南方。然後，從南方逐漸向其他地方發展。但是，奴隸的人數仍是越往北越少[35]。因此，在新英格蘭一般很少見到黑人。

一些殖民地相繼建立起來，時間已經過去一百多年，一個奇怪的現象開始引起所有人的注意。即幾乎完全沒有奴隸的地區，在人口、財富和福利方面，都比擁有奴隸的地區發展迅速。

但在沒有奴隸的地區，居民要自己種地或僱人種地；而在使用奴隸的地區，居民卻有不必付酬的人手供自己使用。雖然前者要自己出力出錢，後者可以安閒自在並把錢省下，但前者卻總比後者有更多的收益。

這樣的結果似乎很難解釋，因爲南北的移民都同樣是歐洲人，有同樣的習慣、同樣的文明和同樣的法制，只在一些不甚明顯的細節上略有不同。

時間繼續前進。一些英裔美國人離開大西洋沿岸，越來越多地開進西部的荒野。他們在那裡找到了新的土地，適應了新的氣候，克服了各種性質的障礙。在那裡，各方的人混在一起：有的人是從南北上，有的人是從北南下。所有的這些因素，同步地產生了相同的結果。一般說來，沒有奴隸的殖民地，要比盛行蓄奴制的殖民地越來越多人和越來越繁榮。

隨著各殖民地的發展，人們開始隱約地發覺：如此殘酷地奴役奴隸，正在對奴隸主造成致命的後果。

而當你在俄亥俄河兩岸視察時，會發現這個眞理最爲確實。

被印第安人親切地稱爲俄亥俄河即「美麗的河」的這條河，流經有史以來人們居住過的最好河谷之一。起伏不平的土地延展在俄亥俄河的兩岸，每天都在爲人們提供用之不竭的財富。在河的兩岸，空氣同樣有益於健康，氣候同樣溫和宜人。河的每一岸，各是一個土地遼闊的大州的邊界。在左岸，以蜿蜒曲折的俄亥俄河河水爲界，名爲肯塔基州；在另一岸，州以河名爲名。這兩個州的唯一差別，就是肯塔基州允許蓄奴，而俄亥俄州不准境內有奴隸[36]。

因此，一個人乘船順俄亥俄河而下，一直旅行到該河注入密西西比河的河口，簡直就像在自由和奴役之間航行。他只要放眼看一下兩岸，立刻就可以斷定哪一岸對人類更爲有利。

在河的左岸，人煙稀少，偶爾見到一群奴隸無精打采地在半墾半荒的土地上遊蕩，被砍伐的原始森林又長出新樹。可以說社會已經入睡，人們懶散，唯獨大自然還呈現出一派生氣勃勃的景色。

相反，從這條河的右岸，則可聽到機器的轟鳴，表明在遠方有工廠。田裡長著茂盛的莊稼，雅致的房舍顯示著農場主的愛好和興趣，到處是一片富庶景象。看來，這裡的人們都很有錢，並感到滿意，因爲這是自己的勞動成果[37]。

肯塔基州建於一七七五年，俄亥俄州比它晚建十二年。但是，美洲的十二年勝過歐洲的五十年。現在，俄亥俄州的人口已比肯塔基州多二十五萬人[38]。

蓄奴制和自由造成的這種不同後果是不難理解的，並足以說明古代文明與現代文明之差異。

在俄亥俄河左岸，人們把勞動與奴役混爲一談；而在這條河的右岸，人們則把勞動與致富和進步聯繫在一起。在左岸，勞動是下賤的；而在右岸，勞動是光榮的。在河的左岸，見不到白人勞工，因爲白人害怕與奴隸混在一起，一切苦活都由黑人去做。而在河的右岸，很難找一個懶漢，白人把他們的精力和智慧都用於各種勞動。

因此，在肯塔基州生產物質財富的人，既沒有熱情又沒有文化；而能夠有這兩種東西的人，不是什麼也不幹，便是渡過俄亥俄河，到那岸去發揮自己的才智和不受侮辱地運用才智。

當然，在肯塔基州，奴隸主使用他們的奴隸不必付酬，但奴隸勞動的成果不大；而他們付給自由工人的工錢，卻使他們能夠得到大大高於工人勞動價値的收益。

對自由工人要付酬，但他們的工作效率高於奴隸，而工作迅速則是經濟效益的主要因素之一。白人出賣他們的勞動力，但只有當他們的勞動力有用時才有人購買。黑人不要求對他們的勞動付酬，但奴隸主得養活他們一輩子，即在他們的老年和壯年，在他們不能創造收益的童年和精力旺盛的青年，在他們生病和健康時期，都得同樣養活他們。因此，要讓這兩種人勞動，結果同樣都得付酬。自由工人所得的是工資，而花在奴隸身上的錢，則是教育費、生活費、扶養費和服裝費。奴隸主爲養活奴隸支付的費用，是長期的和零星的，所以不容易被人注目。而自由工人的工資，則要整筆支付，好像得到錢的人發了財。但最後算起來，使用奴隸的花費要高於僱用自由工人的花費，而且奴隸的勞動效益不大[39]。

蓄奴制的影響擴大得比這還遠。它甚至觸及奴隸主的心靈，特別是左右了他們的思想和愛好。

在俄亥俄河兩岸，造物主雖使人們具有大膽敢拚和堅定不移的性格，但河兩岸在發揮這個共同品質時卻有不同。

右岸的白人必須依靠自己的努力生活，並以追求物質福利爲人生的主要目的。由於他們居住的土地有取之不盡的資源供他們使用，有不斷更新的迷人前景吸引他們去爭取，所以他們的進取精神超過了人類貪心的一般界限，時時都想致富的欲望使他們大膽地踏上了幸運爲他們開闢的每一條道路。他們不管是去當水手還是去開荒，不管是去做工還是去種地，都有堅韌的毅力在支持他們的勞動和克服這些不同行業可能遭到的風險。他們的聰明才智有一些不可思議的地方，他們爭取勝利的決心有一種英雄主義的氣概。

左岸的美國人不僅輕視勞動，而且看不起勞動所成就的一切事業。他們的生活悠閒自在，他們的志趣是懶漢的志趣。在他們眼裡，金錢失去了它的一部分價值；他們追求財富，遠遠不如他們追求放蕩與遊樂；他們用於這方面的精力，不亞於他們的鄰居用於其他方面的精力。他們熱愛打獵和打仗，喜歡瘋狂地使用體力。玩槍動刀，是他們的家常便飯。他們從很小的年紀開始，就學會在單人的搏鬥中玩命。因此，蓄奴制不但未使白人發財致富，反而使他們消失了發財致富的願望。

同樣這些原因，兩百年來一直在北美的英國殖民地發生各自不同的作用。最後，在南方人和北方人的經商能力之間出現了驚人的差別。今天，只有北方有航運業、製造業、鐵路和運河。

這些差別，不僅在對比南北方時可以見到，而且在對比南方各地的居民時也可以發現。在聯邦最南的幾個州裡經營商業和試圖從蓄奴制中得到好處的人，差不多都來自北方。現在，每天都有北方人前來美國的這一地區，因爲在這裡不必擔心競爭。他們發現這裡的資源還未被當地人注意，於是利用他們本來並不贊成的制度，去汲取比建立這個制度後仍在維護這個制度的人獲得的好處還要多的好處。

假如我願意再對比下去，我將不難證明：美國南方人和北方人在性格上表現的差異，幾乎都來自蓄奴制。但這會使我離題，因爲我現在所要考察的不是奴役已造成的一切後果，而是奴役將對贊同奴役的那些人或地區產生什麼後果。

蓄奴制對財物生產的這種影響，在古代不能爲人們所充分理解。當時，奴隸普遍存在於整個文明世界，不知道奴隸爲何物的民族都是蠻族。

而且，基督教之廢除蓄奴制，不過是替奴隸伸張了權利而已。現在，人們可以用奴隸主的名義去攻擊蓄奴制，因而利益和道德在這一點上調和起來了。

隨著這個眞理在美國變得日益明顯，蓄奴制也就在經驗的光照之下節節敗退。

蓄奴制始於南方，隨後又發展到北方，而今天正在敗退。自由發軔於北方，然後不斷向南方推進。在一些大州當中，賓夕法尼亞州現在是蓄奴制的北限；但在這個州裡，蓄奴制也已搖搖欲墜。緊挨著賓夕法尼亞州南界的馬里蘭州，時時都在準備廢除蓄奴制。馬里蘭州下方的維吉尼亞州，已在討論蓄奴制的功用和危險了[40]。

人類的各項制度發生重大變化的原因，沒有一個不涉及繼承法的。

當長子繼承制通行於南方時，每個家庭都有一個不需勞動而且也不想勞動的富人爲其代表。他的那些依法不能與他同樣繼承遺產的家屬，像寄生植物攀緣在一棵大樹上那樣，圍著他過同樣生活。當時美國南方一切富裕家庭中的情景，仍可見於今天歐洲某些國家的貴族家庭。在這些貴族家庭中，弟弟妹妹雖然不如哥哥姐姐富有，但與哥哥姐姐同樣遊手好閒。這個相同的後果，彷彿是由於一些完全類似的原因，而產生於美洲和歐洲的。在美國南方，全體白人形成了一個貴族集團，由一定數目的特權人物領導。這些特權人物的財產是世襲的，而他們的悠閒生活也是輩輩相傳的。美國貴族的這些領袖，使白色人種的傳統偏見繼續活在他們所代表的集團之中，並體面地保持著悠閒自在的生活。在這個貴族集團內部也可見到一些窮人，但他們並不是勞動者。他們寧可受窮，也不肯找點活兒幹。因此，黑人工人和奴隸不會遇到任何競爭，而且不管白人對他們的勞動效果持有什麼看法，都非得僱用他們不可，因爲只有他們能夠替白人幹活。

長子繼承法廢除以後，各種財產便開始分散化小，而所有的家庭也因此下降到必須依靠勞動來維持生計的地步。有一些家庭現已消失，而且所有的家庭都預感到，必須自食其力的日子即將到來。今天，雖然還有一些富人，但他們已經不再能夠形成一個緊密結合的世襲集團了。他們也不能再有使自己強大和影響社會各階層的精神力量了。於是，大家首先開始一致放棄輕視勞動的偏見。窮人的數目增加了，但他們可以自食其力而不感到臉紅了。因此，財產分配平等的最直接成果之一，就是創造了一個自由工人階級。自由工人和奴隸競爭以後，奴隸的劣勢便暴露出來，而蓄奴制也在它的本身原則上，即要維護奴隸主利益這個原則上，受到了打擊。

隨著蓄奴制的敗退，黑色人種便跟著蓄奴制的退路，和蓄奴制一起回到他們當初離開的熱帶地區。

這個現象，乍一看來令人覺得奇怪，但不久就被人們理解了。

美國人在廢除奴役的原則上，並未讓奴隸自由。

我如不舉出一個例子，讀者恐怕很難理解我以後的敘述。我現在舉紐約州爲例。一七八八年，紐約州禁止在境內買賣奴隸。這是以間接辦法禁止輸入奴隸。從那以後，黑人的人數只是依靠自然繁殖而增加。八年以後，該州採取了一項果斷的措施，即以法令宣布：從一七九九年七月四日以後，凡父母均爲奴隸的新生嬰兒，一律獲得自由。於是，使奴隸人數增加的一切途徑均被堵死。雖然還有奴隸，但可以說蓄奴制不復存在了。

在北方的一個州這樣禁止輸入奴隸以後，便沒有人再從南方向北方販賣黑人了。

從北方的一個州不准買賣黑人開始，持有這種不再是得心應手的財產的人雖無法在北方出售奴隸，但他們只要向南方輸送奴隸，還是可以獲利的。

在北方的一個州宣布奴隸的子女出生後即獲得自由的時候，奴隸雖因其後代不再進入市場而失去被人出售賺錢的大部分價值，但把他們輸往南方，還能賺一筆大錢。

因此，同樣的一條法令，雖防止了南方的奴隸來到北方，但又把北方的奴隸趕到了南方。

但是，這裡還有一個原因比我說過的一切原因還要強而有力。

隨著一個州的奴隸人數的減少，該州便日益感覺需要自由工人。隨著自由工人進入工礦企業，奴隸勞動的生產效益便日趨降低。於是，奴隸便成了價值不大或用處不大的財產。但在南方使用奴隸，還能得到很大收益，因爲那裡的競爭不會使人擔心。

因此，廢除蓄奴制並未能使奴隸都自由了，而只是改換了奴隸的主人，即把奴隸從北方送到了南方。

至於已經獲得自由的黑人和在廢除蓄奴制後出生的黑人，他們雖然沒有離開北方去南方，但他們在歐洲人中間的處境，與土著的印第安人並沒有兩樣。在遠比他們有錢和有知識的白人中間，他們是半開化和沒有權利的人。他們既是法律的肆虐對象[41]，又受民情的排擠。在某些方面，他們比印第安人還值得可憐。他們一想起奴役就不能自抑，他們不能像印第安人那樣提出某塊土地原來是自己的。他們有許多人都在饑寒交迫中死去[42]，而其餘的人則聚居在一些城市裡，做一些粗活，過著朝不保夕的悲慘生活。

而且，雖然黑人的人數仍按照他們未獲自由時期的速度增長，但白人的人數卻在廢除蓄奴制後以兩倍於前的速度增長，所以不久以後，黑人就將淹沒在白人的人海之中。

奴隸居住的農業地區，一般比白人聚居的農業地區人口稀少。另外，由於美國是一個新的國家，所以一個州在廢除蓄奴制的時候，多半尚有一半的土地沒有人居住。一個州剛剛取消奴隸身分之後，便立即感到缺乏自由工人，於是成群結隊的大膽冒險家，便從四面八方擁了進來。他們趕來的目的，是想從剛剛對實業開放的新資源中牟利。土地被分給他們，在分得的每塊土地上建立起白人的家園。歐洲的移民就這樣不斷開進了廢除蓄奴制的各州。漂洋過海到新大陸來尋找安樂和幸福的歐洲窮人，如果停在視勞動爲下賤事的地區，他們能幹什麼呢？

這樣，白人的人口就由於自然繁殖，同時也由於大量移民，而迅速增加起來；而黑人的人口卻沒有得到移民的補充，並日漸減少。於是，兩種人口之間的比例，不久便顚倒過來。黑人變成了一群可憐的破落戶，成了一個居無定所的小小的窮困部族，而消失在人口眾多和擁有土地的白色人種之中。現在，他們只有忍受不公正和嚴酷的待遇，而別無任何辦法。

在西部的大部分州裡，至今尙無黑人；在北方的所有州裡，黑人日漸減少。因此，黑人未來的重大問題，是他們將要日益被擠到一個狹小的地區。這個問題雖然不那麼令人擔憂，但也並非容易解決。

隨著黑人的南下，有效地廢除蓄奴制便日益困難。這個結果來自幾個必須加以闡述的自然原因。

第一個原因是氣候。大家知道，歐洲人越靠近熱帶，勞動對他們就感到困難。大多數美國人甚至斷言，在那樣的緯度下工作，最後只有死亡。而黑人在那裡卻能忍受而無危險[43]。但是，我不認爲這個只能促使南方人懶惰的想法，是有經驗作爲基礎的。聯邦的南方並不比西班牙和義大利的南方熱[44]。爲什麼歐洲人不能像在西班牙和義大利那樣在那裡勞動呢？既然義大利和西班牙廢除奴隸制度後奴隸主並沒有死亡，那麼，聯邦爲什麼就不能這樣呢？我不相信大自然由於怕喬治亞和佛羅里達的歐洲人累死，而不讓他們在那裡靠自己的土地謀生，但他們在那裡勞動肯定要比新英格蘭的居民辛苦，而且收益不如人家[45]。自由的勞動者也在南方失去他們對奴隸的一部分優勢，所以延緩了蓄奴制的廢除。

歐洲的作物全都能在聯邦的北方生長，但南方卻有其獨特的產品。

人們發現，利用奴隸種植穀物，是一種花費太貴的經營方式。在沒有蓄奴制地區種植小麥的農戶，一般習慣於少僱長工，只在播種和收割季節多僱一些短工，並臨時供給他們食宿。

在實行蓄奴制的州經營農業的人，爲了完成只需要幾天就可以完成的播種和收割工作，也得一年到頭養活一大批奴隸，因爲奴隸不能像自由工人那樣一方面依靠自己的勞動生活，一方面等待別人來僱他們。爲了使用奴隸，就必須把他們買下來。

除了這些不利因素以外，田間作業的性質，也使蓄奴制在種植穀物的地方不如在種植其他作物的地方適用。

種植煙草、棉花，特別是甘蔗，就與種植小麥不同，它要求不斷地進行田間管理。這時，婦女兒童都有用場，而種植小麥就不是如此。因此，從田間作業的性質來說，蓄奴制更適於種植我方才提到的那幾種作物的地區。

煙草、棉花和甘蔗只適於在南方生長，它們是當地的主要財源。廢除蓄奴制，南方就面臨如下的抉擇：不是必須改變原來的耕種制度，與北方人在工作和經驗上開展激烈的競爭；就是仍然種植原來的作物而不使用奴隸，與仍然保留蓄奴制的南方其他州開展競爭。

由此可見，南方有其在北方並不存在的保留蓄奴制的特殊原因。

但在這方面，還有一個比其他一切理由都更加有力的理由。其實，南方本來也是可以廢除蓄奴制的。但是，那將怎樣安置黑人呢？在北方，廢除蓄奴制和解放奴隸是同時進行的。在南方，就沒有希望同時獲得這個雙重結果。

爲了證明蓄奴制在南方比北方更合乎自然和有利，我只指出南方的奴隸人數非常多就足夠了。輸入第一批非洲人的正是南方，使奴隸人數日益增加的也正是南方。我們越往南去，越覺得以悠閒自在爲高尚的偏見越強。在離熱帶最近的幾個州裡，就沒有一個白人從事體力勞動。因此，南方的黑人人數自然多於北方。正如我在前面已經說過的，這種趨勢還在日益加強，因爲聯邦的北方一帶一廢除蓄奴制，黑人就向南方一帶會集。因此，南方黑人的增加原因，不僅有人口的自然繁殖，而且有北方黑人的被迫南遷。非洲人種在美國南方的激增原因，與歐洲人種在北方迅速增加的原因類似。

在緬因州，每三百個居民中有一個黑人。在麻塞諸塞州，這個比例數爲一百比一。在紐約州爲一百比二，在賓夕法尼亞州爲一百比三，在馬里蘭州爲一百比三十四，在維吉尼亞州爲一百比四十二，而在南卡羅來納竟達一百比五十五[46]。這是一八三〇年黑人人口與白人人口的比例。但是，這個比例後來又不斷在改變：在北方，黑人所占的比例越來越小，而在南方則越來越大。

顯而易見，聯邦最南的各州如像北方各州那樣去廢除蓄奴制，一定會遇到北方各州不必擔憂的一些嚴重危險。

我們已經看到北方各州是怎樣廢除蓄奴制和解放奴隸的。它們使當時活著的黑人一代仍然為奴，而只解放他們的新出生子女的辦法，將黑人逐漸吸收到社會裡來；而且對那些解除其奴隸身分後有可能濫用他們獲得的自由的人，要事先教育他們自己管理自己並學會享用自由的技能，而後才解放他們。

在南方，使用這種辦法就有困難。當南方宣布從某年某月開始准許黑人的新出生子女獲得自由時，自由的原則和思想就會進入奴隸們的心裡，使按立法規定身為奴隸的黑人看到自己的子女獲得自由後，而對他們之間出現的不平等命運表示驚訝，並焦急和氣憤。於是，蓄奴制便在他們的眼中失去歷史和習慣為它創造的道德力量，而變為一種一目了然的暴力的濫用。北方就不擔心黑人進行這樣的對比，因為北方的黑人為數極少，白人為數甚多。但在南方，自由的這個曙光一旦普照兩百多萬黑人，壓迫者必定發抖。

南方的歐洲人在把奴隸的子女解放以後，很快就被迫將同樣的好處普及於全體黑色人種。

我在前面已經說過，在美國的北方，自廢除蓄奴制以後，甚至在預計即將廢除蓄奴制的時候，就開始了一種雙重運動：奴隸們離開北方被運往南方；由北方各州的白人和歐洲的移民來補他們的位置。

這兩種情況就不能同樣地出現於最南面的幾個州。一方面，那裡的奴隸人數太多，使人們不能設想把他們遷走；另一方面，歐洲人和北方的英裔美國人，也不肯到勞動尚未恢復其榮譽的地區去定居。另外，他們還有理由認為，在黑人的人數超過或等於白人的州裡，容易遇到極大的不幸，所以他們懷有戒心，不敢到那裡去創業。

因此，南方人在廢除蓄奴制後，無法像他們北方同胞那樣逐漸使黑人獲得自由。他們不但沒有使黑人人口大量減少，而且繼續容納黑人。這樣下去以後，只消幾年工夫，便將在一個國家之中出現與白人幾乎平等的龐大的自由黑人民族。

現在的這種以濫用權力維持蓄奴制的辦法，那時就將成爲使白人膽戰心驚的嚴重危險的根源。現在，擁有土地的只是歐洲人的後裔，他們是一切實業的絕對主人，而且只有他們有錢、有知識和有軍隊。黑人在這些方面一無所有，但他們沒有這些東西也能活下去，因爲他們是奴隸。如果他們自由了，需要自食其力了，他們沒有這些東西還能維持生活嗎？白人在蓄奴制存在時期所做的一切，在廢除蓄奴制後就有遭到破壞的許多危險。

讓黑人繼續處於奴隸地位，就能使他們保持近乎野蠻的狀態。而如果讓他們自由了，就不能阻止他們增長知識，從而使他們知道自己不幸的嚴重程度和找到根除不幸的辦法。而且，還有一個關於相對公正的重要原則，牢固地扎根於人心之中。人們有感於同一階級內部存在的不平等，大大甚於不同階級之間出現的不平等。人們可以看到蓄奴制的存在，但他們怎麼能理解幾百萬公民長期以來忍受的恥辱和世世代代遭到的苦難呢？在北方，已經獲得解放的黑人，仍在忍受這種苦難和遭到不公正待遇，但他們的力量很小，而且人數日漸減少。在南方，黑人的人數很多，而且力量也大。

如使白人與被解放的黑人同住在一塊土地上，並彼此視爲異族，則不難預見將來會出現兩種可能：不是黑人與白人將要完全混爲一體，就是兩者將要永遠分離。

我在前面已經表示我對第一種可能是怎樣看的[47]。我不認爲白人和黑人將來會有一天在某個地方以平等資格一道生活。

而且我相信，這方面的困難在美國要比別處大得多。一個人拋棄宗教偏見、國家偏見和種族偏見倒是可能的，而如果他是一個國王，他還會在社會上引起一場驚人的革命；但是，整個民族恐怕不可能如此超脫。

一個強權的鐵腕人物如把美國人和他們先前的奴隸置於同一軛下，也許會使他們混合起來。但是，只要美國的民主是決定國家大事的主人，誰也不敢做這樣的設想，而且可以預見，美國的白人如果越來越自由，這樣的人也將越來越孤立[48]。

我在前面說過，歐洲人和印第安人之間的眞正紐帶是混血兒。同樣地，白人和黑人之間的眞正橋梁，也是他們之間的混血兒。凡是黑白人混血兒多的地方，兩個種族的混合就不是不可能的。

在美洲有些地區，歐洲人與黑人的混血已經達到很難遇到一個純粹白人或純粹黑人的地步，即眞可以說是達到兩個種族混合的地步，或者不如說是出現了一個兩者結合的與原來任何一方都不相同的第三種族。

在所有的歐洲人中，英國人是最少與黑人結婚的。聯邦南方的白黑人混血兒多於北方，但又大大少於歐洲人在美洲其他地區建立的殖民地。美國的黑白人混血兒很少，他們本身毫無力量，在種族糾紛中，一般都站在白人一邊。這正如在歐洲常見的那種大貴族的僕人，以貴族自居而輕視一般人民的情況。

這種被英國人認爲是理所當然的種族驕傲，在美國人身上又因民主自由所造成的個人驕傲而特別加強。美國的白人既以其種族自負，又以其爲美國人自負。

另外，爲什麼白人和黑人未在聯邦的北方混合但卻在南方混合呢？可以姑且認爲一直生活在身心均占有優勢的白人與黑人之間的南方白人，會想與黑人結合嗎？南方的美國人有兩種擔心的情感使他們永遠保持超然孤立的狀態：第一，害怕自己掉價而與原來的奴隸黑人平等；第二，害怕自己降格而處於鄰居的白人之下。

如果讓我對未來做絕對的預測，則我將說：從事物的一般發展來看，南方廢除蓄奴制後，會加深白人對黑人的反感。我產生這個看法，有我以前對北方做過的類似論斷爲根據。我說過，隨著立法機構逐漸廢除種族之間的法律屏障，北方的白人越來越倍加小心不與黑人接觸。這種情況爲什麼不會發生於南方呢？在北方，白人之不敢與黑人混合，是出於害怕想像中的危險。而在南方，這個危險不是想像的，而是現實存在的，所以我不認爲害怕的程度會降低。

既然一方面已經看到（事實也無可懷疑）黑人日益向南聚集，而且繁殖的速度快於白人；另一方面又確信不能預見黑人何時可與白人混合，和何時可從社會現況中取得同樣好處，難道就不能由此推論黑人和白人遲早要在南方各州發生衝突嗎？

這場衝突的最終結果將會如何呢？

不難理解，對於這個問題只能做個大致的推測。人的頭腦對於未來只能勉強畫出一個大致的輪廓，但在這個輪廓內，偶然的因素還會影響人們所做的一切努力。在爲未來畫出的藍圖上，偶然的因素就像一些黑點，使智慧之眼不能看清畫面。但有一點是可以預見的，即在安地列斯群島，白人似乎註定要屈服；而在大陸，則黑人註定要屈服。

在安地列斯群島，白人孤立於不計其數的黑人之中。在大陸上，黑人處於一個不可勝數的民族海洋當中。這個民族，從加拿大的冰原到維吉尼亞的南緣，從密西西比河岸邊到大西洋海岸，已結成一個緊密的集團，而凌駕於黑人之上。如果北美的白人保持團結，則很難相信黑人能夠逃脫正在威脅著他們的滅亡：他們不是屈服於槍炮，就是毀滅於災難。但是，如果兩個種族間的鬥爭剛一開始，而美國聯邦竟然解體，那麼，聚居在墨西哥灣一帶的黑人就有機會得救。聯邦的紐帶一旦斷裂，南方的白人就不要指望他們的北方同胞能對他們進行持久的支援。北方的白人十分清楚，危險永遠不會臨到他們的頭上。如果承擔的義務迫使他們前往南方支援，則可以預言：種族的同情心也是無能爲力的。

然而，不管鬥爭爆發於何時，得不到北方同胞支援的南方白人，仍可以依靠知識和武器的巨大優勢投入戰場，而黑人則全憑人多勢眾和不怕死的精神與他們鬥爭。但是，一旦黑人手中掌握了武器，這種東西就會變成巨大的戰鬥力。那時，南方的白人也許要遭到西班牙摩爾人那樣的命運。在那裡占據數個世紀之後，他們也許被迫逐步退回到祖先遷來前的地點，把上蒼似乎註定要給黑人的這塊土地還給黑人，因爲黑人在這裡便於生活，而且勞動起來也比白人覺得輕鬆。

聯邦南方白人與黑人發生衝突的危險儘管還很遙遠，但遲早是不可避免的。它像一場噩夢，經常縈繞於美國人的腦際。儘管這種危險對北方居民並無直接威脅，但還是他們的日常話題。他們想找到一種辦法來防止他們所預料的不幸，但始終沒有成功。

在南方各州，人們對此保持沉默。南方人向來不對外來人談論未來，即使對親友也回避此事，每個人都把話藏在自己的心裡。南方人的這種沉默，有些地方比北方的驚呼更爲可怕。

他們的這種普遍憂慮，使他們辦起了一項迄今鮮爲人知的事業。這項事業可能改變一部分人類的命運。

由於害怕我方才談到的危險，一些美國人組織了一個協會，其目的是由他們自己出資，把願意擺脫暴政壓迫的自由黑人，送到幾內亞海岸去居住[49]。

一八二〇年，我所說的這個協會在非洲北緯七度附近建立了一個居民點，取名為賴比瑞亞。據最近的消息稱，已有兩千五百多名黑人聚居於此處。他們把美國的各項制度帶回到自己祖先的國土。賴比瑞亞實行代議制，有黑人陪審員、黑人行政官和黑人教士，也建有教堂和出版報紙。這些歷經滄桑的人奇蹟般地回到故地後，不准白人到他們那裡定居[50]。

這眞是一場異想天開的運動！自從歐洲人強迫黑人背井離鄉把他們運到北美海岸出賣以來，已經過去兩百多年了。現在，歐洲人又把這些黑人的後代裝在船上，漂過大西洋，送回他們祖先被掠走的地方。這些野蠻人已在被奴役時期吸取了文明人的知識，並在實行蓄奴制的地方學到了享用自由的辦法。

迄今為止，非洲一直對白人的技術和科學採取閉關自守的態度。被這些非洲人帶回來的歐洲文明，也許能在這裡開花結果。因此，在建立賴比瑞亞時，人們是懷有一種美好而崇高的理想的。但是，這種在舊大陸可能產生豐碩成果的理想，並未對新大陸帶來好處。

十二年來，黑人移民協會向非洲運去了兩千五百名黑人。但在這個期間，美國又約有七十萬黑人嬰兒出世。

即使賴比瑞亞殖民地每年準備接受數千名新居民；即使新居民能在那裡過上好日子；即使聯邦政府包辦協會的一切，年年由國庫出錢支援協會[51]，用國家的船向非洲運送黑人，也抵消不了美國黑人只因自然繁殖而造成的人數增加。於是，由於每年新出世的黑人人數多於每年運出的黑人人數，所以也就阻止不了每天都在加深的黑人苦難的加劇[52]。

黑色人種永遠不會從美洲大陸的海岸消失，只要有新大陸存在，就會有黑色人種，並在那裡受歐洲人的貪欲和惡習的影響而墮落。美國的居民可以推遲他們所擔心的災難的來臨，但他們現在還未消除造成災難的根源。

我願意直言不諱，我並不認爲廢除蓄奴制是在南方各州推遲兩個種族鬥爭的手段。

黑人可能長期繼續爲奴而不抱怨；但在他們進入自由人的行列以後，很快就會因爲被剝奪幾乎所有的公民權而發怒，而且由於不能成爲與白人平等的人，也會立即以白人的敵人面目出現。

在北方，一切條件都有利於解放奴隸，廢除蓄奴制後不必擔心自由黑人鬧事。他們的人數很少，以致永遠不能伸張自己的權利。而在南方，情況卻非如此。

蓄奴制問題，在北方，對於奴隸主來說，只是一個商業和工業問題；而在南方，對他們來說則是生死存亡的問題。因此，在蓄奴制問題上，不能拿北方與南方相提並論。

上帝不允許我像某些美國作者那樣爲奴役黑人的原則辯護。我只是說，凡是曾經贊同這個可憎原則的人，現在也不會輕易放棄它而已。

我坦白承認，在我考察南方諸州時，我發現這個地區的白色人種只有兩條出路：不是解放黑人並與他們混合；就是仍讓他們孤立並儘量長期處於奴隸地位。折衷的辦法，在我看來，不久即將導致十分可怕的內戰，而且兩個種族必有一個由此毀滅。

南方的美國白人就是從這個觀點來看待問題的，並且據此而行動。他們不想與黑人混合，所以也不想讓黑人自由。

這並不是說南方的居民都認爲蓄奴制是奴隸主發財致富的必要手段。他們當中的大多數人，在這一點上與北方人見解一致，並與北方人一樣，願意承認奴役黑人是一種罪惡。但他們又認爲，爲了生活，又得讓這種罪惡繼續下去。

隨著教育在南方的普及和提高，這一地區的居民日益認識到蓄奴制對奴隸主並不都有好處。但是，這種教育也更清楚的向他們表明，他們暫時還不可能廢除蓄奴制。於是，出現了一種奇特的南北對照：在南方，隨著蓄奴制越來越受到質疑，而它在法律上卻日益得到加強；在北方，蓄奴制的原則逐漸被廢除，而同樣的原則卻在南方產生越來越嚴酷的後果。

今天，南方各州對奴隸的立法，具有一種史無前例的殘酷性，簡直是對人類法律的一種嚴重濫用。只要看一下南方各州的立法，就足以斷定居住在那裡的兩個種族是十分敵對的。

這並不是說聯邦這一地區的美國人只顧加強奴役的殘酷性。另一方面，他們也改善了奴隸的物質生活條件。古代人只知道用鐵和死來維護奴隸制度；聯邦南方的美國人，發現了一些保證他們權力可以持久的更聰明的辦法。如果讓我來說，我說他們已把專制和暴力宿命論化，並使奴隸們從心靈上接受了。在古代，奴隸主想方設法防止奴隸打碎枷鎖；而現代，奴隸主是設法不讓奴隸產生這種思想。

古代人給奴隸身上戴上鏈子，但讓他們思想自由，允許他們學習知識。奴隸主也言行一致，遵守他們所定的原則。在古代，受奴役的期限不是固定不變的，奴隸隨時隨地都有可能獲得自由而與主人平等。

聯邦南方的美國人，從來沒有想過黑人會有一天與他們混爲一體，嚴禁奴隸學習識字和寫字。他們不希望把黑人提高到與自己相等的水準，所以盡可能使奴隸保持原始生活狀態。

自古以來，奴隸都憧憬自由，以使自己的悲慘處境得到改善。

聯邦南方的美國人十分清楚，只要獲得解放的奴隸達不到與其主人同化的地步，解放黑奴的運動終究要帶來危險。給予一個人自由，同時又讓他留於苦難和屈辱之中，這不是爲奴隸的造反提供一個未來的領袖而又能是什麼呢？而且，很早就有人指出，出現一個自由的黑人，就會在還沒有獲得自由的黑人心中種下一個隱患，使他們的腦海裡出現一線微光，即產生關於他們的權利的觀念。聯邦南方的美國人，在大多數情況下，甚至把奴隸主想要解放自己的奴隸的權力都剝奪了[53]。

我在聯邦的南方遇見過一老人，他曾和他的一個女黑奴長期非法同居。他們生了幾個孩子，這幾個孩子出世後就成了父親的奴隸。這位老人曾多次想把自己的權利傳給他的孩子，至少讓他們獲得自由，但是經過多年的努力，他一直未能克服立法機構爲解救黑奴所設的障礙。在這個期間，他已經年老，行將離開人世。當時，他主動向我敘述了他的幾個兒子怎樣從一個市場被拖到另一個市場，怎樣離開母親的愛撫被送到一個陌生人手下鞭笞的情景。這一派可怕的情景，使老人已經衰竭的想像力又活躍起來。我看到他在受著絕望痛苦的折磨，而我也領悟了大自然眞會洗雪法律使它蒙受的恥辱。

這種災難無疑是可怕的，但這也是蓄奴制的同一原則在現代註定要產生的必然結果嗎？

當歐洲人從一個與他們不同的種族中掠取奴隸時，大多數人都認爲這個種族比人類的其他種族低劣，唯恐將來與它融合在一起，預想蓄奴制可以永久長存，因爲他們認爲，在奴役所製造的極端不平等與獨立在人們當中所自然產生的完全平等之間，絕不會有能夠持久的中間狀態。歐洲人覺得這似乎是眞理，但又始終未能使自己確信，所以從他們與黑人打交道以來，其行爲時而受他們的利益和高傲偏見所支配，時而受他們的憐憫心所左右。他們先在對待黑人上侵犯了一切人權，可是後來他們又教會黑人明白了這些權利的珍貴性和不可侵犯性。他們對自己的奴隸開放了他們的社會，但當奴隸試圖進入這個社會時，他們又狠心地把奴隸趕出去。他們一方面希望奴役黑人，另一方面又身不由己地或不知不覺地使自己受自由思想的支配。他們既不想喪盡天良，又沒有勇氣完全伸張正義。

既然無法預測南方的美國人何時會使自己的血與黑人的血混合起來，難道他們能夠甘冒自己毀滅的危險而允許黑人自由嗎？而且，既然他們爲了拯救自己的種族曾不得不用鐵去對付黑人，難道他們現在爲了達到這個目的而採取一些更有效的手段就不可原諒嗎？

在我看來，聯邦南方所發生的一切，既是蓄奴制的最可怕結果，又是蓄奴制極其自然的結果。當我看到自然秩序被人推翻，聽到人性在與法律做徒勞的鬥爭而呼叫時，我覺得我不該怒斥製造這些罪惡的我們這一代人，而要完全憎恨那些享受了一千多年的平等之後，又使奴隸制度重現於世界的人。

另外，不管南方的美國人盡了多大努力去保存蓄奴制，他們也永遠達不到目的。曾被基督教斥爲不義和被政治經濟學指爲有害的而今僅存於地球上一角的蓄奴制，在現代的民主自由和文明中絕不是一種能夠持久存在的制度。它不是將被奴隸所推翻，就是將被奴隸主所取消。但在這種情況下，預料都將發生一些嚴重的不幸。

如果拒絕給予南方黑人自由，他們終將自己以暴力去取得；而如果同意給予他們自由，則他們很快又要濫用自由。

美國聯邦持久存在的機緣是什麼和威脅著它存在的危險是什麼

優越權力的來源存在於各州，而不存在於聯邦——構成聯邦的各州願意屬於聯邦一天，聯邦就會存在一天——促使各州繼續聯合下去的原因——聯邦的存在對於抵抗外敵和不使外敵入侵美洲的功用——上帝未在各州之間設立天然屏障——沒有使各州分裂的物質利益——北方可以從發展和聯合南方與西部當中得到好處，南方可以由此從北方和西部得到好處，西部可以由此從其他兩方得到好處——使美國人聯合起來的非物質利益——輿論的一致——聯邦的危險來自聯邦各地居民的性格和感情的不同——南方人的性格和北方人的性格——聯邦的迅速擴大是其主要危險之一——人口向西北移動——勢力向這方面發展——形勢的這種快速發展引起的激情——聯邦這樣存在下去會使它的政府強大還是軟弱——聯邦政府軟弱的一些不同跡象——政府內部的改革——荒地——印第安人——銀行業——關稅——傑克遜將軍。

聯邦各州現況之得以維持，一部分有賴於聯邦的存在。因此，首先必須探討聯邦的未來命運將會如何。但在做這項探討之前，我願意先肯定一點：即現存的聯邦如果解體，我認爲組成聯邦的現在各州也不會恢復最初的各自獨立的狀態，則將是毫無疑問的。那時，將會出現幾個聯邦來代替現在的一個聯邦。我不想研究這些新聯邦將在什麼樣的基礎上建立，而只願指出可能導致現存聯邦解體的一些原因。

爲了達到這一目的，我不得不折回老路的幾個路段，再談一下已經敘述過的幾個問題。我知道，讀者可能指責我重複。但是，問題的重要性尚有待於研究，這又可使我得到原諒。我寧願多說幾次，也不願讓讀者讀後不解其意；我寧願讓自己挨罵，也不放過任何一個問題。

制定一七八九年憲法的立法者們，曾一再努力使聯邦政權除了具有獨立性以外，還欲賦予它一種優越權力。

但是，他們受到了他們所要解決的問題的條件本身限制。當時，他們的任務不是組建一個單一國家的政府，而是安排幾個各自享有主權的州聯合起來。另外，不管他們願意與否，都得使這些州分享國家的主權。

爲了使讀者更好地了解這樣分享國家主權所造成的後果，必須簡略地區分一下主權的內容。

有些事務，依其本身的性質來說是全國性的，即只歸作爲一個整體的國家管轄，只能委託全權代表整個國家的某幾個人或某個集體行使。我把戰爭和外交方面的工作列爲這種事務。

另有一些事務，依其本身的性質來說是地方性的，即只歸各地方政府管轄，只能由該地方政府相應處理。編制地方的預算，就屬於這種事務。

最後，還有一些事務，依其本身的性質來說是混合性的，即從它們涉及全國各地的個人或單位方面來說，它們是全國性的，而從不必由國家本身出面處理方面來說，它們又是地方性的。例如，調整公民的民事活動權利和政治活動權利的問題，就是這種事務。任何社會體制都得有公民權利和政治權利。因此，這些權利與全國公民有同樣的利害關係，但並非出於國家的生存和繁榮之需要，因而不是非由中央政府規定不可。

因此，只有兩項必要的事務，即戰爭和外交，是屬於國家的主權管轄的。凡是組織健全的國家，不管其社會契約建立於什麼基礎之上，都得有全國性和地方性的這兩大類事務。

一些雖有普遍性但非全國性的事務，像一堆浮游不定的東西漂移在最高的主權和最低的主權之間。我把這些事務稱爲混合性的。這些事務既不完全屬於國家，又不完全屬於地方，而是根據聯合成國家的各省或州達成的協議，在不損害聯合的目的的條件下，分別交給全國政府或地方政府去處理。

最常見的情況是：由幾個單人聯合組成最高權力當局，再由最高權力當局建立國家。這時，在最高權力當局設立的全國政府之下，只能有個體的或集體的權力分別代行最小一點主權。因此，全國政府也就理所當然地不僅要主管本質上屬於全國的事務，而且要主管我方才所說的大部分混合性事務。地方政府只擁有一小部分爲維護本地方的福利所不可缺少的主權。

有時，由於聯合之前的既成事實，最高權力當局係由幾個早已存在的政治團體所組成。這時，地方政府就不僅管轄在性質上完全屬於地方的事務，而且要管理全部或部分尚有待明確規定的混合性事務。這是因爲聯合起來的幾個國家或地區還擁有聯合前的自己主權，或繼續行使其主權的最重要部分，而只是同意讓聯合的總政府行使聯合政府所不可缺少的職權。

當全國政府除了本身性質所固有的特權外，還被授予規定主權中的混合性許可權時，它就具有了一種優越權力。這時，它不僅有廣泛的權力，而且可以干預本非它所有的一切權力，所以人們擔心它會剝奪地方政府固有的必要的特權。

反之，如果授予地方政府以規定混合性事務的權力，則在社會上會出現一種反對中央政府的趨勢。這樣，優越權力便留給了地方政府，而不存在於全國政府，所以人們害怕全國政府會因失去維持其存在所必要的特權而垮臺。

因此，單一的國家便有自然走向集權的趨勢，而聯邦國家則有自然走向分裂的趨勢。

現在，我們就用這些通行觀點來評述美國的聯邦。

在美國，把決定純屬地方事務的權力全部留給了各州。

此外，各州還把規定公民的民事行爲能力和政治行爲能力的權力，調整公民之間關係的權力，對公民進行審判的權力，保留下來。這些權力，按性質來說是全國性的，但不一定非屬於全國政府不可。

我們已經說過，聯邦政府在國家以一個單一的獨立體行動時，才被授予以全國的名義發號施令的權力。它對外代表國家，並領導全國力量共同對敵。簡而言之，它主管我所說的純屬全國性許可權的事務。

主權的這種分享，使人乍一看來聯邦分享的主權好像大於各州分享的主權。但稍微深入考察一下就可以發現：事實上，聯邦分享的主權是較小的。

聯邦政府主管的工作雖然非常廣泛，但很少見到它去辦理。地方政府辦理的事務雖然很小，但它從來不停止工作，使人每時每刻都感受到它的存在。

聯邦政府關心全國的普遍利益，但一個國家的普遍利益，對個人的幸福只有無法確定結果的影響。

反之，地方政府對本地居民的福利，會發生立竿見影的影響。

聯邦政府負責保障國家的獨立和強大，但這與個人沒有直接影響。各州負責維護全州公民的自由，調整他們的權利，保護他們的生命財產，保障他們的整個未來。

聯邦政府遠離它的百姓，地方政府與人民直接接觸。地方政府只要一聲令下，人民就可立即行動。中央政府依靠少數幾個希望領導它的優秀人物的熱情，而地方政府則依靠一些二流人物的關心。這些人只希望在本州掌權；他們靠近人民，對人民有很大的權威性影響。

因此，美國人期待於和恐懼於州的地方多於聯邦；從人心的自然趨勢來看，美國人依附於前者之處顯然多於後者。

在這方面，美國人的習慣和感情是與他們的利益一致的。

當一個整體的國家實行主權分享和聯邦制度時，遺風、習俗和慣例將長期與法律進行鬥爭，並給予中央政府以法律所不容許的壓力。而當人民聯合起來組成一個單一的主權國家時，這幾個因素就將發生相反的作用了。我毫不懷疑，假如法國變成美國那樣的聯邦共和國，它的政府一開始就會比美國的聯邦政府強而有力；而如果美國把它的政體改成我們法國這樣的君主政體，則我認爲美國政府將要長期比法國政府軟弱無力。當英裔美國人建立國家時，地方政府的存在已是既成事實，鄉鎮和所在州之間也已建立起必要的關係，人民已經習慣於用共同的觀點去考察一些問題和像代表一項特殊利益似地專心於某項事業。

美國聯邦是一個只能給愛國主義提供一個捉摸不定的對象的龐大聯合體；而各州則具有固定的組織形式和範圍明確的地域，負責執行居民們都知道和重視的一些工作。州之所想，就是它那塊土地上的人民之所想，它要像珍視自己那樣珍惜州內人民的財產、家庭、遺風、現在的工作和未來的理想。因此，往往不過是個人自私心外延的愛國主義，只存在於州，而且幾乎可以說不會及於聯邦。

因此，人們的利益、習慣和感情，都趨於將眞正的政治生活集中於州，而不集中於聯邦。

只要考察一下州政府和聯邦政府各自在其職權範圍內如何行使職權，便可十分容易看出兩種權力的差異。

每當州政府與一個人或一群人對話時，它的語言都是明確的和命令式的。聯邦政府與個人對話時也是如此，但它與一個州有交涉時，就得改用談判的口氣解釋它的動機和辯解它的做法，即要討論和商量，而不能下命令。如果兩個政府在憲法規定的許可權上發生爭執，州政府總是敢於提出自己的權利要求，並立刻採取堅定的措施維護自己的權利。在這期間，聯邦政府要以理喻，並求助於全國人民的良知、國家的利益和榮譽。它要伺機行事，與爭執的州進行談判，不到迫不得已，絕不採取行動。乍看上去，人們可能以爲掌握國家大權的是州政府，而國會只是代表一個州了。

因此，儘管建立聯邦的立法者們做了種種努力，但聯邦政府仍如我以前所述，從本身的性質來說是一個軟弱無力的政府，比其他任何政府都需要被治者的自動支持來維護它的存在。

不難看出，聯邦政府的目的，是要順利實現各州繼續聯合的願望。這個起碼條件已被履行，這表明聯邦政府是明智的、有力的和靈活的。當時，立法者們是要把聯邦政府組織得既能像一般政府那樣打擊個人的反抗，又能容易戰勝人們對公共決定的有意抵制，但他們沒有預先想到聯邦可能解體或幾個州可能自願退出聯邦。

既然聯邦的主權今天常與各州分享的主權發生糾紛，因而可以不難預見聯邦會有支援不下去的時候。我甚至認爲，兩者的鬥爭難保不採用激烈的形式。每逢聯邦政府受到頑強的抵制時，總是聯邦政府作出讓步。經驗已經表明：迄今爲止，只要一個州堅持一項主張，並要求得到滿意的答覆，它沒有不堅持成功的；而它要完全拒絕執行聯邦的命令[54]，也只好聽任它自由行動。

雖然聯邦政府擁有自己的權力，但國家的現實條件卻很難使它行使[55]。

美國的領土遼闊，許多州相距甚遠，而人口又分布在仍有一半是荒野的國土上。如果聯邦政府用武力去使加盟的各州屈服，它就會陷於類似英國在美國獨立戰爭時期所處的境地。

再說，一個政府無論多麼強大，它也難以回避當初它所同意的一項原則對它的約束。這項原則就是它必須服從公權。聯邦是根據各州的自願原則建立的，各州在聯合的時候並沒有放棄自己的主權，也沒有組成一個單一的和民族相同的國家。如果有一個州現在要想把自己的名字從盟約中取消，那也很難證明它不能這樣做。聯邦政府要想反對它，也顯然沒有力量和權力去制止。

爲了使聯邦政府容易戰勝某個州對它的反抗，就必須像世界聯邦制度史上常見的那樣，使一個州或幾個州的利益和聯邦的存在緊密地聯繫起來。

假如聯邦中有一個州要獨享聯邦的主要好處，或者要使它的繁榮完全依賴於聯邦的存在，則顯而易見，它會大力支持中央政權去迫使其他州服從。但在這時，中央政權的力量並非來自本身，而是基於一項與它的本性相反的原則。各州的人民所以要結成聯邦，只是爲了從聯邦中獲得同等的好處；而在方才所說的那種情況下，卻是在聯合起來的各州之間製造不平等，而使聯邦政府強大的。

再假如聯邦中有一個州擁有大得足以壟斷中央政權的優勢，它就會把其他的州視爲下屬，並在自己的主權得到其他州的尊重後，便要覬覦聯邦的主權。這時，一些大事雖然名義上還是出自聯邦政府，但這個政府早已名存實亡了[56]。

在這兩種情況下，以聯邦名義行事的政權變得越強，就越要不顧聯邦的原來政體和公認原則。

在美國，目前的聯邦對所有的州雖然都是有利的，但並非絕不可少。即使有幾個州要割斷與聯邦的紐帶，也不會危害其他州的繼續聯合，但它們的繁榮富強的總成果會有所減少。由於沒有一個州的存在和繁榮完全依靠於目前的聯邦，所以也沒有一個州會爲維護聯邦而自己甘願付出重大的犧牲。

另一方面，就目前的情況來看，還沒有一個州懷有極大的野心想控制今天的聯邦。當然，各州對聯邦的立法、司法、行政的影響並不完全一樣，但沒有一個州能對其他州作威作福，把它們當作不如自己的州或下屬來對待。

所以我確信，如果聯邦的某一部分眞要與其他州脫離關係，不僅沒有可能去阻止，而且也無人想去阻止。因此，只要組成聯邦的各州願意聯合下去，目前的聯邦就能存在下去。

這個問題既已解決，我現在就感到更輕鬆了，因爲我們的目的不是研究目前結成聯邦的各州是否能夠分離，而是要研究它們是否願意繼續聯合下去。

在使目前的聯邦能給美國人帶來好處的所有原因當中，有兩個主要原因最容易爲所有的觀察者注目。

雖然美國人幾乎是獨處於他們的大陸，但貿易卻使與他們有往來的一切國家成爲他們的鄰國。因此，儘管美國人表面上似乎處於孤立狀態，但他們卻必須強大才行，而他們要能強大起來，就只有完全留在聯邦之內。

如果各州分裂，各自獨立，它們不僅要減弱現有的一致對敵的力量，而且有可能招致外敵侵入他們的國土。分裂以後，就要另建一套內陸關稅制度，瓜分山川大地，用一切辦法去折磨上帝賜給他們治理的這片大好河山。

今天，美國人沒有外敵入侵之憂，所以他們既不必養兵，又不必爲此徵稅；而一旦聯邦解體，這一切事情可能很快就使他們感到必要了。

因此，繼續維持聯邦，對美國人具有重大的利益。

另一方面，就目前情況而言，也沒有什麼物質利益在使聯邦的某一部分想要脫離其他部分而獨立。

當我們鋪開美國的地圖，看到阿勒格尼山脈從東北走向西南穿過四百里約〔一千英里〕國土時，我們情不自禁地認爲上帝的安排是要在密西西比河流域和大西洋海岸之間建立一道天然屏障，以遮斷人們的往來和好像要爲不同的民族劃出必要的界線。

但是，阿勒格尼山脈的平均高度還不到八百公尺[57]。它的一些圓形山巔，以及山間的寬敞谷地，便於人們從四面八方進去。而且，注入大西洋的幾條大河，即哈德遜河、薩斯奎哈納河、波托馬克河，都發源於阿勒格尼山脈上的一片與密西西比河流域接壤的高原。這些河流從這個地區淌出後[58]，再鑽過仿佛要逼著它們向西流的屏巒，在它們流經的山區裡爲人們開闢出數條容易通行的天然道路。

因此，在現今英裔美國人居住的各個地區之間，沒有任何天然屏障阻止他們往來。阿勒格尼山脈非但沒有把他們隔離開，而且也沒有阻礙各州的往來。紐約州、賓夕法尼亞州和維吉尼亞州把這條山脈圍了起來，並向它的西面和東面延展[59]。

現在，美國二十四個州以及雖已住有居民但尚未取得州的地位的三個大區，共擁有領土十三萬一千一百四十四平方里約[60]，大約相當於法國領土面積的五倍。在它的領土範圍內，土質不同，氣候條件各異，物產也多種多樣。

英裔美國人所建各州的土地遼闊，以致有人懷疑它們的聯邦能否維持下去。對此要做分析。在一個領土遼闊的帝國內，各省或州之間的利益對立，最後可能導致彼此衝突。這時，國土的遼闊可能對國家的長治久安有害。但是，如果居住在這樣廣大國土的人民沒有彼此對立的利益，國土的遼闊本身卻有利於國家的繁榮，因爲政府的統一特別有利於國內不同產品的交換，便於產品的流通，使產品增加價值。

我確實見到美國的不同地區各有自己的不同利益，但我從未發現它們之間有彼此對立的利益。

南方各州幾乎都以農業爲主，北方各州專門從事製造業和商業，西部各州兼營製造業和農業。在南方，種植煙草、水稻、棉花和甘蔗。在北方和西部，種植玉米和小麥。這些財源雖然不同，但聯邦卻能爲人人提供取得這些財源的機會均等條件。

北方把英裔美國人的產品運到世界各地，又把世界其他地方的產品運回聯邦；而爲使它所服務的美國生產者和消費者的人數儘量保持最高水準，它最希望使聯邦按目前狀況維持下去。北方一方面是聯邦南方與西部的天然聯絡者，另一方面又是聯邦與世界其餘各地的天然中間人。因此，北方必然希望南方和西部繼續留在聯邦裡和進一步繁榮，以便向它的製造業提供原料和租用它的船舶。

在南方和西部，也有它們更爲直接的利益願意保留聯邦和使北方繁榮。南方的產品一般都要經由海上出口，所以南方和西部需要北方商業的支援。它們必定希望聯邦擁有一支強大的艦隊，以便有效地保護它們。南方和西部雖然自己沒有船舶，但也一定願意出錢建設海上力量，因爲歐洲的艦隊一旦封鎖南方的港口和密西西比河三角洲，那將怎麼處理南北卡羅來納兩州出產的大米，維吉尼亞州出產的煙草，以及密西西比河流域生產的糖和棉花呢？因此，聯邦預算的每一部分，都有利於保護聯邦所有各州的共同物質利益。

除了這種商業利益之外，聯邦的南方和西部還能從它們彼此繼續結盟和與北方繼續結盟當中取得重大的政治好處。

南方境內有大量的奴隸，這部分人口正在威脅著現在，而且對未來的威脅更大。

西部各州地處一條大河的流域。流經這些州的河流，發源於洛磯山脈和阿勒格尼山脈，匯入密西西比河後流入墨西哥灣。西部各州，由於它們的地理位置，而與歐洲的傳統和舊大陸的文明呈隔離狀態。

因此，南方居民之所以願意保持聯邦，是爲了自己不在黑人面前孤立；而西部居民之所以願意保持聯邦，則是出於使自己不被封閉在美國的中部，不與世界其他各地斷絕自由來往。

最後，北方之所以不希望聯邦分裂，是因爲它要把聯邦作爲紐帶，以使這片廣大的國土與世界其餘部分保持聯繫。

由此可見，在聯邦的各部分之間，有著緊密的物質利益聯繫。

我們認爲，由這種聯繫當中產生的觀點和感情，也能引起人們之間的非物質利益聯繫。

美國的居民對他們的愛國精神談得很多；但我也願意直言不諱，我並不相信這是理智的愛國主義，因爲它是建立在利害關係之上的，而一旦情況發生變化，利害關係也將隨之大變。

我對於美國人經常表示他們要把祖先採用的聯邦制度維護下去時提出的論點，並不怎樣看重。他們的那種要把人數衆多的公民置於同一政府保護之下的論點，主要不是出於人民自願聯合的理智，而是出於本能的同意，或者說是出於一種非自願的同意。這種同意是感情上的類似和看法上的接近之結果。

我絕不認爲人們只是由於承認同一個領袖和服從同樣的一些法律而就組成了社會。只有當人們從同一個觀點去考慮絕大多數問題時，只有他們對絕大多數問題具有同樣看法時，只有同樣的一些事件給他們留下同樣的印象和使他們產生同樣的思想時，社會才能存在。

用這個觀點研究問題和考察美國現況的人，都不難發現美國的居民雖分別居於二十四個擁有主權的州，但仍能像一個統一的民族繼續生活下去。這樣的觀察家甚至可能認爲，英裔美國人聯邦的社會情況，比一些只有一個立法機構和只服從於一個人的歐洲國家的社會情況還顯得合理。

英裔美國人雖然有數個教派，但對所有教派都一視同仁。

他們並不總是採用同樣的方法治理國家，而是時常改變方式使其適應政府的工作，但他們對待治理人類社會所必要的普遍原則卻是意見一致的。從緬因州到佛羅里達州，從密蘇里州到大西洋沿岸，一切依法成立的機關權力都來源於人民。在所有的州，對自由、平等、出版、結社權、陪審制和公務人員責任，都有一致的看法或觀點。

如果我們從政治和宗教觀點，轉而去看制約他們的日常生活行動，和指導他們的全部活動的哲學和道德思想，我們依然會發現同樣的一致性。

英裔美國人[61]像他們承認全體公民是政治權威一樣，也承認公認的道理是道德權威。而且他們認爲，什麼是允許的，什麼是禁止的，什麼是眞的，什麼是假的，必須由公意來判斷。他們大多數人都相信，只要眞正認清自己的利益，就能使自己走向公正和至善。他們確信，每個人生下來就有自己管理自己的權利，任何人都無權逼著他人去追求幸福。他們都一致相信，人生可以達到至善。他們斷言，知識的傳播必然產生有益的結果，而無知將導致可悲的致命後果。他們都把社會視爲一個不斷進步的機體，把人生視爲一幅畫面不斷變化的圖畫，其中沒有一件東西是永久不變的和應當永久不變的。他們承認，今天在他們看來是良好的東西，明天就可能被比它更好的東西所取代。

我並不是說這一切觀點都是正確的，而只是說美國人是那樣認識的而已。

英裔美國人一方面因這些共同的觀點使他們互相團結起來，另一方面又因一種感情即驕傲而使自己與其他民族隔離開來。

五十多年以來，有些人曾不斷向美國居民宣告，說他們正在成爲世界上最虔信宗教、最有知識和最自由的民族。他們認爲，民主制度至今只在他們那裡得到興旺發展，而在世界其他地方則遭到失敗。因此，他們自視甚高，甚至確信自己是人類中的一個突出人種。

所以我們認爲，威脅美國聯邦的危險，將不是來自他們的意見分歧或利害衝突，而是要到美國人的性格變化和激情中去尋找。

居住在美國廣大領土上的人，幾乎都是出於同一種族。但是，久而久之，氣候，尤其是蓄奴制，使美國南方的英裔與北方的英裔在性格上出現了顯著的差別。

我們中間有一些人都認爲，蓄奴制給美國的一部分地區帶來了與另一部分地方對立的利益。我沒有發現這種情況。蓄奴制並沒有在南方產生與北方對立的利益，但它卻改變了南方居民的性格，並在南方使人養成了與北方不同的習慣。

我在前面已經指出蓄奴制對南方美國人的經商能力發生了什麼影響。這種影響也波及了南方的民情。

奴隸是百依百順和不敢吭聲的僕人。他們雖然可以暗殺他們的主人，但他們從來不公開反抗主人。在南方，沒有一個家庭窮得沒有奴隸。南方的美國人，從小就獲得了一種家庭小霸王的權力。他們在人生中獲得的首批觀念中，就有他們生來就是發號施令者這個觀念。他們養成的第一個習慣，就是叫奴隸百依百順地聽他們指揮。因此，教育便成功地把南方的美國人培養成高傲、狂暴、易怒、急躁的人。他們窮奢極欲，遇到障礙便不耐煩，而且一遭到失敗還易於洩氣。

北方的美國人，在搖籃裡就沒有見過奴隸在他們的周圍轉來轉去。他們甚至沒有被僱用的僕人服侍過，因爲他們通常都得自食其力。他們一進入社會，匱乏的觀念就從四面八方向他們的腦際襲來。因此，他們很早就得學會準確地判斷自己權利的天然界限，實行自力更生。他們絕不想屈服於強加於他們身上的命令；而且他們知道，要想得到他人的支持，就得贏得他人的信任。因此，他們辦事有耐心，思想縝密，對人寬容，行動從容不迫，定出計畫就堅持到底。

在南方的各州，人們的各種迫切需要總能得到滿足。因此，南方的美國人不必爲物質生活擔心，因爲有另一些人在爲他們操勞。由於在這方面可以無憂無慮，所以他們的想像力便用於另一些場面可觀但無實用價值的活動方面。南方的美國人喜歡講究排場和生活奢侈，愛好沽名釣譽、高談闊論和尋歡作樂，尤其是願意悠閒自在。沒有什麼事情會使他們去爲生活操勞，並由於他們不必親自勞動，所以整天睡大覺，對一些有益的事情連想都不想。

在北方，機遇的平等促使人們去奮鬥，蓄奴制已不復存在，所以人們在那裡整天在爲南方的白人所瞧不起的實務活動而操勞。他們在少年時期就爲生活而奔波，並學會把奮鬥致富放在一切精神和心靈的享樂之上。他們的想像力都集中於生活的瑣事，他們的思想不夠豐富和廣泛，但卻比較切合實際和清晰明確。由於致富是他們的唯一目標，所以人人都絞盡腦汁全力以赴，並必欲儘早達到目的。他們令人欽佩地知道利用自然和人力去創造財富，使人讚嘆地了解使社會走向人人幸福和從個人自力奮鬥中去汲取一切好東西的方法。

北方人不僅有實際經驗，而且有學識。但他們並未把學習科學視爲消遣，而認爲科學是一種手段，並渴望科學早日得到有效的應用。

南方的美國人易於衝動，喜歡詼諧，性格坦率，比較大方，也很有才華。

北方的美國人積極主動，辦事依憑理智，但更有才幹。

前者的興趣、偏見、弱點和優點都是屬於貴族階級的。

後者的長處和短處是中產階級的特點。

假如讓兩個人實行聯合，並使他們的利益相同，也讓他們的見解一致，但要他們的性格、知識水準和文明程度保持不同。這時，他們十之八九不會同意聯合。這個看法也適用於國家或民族的聯合。

因此，蓄奴制並未因利害關係而直接打擊了美國的聯邦。

一七九〇年在聯邦公約上簽字的州共有十三個。今天，聯邦已有二十四個州。一七九〇年人口將近四百萬，經過四十年增加了兩倍多，即在一八三〇年已達一千三百萬人【62】。

這樣的巨大變化，不可能不伴隨危險。

由數個國家或地方組成的社會，同由一些個人組成的團體一樣，也有三個使它能夠持久存在的主要機緣。這就是：每個成員要有理智，成員個體的力量要小，成員的數目要少。

離開大西洋海岸深入西部地區的美國人，都是一些冒險家。他們忍受不了各種束縛，極欲發財，而且往往是被他們的出生州驅逐出去的。他們到達荒地時，都是彼此初次見面，互不認識。既無傳統和家庭感情束縛他們，又無範例供他們仿效。對他們來說，法制的作用不大，民情的作用更小。因此，不斷遷到密西西比河流域落戶的人，在各個方面都不如居住在原來的十三個州內的美國人。但是，他們在西部卻對所在的鄉鎮發生了重大的影響，並在學會自己管理自己之前，就著手建立起管理公共事務的政府了[63]。

成員的數目越多，成員個體的力量就越小；國家或社會的力量越大，持久存在的機緣就越強，因為各個成員的安全這時全都依賴於它們的聯合。一七九〇年，美國各州的人口，哪一個也沒有超過五十萬人[64]。當時，每個州都覺得自己沒有資格成為獨立的國家，而這種思想便使它們更容易服從聯邦當局了。但當聯邦的某個州，比如紐約這個面積相當於四分之一法國的州[65]，人口達到二百萬時，就會自恃強大；而如果它想要繼續留在聯邦裡是出於自私自利，就不再會認為聯邦的存在有其必要了，並在它同意留在聯邦裡的期間，很快就會要求占有優勢地位。

只是美國聯邦成員數目的增加，就將會拉緊已經夠強的破壞聯邦紐帶的力量。持有同樣觀點的人，並不一定用同樣的方法去觀察同樣的問題。如果觀點不同，當然更要如此了。因此，隨著美國聯邦成員數目的增加，成員之間在法制上聯合一致的機緣將會越來越少。

今天，美國各州之間的利益雖然不是彼此對立的；但是，對一個每天都有新的城市建立，每五年就有一個新州加入的國家，誰能預見到它不遠的未來的各種變化呢？

從英國人在這裡建立殖民地以來，居民人數大約每二十二年就翻一倍。我還沒有發現有什麼因素會在今後一百年裡阻止英裔美國人人口的這種激增運動。我認為，在這一百年還沒有過完，美國的領土或屬地將會住有一億多居民，劃為四十多個州[66]。

我看這一億人不會有什麼不同的利益。相反，我認爲他們繼續聯合會得到同等的好處。但我還是要說，正因爲他們有一億人口，並將劃爲四十多個情況不同和力量不等的州，所以聯邦政府的繼續存在，只能是一個幸運的偶然事件。

我雖然一再強調我堅信人的向善性，但只要人們不改造自己的性格，不澈底轉變，我仍將拒絕承認一個以管理面積相當於大半個歐洲的四十多個州爲己任的政府[67]，能夠長期存在下去。這個政府將要設法避免這些州之間出現對抗和鬥爭，防止它們互懷野心，聯合它們各自的自主行動去完成共同的事業。

但是，聯邦因日益擴大而出現的最大危險，卻來自在其內部活動的勢力的不斷遷移。從蘇必利爾湖畔到墨西哥灣，直線距離約有四百里約。美國的邊疆就以這條長線爲軸蜿蜒；它在有些地方縮回一點，但在更多的地方是遠遠越過這條線而深入到荒地。有人統計過，白人每年平均向這片荒地全線挺進七里約[68]。他們常常碰到諸如不毛之地、湖泊和突然出現在途中的印第安人之類的障礙。這時，前進中的人馬暫時停下來，等到後續的人馬跟上來聚攏以後，又開始前進。歐洲人種向洛磯山的這種節節不停的推進，好像出於一種神意：人像潮水，後浪推前浪，在神的引導下不斷前進。

在這第一線上的征服者的身後，一些城市相繼建立起來，幾個規模巨大的州也隨之成立。一七九〇年，在密西西比河流域才只有幾千名拓荒者星羅棋布於其上；而在今天，這個流域的居民人數，已與一七九〇年全聯邦的人口接近，即將達到四百萬人[69]。華盛頓市建於一八〇〇年，當時它還算是地處美國聯邦的中心；而現在，它已坐落在聯邦的四極之中的一極了。西部最遠幾個州的議員[70]，爲了出席國會，已不得不走一段相當於由維也納到巴黎這樣長的路程。

聯邦的各州同時在走向富強，但無法以同樣的速度成長和繁榮。

在聯邦的北方，阿勒格尼山脈的幾個支脈伸進大西洋，形成多處寬敞的停泊所和港口可以經常容納巨大的船舶。但是，從波托馬克河口開始，然後沿美洲沿岸南下，一直到密西西比河河口，海岸則是平坦的沙質土地。在聯邦的這一部分，幾乎所有河流的河口都被泥沙壅塞，而稀稀拉拉分布在這條淺水海岸線上的港口，又不能爲船舶提供北方港口那樣的深度，所以爲商業提供的便利條件也就大大不如北方港口。

除了這個因自然條件造成的主要劣勢之外，還有一個因法制原因而造成的劣勢。我們已經說過，已在北方廢除的蓄奴制，至今還存在於南方。關於蓄奴制對奴隸主本身的福利造成的致命影響，我也在前面敘述過了。

因此，北方在商業上[71]和在工業上，都必定比南方強大；因而北方的人口和財富比南方增長迅速，也是理所當然的。

地處大西洋沿岸的各州，人口已達半飽和狀態，大部分土地都已有了主人。因此，它們不能像大片土地尚待開發的西部各州那樣接受大量移民。密西西比河流域的土地比大西洋沿岸肥沃。這項理由再加上另外一些理由，強而有力地驅使歐洲人奔向西部。有一些數字可以證明這個事實。

就全美國計算，四十年來人口增加了兩倍多。而只算密西西比河流域[72]，則其人口在同期卻增加了三十倍[73]。

聯邦的權勢中心一直在不斷移動。四十年前，聯邦的居民大部分住在沿海，即在今天的華盛頓周圍地區。現在，大部分居民向內地和更北的地方移動。毫無疑問，在今後二十年內，大部分居民將住在阿勒格尼山西側。只要聯邦存在下去，密西西比河流域就必將因其土地肥沃和遼闊，而成爲聯邦權勢的永久中心。在今後三、四十年內，密西西比河流域將會取得其應有的地位。不難推算出來，到那時候，這裡的人口與大西洋沿岸各州的人口之比，將接近四十比十一。因此，再過幾年，早先建立的各州將完全失去它們對聯邦的控制能力，而密西西比河流域的人口則將對聯邦的議會發生重大影響。

聯邦的力量和影響的這種逐漸向西北移動的趨勢，每隔十年就可顯示出一次，因爲在每十年進行一次的全國人口普查之後，要重新規定各州應選入國會的眾議員人數[74]。

一七九〇年，維吉尼亞州有十九名眾議員。這個名額後來陸續有增加，一八一三年達到二十三名。從此以後，名額開始下降，一八三三年只有二十一名了[75]。但在同期，紐約州的眾議員人數一直在增加：一七九〇年爲十人，一八一三年爲二十七人，一八二三年爲三十四人，一八三三年爲四十人。俄亥俄州一八〇三年只有一名眾議員，一八三三年達到十九人。

很難想像一個貧弱的國家能與一個富強的國家長期結成聯邦；即使在聯合之初已經知道前者的貧弱並非後者的富強所致，這樣的聯邦也不能持久。當一方因聯合而失去主權時，或另一方因聯合而獲得權力時，這樣的聯邦更難持久。

幾個州的這種迅速而異常的發展，正威脅著其他州的獨立。擁有兩百萬人口和四十名眾議員的紐約州，欲使國會通過某項法令，或許可以辦到。不過，即使較強的州不想壓迫較弱的州，危險依然存在，因爲壓迫的可能性與其現實性幾乎是同等的。

弱者很少相信強者主張的正義和理由。因此，發展速度不如他州的州，總以猜疑和嫉妒的眼光看待得益於幸運的州。結果，在聯邦的一部分地區表現的這種沉重的苦惱和莫名其妙的不安，便與另一部地區顯示的愜意和自信形成了鮮明的對照。我認爲，南方最近之所以採取敵對態度，其原因就在於此。

在全體美國人中，南方人最需要維持聯邦，因爲讓南方諸州各自獨立，他們絕對最吃虧。然而，對聯邦的團結最有破壞作用的，也正是南方各州。爲什麼這樣呢？這很容易回答。因爲南方以前出過四名聯邦總統[76]，而現在南方在聯邦政府裡已經失勢，其在國會裡的眾議員人數逐年下降，而北方和西部的眾議員人數卻逐年增加；而且南方人性格急躁，容易發怒，見火就著，不夠冷靜。他們正以憂慮的眼光看待自己的現在，以懷舊的心情回顧自己的過去。他們每天都在自問是不是受了壓迫。如果他們發現聯邦的某項法令不是顯然對他們有利，馬上就會大喊大叫，提出抗議，說這是對他們濫用職權。如果他們的意見未被採納，他們就會大發雷霆，以退出聯邦來威脅，說聯邦只讓他們承擔義務，而不給他們好處。

加羅來納的居民們在一八三二年聲稱：「關稅法使北方發了大財，使南方淪於破產，因爲如其不然，怎麼能想像氣候寒冷和土地瘠薄的北方會不斷增加財富和權勢，而堪稱美洲花園的南方會如此迅速衰落呢[77]？」

如果我所說的變化是緩慢而逐漸的，使每一代人看不出他們目睹的現實秩序對他們有多大影響，危險是會減少一些的。但是，在美國社會的進展過程中，有些事情是突如其來的，而且我可以說是具有革命性的。一個公民在他的一生中，就能看到本州以前在聯邦中領先，後來又在聯邦的議會裡失勢。英裔美國人建立的州，有幾個成長得極其迅速，就像一個人從出生，經青年和成年一樣，只用了三十來年。

但是，不要以為失去勢力的州就要人口減少或一蹶不振。它們仍會繼續繁榮下去，而且發展的速度甚至會高於歐洲的任何一個王國[78]。但是，它們自己卻會覺得自己窮了，因為它們的財富增加速度沒有鄰州那樣快；它們也會感到自己失勢了，因為它們突然碰到一個比自己強大的力量[79]。這樣，它們在感情和欲望上所受的挫傷，要比在利益上受到的損失更大。但是，這對聯邦的繼續存在是不是有很大危險呢？假如從開天闢地以來，各國的人民和國王只注重眞正的利益，人類幾乎是可以避免戰爭的。

可見，威脅美國的最大危險來自它的繁榮本身，因為繁榮會使聯邦的某些州因自己的財富迅速增長而陶醉，並引起另些州對它們心懷嫉妒和猜疑，以及因自己的財富不斷受到損失而覺得難堪。

美國人以靜觀的態度看待這種奇異的運動，並且感到欣慰；但我覺得，他們應當以遺憾和恐懼的心情來看待它。不管將來發生什麼事情，美國人終將成為世界上最偉大民族之一，使其後代分布於幾乎整個北美。他們現在所居住的大陸已是他們的領土，而且將來也不會從他們的手中丟掉。那麼，今後是什麼東西在促使他們繼續占有這塊土地呢？財富、權勢和榮譽，在他們看來是一天也不能缺少的；他們爭先恐後地撲向這大堆寶物，好像去晚了一分鐘就搶不到了似的。

我以為我已證明，目前聯邦的存在完全依存於各州都同意繼續留在聯邦裡。而且，我根據這個論點，又探討了哪些因素可能使某些州要求脫離聯邦。但是，破壞聯邦的方式只有兩種。第一，某一加盟州可能要求退出聯盟公約，並由此粗暴地割斷共同的紐帶；我在這以前所指出的，大部分屬於這種情況。第二，聯邦政府可能因加盟的各州同時要求恢復原來的獨立地位，而失去其權威。逐漸失去一切特權的政府，終將默認自己無能，無力去實現自己的目的。於是，這第二次聯盟也將像第一次聯盟那樣，由於衰敗無力而滅亡。

聯邦紐帶的逐漸削弱，最後可能導致聯邦解體，並在聯邦解體之前，還可能造成許多其他的次要結果。即使聯邦政府的軟弱無力已使國家癱瘓，造成無政府狀態，阻礙全國的普遍繁榮，聯邦也依然可以存在。

研究可能引起英裔美國人分裂的各種原因以後，就要探討一下聯邦如果繼續存在下去，它的政府是會擴大還是會縮小其活動領域？是會更加強大有力還是會更加軟弱無力？

美國人顯然十分擔心他們的未來。他們看到，世界上大部分國家的最高主權的行使，都容易被少數幾個人所壟斷。因此，他們一想到本國最終也會如此，便感到惶恐。甚至一些國務活動家也有這種恐怖感，或者至少裝作有此恐怖感。他們所以要裝作如此，是因爲在美國，中央集權不得民心時，出面攻擊中央政府而抓權，是向多數討好的最妙手法。美國人沒有發覺，凡是出現他們所害怕的中央集權趨勢的國家，都是住著單一的民族，而美國則是由數個不同民族組成的聯邦。這一事實，足以推翻從類比做出的一切預測。

我坦白承認，我把許許多多美國人的這種恐懼看成純粹的假想。我不像美國人那樣害怕聯邦的主權加強，而是認爲聯邦政府的權力分明在減弱。

爲了證明我的這個論斷，我不必求助於古代的事例，而只用我目睹的事例或當代發生的事例就可以了。

仔細考察美國的現況，不難發現這個國家有兩個彼此相反的趨勢，它們就像一個河床裡有兩股水流，一股往東流，一股往西流。

聯邦現已存在四十五年，時間使最初反對聯邦的許多地方偏見趨於消失。美國人依戀本州的鄉土觀念，已經減少了它的排外性。聯邦的不同地區，也隨著彼此日益熟悉，而更加親密了。郵政是人們用來彼此聯繫的偉大工具，它現已深入到荒漠的腹地[80]。輪船每天往來於各口岸之間，各種貨物以空前未有的速度被運往內河的上游和下游[81]。除了自然和人工提供的這些便利條件，還有孜孜不息的追求、急於實現的願望和喜歡發財的心理，也在不斷驅使美國人離開家鄉，而投入與他們的同胞廣泛交往的洪流。他們走遍了全國各地，接觸到國內居住的各類居民。法國沒有一個省分的居民，能像美國一千三百萬居民那樣彼此熟悉。

美國人一方面在混合，一方面在同化。因氣候、原籍和制度的不同而造成的差異，正在他們之間減少。他們越來越接近於同一類型。每年都有成千上萬的北方人，遷往聯邦的其他各地落戶。這些北方人帶來了他們的信仰、觀點和民情，並由於他們的文化高於新落戶地區的居民，而很快就主管起當地的事務，把社會改造得適合於自己的利益。從北向南的這種不斷移民，對於把不同的地方特點融合爲全國統一的特點，起了重大的促進作用。因此，北方的文明，看來註定要成爲其他各地總有一天向它看齊的共同標準。

隨著美國工業的發展，聯結聯邦各州的商業紐帶也日益加強，而聯邦也由最初的見解一致的聯合變成現實需要的聯合。時間在前進，並終於將一七八九年縈回在人們頭腦中假想的恐懼一掃而光。聯邦政府沒有變成壓迫者，它也沒有損害各州的獨立，沒有使聯合的各州去服從君主制度。小州參加聯邦後，也沒有使自己依附於大州。聯邦在人口、財富和勢力方面均不斷增加。

所以我認爲，阻礙美國人結成聯邦的自然條件困難，已沒有一七八九年時那樣強大，而且聯邦的敵人也沒有那時多了。

然而，仔細研究一下美國四十五年來的歷史，也不難使我們確信，聯邦的權力有所下降。

產生這種現象的原因，也不難找到。

當公布一七八九年憲法時，全國正處於無政府狀態。緊跟著這種混亂狀態而成立的聯邦，激起了很大的恐懼和憎恨，但也得到了熱心的支持，因爲聯邦表達了一種巨大的需要。儘管聯邦政權那時受到的打擊大於今天，但它很快就像一個政府因奮力鬥爭而獲勝時通常所做的那樣，使自己的權力達到了高峰。在這個時期，對憲法的解釋似乎更多是擴大聯邦的主權，而不是約束聯邦的主權，所以聯邦在許多方面都呈現出是一個對內對外均由一個政府領導的單一國家的樣子。

但是，爲了達到這一點，也把人民抬高到幾乎凌駕於聯邦之上的地位。

憲法並沒有消除各州的個性，而且所有的州，不管其性質如何，都有一種趨向獨立的內在本能。在美國這樣的每個鄉鎮都像是一個習慣於自己管理自己的共和國的國家，這種本能更容易表露出來。

因此，必須做出一番努力使各州服從聯邦的絕對權威。即使這種努力能夠取得很大成就，也不能不隨著產生這種努力的原因的消逝而減弱。

隨著聯邦政府鞏固了自己的權力，美國便恢復了它的國際地位，使邊界重新出現和平局面，再次獲得公眾的信任。於是，穩定的秩序取代了混亂，使個人的勤奮走上正常軌道和自由發展。

然而，使人們開始忘卻這個繁榮之來因的，也是這個繁榮本身。危險一過，美國人便把當初協助他們克服危險的那種毅力和愛國精神丟得一乾二淨。解除曾經使他們困惑的恐懼之後，他們便駕輕就熟地回到原來習慣的老路，任憑自己的愛好而爲所欲爲。一個強大的政府一旦被人認爲不再需要時，人們就會開始感到它礙事了。當大家跟著聯邦一起繁榮起來時，誰也不願意放棄聯邦，但卻希望代表聯邦的當局儘量少管事情。一般說來，各州都願意繼續聯合，但在有關本州的每項事務上，又都希望恢復原來的獨立。聯邦的原則任何時候都容易被人接受，但卻很少被人應用。因此，聯邦政府一方面在建立秩序與和平，一方面又在導致自己衰落。

人們開始暴露這種情緒之後，專靠人民激情吃飯的政黨領袖們，便會興風作浪而爲自己謀利。這樣一來，聯邦政府的地位就要岌岌可危了；而它的敵手們卻得到了人民的好感，並且正在盼望它垮臺，以便取得主持政府的許可權。

一進入這樣的時期，聯邦政府總是要與各州政府發生爭執，而且幾乎總得節節退讓。當問題涉及聯邦憲法的解釋時，解釋的結果經常是不利於聯邦，而有利於州。

憲法授權聯邦政府關心全國性利益。當時政府認爲，這是讓聯邦在國內去做或促進那些旨在增進全聯邦繁榮的重大事業或工程，比如開鑿運河。

當各州看到另一個權力當局由此而支配它們的一部分領土時，不免產生惶恐思想。它們害怕中央政府透過這種辦法喧賓奪主，在自己境內發號施令，把它們專爲本州人員保留的權力搶走。因此，一直反對擴大聯邦政府權力的民主黨站出來說話了。它指責國會濫用職權，說國家元首懷有野心。被這種叫囂嚇倒的中央政府，終於承認自己的錯誤，並答應將來把自己的勢力限制在所定的範圍之內。

憲法授予聯邦政府和外國交涉的特權。聯邦政府一般也以這種立場對待與其毗鄰的印第安部落。只要這些野蠻部落同意向文明讓步，把地盤讓給移民，聯邦政權從不表示異議；但當一個印第安部落試圖定居於某個地點時，緊靠著這個地點的州便要聲言自己對這塊土地擁有所有權，並對居住其上的人行使主權。中央政府也很快會承認該州的這種做法，並在把印第安部落當作一個獨立共和國和它簽訂條約之後，而聽任該州的立法機構對印第安人實施暴政[82]。

在大西洋沿岸建立的某些州，便向西部無限擴張，滲進歐洲人尚未深入的荒野。那些邊界已經定好而不能再改的州，對其鄰州的這種無可限量的未來表示嫉妒。於是，這些得到好處的鄰州，出於和解的目的，並便於聯邦行事，而同意劃定自己的州界，把本州以外的土地全部交給聯邦[83]。

從此以後，聯邦政府便成了最初組成聯邦的十三個州境外的全部未開發土地的主人。這就是說，聯邦政府有權分配和出售這些土地，並將售地收入全部納入國庫。聯邦政府又利用這筆收入購買印第安人的土地，修建通向新荒地的道路，從而便利了它行使加速發展社會的權力。

在各州讓出的荒地上住進由大西洋沿岸遷來的居民以後，便隨著時間的進展而相繼成立了幾個新州。國會為了全國的利益，仍繼續出售已被劃入新州界內的荒地。但在這時，一個新州成立之後，都要求獨享出售土地的收入，以供自己使用。由於它們的這些要求日益具有威脅性，國會便覺得莫如讓聯邦放棄它迄今享有的這項特權。於是，在一八三二年末通過一項法案[84]，規定西部新成立的各州境內的未開墾荒地雖然仍不屬各該州所有，但准許各該州扣留大部分售地收入供自己使用。

只要對美國稍做考察，就可以看到銀行制度給該國帶來的好處。這種好處很多，但有一項最引人注目。即合眾國銀行的紙幣可以流通全國，其在邊遠地區的價值與銀行所在地的費城完全相同[85]。

但是，合眾國銀行卻是主要的憎恨目標。它的董事們表示反對總統，但他們也被毫無根據地指控濫用自己的影響阻撓過總統的當選。因此，總統以其個人的敵意全力攻擊這些人所代表的銀行。以前支持總統的人，也在附和總統的報復行動，這使總統覺得他受到多數的由衷支持。

猶如國會是最大的立法紐帶，該銀行是最大的金融紐帶。而打算建立擁有中央政權機能的獨立州的激情，也想使銀行垮臺。

合眾國銀行經常持有各地方銀行發行的大量流通券，可以隨時拿它們去逼使地方銀行兌換硬幣。但對合眾國銀行來說，卻不害怕這樣的威脅。它的巨額流動資金，使它可以應付一切提款要求。生存受到這種威脅的地方銀行，不能運用自如地使用自己的存款餘額，而只能按其資本的一定比例發行流通券。地方銀行只有不耐煩地忍受這種有益於貨幣流通的控制。因此，被地方銀行所收買的報刊，以及由於自身利益而變成它們工具的總統，便猛烈地攻擊合眾國銀行。這些報刊在全國各地煽動地方激情和盲目的民主本能去反對合眾國銀行。在它們看來，該行的董事們簡直是一個貴族集團，無孔不入地對政府施加影響，遲早要破壞美國社會所依據的平等原則。

這家銀行與其對手的鬥爭，不過是美國各州與中央政府之間、民主獨立精神與等級服從精神之間，展開的大規模鬥爭中的一個偶然事件。我絕不認爲合眾國銀行的敵人，和那些在另一些問題上攻擊中央政府的人完全一樣；但我要說前者對合眾國銀行的攻擊，與後者對聯邦政府的抵制，都出於同樣的本性，而且合眾國銀行的反對者眾多，正是聯邦政府的力量衰落的一個可悲徵兆。

但是，聯邦從未像在有名的關稅問題上表現得那樣軟弱無力[86]。

法國革命的戰爭和一八一二年的美英戰爭，切斷了美國與歐洲的自由往來，促使聯邦北方建立起製造業。當和平恢復，歐洲產品運往新大陸的航路再開時，美國人覺得應當建立關稅制度，以便既能保護本國剛剛發展起來的製造業，又能以關稅收入償還在戰爭時期舉借的債款。

南方各州沒有可以受益的製造業，只有農業，所以很快對這項措施表示抱怨。

我絕不想在這裡考察它們的抱怨是出於想像還是有根有據，而只想說明事實。

早在一八二〇年，南卡羅來納州就在致國會的一份請願書中聲稱，關稅法案是違憲的、暴虐的和不公正的。接著，喬治亞州、維吉尼亞州、北卡羅來納州、阿拉巴馬州和密西西比州，也相繼對關稅法案提出程度不同的猛烈抗議。

國會對這些怨言置之不理，在一八二四年和一八二八年又提高了稅率，並再次肯定徵收關稅的原則。

於是，在南方提出了或者毋寧說是恢復了一個名爲「拒絕執行聯邦法令」的著名主張。

我在敘述聯邦憲法的時候已經指出，聯邦憲法的目的不是建立一個聯盟，而是組建一個全國政府。根據美國憲法，美國人只是在一定的條件下算是一個單一的民族。也只是在這些條件下，才像在一切立憲國家裡那樣，透過多數來表達全國的意志。一旦多數的意見獲得通過，少數就只有服從的義務。

這是合法的學說，只有這個學說才符合憲法的條文和憲法制定者們的公認意圖。

南方的「拒絕執行聯邦法令派」與此相反，他們聲稱美國人聯合起來的用意不在於建立單一民族的國家，而只在於結成幾個獨立州的聯盟，所以每個州即使不是在行動上，但至少在原則上均保持完整的主權，並有權解釋國會頒布的法令，有權在本州內停止執行在它看來是違憲和不公正的國會法令。

「拒絕執行聯邦法令派」的整個主張，可用這一派的公認領袖卡爾霍恩一八三三年向參議院發表的演說中的一段話來概括。

他說：「憲法是一項契約，各州在其中均以主權者的身分出現。而一旦締約的各方對契約的解釋發生分歧時，每一方均有權自行判斷其履約的範圍。」

顯然，這項主張從原則上破壞了聯邦的紐帶，使美國人依據一七八九年憲法而擺脫的無政府狀態又將再現。

南卡羅來納州看到國會對它的抗議不予理睬以後，便以「拒絕執行聯邦法令派」的主張來對付聯邦的關稅法相威脅。國會堅持自己規定的制度，因而一場風暴終於襲來。

一八三二年間，南卡羅來納州的人民[87]成立了一個國民代表會議，商討他們最後不得不採用的非常措施；同年十一月二十四日，這個國民代表會議以法令形式頒布一項法律，其中規定聯邦的關稅法無效，反對徵收該法規定的稅款，拒絕接受可能向聯邦法院提出的訴訟[88]。這項法令定於次年二月正式生效，並且附帶聲稱：如國會在此期限內修改關稅制度，則南卡羅來納可以同意不再追究。不久以後，南卡羅來納州又以含糊其詞的口氣表示希望，說它願意將問題提交由聯邦的所有州組成的特別委員會處理。

在等待國會答覆期間，南卡羅來納武裝了它的民兵，準備作戰。

國會怎麼辦了呢？對苦苦哀求的老百姓一直置之不理的國會，看到老百姓拿起了武器[89]，便採納了他們的意見。國會通過一項法令[90]，其中規定稅率在十年內遞減，一直減到關稅收入不超過政府開支所需的程度。可見，國會完全放棄了最初的關稅原則，以一種純財政措施取代了保護關稅制度[91]。

聯邦政府爲了掩飾失敗，採用了一項爲軟弱的政府所常用的應付對策：即在事實上表示讓步，而在原則上堅持己見。國會在修改關稅立法的同時，又通過了一項授予總統特別權力的法案，使總統可以使用武力去制服當時已無須再害怕的反抗。

然而，南卡羅來納州並未讓聯邦享用這個微不足道的表面勝利。主張廢除關稅法的那個國民代表會議又召開會議，會上接受了聯邦對它表示的讓步；但它同時又宣布，它並不因此而不再堅持「拒絕執行聯邦法令派」的主張。而且，爲了證明它說話算數，它聲明授予總統特別權力和那項法案對南卡羅來納州無效，雖然它明明知道這項權力永遠也不會付諸實施。

我們說的這些爭端，幾乎全都發生在傑克遜將軍的總統任期之內。不容否認，在關稅問題上，他曾巧妙和大力地維護了聯邦的權力。但我認爲，他也爲聯邦政府留下一個隱患，使得今天的聯邦政府也不得不按照他採取的那種辦法處理類似問題。

一些沒有走出歐洲到美國考察的人，對於傑克遜將軍的政績，持有一種在現地考察問題的人看來有些荒謬的看法。

據他們說，傑克遜將軍打過勝仗，精力充沛，生性和習慣愛用武力，貪圖權勢，天生是個暴君。這一切說法也許是實情，但從這些實情所做的一切推論卻非常錯誤[92]。

有人推測，傑克遜將軍欲在美國建立獨裁統治，推崇尚武精神，將中央政權的權力擴大到足以危害地方自由的地步。然而在美國，做這樣事情的時代和出現此種人物的時期，還沒有到來。假如傑克遜將軍欲以這種方式實行統治，他肯定會丟失他的政治地位和害及他的生命。他一向不是這樣的冒失鬼，不會試圖去做這類蠢事。

現任的總統傑克遜絕不想擴大聯邦政府的權力；他所代表的黨反而希望把聯邦政府的權力限制在憲法所明確規定的範圍之內，從未對憲法做過有利於聯邦政府的解釋。傑克遜將軍絕不是中央集權制度的戰士，而是唯恐失去權力的地方政府的代表。是地方分權的激情（如果我可以這樣說的話），把他推上了代表國家主權的地位。他之所以保住了自己的地位和聲望，全靠不斷地向這種激情討好。傑克遜將軍是多數的奴僕；當多數的意志、願望和本性剛剛表現出來一半，他便緊緊跟上，或者毋寧說他自己就有這種激情和帶頭鼓動這種激情。

每逢州政府與聯邦政府發生糾紛，很少見到總統不站在州政府一方來反對自己的權力，並且幾乎總是走在立法機構的前面。當出現解釋聯邦職權範圍的問題時，可以說他總是站在反對自己的那一邊。他不突出自己，不擴大自己，不表現自己。這一切並不表明他天生懦弱或敵視聯邦。當多數出來反對南方的「拒絕執行聯邦法令派」的無理主張時，他立即站到多數的隊首，明確而堅決地表達多數所持的主張，並首先提議訴諸武力。如果允許我用美國人的說法，我認爲傑克遜將軍在愛好上是一個聯邦主義者，在務實上是一個共和主義者。

傑克遜將軍在如此屈服於多數而使自己獲得人們的好感之後，便提高了他的地位。於是，他排除一切障礙，奮力向多數所追求的或多數尚且表示懷疑的目標前進。他得到了他的前任們從來沒有過的強大支持，並到處利用任何一位總統沒有遇到的便利條件把自己的私敵打倒在地。他對自己所採取的一些以前沒有人敢實行的措施負責，他甚至用一種近乎侮辱的輕蔑態度對待全國的議員；他拒絕批准國會的法案，而且往往不去回答這個強大立法機構的質問。他就是這樣一個對待主人有時很粗暴的僕人。因此，傑克遜將軍的權威在不斷加強，而總統的權威卻日益削弱。在他執政期間，聯邦政府是強大的；但當他的繼任者掌權時，聯邦政府就將軟弱無力。

只要我說的沒有大錯，美國的聯邦政府就將不斷地削弱下去。它將逐漸地放棄一些公務，把自己的活動限制在一個越來越小的範圍之內。天生脆弱的聯邦政府，甚至會失去貌似強大的外表。另一方面，我還覺得，在美國，人們的獨立感在各州表現得日益明顯，對地方政府的愛也顯得日益強烈。

人們想要聯邦，但只把它作爲一個影子。人們在某些情況下希望聯邦強大，而在另些情況下又希望它軟弱。人們主張在戰爭時期聯邦可把全國的人力和物力集中於自己手裡，而在和平時期甚至可以不要聯邦。這種一會兒軟弱一會兒強大的交替現象，是出於聯邦的本性。

我不認爲有什麼東西現在可以阻止人們思想的這一普遍運動。造成這一運動的原因，也在不停地照樣發生作用。因此，運動將繼續進行下去，並且可以預言，除非發生某種意外情況，聯邦政府必將日益衰弱下去。

但我認爲，聯邦當局無力維護自己的生存、不能保持國內和平，從而自消自滅的日子，還爲時尚遠。聯邦已爲民情所接受，人們希望聯邦存在。聯邦的成就是顯然的，聯邦的好處是人所共見的。當人們發覺聯邦政府的弱點足以危害聯邦的存在時，我毫不懷疑會出現一種相反的運動，以增強聯邦的力量。

在世界上迄今建立的一切聯邦政府中，合眾國政府是最符合聯邦的性質而活動的聯邦政府。只要不受到法律解釋的直接打擊，只要不嚴重損害聯邦的本質，輿論的變化、內部的危機或戰爭，均可以立刻恢復聯邦應當具有的活力。

我想指出的只有一點，那就是在我們法國，有許多人認爲美國的輿論趨向中央集權，主張將一切權力都交給總統和國會。但我認爲，美國正顯然出現一種與此相反的輿論。我不是說聯邦政府因爲日益老化而失去權力和威脅各州的主權，而是說它正在不斷趨向軟弱無力，並且認爲只有聯邦的主權遭到了破壞。這就是目前的實況。這個趨勢的最終結果將會如何？有什麼偶然事件可能阻止、推遲或加速我所指出的運動？這種偶然事件隱藏於未來，我不自以爲能夠揭開它們的帷幕[93]。

論美國的共和制度及其持久存在的機緣是什麼

聯邦只是一個偶然的存在——共和制度最有前途——就目前來說，共和適應於英裔美國人的自然狀態——爲什麼——要破壞共和，就得同時改變一切法律，改造整個民情——美國人建立貴族制度將要遭到的困難。

如果現在的加盟州之間發生戰爭，以及隨著戰爭而擁有常備軍，實行獨裁和加重稅負，因而導致聯邦解體，則終有可能危害共和制度的命運。

但不能把共和的前途與聯邦的前途混爲一談。

聯邦只是一個偶然的存在，只要環境有利於它，它就能存在下去；而共和在我看來適應於美國人的自然狀態。除非相反的因素繼續不斷地向同一方向發生作用，沒有任何東西能夠使貴族制度取代共和制度。

聯邦主要依靠組建聯邦的法律而存在。只要爆發一場革命，或輿論一有改變，就可使聯邦不復存在。而共和卻有根深蒂固的基礎。

在美國，人們把共和理解爲社會對自身進行的緩慢而和平的活動。它是一種眞正建立在人民的明智意願之上的合理狀態。在這種管理體制下，一項決定都要經過長期醞釀，審愼討論，待至成熟，方付諸實施。

美國的共和主義者重視民情，尊重宗教信仰，承認各種權利。他們認爲，一個民族越是享有自由，就應該越是講究道德、越是信仰宗教、越是溫文爾雅。在美國，所謂共和，係指多數的和平統治而言。多數，經過彼此認識和使人們承認自己的存在以後，就成爲一切權利的共同來源。但是，多數本身並不是無限權威。在道德界，有人道、正義和理性居於其上；在政界，有各種既得權利高於其上。多數承認它在這兩方面所受的限制。如果它破壞了這兩項限制，那也像每個人一樣是出於激情，並且像每個人激動時那樣可能把好事辦壞。

但是，我們在歐洲卻發現一些新奇的說法。

據我們歐洲的一些人說，共和並非像大家至今所想的那樣是多數的統治，而是依靠多數得勢的幾個人的統治；在這種統治中起領導作用的不是人民，而是那些知道人民具有最大作用的人；這些人經過自己的獨特判斷，可以不與人民商量而以人民的名義行事，把人民踩在腳下反而要求人民對他們感恩戴德；而且，共和政府是唯一要求人民承認它有權任意行事，敢於蔑視人們迄今所尊重的一切，即從最高的道德規範到初淺的公認準則都一概敢於蔑視的政府。

他們至今一直認爲，專制不論以什麼形式出現，都是令人討厭的。但在今天，他們又有新的發現：在這個世界上，只要以人民的名義來實行暴政和主事不公，暴政也能成爲合法的，不公也能變爲神聖的。

美國人對於共和的看法，是認爲他們最便於採用共和，而且可以保證共和持久存在下去。在他們看來，即使共和政府的政績常常不好，但至少在理論上還是好的。因此，人民最後總是按照共和的原則行事。

美國一開始就不可能建立集權的行政，而且將來也極難建立。居民們散住於一片遼闊的國土上，又爲許多天然障礙所分隔，從而只能由他們各自去管理自己的生活細節。因此，美國是一個道道地地由州政府和鄉鎮政府管理的國家。

除了置身在新大陸的所有歐洲人都感知到的這個原因之外，英裔美國人還添加了另外幾個他們所特有的原因。

在北美的各殖民地建立之初，英國人就把他們的法制和民情中的鄉鎮自由精神帶來；英國的移民們不僅把鄉鎮自由當作必要的東西，而且當作他們認爲最有價值的東西繼承下來。

我們已經講過各殖民地是如何建立起來的。當時，每個地方，甚至每個教區，都分別由一些彼此陌生或因不同目的而相聚在一起的人所割據。因此，美國的英裔移民一開始就形成許許多多不屬於任何共同中心管轄的小社區，而且每個小社區都自行管理自己的事務，因爲它們不屬於任何一個理應管理它們和可以容易治理它們的中央當局。

因此，國土的自然條件，英國各殖民地的建立方式，初期移民們的生活習慣——這一切結合起來，就使鄉鎮自由和地方自由得到驚人的發展。

由於這個緣故，美國的全部國家制度，實質上都是共和的；而要想在美國澈底破壞構成共和的基礎的法律，就得同時廢除一切法律。

如果今天有一個政黨試圖在美國建立君主政體，那它的處境要比現在就想在法國建立共和國的政黨還要困難。法國的王權並沒有在建立之前爲自己擬定一套立法制度，所以目前只能是一個被共和制度包圍的君主政體。

君主政體的原則在向美國的民情滲入時，也會遇到同樣的困難。

在美國，人民主權學說，並不是一項與人民的習慣和一切占有統治地位的觀念沒有聯繫的孤立學說；相反，可以把它看成是維繫通行於整個英裔美國人世界的觀念的鏈條的最後一環。每一個個人，不管他是什麼人，上帝都賦予他能夠自行處理與己最有密切關係的事務所必要的一定理性，這是美國的市民社會和政治社會據以建立的偉大箴言；家長將它用於子女，主人將它用於奴僕，鄉鎮將它用於官員，縣將它用於鄉鎮，州將它用於縣，聯邦又將它用於各州。這個箴言擴大用於全國，便成爲人民主權學說。

所以在美國，共和的根本原則，是與制約人類的大部分行爲的原則一致的。因此，讓我來說的話，我認爲共和在建立其法制的同時，就深入到了美國人的思想、觀點和一切習慣；而要想改變它的法制，就得改變所有這一切。在美國，甚至大多數人信仰的宗教也是共和的，因爲宗教使來世的眞理服從於個人的理性，猶如政治讓個人對私人利益的關心服從於人之常情；而且宗教同意每個人可以自由選擇引導自己走向天堂之路，猶如法律承認每個公民都有權選擇自己的政府。

顯而易見，只有發生一連串向同一方向發生作用的事件，才能使這一套法制、觀點和民情爲另一套法制、觀點和民情所取代。

如果共和的原則有一天竟會在美國消滅，那也只有經過長期時勝時敗、反反覆覆的社會鬥爭之後才有可能；而在一個全新的民族取代現代的民族之前，有些共和原則將會復興，而不會完全消滅。然而，並沒有什麼東西在預示這樣的革命，也沒有任何徵兆在表明這樣的革命即將來臨。

使一個初到美國的人最感到吃驚的，是政治社會令人眼花繚亂的運動。他們的法律在不斷改變，乍看上去，你會以爲一個信念如此不穩定的民族很快就要用一個全新的政府來取代它的現存政府。但是，你的這種擔心有點杞人憂天。其實，政治制度有兩種不穩定情況，不能把兩者混淆。其一，是經常改變次要的法律，但不影響好端端的社會繼續存在；其二，是動搖制度的基礎本身，攻擊法制的基本原則。這樣的不穩定常使動亂和革命隨之而來，而身受其害的國家則處於變動激烈和莫測的狀態。經驗告訴我們，立法方面的這兩種不穩定情況，彼此並無必然的聯繫，因爲隨著時間和地點的不同，它們有時結合在一起，有時又彼此分離。在美國見到的不穩定情況是第一種，而不是第二種。美國人雖然經常改變他們的法律，但憲法的基礎卻一直受到尊重。

今天，共和主義統治美國，猶如路易十四時期君主主義統治法國。當時，法國人不僅喜愛君主政體，而且覺得沒有什麼東西能夠取代它。他們接受君主政體，猶如人們接受陽光的照射和四季的更迭。那時的法國人，既沒有王權的積極擁護者，又沒有王權的強烈反對者。

共和正是基於默認或一種一致同意（consensus universalis）而建立，並且無需爭辯、反駁和證明而存在於美國的。

但我認爲，美國的居民如果總是像他們在行政制度方面所做的那樣改來改去，必將危害共和政府的未來。

立法方面的朝令夕改，使人們的計畫常常受挫，所以我們有理由擔心，人們終有一天會把共和看成是一種不方便的社會生活方式。到那時候，次要法律的不穩定所造成的不良後果，也會使人們對基本法律的存在表示懷疑，並會間接地引起一場革命。不過，這個時代的到來還十分遙遠。

我們現在可以預見的，只是美國人一放棄共和，經過不長時間的君主政體，很快就會進入專制的桎梏。孟德斯鳩說過，再沒有比繼共和而建立的君權更專制的權力了，因爲原先毫不擔心地交給一個民選首腦的無限權力，這時便落到了一個世襲君主的手裡。這個說法是普遍正確的，但又特別適用於一個民主共和國。美國的立法行政官員，不是由公民中的一個特殊階級，而是由全國多數選舉的。他們直接代表人民大眾的激情，並完全依靠人民大眾的意志，所以他們既不會被人懷恨，又不會使人害怕。但正如我已經說過的，人民在規定他們的職權時很少關心劃定他們的權力界限，而將很大一部分權力交給他們自行專斷。這種事態形成了一些比它本身還有生命力的習慣。美國的立法行政官員，在國會休會期間或去職後，也對社會發生很大影響，以致很難說暴政將止於何時何地。

我們歐洲人當中有些人希望美國出現貴族政體，甚至已經明確預言貴族政體定將得勢的時期。我已經說過，現在再重複一遍，美國社會的目前動向，我看是越來越趨向民主。但是，我絕不斷言美國人將來不會在某一天不限制政治權利的範圍，或不沒收這些權利而讓某一個人獨享；不過，我也無法相信他們將來會有一天讓公民中的一個特殊階級獨占這些權利，或者換句話說，他們將來會有一天建立貴族政體。

貴族集團由一定數目的公民組成，他們雖與人民大眾離得不太遠，但卻永遠凌駕於人民大眾之上。你能與這個集團接近，但你打不倒它；你可以天天與它來往，但你休想與它混合。

不可能想像再有什麼服從比這種服從再違反人的天性和人心的隱祕本能了。依靠自己生存的人，寧願經常受一個國王的專斷統治，也不願受貴族的正規行政管理。

貴族制度爲了長期存在下去，就要以不平等爲原則，事先使不平等合法化，並在社會實行不平等的同時將它帶進自己的家庭。凡與合情合理的公平截然相反的東西，只有依靠壓制的辦法強加於人。

我相信，從有人類社會以來，找不到一個依靠自己努力而生存的民族，曾在自己的內部建立過貴族制度的例子，而中世紀的貴族制度則是征服的產物。征服者成了貴族，被征服者淪爲農奴。於是，武力把不平等強加於人，而不平等一旦爲民情所接受，它就可以自己維護自己，並自然而然地被法律所承認。

有一些社會，由於先於它們而存在的某些事件，使它們成了可以說是天生的貴族社會。但是，久而久之，時代就把它們引向民主。羅馬人和繼他們之後而強大起來的蠻族的命運就是如此。但是，一個已經文明和實行民主的民族，如能透過加強身分的不平等而日益團結，透過在自己的內部建立不可侵犯的特權和唯我獨尊的等級而獲得成功，這倒是世界上的怪事。

沒有任何形跡表明，美國註定要在這方面提供第一個範例。

略述美國商業興盛的原因

美國人由於他們的本性註定要成爲一個偉大的海洋民族——他們的海岸線長——他們的港口水

深——他們的河流長——但是，英裔美國人的商業優勢應歸功於這些自然原因之處，大大少於應歸功於他們的智力和道德原因之處——英裔美國人作爲一個商業民族的未來——聯邦的解體也阻止不了原來組成聯邦的人民的海上躍進——爲什麼——英裔美國人生來就是要供應南美居民的需求的——他們將像英國人一樣成爲世界大部分地區的商業代理人。

美國的海岸線，從芬迪灣起，到墨西哥灣的薩賓河，全長近九百里約。

美國的海岸是一條延續而無中斷的線，並且統由同一政府管理。

世界上沒有一個國家能像美國那樣爲商業提供更深、更闊和更安全的港口。

美國的居民構成一個偉大的文明民族，命運把他們安排在一片荒地之上，而離文明的主要中心又有一千兩百里約之遙。因此，美國天天需要仰仗歐洲。不久以後，美國人一定會自己生產或製造他們所需要的大部分物品。但是，兩洲永遠不能完全分開而各自獨立地生活下去，因爲它們在需求、觀念、習慣和民情上的天然聯繫太密切了。

聯邦的一些產品，現已成爲我們之所需，因爲我們的土地完全不出產這些東西，或者只能用很高的成本去生產它們。美國人只能消費這些產品中的一小部分，而將其餘的賣給我們。

因此，歐洲是美國的市場，猶如美國是歐洲的市場；而爲了把美國生產的原材料運到歐洲港口，再把歐洲的製成品運回美國，美國的居民也同樣需要海上貿易。

因此，美國不是像墨西哥的西班牙人迄今所做的那樣，放棄貿易而專向海洋國家的工業供應大量原材料，就是要使自己成爲地球上的第一流海洋強國。這是一個不可避免的兩者必擇其一的抉擇。

英裔美國人對於海洋始終表現出一種明顯的愛好。獨立在打斷了把他們與英國聯繫起來的商業紐帶的同時，卻使他們的航海天才得到了新的和有力的飛躍。獨立以後，聯邦的船數遞增，其增加速度幾乎與居民人數的增加速度同樣快。現在，美國人消費的歐洲產品，十分之九都是用自己的船運輸的[94]。他們還用自己的船把新大陸的四分之三出口貨運給歐洲的消費者[95]。美國的船舶塞滿了哈佛和利物浦的碼頭；而在紐約港裡，英國和法國的船舶則爲數不多[96]。

由此可見，美國的商人不僅敢於在本土和外國商人競爭，而且能在外國和外國商人進行有成效的鬥爭。

這一點很容易解釋：因爲在世界航運中，美國船的運費最便宜。只要美國的商船繼續保持這個優勢，它將不僅保有已經取得的成就，而且會日益提高既得的成就。

美國人爲什麼能以比他人低得多的成本經營航運，這是一個很難解答的問題。有人主張，這首先應當歸功於美國人的得天獨厚的優越物質條件。但是，事實並非如此。

美國船的造價與我們的一樣[97]，但船造得並不太好，而且使用壽命一般也不長。

美國海員的工資高於歐洲海員。有很多歐洲人在美國商船上工作，就在證明這一點。

那麼，美國人的航運成本爲什麼比我們的低呢？

我認爲，從物質的優勢去尋找這個原因是徒勞的，要到純智力的和純精神的特點中去尋找。

下面的比較，將證明我的看法是正確的。

法國人在大革命的戰爭期間將一種新的戰術用於軍事藝術，把一些老將軍打得暈頭轉向，差一點推翻了歐洲的一些古老王國。他們首先設法精簡了許多一向被認爲是打仗所不可缺少的東西，他們要求士兵付出一些文明國家從來沒有向軍隊要求過的努力。結果，士兵們個個奮勇前進，毫不遲疑地冒著生命危險去達到預定的目的。

當時，法國的人力和財力都不如它的敵人，它的物力比敵人差得更遠。但是，法國人卻節節勝利，直到敵人也開始採取他們的戰術為止。

美國人在商業方面也採取了類似辦法。法國人為取得戰爭的勝利所做的一切，全被美國人用到降低航運成本方面去。

歐洲的航運公司辦事謹慎，從不在海上冒險。它們只在風平浪靜的時候讓船出海，一遇到不測，便令船回港。夜裡，船員們收起一部分船帆；當海上的浪花發白，表明快要接近陸地時，船員會立即降低航速，仰目看一看太陽調整航向。

美國人不這樣小心翼翼，而敢於冒險。風暴還在低嘯，他們就拔錨起航了。白天和夜裡，他們都全帆對風。他們一邊航行，一邊修復風暴使船舶受到的損傷。當他們接近航程的終點時，他們繼續揚帆前進，就像已經看到港口似地急欲靠岸。

美國的船舶常在海上失事，但哪一個國家的船舶都沒有他們的船舶航海迅速。由於他們用較少的時間做完了和他人相等的工作，所以才得以降低航運成本。

歐洲的商船在長途航行中，總得多次靠岸休整。它們為了尋找靠岸的港口或等待離岸的時機，損失了寶貴的時間，而且每天還要支付停泊費。

美國的商船從波士頓出發，到中國去購買茶葉。船到廣州後，停留數日便起航回國。在不到兩年的時間內，船便航行了相等於繞地球一圈的距離，而且往復在途中只各靠岸一次。在歷時八個月或十個月的單程航行中，船員們喝的是鹹水，吃的是醃肉。他們要不斷和海洋、疾病和厭倦拼搏。但回來後，每磅茶葉的售價可比英國商人便宜四分之一便士。他們達到了目的。

我除了說美國人在經商方面表現出了一種英雄氣概，實在無法再更好地表達我的思想。歐洲的商人將永遠無法趕上與他們同行的美國競爭對手。美國人在按照上述的辦法經商時，並非完全出於精打細算，而主要是基於他們的天性。

美國的居民正在體驗前進中的文明所產生的一切苦樂。他們不像歐洲人那樣置身於一個一切需要都可以得到滿足的社會，所以往往不得不自己去創造學習和生活上所不可缺少的各種物品。在美國，有時是一個人既會種田又會造屋，既是鉗工又是鞋匠，而且還會織布縫衣。這雖不利於工業技術的進步和完善，但卻能大大發揮勞動者的才智。再沒有比過細的分工，更容易使人變蠢和從產品上見不到匠心了。在像美國這樣的專門人才如此缺乏的國家，不一定要經過長期的學習去掌握一門手藝。因此，美國人極容易改變謀生之道，隨時去找有利的工作去做。有些人一生中當過律師，種過地，做過買賣，還當過教士和醫生。雖然美國人的每項行業不如歐洲人高明，但幾乎沒有什麼手藝他們一竅不通。他們的才能比較一般，但他們的知識比較廣泛。因此，美國的居民在行業上沒有什麼清規戒律，沒有形成任何職業偏見，既不重此輕彼或輕此重彼，又不厚古薄今或薄古厚今。他們既不固守自己的習慣，又容易排除外國習慣對他們的精神可能發生的控制作用，因爲他們知道自己的國家不同於任何其他國家，他們的情況在世界上也屬首見。

美國人居住在一個令人感到奇妙的國土上，他們周圍的一切都在不停地變化，每一變動都象徵著進步。因此，新的思想在他們的頭腦裡總是與良好的思想密切結合。人的努力，好像到處均無天然的止境。在他們看來，沒有什麼辦不到的事情，而是有志者事竟成。

這種運氣好壞的經常反覆，這種推動美國人一致向前的感情衝動，這種公共財富和私人財富變化莫測的起落，全部會合在一起，就使人們的精神完全處於一種奮發圖強和不甘人後的狂熱狀態。對於一個美國人來說，人的一生就像一場賭博，就像一次革命，就像一個戰役。

這些同樣的原因在對每一個人發生作用的同時，也給國民性打下了不可遏止的衝動的烙印。因此，美國人隨時隨地都必然是熱心於追求、勇於進取、敢於冒險，特別是善於創新的人。這種精神都眞實地體現在他們的一切工作當中。他們把這種精神帶進了他們的政治條例，帶進了他們的宗教教義，帶進了他們的社會經濟學說，帶進了他們的個人實業活動。他們帶著這種精神到處去創業：不管是到荒山老林的深處，還是到熱鬧繁華的城市，莫不如此。正是被他們用於海運業的這種同樣的精神，才使美國商船比其他一切國家商船的運費低廉和航行迅速。

只要美國的海員保持這種精神優勢及其帶來的實踐優勢，他們將不僅能夠保障本國生產者和消費者的需求，而且會越來越像英國人[98]那樣成爲其他國家的商務代理人。

目前，他們正在開始實現這樣的宏圖。我們已經看到，美國的海運企業正在使自己充當幾個歐洲國家商業的直接代理人[99]。

西班牙人和葡萄牙人在南美建立的一些大殖民地，後來都各自變成了帝國。內戰和專制，目前正在折磨這個遼闊的地區。人口沒有增加，住在這裡的爲數不多的居民，每天都在爲自衛而操心，連改善自己命運的打算都無從談起。

但是，情況將不會永遠如此。自強不息的歐洲，曾全憑自己的努力衝破了中世紀的黑暗。南美和我們一樣，也是基督教世界。它的法制和生活習慣，也和我們的一樣。它擁有在歐洲各種人民和他們的子孫中成長起來的文明的一切萌芽。此外，南美還有我們的榜樣可供它借鑑。難道它能永遠愚昧下去嗎？

顯而易見，這只是個時間問題。毫無疑問，南美人民建成昌盛文明的國家的時期遲早會到來。

但是，當南美的西班牙人和葡萄牙人自身感到有文明國家的需求時，他們還遠遠不能自己滿足這些需求。作爲文明的後進者，他們必須承認先進者已經取得的優勢。他們在學會辦工廠和經商以前，還得長期務農。他們將暫時需要外國人居間，把他們的產品運輸海外，再換回外國的產品來滿足他們新產生的需求。

毫無疑問，北美的美國人總有一天被要求去滿足南美人的需求。大自然已使他們雙方爲鄰，並將爲前者提供極大方便去了解和調查後者的需求，與後者建立經常的往來，並逐漸占領後者的市場。美國的商人除非大大不如歐洲的商人，他們是不會喪失這種天賜良機的，何況他們在某些方面還比歐洲商人優越。美國人早已對新大陸的各族人民發生了精神影響，向他們傳授了知識。居住在這同一大陸上的各族人民，早已習慣於把美國人看作是美洲大家庭中的最有知識、最有力量和最有財富的成員。因此，他們把視線轉向美國，一有機會就仿效居住在那裡的人民。他們每天都在吸取美國的政治理論和借用美國的法制。

美國人在南美人面前所處的地位，與他們的祖先英國人當年在義大利人、西班牙人、葡萄牙人和歐洲的所有在文化與工業上，均不如英國先進，而且大部分消費品要仰仗英國的國家面前所處的地位完全相同。

英國今天是和它往來的幾乎所有國家的天然貿易中心，而美國將要在另一半球發生同樣的作用。因此，在新大陸建立或成長的每個國家，其建立和成長幾乎都對英裔美國人有利。

假如聯邦解體，解散後的各州的商業發展無疑要放慢一個時期，但絕不會像人們想像的那樣長久。顯而易見，不管將來出現什麼情況，各州仍然要聯合起來做生意。它們相互爲鄰，彼此在觀點、利益和民情上完全一致，而且唯有它們能夠形成一個極大的海洋強國。如果聯邦的南方與北方分家而獨立，南方沒有北方的幫助就無法生存。我已經說過，南方不是經商的地帶，也沒有任何形跡表明它會成爲這樣的地帶。因此，美國的南方人不得不長期仰仗外人把他們的產品運銷出去，並向他們供應他們所需的必要物品。而在他們所能找到的居間人中，只有他們的近鄰北方人，能夠保證向他們提供物美價廉的市場。而且，他們也會自己去找北方人，因爲廉價是商業的最高法則。不管是主權意志，還是民族偏見，都不能長期頂住廉價市場的影響。恐怕再沒有什麼仇恨，能比美國人與英國人之間的仇恨更深重的了。儘管有這種敵對情緒，英國的商人仍能讓美國人購買他們的大部分製成品；而美國人之所以能買英國的貨物，只因爲他們購買英國的貨物比購買其他國家的貨物便宜。因此，不管美國人願意與否，美國的正在發展中的繁榮，並不能給英國的製造業帶來不利。

理性在告訴我們，經驗也在向我們證明，在必要的時候得不到武裝力量的支援，商業上的強大是不可能持久的。

美國對這個道理的理解，和其他國家一樣明白。美國人已能使他們的船籍旗受人尊重，而且不久以後可能令人看到生畏。

我確信，聯邦解散以後，北美的海上力量也不會削弱，而只能大大增強。今天是經商的州與不經商的州聯合在一起，但後者往往只是勉強地同意增強對它並無直接利益的海上力量。

反之，如果聯邦中的所有經商州組成一個單一國家，商業便將成爲它們的最主要國家利益，因而它們會爲保護航運而付出巨大犧牲，而且任何東西也阻止不了它們去實現這方面的願望。

我認爲，國家和人一樣，幾乎總是在青年時代就顯露出其未來命運的主要特點。當我看到英裔美國人的那種經商幹勁、經商的便利條件和經商獲得的成就時，就情不自禁地相信，他們總有一天會成爲地球上的第一海上強國。他們生來就是來統治海洋的，就像羅馬人生來就是來統治世界的一樣。

◆本章注釋◆

【1】北美的土著，以史無前例的堅定精神保留著他們的觀點，甚至他們習慣的微小細節。兩百多年來，北美漂泊不定的部落雖與白人經常接觸，但幾乎沒有接受白人的思想和習慣。不過，歐洲人還是對野蠻人發生了極大的影響。即他們只是使印第安人更加衰敗了，而根本未能使他們歐洲化。

一八三一年夏，我到過密西根湖畔一個名叫綠灣的地方，這裡是西北部印第安人在美國的最北界線，我在這裡結識了一位美國軍官H少校。有一天他給我長篇大論地談完印第安人性格的堅定性後，又向我講了下面這樣一個故事：「以前，我認識一個從新英格蘭一所學院畢業的印第安人青年。他學習得很不錯，外表和文明人完全一樣。在一八一〇年我們與英國人作戰期間，我又見到了這位青年。他當時在我們的部隊裡服務，指揮他們部落的戰士。美國人只是在印第安人答應不以殘忍的辦法活剝被俘者的頭皮的條件下，才准許他們參加美國的部隊作戰的。在某次戰鬥後的夜晚，這位叫C的印第安人青年，來到我們的野營，在營火旁邊坐下。我問他白天的戰況。他向我談了戰鬥的經過，而且越談自己的戰績越高興。最後，他解開軍裝的鈕釦對我說：『可不要出賣我，請你看！』H少校接著說：『我看到他的襯衣裡，貼著肉藏有一塊帶著頭髮的英國人頭皮，而且還滴答著血。』」（參看托克維爾：《美國旅行記》，J．P．梅耶編，第三十七頁（紐哈芬，一九六〇年）。這裡的H少校為拉馬爾少校）。

[2] 在最初的十三個州裡，現在只有六千三百七十三名印第安人了。見第二十屆國會（第二次會議）第一一七號立法文件第二十（？）頁

[3] 克拉克先生和卡斯先生在他們一八二九年二月四日提交國會（第二次會議）的報告（眾議院文件第一一七號）第二十三頁（和以下幾頁）中寫道：

「距今很久以前，印第安人不必依靠文明人的工業品，就可以獲得必要的獵物供他們吃穿。在密西西比河以西，有些地方還可以見到大批的成群野牛，住在這裡的印第安人部落，便追逐這些野生動物而遷徙。和我們談話的印第安人，還會按照祖傳的方法把獵獲的野牛養活起來，而今野牛已在不斷減少。現在不准再用火槍、陷阱、夾子等來獵取熊、黃鹿、河狸、麝鼠之類的小野獸了。特別是對向印第安人供應生活必需品的小野獸，更不准採取這樣的辦法。」

「在印第安人不得不依靠艱辛的勞動來維持家庭生計的西北地方，尤其應當如此。獵人往往是追逐獵物數日而一無所得。在這期間，全家就得用樹皮和樹根充饑，或者餓死。因此，每年冬天都有很多人餓死。」

印第安人不願意像歐洲人那樣生活，但他們現在既離不開歐洲人，又不能完全按照祖輩那樣生活。只舉一個事實，就足以說明這個問題。這個事實，我也是透過官方的文件了解到的。蘇必利爾湖畔的一個印第安人部落，有人殺了一個歐洲人。於是，聯邦政府下令禁止和這個部落貿易，直到把殺人的罪犯捉來交案。

[4] 沃爾內在其《美國氣候與土壤概述》第三七〇頁（巴黎，一八二三年）中寫道：「五年前，從文森斯到卡斯卡斯基亞，在今伊利諾州境內到處是野蠻人（一七九七年）。凡是你經過的草地，無不有四五百成群的野牛，而今全不見了。野牛因不堪獵人的追擊，尤其是不堪美國人牲畜的鈴聲的干擾，而涉水逃到密西西比河的對岸。」（托克維爾用過的此書原本，現藏於托克維爾舊居（在芒什省））。

【5】大家可以相信，我在這裡所介紹的美國境內印第安人諸部的一般情況是真實的（見第二十屆國會第一一七號立法文件第九十一—一〇五頁）。可以預見，即使歐洲人現在還離美國中部的野蠻部落很遠，這些部落也會很快相繼滅亡。

【6】克拉克先生和卡斯先生在他們致國會的報告第十五頁上說，印第安人之不願意離開故土，出於和我們一樣的安土重遷的感情。另外，他們還把不願意讓出上天賜給他們祖先的土地的思想，與對某些從來沒有向歐洲人出讓過土地或只向歐洲人出讓過部分土地的部落具有重大影響的迷信思想聯繫起來。「我們不出售葬有我們祖先遺骨的土地」，就是他們常對前來要求購買他們土地的人的第一句答話。

【7】參看國會第一一七號立法文件（第十五頁及以下幾頁）對這種交易的描述。下面的一段細緻描寫，見於我方才引用的克拉克先生和卡斯先生一八二九年二月四日致國會的報告。路易斯・卡斯先生現任美國陸軍部長。

克拉克先生和卡斯先生寫道：「當印第安人來到簽約地點時，他們的樣子十分可憐，身上幾乎是一絲不掛。在這裡，他們看到並試用了許許多多他們覺得十分珍貴的物品，這些物品就是美國商人特意帶來的。希望滿足自己需要的婦女和兒童，立即開始糾纏親人要這要那，並對出賣土地有最後決定權的人施加種種影響。印第安人之沒有遠見，是經常的和無法說服他們改變的。解決婦女兒童的這些迫切需要和滿足他們的願望，是野蠻人的一種不可動搖的感情。等待未來的好處，對他們只有微不足道的影響。他們容易忘記過去，對未來根本不假考慮。如果不能立即滿足他們的要求，你怎麼懇求他們出讓他們的一部分土地也是枉然。當你公正地指出他們所處的困苦境地時，你不會為使他們的痛苦得到某些緩和而引起他們的熱烈表情而感到吃驚。」

【8】一八三〇年五月九日，愛德華・埃弗雷特向眾議院報告說，美國人根據協定，已在密西西比河以東和以西獲得兩億三千萬英畝土地。

一八〇八年，奧賽治部以一千美元讓出土地四千八百萬英畝。

一八一八年，夸保部以四千美元讓出土地兩千萬英畝。他們保留了一百萬英畝土地供狩獵使用。他們鄭重發誓，要保住這塊土地。但是未過多久，這塊土地也被侵占了。

一八三〇年二月二十四日，印第安人事務委員會報告人貝爾先生向國會報告說：「為了使我們能夠利用被印第安人宣布為他們所有的荒地，我們採用了從印第安部落手裡購買獵物已經絕跡或已被打光的狩獵用地的做法。這種做法最有好處，當然也最符合法律手續，而且比用武力侵占野蠻人的土地合乎人道。

「購買印第安人土地所有權的做法，不外是在獲得新大陸的土地時，用人道和權宜之策取代過去的暴力。這種做法同樣能使我們成為我們宣布是我們發現的土地的主人，而且能保證我們文明人在被野蠻部落占據的土地安家立業的權利。

「至今，許多交易都是當著印第安人的面，壓低他們占有的土地的價格成交的；將來，這樣的交易也會很順利地使他們向我們出讓土地。因此，向野蠻人購買占有權的做法，從來沒有推遲美國繁榮的飛快進度。」（第二十一屆國會（第二次會議）第二二七號立法文件第六頁（及以下幾頁））。

【9】而且，我認為美國的所有國務活動家都有這種看法。

卡斯先生向國會報告說：「根據過去來推斷未來，可以預見印第安人的人數將逐漸減少，他們的種族將完全消滅。為了避免出現這樣的結局，必須停止開發我們的邊疆，使野蠻人定居在那裡，或者澈底改善我們與他們的關係，而我們現在與他們的關係，是他們永遠不會認為是公道的。」

【10】其中應當特別提出的反抗有：瓦帕諾部試圖抵抗白人的戰爭，一六七五年由美塔科姆領導的幾個部落聯合反對新英格蘭殖民者的戰爭，一六二二年英國人在維吉尼亞受阻的戰爭。

【11】參看有關新英格蘭的各種歷史著作。參看夏爾瓦的《新法蘭西的歷史》和《布道通訊》（《布道通訊》從一七一二年開始發表，後來輯成一部合集，共三十四卷，包括從一七〇三年至一七七六年的通訊。增訂版於一七八〇年問世。參看吉貝爾·希納爾：《美洲遐想》第四三八頁（巴黎，一九三四年））。再參看夏爾瓦：《新法蘭西的歷史》第三三三頁及以下幾頁）。

【12】沃爾內在其《美國氣候與土壤概述》第四二三頁上寫道：「在所有的部落裡，還有一些年老的戰士在看到有人使用犁時，仍在喊叫這是破壞古風。他們認為，野蠻人使用這種新玩意兒，只能使他們墮落，而為了重振他們的榮譽和威力，只要恢復他們的古風就可以了。」

【13】下面的描述摘自一份官方文件：

「一個青年男子，在沒有和敵人打過仗，未以某些戰功來誇耀自己以前，任何人都不會尊重他，差不多要把他看成一個女人。」

「在他們表演戰爭的大型舞蹈中，所有的戰士都輪番去敲擊立在場上的一根杆子，同時向這根杆子喊叫挑戰和敘述他們的戰功。在場的聽眾是他們的親友和戰友，如果聽眾在他們講話時洗耳恭聽，講話結束後立即高聲歡呼和熱烈鼓掌，則表明他的話給聽眾留了深刻的印象。沒有在這樣的集會上講過自己戰功的青年男子，被認為是最無用的人；而如此興高采烈的青年戰士突然離開跳舞的場地，去取可以顯示自己戰功的戰利品和使他值得自豪的證物的，倒是不乏其人。」

【14】「……少數幾個……主要事實」。在這裡，托克維爾不只是想找出主要事實，而且同時提出了社會學學說的主要原理。——法文版編者

【15】這兩個部落現今分布在喬治亞州、田納西州、阿拉巴馬州和密西西比州。以前在南部有以下四大部落（現在尚有部分殘餘）：巧克陶部、契卡索部、克里克部和柴羅基部。

一八三〇年，這四個部尚有七萬五千人左右。現在，在英裔美國人占有和購進的領土境內，約有三十萬印第安人（見《紐約市印第安人事務管理處文件集》〔下面的精確數字摘自一八二九年七月二十二日發表的《紐約市土著居民遷移指導管理處關於土著居民現況和進步的報告》〕）。據向國會報告的官方資料，精確的數位為三十一萬三千一百三十人*。讀者如想了解英裔美國人領地內的印第安諸部的族名和實況，請參看我方才引用的文件（第二十屆國會（第二次會議）第一一七號立法文件第九十一一一〇五頁）。

*今天，尚有三十五萬多名印第安人居住在分布於二十幾個州內的兩百多個保留地內。——法文版編者

【16】我還把這家獨一無二的報紙帶回法國幾份。

【17】見印第安人事務委員會致第二十一屆國會（第二次會議）第二二七號報告第二十三頁。其中指出混血兒的人數在柴羅基部有所增加，主要原因可以追溯到獨立戰爭。在獨立戰爭中參加英方的喬治亞英裔美國人，被迫逃到印第安人居住地區，並在那裡與印第安人結婚。

【18】遺憾的是，混血兒的人數畢竟不多，而且他們在北美發生的影響不如在其他地方。美洲大陸的這一地區，是由歐洲的兩大民族，即法國人和英國人移民開發起來的。法國人很早就有人和土著的姑娘結為夫婦，但不幸的新郎官要對印第安人和自己人隱瞞婚姻關係。他們沒有把文明人的生活嗜好和習慣傳給野蠻人，反而往往愛上了野蠻人的生活。他們成了荒野地區的最可悲的外來人，只靠吹捧印第安人的惡習或德行而獲得他們的友誼。一六八五年，加拿大總督塞農維爾向路易十四奏稱：「長期以來均認為，欲使野蠻人法國化，必須讓他們與我們接近。但是，這種想法卻是錯誤的。與我們接近的野蠻人並沒有法國化，而經常出現於他們中間的法國人卻變成了野蠻人。」（夏爾瓦：《新法蘭西的歷史》第二卷第三四五頁〔應為三二五頁，此書的全稱為《新法蘭西的歷史與通志》。托爾維爾引用的版本，是一七七四年巴黎出版的六卷本。此書的謝伊英譯本，一八七〇年出版於紐約，一九六二年又於芝加哥重印，亦為六卷本。〕）。

英國人不同，他們固守祖先的觀點、風俗和一切習慣，在美洲的荒涼地區仍然過著像在歐洲城市裡那樣的安靜生活。因此，他們不想和他們所蔑視的野蠻人結婚，千方百計地避免自己的血液與野蠻人的血液混合。

因此，法國人對於印第安人沒有發生任何有利於他們開化的影響；而英國人，印第安人又一直把他們看成是外來人。

【19】我知道在狩獵民族的充滿危險的生活中，有一種不可抗拒的誘惑力在吸引著人心，使人不顧理性和經驗而大腦發熱。讀完《坦納回憶錄》後，人們就可相信這個真理〔約翰．坦納：《困厄記事和在北美內地印第安人中生活三十年》（紐約，一八三〇年），歐尼斯特．德．布洛斯維爾法譯本名為《約翰．坦納回憶錄或在北美荒野裡三十年》二卷本（巴黎，一八三五年）〕。坦納是歐洲人，他在六歲時被印第安人掠走，在叢林裡和印第安人一起生活了三十年。他不可能見到比他所記述的還要可悲的慘狀。他向我們描述了一些失去了首領的部族、與部落離散了的家族、無家可歸的孤零零的個人、攜帶著老弱病殘的強大部族，無所適從地漂泊在加拿大的冰天雪地和荒原之中。他們饑寒交迫，好像每天都在等待死亡。在他們那裡，民情不再發生作用，傳統已經失去力量。

人們變得一天比一天粗野。坦納也遭到了這一切厄運。後來，他知道了自己是歐洲人，當時也沒有人阻止他與白人往來，因而他每年都能和白人做生意，到白人的家裡做客，看到了白人的舒適生活。他知道，一旦他要回到文明生活中去，自己也容易過上這種生活。就這樣，當他在荒涼的地區待了三十年之後想要回到文明社會裡的時候，他還坦白承認，他所描寫的那些悲慘人的生活，對他仍有一種他也莫名其妙的潛在魅力。在他拋棄這種生活，但又十分後悔不該離開那麼多不幸人之後，他還經常回到他們那裡去。最後，當他在白人中間定居下來時，白人的兒童還不讓他分享白人的安寧舒適生活。我本人在蘇必利爾湖的入口處見過坦納。他給我留下的印象是：在他身上，野蠻人的氣質比文明人的氣質還多。

坦納的著作沒有敘述印第安人的制度和生活愛好，但作者卻生動地信筆描述了印第安人的成見、激情和惡習，尤其是他目睹的慘狀。

歐尼斯特・德・布洛斯維爾子爵先生，是一部關於英國的流犯殖民地的名著的作者，他把坦納的回憶錄譯成法文。他的譯文附有一些非常有趣的注釋，可使讀者拿坦納所目睹的事實與以前和現在的大批觀察家所記的事實對照比較。

凡想了解北美印第安人現狀和預測他們未來的讀者，應當讀一讀布洛斯維爾先生的著作。

【20】非常開化的民族對不大開化的民族的這種影響，歐洲人自己也有所察覺。

差不多在一百多年前，法國人就在荒野中的沃巴什河畔建立了文森斯鎮。至美國的移民來到以前，他們一直在那裡過著舒適的生活。美國的移民，不久就依靠競爭開始排擠那裡的老住戶，然後用低價收購他們的土地。在向我詳細介紹過這個情況的沃爾內先生路過那裡的時候，法國人已減少到一百來人，其中大部分還準備遷往路易斯安那和加拿大。這些法國人老實厚道，但沒有文化和手藝。他們已經沾染了野蠻人的部分習慣。在道德方面大概還不如他們的美國人，卻在智力方面比他們占有極大的優勢。美國人都有手藝，受過教育，家裡有錢，而且習慣於自己管理自己。

我親自到加拿大作過考察。在那裡，兩個民族的文化差距比上述小得多。美國人在加拿大的土地上以經營工商業為主，並正向四面八方發展，把法國人擠到範圍很小的幾塊土地上。

在路易斯安那，情況也是如此。那裡的工商業已幾乎全部操縱在英裔美國人手裡。

德克薩斯地方的情況，在某些方面更使人震驚。大家知道，德克薩斯是墨西哥的一個州，與美國接壤。數年以前，英裔美國人就以個人身分深入這個人煙稀少的地區，收購土地，開辦工廠，迅即喧賓奪主。可以預言，如果墨西哥不立即阻止這一運動，德克薩斯很快就會脫離墨西哥。

既然歐洲人之間在文化上出現不算太大的差距都導致了這樣的結果，那麼，對於在最完善的歐洲文化與印第安野蠻人接觸後而必然出現的結果，就不難想像了。

【21】關於白人以各種方法侵占印第安人土地的事件，可參看第二十一屆國會（第一次會議）第八十九號立法文件。有時，英裔美國人以別處沒有空地為由，請國會派出部隊趕走印第安人，而後到印第安人的地區去定居；有時，他們先掠奪印第安人的牲畜，燒毀他們的房屋，割倒他們的莊稼，甚至對土著的人身施加暴力，而後去定居。

上述這些材料證明，土著經常是濫用暴力的犧牲品。聯邦政府一般都在印第安人居住地區派駐代表。在我引用的文件中，談到代表與柴羅基部的關係時，指出代表幾乎總是替野蠻人講話。據這個文件第十二頁所載，政府的代表說：「白人侵入柴羅基部的地區，將使居住在這裡過著貧困生活而不惹是生非的人破產。」過了幾頁以後，他指出喬治亞州打算縮小柴羅基部的住區，並已劃定界線。這位聯邦代表聲稱，界線是白人自己劃定的，沒有和對方商量，它自然是無效的。

【22】一八二九年，阿拉巴馬州在克里克部居住地區設縣，把印第安人置於歐裔美國行政官的管轄之下。

一八三〇年，密西西比州實行將巧克陶部和契克索部同化為白人的政策，並宣布：對帶頭反對的人，均處以一千美元罰款和一年徒刑。

當密西西比州將這項法令用於其境內的夏克塔部印第安人時，這個部落的印第安人曾集會討論這個問題。他們的酋長向他們揭穿了白人的意圖，號召人們反對白人要求他們服從的法律。野蠻人同聲宣布：他們寧願重新回到荒山老林裡去（參看密西西比州的法令）。

【23】喬治亞州的白人非常討厭他們的印第安鄰居，以致在他們所占據的地區人煙依然稀少，每平方英里才只有七人。在法國，這樣的地區應當每平方英里有一百六十二人。

【24】一八一八年，國會下令組織一個考察團，在克里克部、巧克陶部和契卡索部的聯合代表團的陪同下訪問阿肯色地區。考察團的主要成員有肯納利、麥科伊、沃什．胡德和約翰．貝爾諸位先生。考察團的各項報告和日記，載國會（眾議院）第八十七號文件。

【25】在一七九〇年與克里克部簽訂的條約中，有這樣一條：「合眾國莊嚴地保證，凡克里克部在聯邦境內占有的土地，均屬該部。」

在一七九一年七月（二日）與柴羅基部簽訂的條約中，也包括類似的內容：「合眾國莊嚴地保證，凡柴羅基部以前沒有讓出的土地，均屬該部（第七條）。如某一合眾國公民或任何其他印第安人遷到柴羅基部境內定居，則合眾國將宣布撤銷對該公民的保護，並將他移交柴羅基部，由該部給予它認為滿意的處分（第八條）。」（參看《印第安人條約、法令及有關印第安人事務條例集》第一一七頁（華盛頓，一八二六年））。

【26】這並沒有阻止它用冠冕堂皇的言辭去下保證。請看，一八二九年三月二十三日總統致克里克部的信（見《紐約市印第安人事務管理處文件集》第五頁）中寫道：「在大河（密西西比河）彼岸，你們的祖先為了讓你們到那裡安家立業，早已準備好大片的土地。在那裡，你們的白人兄弟不會打擾你們，他們對你們的土地沒有任何權利。你們在那裡，可以使自己和你們的子女像草木長青和河水永流不止那樣，過著安寧舒適的生活。那裡的一切永遠屬於你們。」在陸軍部長一八二九年四月十八日寫給柴羅基部的一封信中，這位官員告訴他們不要以繼續在現今居住的土地上安居樂業自滿，他保證他們搬到密西西比河彼岸以後會比現在還好（同上文件集第六頁）。這項現在他也沒有擁有的許可權，好像在當時他就擁有了似的！

【27】要想明確了解各州和聯邦對待印第安人的政策，首先應當查閱各州所定的有關印第安人的法律（這些法律匯輯於第二十一屆國會第三一九號立法文件（參議院第二次會議第三一九號報告）），其次應當查閱聯邦政府所定的關於這個問題的法律，特別是一八〇二年三月三十日法令（這項法令收於斯托里：《美國法律》）第二卷第八三八頁以下各頁。最後，要想了解聯邦與所有印第安部落關係的現況，可參看美國陸軍部長卡斯先生一八二三年十一月二九日報告。

【28】一八二九年十一月十九日提出。下面的引文是逐字譯出的。

【29】造成這種結果的榮譽，不該屬於西班牙人。如果不是在歐洲人來到之前印第安諸部已經定居務農，南美的印第安人也無疑會像北美的印第安人那樣走向滅亡了。

【30】關於這一點，應當首先看一看一八三〇年二月二十四日，貝爾先生以印第安人事務委員會的名義提出的報告。在這份報告的第五頁，他以非常合乎邏輯的理由推論並旁徵博引地論證：「印第安人絕沒有權利因為他們祖先的占有而擁有產權和主權，這一主要原則我們從來沒有公開或暗自放棄過。」在讀這份出自一位高手的報告時，我們真為作者的信口開河而吃驚，因為他的論據不以自然權利和理性，即被他稱為抽象的理論原則為基礎。其次，我感到並且認為，文明人和未開化人之間存在的差別，從是否合乎正義的觀點來看，就是前者對後者的權利的正義性提出疑義，而後者聽任前者侵犯自己的權利。

【31】在講述這個問題之前，我請讀者回想一下我在本書的緒論裡提到的一本書。這本書即將出版，其作者是和我一起去美國考察的古斯塔夫·德·博蒙先生，他的主要目的是讓法國知道黑人在美國白人中處於什麼地位。德·博蒙先生深刻地闡述了我在這裡只能略加說明的問題。

他的書裡收錄了大量的、非常珍貴的、從未發表過的立法文件和歷史文獻，並附有鮮豔而真實的圖片。凡欲了解暴政一旦違反自然和人道將是如何逐步加劇壓迫的讀者，不妨讀一讀博蒙先生的著作。*

＊參閱博蒙：《瑪麗或美國的蓄奴制，美國民情描述》（巴黎，一八三六年）；皮爾遜：《托克維爾和博蒙在美國》（紐約，一九三八年）。為了研究現今美國的黑人問題，可參閱布羅根：《美國》第二十頁及以下幾頁（牛津，一九四一年）；拉斯基：《美國的民主》第四五七頁及以下幾頁；邁爾達爾：《美國進退兩難：黑人問題和現代民主》（紐約，一九四四年）。——法文版編者

【32】大家知道，古代有一些著名作家就是奴隸或曾經是奴隸。希臘的伊索和羅馬的忒倫底烏斯就是如此。奴隸很少被蠻族抓去當俘虜，因為蠻族的戰爭目的是要奴役文明人。

【33】為了使白人放棄他們所認為黑人智力和道德均不如古代奴隸的觀點，黑人必須轉變，而且如果不能轉變，白人的這種觀點仍將存在下去。

【34】參看貝芙麗：《維吉尼亞史》；《傑弗遜回憶錄》。後者對維吉尼亞輸入黑奴和一七七八年頒布的第一個禁止輸入黑奴法令，作了極為詳盡的敘述。

【35】北方的奴隸人數雖然不多，但為獲得販賣奴隸的好處而進行的爭論卻比南方激烈。一七四〇年，紐約州的立法機構宣布：應當儘量鼓勵直接輸入奴隸，並嚴懲走私販子，因為走私會挫敗正直商人的積極性。（肯特：《美國法釋義》第二卷第二〇六頁）（托克維爾所引係一八二七年在紐約印行的第一版）在《麻塞諸塞歷史學會論叢》第四卷第一九三頁上，載有貝爾納普對新英格蘭蓄奴制的詳盡論述。據貝爾納普說，新英格蘭輸入黑奴始於一六三〇年，但從一開始輸入黑奴，立法當局和社會輿論就表示反對蓄奴制（托克維爾所引的部分，載在一七九五年出版於波士頓的該論叢第一九一頁及以下各頁）。從這部論叢中可知，最初是輿論，隨後是法律，終於使蓄奴制廢除。

【36】俄亥俄州不僅不准蓄奴，而且禁止已被解放的黑人入境，不准任何人收容他們。參看俄亥俄州的法令。

【37】在俄亥俄州，不僅個體勞動者如此積極，州本身還建有一些巨大項目。比如，俄亥俄州在伊利湖和俄亥俄河之間開鑿了一條運河，使密西西比河流域與北方的水繫連結起來。有了這條運河，來紐約做生意的歐洲商人，才可經由水路穿過五百多里約的陸地到達新奧爾良。

【38】據一八三〇年人口普查的精確數字，肯塔基州的人口為六十八萬八千八百四十四人，俄亥俄州的人口為九十三萬七千六百九十九人（查此次人口普查報告，後者應為九十三萬七千六百七十九人）人。

【39】除了到處都有自由工人，他們的勞動比奴隸的勞動更有效率和更省費用這些原因之外，還應當指出一個只有美國才有的原因。這就是，在美國全境，只有密西西比河流入墨西哥灣的河口一帶，最適用種植甘蔗。在路易斯安那種植甘蔗收益最大，所以任何地方的農業工人都沒有在這裡賺錢多。因為生產費和產品之間總有一定的比例關係，所以路易斯安那的奴隸生活費用也較高。但在路易斯安那加入聯邦後，它可以從美國各地輸入奴隸，所以新奧爾良市場上一個奴隸的價格就高於其他一切市場。結果，在土地的生產效益小的地方，使用奴隸種地的費用一直高得驚人，這便給自由工人的競爭帶來了極大好處。

【40】我方才提到的最後兩個州，有一個獨特的理由要求它們廢除蓄奴制。聯邦這一地區的老戶居民的財產，主要是依靠種植煙草而積蓄起來的。這裡的奴隸完全用於種植這種作物。但是，許多年以來，煙草逐漸失去可賺大錢的價值，而奴隸的價格仍保持原樣。因此，生產費用與產品的比例已經改變。馬里蘭州和維吉尼亞州的白人居民，不管他們現在仍用奴隸種植煙草，還是他們已經不種煙草和不使用奴隸，都覺得自己的處境大大不如三十年以前了。

【41】凡已廢除蓄奴制的州，一般都令獲得自由的黑人留在本州過艱苦的生活。由於各州在這一點上互有默契，所以不幸的黑人只能選最壞的地方定居。

【42】在廢除蓄奴制的各州，白人的死亡率與黑人的死亡率懸殊。從一八二〇年到一八三一年，費城白人每年的死亡率為四十二比一，而黑人卻為二十比一。這個死亡率在黑人奴隸中還不算是高的（見愛默生：《醫學統計》第二十八頁（費城，一八三一年））（精確的數字為：四十二點三比一；黑人二十一點七比一）。

【43】種植水稻的地區確是如此。稻田在各地有害健康，尤其是在驕陽似火的熱帶更為危險。如果歐洲人一定要生產大米，那麼，他們在新大陸的這一部分種植水稻，當然要吃一些苦頭。但是，不種水田就不能生活了嗎？

【44】南方的幾個州都比義大利和西班牙離赤道近，但美洲大陸要比歐洲大陸冷一些。

【45】以前，西班牙人把亞速爾群島的一些農民運到路易斯安那的一個叫阿塔卡帕斯的地方。這是一次實驗，也沒有對這批農民實行蓄奴制。今天，這些人仍在那裡種田而不是奴隸，但他們的種田技術很差，以致僅能維持生活。

【46】據美國人凱里在一八三三年發表的關於移民協會的通信所載：「四十多年以來，南卡羅來納黑人人口的增加大大快於白人。統計最先使用奴隸的南方五個州，即馬里蘭州、維吉尼亞州、北卡羅來納州、南卡羅來納州和喬治亞州的人口時，我們發現從一七九〇年至一八三〇年期間，這五個州的白人人口增加了百分之八十，而黑人人口則增加了百分之一百一十二。」（凱里著作的全稱、出版地、出版年及引用頁碼為：《關於殖民社會及其可能結果的信劄》第十二頁及以下幾頁（費城，一八三三年））

一八三〇年，美國白人和黑人的人口數字如下：已廢除蓄奴制的各州共有白人六百五十六萬五千四百三十四人，黑人十二萬零五百二十人；仍保留蓄奴制的各州共有白人三百九十六萬零八百一十四人，黑人二百二十萬八千一百零二人。

【47】而且，這個看法得到另一個比我的想法更具有權威的想法的支持。比如，在《傑弗遜回憶錄摘要》中寫道：「在書中，再沒有什麼東西比黑人解放的命運寫得更清楚的了，再沒有什麼東西比兩個完全自由的種族不能在同一政府下生活寫得更明確的了。性格、習慣和觀點在兩者之間劃出了不可逾越的界限。」（見康塞伊編：《傑弗遜回憶錄摘要》）〔托克維爾的引文摘自康塞伊編：《傑弗遜政治和哲學論文合集：回憶錄和通信摘要》二卷本（巴黎，一八三三年）〕這段引文亦見於《傑弗遜文集》（英文版）第一卷第四十九頁。

【48】如果安地列斯群島的英國人實行自治，人們也會預想到他們不能同意他們的祖國給他們下達的解放黑奴的法令。

【49】這個協會取名為「黑人移民協會」。參看這個協會的年度報告，特別是第十五次年報。再參看前面已經提到的凱里：《關於移民協會的通信》（費城，一八三三年四月）（十五）。

【50】這項規定是由這個居民點的建設者們自己制定的。他們害怕在非洲也會出現美國南部那種情況，擔心黑人與一個比他們開化的種族接觸後，會像印第安人那樣在自己未能開化前就被消滅了。

【51】在這項事業中還會有其他一切困難。比如，如果聯邦政府為了由美洲向非洲運送黑人而要贖賣身為奴隸的黑人時，黑人的價格將因黑人越來越少而上漲，以致很快會達到驚人的程度，而且我們相信北方各州誰也不肯出這筆對它們毫無好處的款項；如果聯邦政府採取強制辦法，按它規定的低價贖買南方的奴隸，它又會遇到南方各州無法抵制的反抗。打通這兩條道路都是不可能的。

【52】一八三〇年，美國有奴隸兩百零一萬三千三百二十七人，被解放的奴隸三十一萬九千四百三十九人。兩者合計共有兩百三十二萬九千七百六十六名黑人，占同年美國人口總數的五分之一。

【53】解放黑奴的運動雖未被禁止，便要服從給這個運動帶來麻煩的手續。

【54】請看北方各州在一八一二年戰爭期間的表現。傑弗遜一八一七年五月十四日在致拉法夷特將軍的信中寫道：「在戰爭期間，東部的四個州像死人拖累活人那樣，緊緊地束縛了我們的手腳。」（見康塞伊編：《傑弗遜回憶錄》）（參看《傑弗遜文集》第十五卷第一一五頁（華盛頓，一九〇五年））。

【55】美國所處的和平環境，使它沒有任何藉口建立常備軍。一個政府沒有常備軍，就無法事先做好準備，然後利用有利時機去消除反抗，以聯邦的主權去壓制地方的要求。

【56】尼德蘭聯省共和國的荷蘭省就是如此。再如，在現在的德意志聯邦，普魯士的皇帝有時就號令聯邦，並且利用聯邦的權威為普魯士謀利。

【57】據沃爾內：《美國氣候與土壤概述》第三十三頁載，阿勒格尼山脈的平均高度為七百至八百公尺；而據達比說，為五千至六千英尺。法國孚日山脈的最高峰海拔約一千四百公尺。

【58】見達比：《美國概覽》第六十四、七十九頁（費城，一八二八年）。

【59】阿勒格尼山脈的最高峰沒有孚日山脈的最高峰高，所以它也沒有像孚日山脈那樣為產業的開發製造障礙。阿勒格尼山脈東側地區與密西西比河流域的天然聯繫，與法國的弗朗什孔泰地區、勃艮第地區和阿爾薩斯地區間的天然聯繫類似。

【60】按英制，為一百萬二千六百平方英里，見達比：《美國概覽》第四三五頁。

【61】我覺得，我不必說明我在使用「英裔美國人」一詞時指的是他們的絕大多數。在這個大多數中，總有個別的例外。

【62】一七九〇年人口普查為三百九十二萬九千三百二十八人；一八三〇年人口普查為一千二百八十五萬六千一百六十三人*。

*據一九四七年十月一日人口普查，美國的人口為一億四千四百七十萬八千人。——法文版編者

【63】當然，這只是暫時的危險。但我毫不懷疑，長久下去，西部的社會將不會像在大西洋沿岸已經建成的社會那樣安定和容易治理。

【64】一七九〇年，賓夕法尼亞州的人口為四十三萬一千三百七十三人。

【65】紐約州的面積為六千二百一十三平方里約（五百平方英里（原文如此，應約為五萬平方英里））。見

達比：《美國概覽》第四三五頁。

【66】假如美國人口在今後一百年裡，還像過去二百年那樣，每二十二年就翻一倍，那麼，美國人口將在一八五二年達到二千四百萬，在一八七四年達到四千八百萬，在一八九六年達到九千六百萬。即使洛磯山脈東坡的土地禁止開墾，情況也會如此。現在已經住有居民很多的已開發地區，也能輕而易舉地容納這麼多人口。把這一億人口分布在美國目前的二十四個州和三塊屬地上，平均每平方里約才為七百六十二人，仍遠遠低於法國和英國（法國每平方里約為一千零六人，英國每平方里約為一千四百五十七人），甚至還不如瑞士。儘管瑞士湖多山多，它每平方里約的居民還有七百八十三人。見前引馬爾梯—布倫著作第六卷第九十二頁（托克維爾所引為該書的一八二六年版）。

【67】美國領土的面積為二十九萬五千平方里約，而歐洲的面積，據馬爾梯—布倫的著作第六卷第四頁所載，為五十萬平方里約。

【68】見第二十屆國會（第二次會議）第一一七號立法文件第一〇五頁。

【69】據一八三〇年人口普查，為三百六十七萬二千三百七十一人。

【70】從密蘇里州首府傑弗遜市到華盛頓，旅程有一千零一十九英里，或四百二十里約（《一八三一年美國年鑒》第四十八頁）。

【71】為了說明南方和北方在商業上的差距，只舉出以下幾點就可以了。

一八二九年，維吉尼亞州、南卡羅來納州、北卡羅來納州和喬治亞州（南方四大州）擁有的大小商船，總噸位只有五千二百四十三噸。

同年，只麻塞諸塞一州的商船總噸位就有一萬七千三百二十二噸（見第二十一屆國會第二次會議第一四〇號立法文件第二四四頁）。

因此，只麻塞諸塞一州的商船總噸位就比上述南方四州多兩倍。

但是，麻塞諸塞州的面積只有九百五十九平方里約（七千三百三十五平方英里），而人口為六十一萬零一十四人；但上述四州的面積為二萬七千二百零四平方里約（二十一萬平方英里），人口為三百零四萬七千七百六十七人。因此，麻塞諸塞州的面積只為四個州面積的三十分之一，而人口則為它們的五分之一（見達比：《美國概覽》）。蓄奴制對南方的商業發展有數種不利影響。比如，抑制了白人創辦企業的精神，阻礙了白人培養他們將來需要的水手。一般說來，海員只能從下層居民中招募。但在南方，屬於這一階層的人都是奴隸，很難使他們從事海運事業，因為他們的工作品質不如白人，而且總怕他們在海上造反，或者途中逃跑到外國去。

【72】請讀者注意，在我用「密西西比河流域」一詞時，並不把紐約州、賓夕法尼亞州和維吉尼亞州的位於阿勒格尼山以東地區包括在內，但就自然地理來說，這部分地區亦屬密西西比河流域。

【73】見達比：《美國概覽》第四四四頁。

【74】我們看到，在最近進行的這次人口普查中，有的州人口增長率不高，比如德拉瓦州只增加百分之五，有的州人口增長率甚高，比如密西根州增加百分之兩百五十。維吉尼亞州在這十年間人口增加百分之十三，而與它毗鄰的俄亥俄州的人口卻增加了百分之六十一。這些數字均見於《美國年鑑》（第四十九頁及以下各頁）。由此可見，各州的發展是很不平衡的。

【75】在上一個註釋裡已經提到，維吉尼亞州的人口在此期間增加了百分之十三*。現在必須說明一下，一個州的眾議員人數是怎樣可能隨著本州的人口增長率逐漸下降而減少的。

我們就以上面提到的維吉尼亞州為例。維吉尼亞州一八二三年的眾議員人數（二十一名），與當時全國眾議員總數有一定的比例。維吉尼亞州一八三三年的眾議員人數，既與它在一八三三年全國眾議員總數中所占的比例有關，又與這十年它的人口增長率和全國的人口增長率之比有關。因此，維吉尼亞州本屆眾議員人數與上屆眾議員人數之比，一方面要取決於全國本屆眾議員總數與上屆眾議員總數之比，另一方面又要取決於維吉尼亞州人口增長率與全國人口增長率之比。這樣，維吉尼亞州要使本屆眾議員保住原數，就得具備一個條件：即本州的人口增長率要高於全國人口增長率，以使本州本屆眾議員人數在全國眾議員總數中所占的比例增加。只要維吉尼亞州的人口增長率低於全國人口增長率，而全國本屆眾議員總數與上屆眾議員總數一樣，維吉尼亞州本屆眾議員的人數就將減少。

*關於以後的變化，可參閱奧格和雷：《美國政府概論》第二八八頁及以下幾頁。——法文版編者

【76】他們是華盛頓、傑弗遜、麥迪遜和門羅。

【77】見選舉委員會向全州代表大會提出的宣布關稅法在南卡羅來納無效的報告（參看《南卡羅來納州的一般法令集》）。

【78】一個國家的人口，是保證國家富強的首要因素。從一八二○年到一八三二年，維吉尼亞州選進國會的眾議員雖然減少了兩名，但它的人口仍然增加了百分之十三點七；在這個期間，南卡羅來納州和北卡羅來納州的人口共增加百分之十五，喬治亞州的人口增加百分之五十一點五（見《一八三二年美國大事記》第一六二頁）。我國是個歐洲國家，它的人口增長速度很快，但在這十年期間，人口才增加百分之九點五；法國的人口增加百分之七，整個歐洲的人口增加百分之四點七（見前引馬梯爾布倫著作第六卷第九十五頁）（一八二六年版）。

【79】但應當承認，煙草價格五十年來的不斷下跌，大大降低了南方種植園主的舒適生活水準。但是，這種現象既不取決於北方人的意志，又不取決於南方人的意志。

【80】一八三二年，剛剛開發不久的密西根地區只有居民三萬一千六百三十九人，但可通郵的里程已達九百四十英里。在幾乎全是野蠻人居住的阿肯色境內，已有通郵道路一千九百三十八英里。參看郵政部長一八三三年十一月三十日報告。僅郵遞報刊的收入一項，全年就達二十五萬四千七百九十六美元。

【81】從一八二二年到一八三二年這十年間，僅密西西比河各支流就相繼投入了二百七十一艘輪船。一八二九年，全美國共有輪船二百五十六艘，見第一四○號立法文件第二七四頁。

【82】參看我在講述印第安人的那一節引用的國會立法文件，美國總統致柴羅基部的信，以及他關於這個問題與其代表的通信和他致國會的諮文。

【83】將荒地讓給聯邦的第一個法案，是紐約州於一七八○年制定的。隨後，維吉尼亞州、麻塞諸塞州、康乃狄克州、南卡羅來納州、北卡羅來納州，也先後援例制定了同樣的法案。喬治亞州定得最晚，它在一八○二年才同意讓出荒地。

【84】不錯，總統沒有批准這項法案，但他完全同意法案的原則。參看一八三三年十二月八日致國會諮文（傑克遜總統諮文的日期應為一八三三年十二月四日）。

【85】現在的合眾國銀行成立於一八一六年，資本為三千五百萬美元（一億八千五百五十萬法郎），它的這

個特權至一八三六年期滿。去年，國會通過一項延長這個期限的法案，但總統沒有批准。現在鬥爭又起，而且雙方都表示得十分激烈，預料該銀行最近可能關閉。

【86】欲了解這個問題的細節，主要可以參看第二十二屆國會第二次會議第三十號立法文件。

【87】指人民的多數，因為一個名為「聯盟黨」的反對派，一直是非常強大和積極的少數，他們主張執行關稅法。當時，南卡羅來納州約有四萬七千名選民，其中主張拒絕執行聯邦法令者有三萬人，同意執行聯邦法令者有一萬七千人。

【88】後於這項法令發表的該法令起草委員會的報告，詳述了法令的內容和目的報告的第三十四頁寫道：「當憲法為各州保留的權利遭到肆意破壞時，權利受到破壞的州就應當行使自己的權利和履行自己的義務，以阻止壞事的發展，反對侵權行為，在各自的範圍內維護作為獨立的主權者應有的許可權和特權。如果各州沒有這些權利，則所謂主權豈非空談。南卡羅來納州宣布，它不承認地球上有任何可以凌駕於其上的法院。不錯，它曾和與它一樣享有主權的其他州一起簽署過神聖的聯邦契約，但它要求並行使根據自己的觀點解釋契約的權利；並當締約者或它們建立的政府踐踏契約時，還欲享有判斷違約情節和採取措施使契約公正的不可置疑的權利。」

【89】最初使用這種辦法逼迫國會採取行動的，是力量強大的維吉尼亞州。這次，維吉尼亞州的立法機構充當了聯邦和南卡羅來納州之間的仲裁者。因此，那些也聲稱要採取這種辦法的州，也表示完全放棄這種辦法。

【90】一八三三年三月二日法令。

【91】這項法案由克萊先生提出，四天之內就被國會的兩院以壓倒的多數通過。

【92】關於傑克遜將軍，可參閱小施萊辛格的名著：《傑克遜時代》（倫敦，一九四六年）；布羅根：《傑克遜將軍：恢復名譽》（倫敦，一九四八年），載《美國論叢》（倫敦，一九四八年）。——法文版編者

【93】欲對美國的聯邦問題進行心理學的分析，可閱讀麥克杜格爾：《牢不可破的聯邦：美國公民政治科學入門》（波士頓，一九二五年）中引用托克維爾的部分，即第九十六頁及以後幾頁。——法文版編者

【94】至一八三二年九月三十日，這年的進口總額已達一億零一百一十二萬九千二百六十六美元，而使用外國船運輸的進口貨只為一千零七十三萬一千零三十九美元，還不到進口總額的十分之一。

【95】同期的出口總額為八千七百一十七萬六千九百四十三美元，而用外國船運出的出口貨則為兩千一百零三萬六千一百八十三美元，占出口總額的四分之一（《一八三三年威廉氏海運統計》第三九八頁）。

【96】在一八二九年、一八三〇年、一八三一年三個年度中，進入美國港口的船舶噸位共為三百三十萬七千七百一十九噸，其中外國船隻有五十四萬四千五百七十一噸，即占總噸位的百分之十六（《美國一八三三年年度大事記》第三〇四頁）。在一八二〇年、一八二六年、一八三一年三個年度中，駛進倫敦、利物浦、赫爾三個港口的英國船噸位共為四十四萬三千八百噸，而外國船為十五萬九千四百三十一噸，即占總噸位的百分之三十六（《一八三四年美國指南》第一六九頁）。一八三二年，駛進英國港口的外國船與英國船的噸位之比為：二十九比一百。

【97】一般說來，原材料的價格美國低於歐洲，但美國的人工成本卻高得多。

【98】不要以為英國的商船只從事把外國產品運回本國和把本國產品運到外國的業務。現在，英國的海上船隊已像陸地上的巨大馬車運輸企業，為世界各國的生產廠家服務和經營各國之間的交通運輸業務。美國人的航海才幹，使他們能夠建立起水準與英國相同的海上運輸企業。

【99】地中海沿岸的一部分海運，已由美國船承攬。

結論

我的敘述即將結束。以上，我在探討美國的未來命運時，總是竭力把題目分成幾個不同部分，以便專心研究每個部分。

現在，我要把這些部分集合起來進行通觀。我所做的通觀可能不夠詳盡，但會更加簡明扼要。在我分析每個問題時可能不如以前清晰，但我能更準確地掌握全域。我就像一個從一座通都大市出來，爬到近郊小山上去的旅遊者。他出城一直往前走，行人越來越稀少；他回首城市，房舍已經模糊不清，公共場所已從他的視野裡消失，街道也難以分辨了，但卻一眼看清了整個城市的輪廓。於是，他好像第一次看到了這個城市的整體。我對新大陸上的英裔人的整個未來的考察，也正是如此。這幅巨圖的細部雖然還模模糊糊，但我已看到了它的全景，對它的整體有了清晰的概念。

現在，美利堅合眾國擁有或占據的領土，約爲全世界可住人土地的二十分之一。

儘管土地如此遼闊，但如你以爲英裔美國人種會永遠停在那裡不動，那就錯了。他們現在就已經遠遠越出了這個範圍。

有一個時期，我們也曾有可能在美洲的荒野上建立一個大法蘭西國，與英國人在新大陸上平分秋色。往昔，法國在北美擁有的領土，幾乎有整個歐洲那樣大小。北美大陸上的三條最大河流，當時都流經依法屬於我們管轄的土地。住在從聖羅倫斯河口至密西西比河三角洲之間的印第安各部，只聽到我們法國的語言。分布在這片遼闊土地上的一些歐洲人居民點，可使人想起它們的名稱的祖國。比如，路易堡（Louisbourg）、蒙莫朗西（Montmorency）、迪凱納（Duquesne）、聖路易（Saint-Louis）、萬森（Vincennes）、新奧爾良（Nouvelle-Orléans）等，對法國人來說都是最親切和聽熟了的名稱[1]。

但是，一連串不勝枚舉的原因[2]，使我們失去了這筆可觀的遺產。在法國人的人數本來就不多，而且他們又沒有進行很好建設的地區，現在連一個法國人都不見了。在還住有法國人的地帶，法國人也都是聚居在一塊很小的地區，而且受著別人法律的管轄。下加拿大的四十多萬法國人，如今就像一個古老民族的孑遺，迷失在一個新民族的汪洋大海之中。他們周圍的異族居民日益強大，不斷向四面八方發展；甚至後來者居上，取代了這塊土地的原來主人，統治原來主人建設的城市，破壞原來主人的語言。這批居民原來就是美國的居民。因此，我有理由斷言英裔美國人不會留在聯邦的範圍裡不動，而要越過這個範圍向東北〔西北〕方面推進。

在西北方面，只有幾個不太重要的俄國人居民點；但在西南方面，墨西哥卻像一座大牆擋住了英裔美國人的去路。

因此，嚴格說來，只有兩個互相競爭的種族，即西班牙人和英國人，今天在分占著新大陸。這兩個種族的分界線，已爲條約所規定。儘管這項條約對英裔美國人有利，但我毫不懷疑，過不了多久，英裔美國人一定踐踏這項條約。

在聯邦南部邊界的外面，墨西哥境內有一大片尚無居民的地區。美國人將先於有權占有這片荒野的人開進這片土地。他們將在那裡占有土地，建立自己的鄉鎮。而當合法的所有者蹣跚來到時，將會發現荒地已被人開發，而在他們的遺產上已有外來人悄悄地定居下來了。

新大陸的土地是誰先占據歸誰，所以占有土地是對捷足先登者的報酬。已經有人居住的地區，要想保護自己不受這樣的侵犯也得付出很大的努力。

我已經說過德克薩斯境內發生的情況。美國的居民每時每刻都在向德克薩斯滲入，在那裡購置土地。他們雖然也服從當地的法律，但卻逐漸使自己的語言和民情占據了統治地位。德克薩斯地方目前仍屬墨西哥管轄，但不久便會沒有墨西哥人居住於其上。凡是英裔美國人與不同種族接觸的地方，都會出現類似的情況。

不必諱言，英裔人比居住在新大陸的其他一切歐裔人占有巨大的優勢。他們在文化、實業和武力上，都遠比其他歐裔人優越。只要他們面前還有荒地或人煙稀少的地方，只要他們在前進途中遇不到使他們無法穿過的人口稠密地區，他們將不斷地擴張下去。他們不會停止在條約所規定的邊界線上，而只會在各地越過這種假設的障礙。

英裔人在新大陸所處的地理位置，對加速他們的這種發展起了令人感嘆的有利作用。

在他們北部邊界的上面，是北極的冰原；而越過他們南部邊界經緯度，就進入了熱帶。因此，英裔美國人正位於新大陸的氣候最溫和和條件最宜人居住的地區。

有人認爲，美國人口增長的飛速運動，只是始於獨立以後，但這個看法並不正確。這裡的人口增長，在殖民制度時期與現在同樣迅速，即大約每二十二年就翻了一倍。只是當時的絕對增長數字以幾十萬計，而現在是以幾百萬計而已。同樣的現象在一個世紀前未被人發覺，而現在卻被所有的人看得一清二楚。

屬於同一國王管轄的加拿大英國人，其人口的增長和擴散幾乎與生活在共和政府下的英裔美國人同樣迅速。

在持續八年的獨立戰爭期間，人口仍按照上述的比例不斷增長。儘管在西部邊界上有和英國人結盟的印第安部落，但向西部的移民運動也可以說從來沒有放慢。在敵人洗劫大西洋沿岸期間，肯塔基州、賓夕法尼亞的西部地區、佛蒙特州和緬因州就住滿了人。戰後的雜亂無章，也未妨礙人口增加和阻止繼續向荒地進軍。可見，法制的差異，和戰的不同，秩序的好壞，只對英裔美國人的不斷發展發生了微不足道的影響。

這一點並不難理解，因為沒有任何因素足以全面影響到如此遼闊的國土的所有地點。因此，國內總有很大的迴旋餘地，為遭災地區的人民提供避難的場所，而且不管災難多大，總是魔高一尺道高一丈。

因此，不要以為新大陸的英裔人的飛躍發展是可以阻止得了的。聯邦的解體及其在大陸上引起的戰爭，共和的廢除和因此而在大陸上出現的暴政，雖然能夠延緩他們的發展，但阻止不了他們追補現實註定要由他們完成的使命。世界上沒有任何力量能叫移民們止步，不讓他們開進這片為勤奮的人敞開大門，為受苦受難的人提供休養生息場所的沃野。不管未來發生什麼事情，都奪走不了美國人的氣候、內海、大河和沃土。不良的法制、革命和無政府狀態，既消滅不了仿佛已經成為這個種族的主要特徵的致富愛好和進取精神，又不能完全摧毀使他們開化的知識。

因此，在未來無法確知的事件中，至少有一件事是可以肯定的。那就是在可以說是即將到來的一個時代（因為我們這裡說的是一個民族的生命），英裔美國人將布滿從北極的冰原到熱帶之間的整個遼闊大地，從大西洋沿岸一直擴散到太平洋之濱。

我估計，英裔美國人占據的領土，將來終有一天要達到全歐面積的四分之三[3]。聯邦的氣候，總起來說，要好於歐洲的氣候。聯邦的自然條件的優勢，也大於歐洲。顯而易見，聯邦單位面積的人口，有一天也能與歐洲抗衡。

在分成如此眾多國家的歐洲，在經歷了連綿不斷的戰爭和中世紀的野蠻統治的歐洲，每平方里約的居民現在還能達到四百一十人[4]。有什麼強大的力量能夠阻止聯邦單位面積的人口有一天達不到這個水準呢？

只有再過幾個世紀，美洲英裔人的幾個分支才會出現差別，失去共同的外貌。我們無法預見他們會在什麼時候在新大陸建立持久的不平等制度。

因此，不管英裔美國人大家庭各支的命運，由於戰爭或和平、自由或暴政、繁榮或匱乏而會出現什麼差別，他們今後仍能保持相同的社會情況和在這種情況下流行的習慣和觀點。

在中世紀，只靠宗教的紐帶就把居住在歐洲的不同種族聯合在同一文明之下。新大陸的英裔人之間具有千絲萬縷的聯繫，而且他們是生活在一個人人都趨於平等的時代。

中世紀是一個教派分立和群雄割據的時代。當時，每個民族，每個地方，每個城市，每個家庭，都力圖自保和獨立。但在今天，卻出現了一種相反的趨勢，各國好像都在走向統一。各國之間的文化聯繫，正把世界上最遙遠的地區聯合到一起。人們也不能繼續孤立而不互通往來，或不能繼續對地球上任何角落發生的事情一無所知。現在我們已經看到，在歐洲人與他們在新大陸的後裔之間儘管隔著汪洋大海，但他們之間的差別還不如十三世紀某些只有一河之隔的城市之間的差別。

既然這種同化趨勢正在使互爲外國的人民接近，那它將更會有力地阻止同一民族的後代互爲外國。

因此，終有一天可以看到北美住上一點五億人口[5]。他們彼此平等，同屬於一個大家庭，出於同一來源，具有同樣的文明、同樣的語言、同樣的宗教、同樣的習慣、同樣的民情、同樣的思想方法和同樣的膚色。其他方面尚難斷言，但有一點是肯定的，那就是世界上將出現一個豐富的想像力也無法想像的全新局面[6]。

當今世界上有兩大民族，從不同的起點出發，但好像在走向同一目標。這就是俄國人和英裔美國人。

這兩個民族在神不知鬼不覺之中壯大起來。當人們的視線只顧他處的時候，它們突然躋身於各國之前列，而全世界也幾乎同時承認了它們的存在和強大。

其他一切民族好像已接近它們發展的自然極限，除保持原狀而別無他圖，但這兩個民族卻在不斷壯大[7]。其他民族不是停滯不前，就是歷盡千辛萬苦地前進。唯有這兩個民族，正沿著一條還看不到止境的道路輕鬆而神速地前進。

美國人在與自然爲他們設置的障礙進行鬥爭，俄國人在與人進行搏鬥。一個在與荒野和野蠻戰鬥，另一個在與全副武裝的文明作戰。因此，美國人的征服是用勞動者的犁進行的，而俄國人的征服則是靠士兵的劍進行的。

爲了達到自己的目的，美國人以個人利益爲動力，任憑個人去發揮自己的力量和智慧，而不予以限制。

而爲此目的，俄國人差不多把社會的一切權力都集中於一人之手。

前者以自由爲主要的行動手段，後者以奴役爲主要的行動手段。

他們的起點不同，道路各異。然而，其中的每一民族都好像受到天意的密令指派，終有一天要各主世界一半的命運。

◆本章注釋◆

【1】這些由法國人取的地名，現已被美國人按英文的拼法改為或讀為：路易士堡、蒙特莫林斯、杜肯、聖路易斯、文森斯、新奧爾良（New Orleans）。——譯者

【2】其中主要者有：喜歡獨立和習慣於鄉鎮自治制度的民族，比其他民族更容易建立起繁榮的殖民地，要想建立一個新的國家，人們必須有獨立思考和自己管理自己的習慣，而這個國家的建立，又在許多方面必定取決於移民們的個人努力。

【3】現在，只是美國本土的面積就已相當於歐洲的一大半。歐洲的面積為五十萬平方里約，人口為兩億零五百萬人。見馬爾梯─布倫著作第六卷第一一四冊第四頁（實際上，馬爾梯─布倫在此處寫的人口數字是兩億人，但後來他在第九十二頁上估計說，這個數字可能高達兩億零五百萬人。因此，碩學的托克維爾引用了後一個數字。參看該書的一八二六年版）。

【4】見馬爾梯─布倫著作第六卷第一一六冊第九十二頁（一八二六年版）。

【5】這是以歐洲每平方里約的居民為四百一十人為基礎計算出來的。

【6】最近幾年常被人們引用的以下幾段話，清晰地證明托克維爾的政治社會學對於現代的重要意義。參閱梅耶：《阿列克西·德·托克維爾》第四十八頁及以下幾頁（巴黎，一九四八年）。——法文版編者

【7】在舊大陸的所有民族中，俄國人口的增長速度按比例來說是最快的。

原著者注

第一部分

（A）第六十六頁

參看朗少校在國會資助下，到歐洲人尚未涉足的整個西部地區去的兩次考察報告。

朗少校關於美國的大沙漠特別指出，可以緊靠東經二十度（以華盛頓爲零度[1]）並與這條經線幾乎平行，從魯日河到普拉特河畫一條線。從這條假定線到密西西比河谷的西界洛磯山之間，延伸著一些面積很大的平地，平地上一般覆有一層植物無法生長的沙子，或布有花崗岩的石塊。這裡有許多成群的野牛和野馬，也有一些印第安人部落，但每個部落的人數不多。

朗少校聽人說，上溯普拉特河，在該河上游左岸也常遇到這樣的沙漠，但他未能以親自考察來證實這個傳聞。參閱朗少校的考察報告第二章第三六一頁（朗少校：《從匹茲堡至洛磯山的考察報告》，共二卷（費城，一八二三年））。

朗少校的描述，有些地方可信。但不應忘記，他只是橫越了他所說的地區，而沒有走到他所經過的路線的兩側做反覆細緻的考察。

（B）第六十七頁

在南美的南北回歸線之間的地區，到處都有這種品類繁多的通稱爲美洲野藤的攀繞植物。在安地列斯群島的植物區系中，只是美洲野藤現在就有四十多種。

在這種攀繞植物中，最優美的是雞蛋果藤。據德庫蒂茲在其記述安地列斯群島植物界的著作〔《安地列斯群島的觀賞和藥用植物志》，共三卷（巴黎，一八三三年）〕中說，這種可愛的植物利用其身上生長的卷鬚爬上大樹，在林中形成一條條拱廊或柱廊。這些拱廊或柱廊不僅因其綴有深紅間藍的美麗花朵而富麗堂皇，而且因花朵散發香味而愉悅人們的嗅覺。見第一卷第二六五頁。

大豆莢金合歡，是一種非常粗的藤本植物。它生長得很快，由一棵樹爬向另一棵樹，有時可以蔓延半里約以上。見第三卷第二二七頁。

（C）第六十八頁

關於美洲土著的語言[2]

美洲印第安人所說的語言，從北極圈一直到合恩角，都是已經定型的語言，有相同的句型和相同的語法規則。因此，基本上可以斷定，印第安人的各部出於同源。

美洲大陸的各個部落，都有自己的不同方言。但是，符合嚴格定義的語言卻爲數很少，所以有人仍在試圖證明新大陸的各族並沒有特別古老的族源。

然而，美洲土著的語言畢竟是很有規律的。大概，現存的各個部落還未經歷過巨大的革命，沒有被迫和自願與外來的民族混合，因爲一般說來，幾種語言混合在一起之後，必然出現語法規則的混亂。

不久以後，美洲土著的語言，特別是北美土著的語言，得到語言學家的認眞研究。他們立即發現，野蠻人的這種土語是一套非常複雜的觀念的產物，組織得極其合理。他們認爲，這種語言極其豐富多彩，在創制它的時候特別注意到聽覺的細微辨別能力。

美洲語言的語法體系，在許多方面與其他語言大不相同。

在歐洲的一些民族之間，德語就有一個不同於其他語言的特點：它必要時可把幾個詞連結在一起，有些詞可以表示許多意思。印第安語更令人驚奇地擴大了這個特點，甚至達到可以說只用一個詞就能表達一大堆概念的地步。利用杜邦索先生在《美國哲學學會報告》中引用的下述例子，可以容易說明這一點。

在一個德拉瓦族的婦女逗弄一隻小貓或小狗時，可以聽到她反覆說 kuligatschis。這就是一個由數個詞合成的詞。其中的 k 代表第二人稱，意爲「你」或「你的」；uli 讀作 ouli（烏利），是 wulit 一詞的中段，意爲「美麗的」和「可愛的」；gat 是 wichgat 一詞的末段，意爲「爪子」；最後的 schis，讀作 chise（西斯），是一個表示小形的愛稱詞尾。於是，這個印第安婦女只用一詞，就表達了「你的可愛的小爪子」這層意思。

這裡，還有一個例子更能令人信服地說明美洲的蠻族是善於連接他們的單詞的。

一個德拉瓦族的男青年自稱 pilape。這個詞是由 pilsit（意爲「純潔的」，「無辜的」）和 lenape（意爲「人」）組成的。就是說，他自稱是「純潔的人」。

這種把幾個詞連綴起來的特點，尤其常見於動詞的合成方面。一個非常複雜的動作，往往只用一個動詞來表示。意思上的幾乎一切細微差別，都能用動詞和改變動詞的詞形表示出來。

凡欲詳細了解我只是略微提及的這個問題的人，可讀：

（一）杜邦索先生與赫克維爾德牧師關於印第安語的通信。這封通信載於阿伯拉罕・斯莫爾主編的一八一九年在費城出版的《美國哲學學會報告》第一卷第三五六－四六四頁。

（二）蓋伯格（Geiberger，〔應爲 David Zeisberger〕）的《德拉瓦語或勒納普語語法》。此書共三卷，全面地分析了德拉瓦族的語言，前面附有同他在考察德拉瓦族時結識的杜邦索先生的序言。

（三）《美國百科全書》第五卷末尾所收上述語法書的摘要。

（D）第七十頁

夏爾瓦的《新法蘭西的歷史》〔全稱爲《新法蘭西的歷史與通志以及奉王命去北美旅行日記》共六卷（巴黎，一七四四年）〕的第一卷第二三五頁，載有一六一〇年加拿大法國人對易洛魁人的第一次戰爭歷史。儘管易洛魁人使用的是弓箭，但他們卻對法國人及其同盟者進行了殊死的抵抗。夏爾瓦雖非寫作的高手，但在記述這段歷史時卻妙筆生花，以鮮明對比的手法描述了歐洲人和野蠻人的品德，以及這兩個種族對待榮譽的不同態度。

他寫道：「法國人紛紛爭搶臥死在疆場上的易洛魁人的海狸皮衣，而他們的同盟者休倫人則鄙視這種行爲。他們開始對俘虜施以他們習以爲常的酷刑，並把被他們殺死的人吃了一個。眞是嚇壞了法國人。」夏爾瓦接著說：「這些野蠻人以無私不貪爲榮，對我們沒有這種想法表示驚奇，而且不理解扒死人的衣服爲什麼遠遠不如吃死人的肉那麼壞，因爲在他們看來，這和吃野獸的肉沒有什麼不同。」

這位夏爾瓦在第一卷的另一處，即在第二三〇頁，還曾轉述過尚普蘭首次目睹的割肉酷刑和休倫人回到自己村舍時的情景。

他寫道：「走了八里約以後，我們的同盟者們停了下來。他們拉出一名俘虜，對他施以他們的同族戰士落到這個俘虜的所在部族手中時受過的一切酷刑，同時對他宣布你的結局應當如此；並補充說：如果你有勇氣，你就以歌聲來伴奏。這個俘虜立即唱起戰歌，而且把他所會的一切歌都唱完，歌聲十分悲愴。尚普蘭說，他還從來沒有這樣的機會得知野蠻人的音樂竟有如此悲傷的調子。這種處死辦法還伴以我們隨後即將談到的各種酷刑，可把法國人都嚇呆了。他們實在不忍目睹慘狀，迫不及待地希望儘快結束這個場面。〔……〕當天夜裡，一個休倫人做了一個夢，說他們受到追擊，他們的退卻，簡直變成了逃命；而野蠻人緊追不捨，完全把危險置之度外。〔……〕」

「他們一望見自己的村舍，就砍了一些長竿子，把各自分得的被處死俘虜的頭髮拴在竿頭，挑起來表示凱旋。婦女們看到此景便都奔來，紛紛跳進水裡，登上幾艘獨木舟，從自己丈夫的手裡接過沾滿血汙的頭髮，繫在自己的脖子上。」

「休倫人的戰士把一件這樣令人生畏的戰利品贈給了尚普蘭。此外，還送給他幾張弓、幾支箭和他們本來打算自己留下的那張僅有的易洛魁人皮，並托尚普蘭把這張人皮呈給法蘭西國王。」

他隻身在這些野蠻人中間生活了整整一個冬天，他的人身和財產始終沒有受到侵害。

（E）第八十六頁

雖然在美洲的英國殖民地建立之初，占有支配地位的清教徒的清規戒律早已大大減少，但仍可在習慣和法律上看到其明顯的痕跡。

在一七九二年反對基督教的法蘭西共和國開始其曇花一現的存在時期，麻塞諸塞的立法團就公布了一項強制公民遵守禮拜日的法律。下引的該法序言和主要條款值得讀者一讀：

「鑒於遵守禮拜日是一項公益活動，可使勞動得到有益的中斷，給人們帶來反省人生的意義和人類不可避免的錯誤的機會，讓人們獨自和集體禮拜創造和管理世界的上帝，並使人們專心於這種使基督教社會增輝和安寧的善行；」

「鑒於信教不篤或輕佻浮華的人忘記禮拜日應盡的義務和社會給予他們的好處時，會褻瀆神明而耽於遊樂或為自己勞動；鑒於這樣的行為有違基督徒的固有義務，具有干擾不仿效他們的人的作用，將給整個社會帶來眞正危害，並在社會造成遊蕩的風氣和浮誇的習慣；」

「參議院和眾議院茲命令如下：

第一條在禮拜日，任何人不得在自己的店鋪或作坊裡做活。在這一天，任何人也不得從事任何勞動和公務，不得出席任何音樂會、舞會或觀看任何性質的演出，不得進行任何種類的狩獵、遊戲或娛樂，違者罰款。罰款的金額每次不低於十先令，但也不超過二十先令。

第二條外出旅行者和車船駕駛者，除非必要，不得在禮拜日出行。違者處以與第一條相同的罰款。

第三條小酒館主、小店鋪主和小客棧主，應阻止本鄉鎮的定居居民在禮拜日於其店鋪逗留娛樂或辦事。如有違反，店主和客人同被罰款，而且可以吊銷店主的執照。

第四條身體健康而又無正當理由在三個月內少向上帝進行一次公開禮拜的人，要被罰款十先令。

第五條在教堂的圍牆以內做出不當行爲的人，要處以五至十先令的罰款。

第六條鄉鎮的十戶長（Tithingmen）[3]負責執行本法。他們有權在禮拜日巡視旅店或公共場所。拒絕十戶長進本店鋪巡視的店主，將處以四十先令的罰款。」

「十戶長有權拘留旅客，查問其在禮拜日滯留於旅途的理由。拒不回答的人，將處以金額可達五英鎊的罰款。」

「如果旅客回答的理由沒有使十戶長滿意，十戶長可將此旅客送交縣的治安法官處理。」一七九二年三月八日法令，載《麻塞諸塞普通法》第一卷第四一〇頁。

一七九七年三月十一日，以一項新法預定增加罰款的金額，其半數歸拘留該輕罪犯人的人所有。見上述法令彙編第一卷第五二五頁。

一八一六年二月十六日，又以一項新法批准這些措施。見上述法令彙編第二卷第四〇五頁。

一八二七年和一八二八年紐約州修訂的幾項法律，也有類似的條款（見《增訂紐約州法令集》第一編第二十章第六七五頁）。其中規定，任何人在禮拜日不得打獵釣魚，不得在酒店逗留和進進出出。除非必要，任何人不得在禮拜日出行。

上述這些，還不是初期移民的宗教精神和嚴肅習俗留在法律上的唯一痕跡。

在紐約州的增訂法律集第一卷第六六二頁，可以見到如下的條款：

「因賭博或打賭而在二十四小時內輸贏二十五美元（約合一百三十二法郎）時，即被視爲輕罪，並根據確鑿的證據處以不低於所贏所輸金額五倍的罰款。此項罰款悉數交本鄉鎭濟貧工作視察員收管。」

「輸二十五美元或以上的人可以向法院申訴。如不申訴，則濟貧工作視察員可以作爲贏方，收下輸方的輸款和相當於輸款三倍的罰款，供濟貧工作使用。」

我們摘引的這幾項法律都是新近實施的，但如不追溯到這些殖民地的初始時期，誰又能理解這些法律呢？我毫不懷疑，在我們這個時代，只有很少地方是採用這種立法方式制定刑法的。民情已經適應時代的進展，但法律仍然沒有改變。嚴守禮拜日的做法，在美洲依然是最使外來人感到驚奇的。

特別是美國有一個大城市，一到星期六晚上整個社會就像停止運動了似的。如果你在本應是成年人應邀參加交際和青年人應邀趕會的時刻去逛一逛這座城市，你會覺得自己進入了一個寂靜無聲的世界。你既聽不到工業的轟隆聲，又聽不到人們的高歌聲，更聽不到鬧市區的喧囂聲。生活的鎖鏈綳緊在教堂的周圍。半開半掩的百葉窗，只容陽光一縷一縷地射進居民的室內。好不容易才能看到遠方有一個人獨自默默地穿過十字路口，長長的一條大街竟無一個人影。

次日清晨，車輛的轔轔聲，鐵錘的敲打聲，人們的喊叫聲，才又開始傳入你的耳鼓。整個城市又睡醒了：一群一群的人，慌慌忙忙地湧向城市的工商業中心；所有的人都在行動，精神煥發，在你的周圍忙來忙去。繼一種似乎麻木不仁的狀態之後，出現了這種匆匆忙忙的局面，好像人人覺得要想發財和由此享樂，只有今天一天似的。

（F）第九十一頁

不用說，在這一章裡我不想敘述美國的歷史。我的目的只是讓讀者由此了解初期移民的觀點和民情對於各殖民地和整個美國後來發展的影響。因此，我只應引用一些有關的片段。

我不知道這樣做是否正確，但我認爲這可以繪出或示出美國各共和州的早期畫面。這幅畫面不僅會引起一般讀者的注意，而且無疑會向國務活動家提供供他們深入研究的資料。雖然我本人不是美國歷史專家，但我至少願意爲別人提供方便。因此，我認爲應當在這裡列出一篇簡短的書目，並對我覺得最宜於引用的幾部著作進行扼要的分析。

在可供引用的大量一般性文獻中，我首先要推薦埃伯尼澤・哈澤德編的收有各州文件和其他可靠文獻的《美利堅合眾國歷史資料彙編》。

這部彙編在一七九二年出版於費城，其第一卷收有英國國王頒給移民的全部特許狀的全文，以及各殖民地政府自成立以來的主要法規。此外，還有關於這一時期的新英格蘭和維吉尼亞事務的大量官方文件。

第二卷幾乎全是關於一六四三年聯盟的文件，其中有新英格蘭各殖民地之間爲抵抗印第安人而結成的這個聯盟的公約。這個聯盟是英裔美國人宣布聯合的第一個實例。直到一七七六年北美殖民地宣布獨立，有數個與此性質相同的聯盟。

王家圖書館藏有費城出版的這部歷史文獻彙編。

此外，各殖民地還有自己的歷史文獻，其中有些是十分珍貴的。我首先要提到維吉尼亞的名字，它是移民開發最早的州。

在研究維吉尼亞的所有歷史家當中，首屈一指的應當是它的創造者約翰・斯密斯船長。斯密斯船長給我們留下一部十六開本的著作，書名為《維吉尼亞和新英格蘭通史》，一六二七年於倫敦出版（本書亦藏於王家圖書館）。斯密斯的這部著作附有多幅地圖和一些十分漂亮的版畫，並標有製作的日期。這位歷史學家從一五八四年一直寫到一六二六年。斯密斯的著作得到很高的評價，而且受之無愧。作者是一位有名的冒險家，他生於冒險家輩出的時代，並終於獲得勝利。全書洋溢著冒險開發的熱情，即那個時代的人們特有的冒險進取精神。我們從這部書中，還可以嗅到混有經商致富味道的行俠仗義氣息。

但是，在斯密斯船長身上表現得最突出的，是他除具有同時代人的美德之外，還具備他們當中的大部分人所沒有的一些品質。他的文章簡練，敘述逼真，沒有一點矯飾。

這位作者使我們知道了印第安人在歐洲人發現北美時期的情況。

可供諮詢的第二位歷史學家是貝芙麗。他的著作為四十八開本，一七〇七年出版於阿姆斯特丹，已被譯為法文。作者的記述始於一五八五年，止於一七〇七年。該書的第一章載有殖民初期的歷史文獻。第二章，對印第安人在這個擴張時期的生活情景，做了有趣的報導。第三章，使人清晰地了解到維吉尼亞當時的民情、社會情況、法律和政治習慣（《維吉尼亞州的歷史和現在》（倫敦，一七〇五年））。

貝芙麗出生於維吉尼亞，所以他一開始就說：「由於我生於印第安人的土地上，沒有專注於語言的純潔性，故請讀者不要以過於嚴格的批判觀點來審查我的著作。」儘管這位移民後代表示自己做得不夠，但他的著作通篇都在證明，他是情不自禁地維護母國的最高主權的。我們從貝芙麗的著作中，還可以看到當時曾經鼓舞美洲英國殖民地前進的那種公民自由精神的許多痕跡。書中還留有各殖民地之間長期以來存在的並且一直延續到獨立時的不睦的痕跡。貝芙麗對他的鄰居馬里蘭的天主教徒表示的憎恨，仍然大於英國政府的這種情緒。這位作者的文章簡要，他的敘述總是充滿著同情心而且令人信服。貝芙麗著作的法文譯本，可在王家圖書館找到。

還有一本值得推薦的著作，我在美國讀過，但還沒有在法國找到。它就是威廉・斯蒂思寫的《維吉尼亞最初發現與定居開發史》。此書敘述得詳盡而有趣，但我覺得有些冗長。

關於卡羅來納的歷史，可以推薦的最早和最好的著作，是約翰・勞森的一部十六開本的薄書《卡羅來納史》，此書一七一八年出版於倫敦。

勞森的著作首先記述了卡羅來納西部的發現經過。這部書是以旅行記的形式寫成的，作者的敘述有些雜亂，其觀察亦很膚淺。只是對當時野蠻部落中流行的天花和酗酒所造成的荒廢情景還描寫得相當深刻，而對這些部落風行的並因歐洲人的到來而又加劇的道德敗壞行爲，亦記述得饒有風趣。

勞森著作的第二部分，是專門描述卡羅來納的自然狀況和物產的。

作者在第三部分，對當時印第安人的風尚、習俗和管理組織做了生動有趣的敘述。

在該書的這一部分，到處顯示出作者的才華和獨到之處。

勞森的這部歷史，寫到查理二世時期賜給卡羅來納以特許狀爲止。

這部著作的基調是輕快的，但往往失於下流，與同一時期在新英格蘭出版的著作的深沉筆調完全不同。

勞森的這部歷史，現在於美國已極不易見到，而在歐洲更是難於找到了。但在王家圖書館還有一部孤本。

我從美國的最南部分一直遊歷到它的最北部分，其間的廣大地區只是很晚以後才有移民開進。

我首先應當介紹一部非常值得一讀的彙編，它的題名爲《麻塞諸塞歷史學會論叢》，一七九二年出版於波士頓，一八〇六年再版。王家圖書館沒有收藏這部著作，而且我相信其他圖書館也不會有。這部論叢（仍在繼續編輯）收載了關於新英格蘭各州歷史的大量珍貴文獻，其中有尚未公開發表的通信和地方檔案館收藏的原始文件。古金主編的這部論叢，也收有關於印第安人的材料〔參看第一卷第一四〇頁以下〕。

我在本注的所在章的行文中，曾多次提到納撒尼爾．莫爾頓的《新英格蘭回憶錄》。在這裡，我只想補充一句：凡想了解新英格蘭歷史的人，都應當讀一讀這部著作。莫爾頓的著作爲三十二開本，一八二六年出版於波士頓。王家圖書館沒有收藏此書。

講述新英格蘭歷史的最珍貴和最重要的著作，是大教士科頓．馬瑟的《基督教美洲傳教史，或一六二〇—一六九八年新英格蘭教會史》。這部書爲三十二開本，共兩卷，一八二〇年出版於哈特福德。我不認爲會在王家圖書館找到它。

作者把該書分爲七冊。

第一冊講述新英格蘭的籌建和建設的歷史。

第二冊記述新英格蘭的幾位初期總督和主要行政官員的生平。

第三冊敘述當時指導人們思想的福音會牧師們的生平和事蹟。

作者在第四冊報導了劍橋（在麻塞諸塞）的大學[4]成立和發展過程。

他在第五冊陳述了新英格蘭教會的教義和教規。

第六冊講述了據馬瑟說是表明上帝向新英格蘭居民施福的某些事件。

最後，在第七冊，作者向我們講述了當時存在的異端邪說和新英格蘭教會加以反對的動亂。

馬瑟是一個福音會牧師，生於波士頓，並在那裡終其一生。

引導人們建設新英格蘭的那種宗教熱心和激情，鼓舞和激發他寫了這部著作。他的文筆經常暴露出不夠典雅的缺欠，但這是不可避免的，因爲他想只靠宗教狂熱去打動讀者。他過於偏執，而最經常的是過於輕信，但絕不要認爲他企圖以此進行欺騙。他的這部著作，偶爾也有精彩的片段和眞實深刻的思想。比如，他在第一卷第一章第六十一頁說道：

「在清教徒到來之前，英國人就曾多次試圖向我們現在居住的地方移居，但他們好像對能夠得到物質利益沒有抱著過高的希望，所以一遇到困難，馬上就心灰意冷，退縮回去。而在崇高的宗教思想的推動和支持下來到美洲的人，絕不會如此。雖然這些人遇到的敵人遠比任何殖民地的創建者遇到的敵人要強大得多，但他們能夠堅持自己的信念，以致使他們創建的東西依然存在於今天。」

馬瑟在其筆觸嚴肅的敘述中，有時也插進一些溫情脈脈的描寫。比如，他談到一位英國婦女，在宗教熱情的鼓舞下和她的丈夫一起來到美洲，但不久以後便忍受不了流亡生活的艱難困苦。然後他接著說：「至於她的道德高尚的丈夫，卻試圖獨自一人留在那裡，但他未能活下來而死去。」（第一卷第七十一頁）。

馬瑟的著作，對他所描述的時代和地區，做了令人嘆爲觀止的報導。

他爲了使我們知道清教徒是出於什麼動機到大洋彼岸去尋找避難所，而寫道：

「上帝向我們當中居住於英國的人提出號召。上帝在號召無數不相識的人的時候，要求他們下定決心放棄在故鄉的安適生活，橫渡波濤洶湧的大洋，到那還是令人生畏的荒野去安家立業；而這樣做的唯一目的，就是無條件地服從上帝的誡命。」

他接著說：「在做長篇大論之前，應當說明一下他們是出於什麼動機進行這種冒險的，以使後代清楚的知道他們的動機，而尤爲重要的，是提醒我們今天的人懷念他們，切勿忘記祖先追求的目的，不要減少對新英格蘭的眞正關心。因此，我要在這裡介紹一部手稿裡談到的某些人的當時動機。」

「第一個動機：爲教會做出最大的貢獻，即向世界的這一部分（北美）傳播福音，建起一所保衛基督徒的堡壘，以反對企圖在世界的其餘部分建立統治的非基督徒。」

「第二個動機：歐洲的其餘所有教會已被破壞，害怕上帝也會這樣來懲罰我們的教會，故決心開闢這個地方（新英格蘭），爲大多數人提供免遭大破壞的避難場所。」

「第三個動機：我們所在的國度好像在折磨居民，最珍視財物的人卻最輕視他們所踏的土地。人們視有子女、鄰居和朋友爲最沉重的累贅，他們盡力躲開窮人。如果事物按照這樣的秩序發展，最能創造享樂的人要被排擠出這個世界。」

「第四個動機：我們的放縱行爲已經達到極點，好像有錢才能在同類中保持應有的地位，而無錢就要被人輕視。因此，各行各業的人都去尋找以不道德的方法致富的門路，從而便宜了因爲有錢而能荒淫無恥生活的富人。」

「第五個動機：講授科學和宗教知識的學校辦得太差，以致使大部分兒童，特別是最優秀和最有才華的兒童以及人們認爲最有成才希望的兒童，在耳聞目睹的大量壞榜樣和周圍的腐化現象的影響下學壞了。」

「第六個動機：大地是上帝的花園，他把大地賜給他的兒子亞當去耕種，而我們爲什麼要讓自己因爲沒有土地而餓死，並叫這片本來應當供人使用的廣闊土地無人居住和荒蕪不毛呢？」

「第七個動機：要成立一個革新的教會，並從成立之初就支持它；要把我們的力量與一個虔誠的民族的力量聯合起來，以鞏固和發展這個教會，使它擺脫那些沒有這種支持就可能成爲它的大災大難的危險。對於一個基督徒來說，有什麼工作能比這項工作更爲高尚和壯麗的呢？有什麼事業能比這項事業更值得做的呢？」

「第八個動機：一個信仰虔誠並在這裡（英國）享有榮華富貴的人如能放棄因致力建設這個革新的教會而獲得的好處，並願意分擔苦難，他將爲人們做出一個偉大而高尚的榜樣，使人們學習他在向上帝爲殖民地禱告時表示自己的虔誠信仰，並把大多數人聯合過來。」（見馬瑟著作第十七頁及以後各頁）。

在離這段引文很遠的後面一章中，馬瑟說明新英格蘭教會在道德方面的原則時，強烈反對在宴會上爲健康而乾杯的做法，說這是異教徒的和可憎的習俗。

他也同樣嚴厲地反對婦女對頭髮進行任何裝飾，無情地譴責婦女穿著袒胸露臂的時裝。

他在其著作的某一章裡，向我們舉出了許多曾使整個新英格蘭震驚的妖魔作怪的事例。在他看來，惡魔在這個世界興妖作怪，是千眞萬確的事實。

他用了很多篇幅去闡述他的同時代人所特有的追求公民自由和政治獨立的精神，說他們每前進一步都遵循他們的自治原則。比如，麻塞諸塞的居民就是如此：自一六三〇年以後，即在建立普利茅斯殖民地後的十年裡，他們用去四百英鎊在劍橋創辦一所大學。

如果我們從新英格蘭的全史轉而研究新英格蘭各州的歷史，則首先應當提到麻塞諸塞地方副總督哈欽森的《麻塞諸塞殖民地史》。此書爲三十二開本，共兩卷。王家圖書館藏有此書一部，爲一七六五年出版於倫敦的第二版。

我在本注所在章曾多次引用的這部著作，其敘述始於一六二八年，終於一七五〇年。本書寫得十分眞實，文筆簡練，樸而不華，是一部翔實的歷史著作。

關於康乃狄克的歷史，可以推薦的最好著作，是班傑明·特朗布林的《康乃狄克全史：世俗史和宗教史，一六三〇—一七六四》。此書爲三十二開本，共兩卷，一八一八年出版於紐哈芬。我認爲王家圖書館不會有這部著作。

這部歷史清晰而深刻地描述了康乃狄克在書名所指期間內發生的一切重大事件。作者引用了珍貴的歷史文獻，而且敘述確切。他寫到康乃狄克初期的事件時，講得十分有趣。尤其是應當讀一讀第一卷第五章（《一六三九年的康乃狄克》）第一〇〇頁，以及第一卷第七章（《康乃狄克的刑法》）第一二三頁。

我們有理由高度評價傑理米·貝爾納普的《新罕布夏史》。此書爲三十二開本，共兩卷，一七九二年出版於波士頓。尤其應當讀一讀第一卷第三章。在這一章裡，作者對於清教徒的政治原則和宗教教義，他們的移居原因和法律，做了極其翔實的敘述。下邊是一六六三年的一段布道講話：「新英格蘭要永久記住它的創建目的在於宗教，而不在於商業。人們在前進中要堅持清教徒的教義和紀律。因此，商人和一個銅板一個銅板攢錢的人也不要忘記，創建這些殖民地的目的在於宗教，而不在於金錢。如果我們當中有人在評價世界和宗教時認爲世界值十三，而宗教只值十二，那麼，這個人就沒有新英格蘭的眞正男兒的情感。」讀者從貝爾納普的著作裡可以看到，他比至今研究美國歷史的其他作者更多地提到普遍觀念並強調思想的威力。

在我們所研究的已經存在很久的幾個主要州中，紐約州和賓夕法尼亞州最爲突出。關於紐約州的歷史，最好的一部著作是威廉・斯密斯的《紐約史》。此書爲四十八開本，共一卷，一七五七年出版於倫敦；一七六七年出了法譯本，亦出版於倫敦。斯密斯爲我們提供了法英兩國在美洲進行的戰爭的細節。在研究美國史的所有著作中，它對著名的易洛魁聯盟的報導最爲詳盡。

至於賓夕法尼亞的歷史，我只想推薦羅伯特・普勞特的《賓夕法尼亞自創建與定居：一八六一年威廉・佩恩就第一任領主與總督直至一七四二年以後的歷史》。此書爲三十二開本，共兩卷，一七九七年出版於費城。

這部書值得讀者細讀，其中收有關於佩恩的大批珍貴文獻，談到教友會的教義以及賓夕法尼亞初期移民的性格、風尙和習慣。據我所知，王家圖書館沒有此書。

不必說，在研究賓夕法尼亞的主要著作中，佩恩本人和富蘭克林的著作也有它們的席位。廣大讀者都熟悉他們的著作。

以上所介紹的這些著作，我在旅美期間就已看過其中的大部分。現蒙王家圖書館的好意，我又讀到其中的幾部；其餘的幾部，是美國前駐巴黎總領事沃登先生給我找到的，沃登先生也寫有一部關於美國歷史的傑出著作。在結束這個注的時候，請沃登先生接受我對他的謝意。

（G）第一〇三頁

傑弗遜在自傳中寫道：「在英國人於維吉尼亞建立殖民地的初期，土地還只能向人們提供少量的產品或什麼也不能提供的時候，一些有遠見的人便獲得了大量的租讓地，並為了保持其家庭的榮華富貴，而把財產傳給了後代。財產逐代傳給同姓人，從而產生一些獨特的家族集團。家族集團依法享有永久保持財富的特權，進而依靠自己州的強大和富饒而形成顯赫的貴族階層。而國王也照例是從這個階層中選派州的議員的。」見《傑弗遜文集》〔第一卷第三十六頁〕。

英國法律中關於遺產繼承的一些主要規定，在美國全部被否定。

肯特先生說，我們在遺產繼承問題上做的第一個規定是：「人死而無遺囑時，其財產由直接親屬繼承；如只有一個男性或一個女性繼承人，他或她獨得全部遺產；如有數名同順序的繼承人，則不分性別，由數人平分遺產。」〔見肯特：《美國法釋義》第四卷第三七四頁（一八四〇年）〕。

最初，紐約州以一七八六年二月二十三日法令通過這項規定，後來又進行過修訂（見〔《增訂紐約州法令集》〕第三卷附錄第四十八頁）。現在，美國各州都採用這項規定，只是佛蒙特州有一點不同，那裡的男性繼承人可得兩份遺產（見《美國法釋義》第四卷第三七五頁）。

肯特先生在該書第四卷第一－二十二頁，敘述了美國的限嗣繼承立法史。他總結說，美國在獨立前，各殖民地都採用英國的限嗣繼承法。後來，維吉尼亞根據傑弗遜的提議（見《傑弗遜自傳》），從一七七六年廢除了遺產限嗣繼承制度。紐約州也於一七八六年廢除這種制度。接著，北卡羅來納、肯塔基、田納西、喬治亞和密蘇里，也相繼廢除限嗣繼承法。而在佛蒙特、印第安那、伊利諾、南卡羅來納和路易斯安那，從來就沒有採用過限嗣繼承制度。認為應當保存英國的限嗣繼承立法的各州，也對限嗣繼承制加以修改，去掉其中的貴族立法主旨。肯特先生寫道：「我們在國家管理方面的一般原則，是致力於促進財產的自由流通。」

使研究美國遺產繼承立法的法國人大爲吃驚的是，法國的繼承法比美國的還民主。

美國的法律規定子女平分父親的遺產，但須父親沒有另立遺囑，因爲紐約州的法律規定（《增訂紐約州法令集》，第三卷附錄第五十一頁（阿爾巴尼，一八二九年））：「每個人都有完全的自由、許可權和資格立遺囑處理其財產，即對某一政治機關或社會團體留下遺言，將其財產全部或部分遺贈給某人。」

法國的法律規定立遺囑人可將其財產平分或近於平分與繼承人和受遺贈人。

現在，美國的大部分州還實行限嗣繼承制度，但縮小其效果。

法國的法律在任何情況下都不准限嗣繼承。

美國的社會情況比我們的民主，而我們的法律則比他們的民主。這最能說明一個值得人們深思的問題：即在法國，民主安於遭受破壞；而在美國，民主能在廢墟之上泰然自立。

（H）第一一二頁

美國的選舉資格概要[5]

各州均賦予年滿二十一歲的人以選舉權。在各州，均要求選舉人應在其參加選舉的縣居住過一定的期限。

關於財產資格：在麻塞諸塞州，選舉人必須有三英鎊收入或六十英鎊資產。

在羅德島，選舉人必須擁有價值一百三十三美元（約合七百零四法郎）的地產。

在康乃狄克，選舉人必須擁有可以賴以收入十七美元（約合九十法郎）的財產。在民兵中服役一年，亦可享有選舉權。

在新澤西，選舉人應有五十英鎊財產。

在南卡羅來納和馬里蘭，選舉人必須擁有五十英畝土地。

在田納西，選舉人應擁有任意一種數量足夠的財產。

在密西西比州、俄亥俄州、喬治亞州、維吉尼亞州、賓夕法尼亞州、德拉瓦州和紐約州，只要是納稅，就可以成爲選舉人，但其中的大部分州，在民兵服役亦等於納稅。

在緬因和新罕布夏，凡未被列入赤貧名單的，均可爲選舉人。

最後，在密蘇里州、阿拉巴馬州、伊利諾州、路易斯安那州、印第安那州、肯塔基州和佛蒙特州，對於選舉人的財產沒有規定任何條件。

我還想指出一點，只是在北卡羅來納州，對參議員的選舉人規定的資格與衆議員的不同：前者要擁有五十英畝土地，而後者只要納稅即可。

（I）第一四九頁

美國實行保護關稅政策，所以少數海關人員和大部分海岸地區最容易走私，但並不像其他國家那樣漫無限制，因爲任何人都可以緝私。

美國不設消防員警，所以火災多於歐洲，但一般說來可以及早撲滅，因爲周圍的居民不會束手旁觀，而要迅速趕赴火災現場。

（J）第一五一頁

說中央集權[6]產生於法國大革命，那是不公正的。法國大革命只是完善了中央集權。在法國，對中央集權的愛好和對典章制度的狂信，可以追溯到法學家進入政府的時期，即可以使我們回想起美男子腓力四世統治法國的時代。從那個時期以後，這兩種傾向一直沒有停止發展。下面，是瑪律澤爾布先生一七七五年代表最高稅務法院向路易十六國王的進言摘錄[7]：

「……把自己管理自己事務的權利留給每個機關和每個公民社團或村鎮；我們現在不應說這項權利將寫進王國的第一部憲法裡，因爲它是一項很古老的權利：天賦的權利和合情合理的權利。但是，它已奪走您的主要東西。陛下和我們都不要害怕說：在這方面，我們的管理工作已經變成可以說是兒戲。」

「自從幾位有權勢的大臣提出不准召集國民議會的政治原則以來，官員們便上行下效，以致村鎮的居民不經總督的批准，什麼決定也不能做出。因此，如果某個村鎮要想花錢辦一項事業，就得去懇求總督的下屬官員，從而要根據官員同意的計畫進行，僱用他們喜歡的工人，按照他們的指示支付工資；如果村鎮有人要打官司，也得經總督批准，即在向法院起訴之前，要把案件先送到那裡進行初審。如果總督的意見和要打官司的居民相反，或訴訟的對方是總督的親信，村鎮就失去保衛自己權力的能力。總督老爺就是透過這些辦法盡力在法國窒息全部地方自治精神的，而如果有可能，則必將從公民的心中除掉這種精神。也可以說，全國人民都被宣告爲禁治產人，並給他們指定了監護人。」

怎麼今天還能說法國大革命在中央集權方面所做的一切是所謂征服呢？一七八九年傑弗遜從巴黎給一位友人寫信說：「我們的國家絕不是一個統治的狂熱像法國那樣根深蒂固和造成了許多災難的國家。」這是一七八九年八月二十八日致麥迪遜的信〔見《傑弗遜通信集》第十五卷第三六四頁（普林斯頓，一九五八年）〕。

實際上，幾個世紀以來，法國的中央政權，爲了擴大行政集權，總是做到了它所能做到的一切；在這方面，它的權力從來沒有受到過限制。

法國大革命產生的中央政權，在這一點上比它的任何一個先行者都走得更遠，因爲它比它們更有力量和更有學識。比如，路易十四只是使村鎮生活的一切服從於一位總督的享樂；拿破崙只是使村鎮生活的一切服從於一位大臣。原則始終相同，只是後來的發展有大有小。

（K）第一六三頁

法國憲法的這種不可變性，是我國法制的必然結果。

先以一切法律中的最重要法律，即規定王位繼承的法律爲例來說明。有什麼法律比這個以父傳子繼的自然順序爲基礎的政治規定在原則上更不可改變的呢？一八一四年，路易十八使人承認了他的家族永久擁有這個政治繼承權。處理一八三〇年七月革命善後的那些人，照搬路易十八的做法，只不過把這個政治繼承權轉讓給另一個家族罷了。在擁立新王朝時，他們也仿效了大法官莫普[8]。莫普在舊的最高法院的廢墟上建立新的最高法院時，沒有忘記在國王的詔令中寫進新的大法官也和他們的前任一樣是不可罷免的。

一八三〇年的法律也和一八一四年的法律一樣，根本沒有提到修改憲法的問題。而且，一般的立法手段滿足不了這個要求，也是顯而易見的。

國王依靠什麼運用他的權力呢？依靠憲法。貴族院議員呢？也依靠憲法。眾議院議員呢？仍然依靠憲法。在這種情況下，國王、貴族院議員和眾議院議員怎樣會聯合起來對他們的權力所唯一依靠的法律進行任何改革呢？離開了憲法，他們就什麼地位也沒有了。那麼，在什麼條件下他們才會修改憲法呢？下述兩種條件必居其一：不是在他們無力反對人民能夠不按他們的意願，但卻是以他們的名義繼續實行憲法的某些條款的時候；就是在他們藉以掌權的法律不復存在，他們自己不再有什麼地位，而要求改變憲法的時候。後來，由於他們自己破壞了憲法，他們便自取滅亡了。

這一點，在一八三〇年的憲法上比一八一四年的憲法表現得還清楚。在一八一四年，王權可以說是在憲法之外或以上；而在一八三〇年，王權已同意由憲法來規定，所以離開憲法，王權就沒有任何作用了。

結果，法國憲法的各個部分都沒有變動，因爲人們把它與一個家族的命運聯繫在一起了；法國憲法的全體也沒有改動，因爲人們還沒有找到修改憲法的合法手段。

這些論述都不適用於英國。英國沒有成文憲法，誰能說英國修改過成文憲法呢？

（L）第一六三頁

幾位研究英國憲法的著名學者，爭先恐後地論述過議會的這種無限權威。

德洛姆在其著作第十章第七十七頁〔見休斯編：《英國憲法》（倫敦，一八三四年）〕寫道：

「英國法學家堅信的基本原則，是認爲議會除了不能把女人變成男人或把男人變成女人以外，它什麼都能做到。」

布萊克斯通說得雖不這樣堅定，但也十分明確。下面，就是他說的：

「愛德華・科克爵士認爲議會的權力和司法權（第四項第三十六款），無論是對人，還是對事，都過於廣泛和絕對，以致任何限制都禁止不了它的活動。他補充說，對於這個最高的法院簡直可以說是：Si antiquitatem spectes, est vetustissima; si dignitatem, est honoratissima; si jurisdictionem, est capacissima.（論資格，它最古老；論榮譽，它最光榮；論權力，它最強大。）在制定、通過、擴大使用、停用、廢除、恢復使用和解釋教會法令或世俗法令、民法、軍事法、海運法、刑法等名目眾多的法律方面，議會享有至高無上和不受監督的權力；而授予議會以這種可以左右政府各部門的絕對權力的，正是這個王國的憲法。凡是申冤和要求賠償損失的案件，都可越過普通法院而送到這個特殊的法院去解決。它能修改或新訂王位繼承法，比如亨利八世和威廉三世，就是由它擁上王位的。它能使國家改信某一教派，比如在亨利八世及其三個子女統治時期，它就曾以各種理由使國家來回改宗。它可以**修改和改變王國的**憲法〔著重點是托克維爾加的〕和議會本身，比如它曾爲通過英格蘭與蘇格蘭聯合的法案，以及關於三年和七年舉行一次選舉的各項法令，而這樣做過。簡而言之，它能做到本來不能做到的一切，所以它在使用自己的權力時好像無所顧忌，以可以說是有些過於大膽的姿態表現了議會萬能。」〔見布萊克斯通：《英國法釋義》第一卷第一六〇頁〕。

（M）第一七六頁

美國各州的憲法，彼此在政治審判制度方面的規定最爲一致。各州的憲法都定有這種制度，並授予州眾議院以起訴的專權，只有北卡羅來納州憲法把這項權利授予大陪審團（第二十三條）。

幾乎所有州的憲法，都把政治審判的專權授予州參議院或有州參議員列席的審判團。

政治法院可以作出的處罰，只是撤職或不准再任公職。只有維吉尼亞憲法准許政治法院可以作出各種不同處罰。

可以送交政治審判的罪行有：聯邦憲法第二條第四項、印第安那州憲法第三條第二十三項和第二十四項〔一八一六年憲法〕、紐約州憲法第五條〔一八二一年憲法〕和德拉瓦州憲法第五條規定的叛國罪、賄賂罪和其他重罪或輕罪；

麻塞諸塞州憲法第一章第二條、北卡羅來納州憲法第二三條〔一七七六年憲法〕和維吉尼亞州憲法第二五二頁〔？〕規定的瀆職罪和怠忽職守罪；

新罕布什爾州憲法第一〇五頁〔？〕規定的賄賂罪、醫療事故罪和怠忽職守罪〔第三十八條〕；

佛蒙特州憲法第二章第二十四〔五十四〕條規定的怠忽職守罪；

南卡羅來納州憲法第五條〔一七九〇年憲法〕、肯塔基州憲法第五條、田納西州憲法第四條〔一七九六年憲法〕、俄亥俄州憲法第一條第二十三項和第二十四項、路易斯安那州憲法第五條、密西西比州憲法第五條〔一八一七年憲法〕、阿拉巴馬州憲法第六條和賓夕法尼亞州憲法第四條〔參看一七九〇年憲法〕規定的瀆職罪。

伊利諾州、喬治亞州、緬因州和康乃狄克州的憲法沒有列舉罪名。

（N）第二四三頁

不錯，歐洲列強可以對美國進行大規模的海戰；但美國對付海戰總比對付陸戰容易得多，而且危險較小。海戰只需要一種武力。在商業國家，只要人民同意向政府提供必要的資金，就會永遠擁有強大的艦隊。而且讓人民在金錢上犧牲也比讓他們在生命和人力上的犧牲容易得多。另外，海戰的敗績也很少損害戰敗國的生存和獨立。

至於陸戰，歐洲國家顯然不能給美國造成危險。即使一個擁有將近兩百萬人口的國家，也很難向美國運去並在那裡供養兩萬五千名士兵。如果一個這樣的歐洲大國和美國交戰，就等於一個擁有兩百萬人口的國家和擁有一千兩百萬人口的國家打仗。而且，美國人擁有各種物資，歐洲人離他們有一千五百里約，何況美國的廣袤疆土是在征服它時將要遇到的不可克服的障礙。

第二部分

（A）第二七二頁

美國的第一份報紙，在一七〇四年四月出版於波士頓。見《麻塞諸塞歷史學會集刊》第六卷第六十六頁（波士頓，一八八〇年）。

如果以爲在美國出版期刊歷來是完全自由的，那就錯了。在那裡，也曾設立過預先檢查和提交保證金之類的制度。

麻塞諸塞州一七二二年一月十四日法令就有這類規定。

州下院（立法機關）委派的檢查新聞工作的「新英格蘭報刊委員會」鑒於：「被告的報紙有嘲弄宗教和使人輕視宗教的傾向，准許一些著名作者在上面發表褻瀆宗教和對神不敬的文章，誣衊傳播福音的教士的行爲，辱罵國王陛下的政府，擾亂本地的和平和安寧，茲建議：或禁止該報出版人兼發行人詹姆斯・富蘭克林繼續出版和發行該報，或令其將要發表的一切文章送交本地行政長官審查；責成薩福克縣治安法官令富蘭克林先生交納保證金並擔保自己今後一年之內循規蹈矩。」

委員會的建議被採納並作爲法律實施，但未產生任何效果。報紙在邊欄將發行人詹姆斯・富蘭克林的姓名改爲班傑明・富蘭克林，從而逃避了禁令，而輿論也認爲這樣做合法。

（B）第三八一頁

在一八三二年通過改革法案以前，郡的選舉人（地產的代表）必須擁有可以獲得四十先令純收入以維持生計的自有地產或租用地產。原法案是在亨利四世時期於一四五〇年前後制定的。亨利四世時期的四十先令，相當於現今的三十英鎊。但是，一直到一八三二年，十五世紀定下的這個金額始終未變。這表明英國的憲法是日趨民主了，即時間經過了那麼久，而爲選舉人規定的財產資格還沒有改動。參看：德洛姆著作第一卷第四章；布萊克斯通著作第一卷第四章。

英國的陪審員由郡長推選（德洛姆著作第一卷第十三章）。郡長一般是本郡的知名人士，主管司法和行政工作；他在本郡代表國王，每年由國王任命（布萊克斯通著作第一卷第九章）。他的地位容易被人懷疑收受訴訟當事人的賄賂，而且如果他被疑有不法行爲時，人民可以不讓由他任命的陪審團審理，改由另一名官員負責推選新的陪審員。參看布萊克斯通著作第三卷第二十三章。

有權當選陪審員的人，必須擁有可以獲得不少於十先令收入的地產（布萊克斯通著作第三卷第二十三章）。應當指出，這個條款是在威廉和瑪麗統治時期，即在一七〇〇年先後規定的，而當時的幣值比現在高得多。大家知道，英國的陪審制度，也像該國的其他一切政治制度一樣，不是根據人的能力而是根據人的地產建立的。

最後，佃戶也可以充任陪審員，但他必須是長期爲善的人，而且交了地租以後，他的純收入要達二十先令（布萊克斯通著作第三卷第二十三章）。

（C）第三八一頁

按聯邦憲法規定，聯邦系統的法院也像各州在本州系統的法院實行陪審制度那樣採用陪審制度。但是，聯邦憲法沒有具體規定如何推選陪審員。聯邦系統的法院從每個州按該州規定的辦法選定的常任陪審員中抽調陪審員。因此，要根據各州的法律來說明美國的陪審制度的原理。參閱斯托里：《美國憲法釋義》第三卷第三八章第六五四—六五九頁；薩金特：《美國憲法》第一六五頁；以及一七八九年、一八〇〇年和一八〇二年聯邦有關這個問題頒布的法令。

爲了詳細了解美國陪審制度的原則，我查閱過幾個相距很遠的州的法律。下面就是我從查閱中獲得的總印象。

在美國，凡是有選舉權的公民都可以充任陪審員。但在紐約那樣的大州，推選人的法定資格與陪審員的法定資格略有不同，而且這種不同與法國法律的規定相反，即紐約州的陪審員的法定資格比推選人的法定資格規定得較低。總的說來，在美國，推選陪審員的權利，也和推選議員的權利一樣，可以及於一切公民。但是，這項權利的行使，並不是在所有人之間沒有明確規定的。

每年，鄉鎮或選舉區的行政當局請有權推選陪審員的人，在新英格蘭是請鄉鎮的行政委員，在紐約州是請鄉鎮行政長官，在俄亥俄州是請遺孤財產保管人，在路易斯安那州是請縣長，爲本地區推選一定人數的有權充任陪審員和預計有此種能力的公民爲陪審員。如這些官員本人當選爲陪審員時，也不會引起他人反對。他們的權力非常廣泛，而且具有強制性質，一般同州的行政官員沒有兩樣，尤其在新英格蘭，他們往往有權罷免不稱職的或無能力的陪審員。

將如此選出的陪審員的名單送交縣法院，然後用抽籤辦法從中選出有權參加各種案件審理的陪審團。

此外，美國人還透過一切辦法使陪審團接近人民，並盡可能減輕陪審團的負擔。陪審員的人數很多，每人最多只能連任三年。法院在每個縣的縣城開庭審理案件。美國的縣（county）大致相當於法國的區（arrondissement）。因此，法院離陪審團很近，而不像法國那樣在法院開庭時去召集陪審團。最後，陪審員是有報酬的，但因案件不同，有的由州支付，有的由訴訟當事人支付。一般說來，除去旅費外，每人每天可收入一美元（相當五法郎四十二生丁）。在美國，把做陪審員看成是一項必須承擔的義務，但這項義務並不難完成。

參閱布雷瓦德：《南卡羅來納州法令彙編》第二卷第三三八頁、第一卷第四五四和第四五六頁、第二卷第二一八頁，共五卷（查勒頓，一八一四年）。

參閱立法機構編輯和出版的《麻塞諸塞普通法》第二卷第三三一頁和第一八七頁。

參閱《增訂紐約州法令集》第二卷第七二○頁、第四一一頁、第七一七頁和第六四三頁（阿爾巴尼，一八二九年）。

參閱《田納西州法令集》第一卷第二○九頁（諾克斯維爾，一八三一年）。

參閱《俄亥俄州法令集》第九十五和二一○頁。

參閱《路易斯安那州立法彙編》第二卷第五十五頁，共二卷（新奧爾良，一八二八年）〕。

（D）第三八四頁

在仔細研究英國的民事陪審制度時，不難發現陪審員無法擺脫法官的控制。

當然，陪審團對民事案件和刑事案件所做的判決，在其扼要的陳述中也包括事實和權利。例如：有一所住宅，彼得說是屬於他的，因為他花錢購買了它，這就是事實問題；但是，他的反對者對他說，出售人沒有行為能力，這就是權利問題。陪審團只要說這所住宅將歸彼得所有，這就等於認定事實和權利。陪審團對刑事案件的判決只要有利於被告，英國人就同意陪審團的判決沒有錯誤；但在民事方面應用陪審制度時，英國人就沒有保留這種想法。

如果法官認為陪審團的判決在法律的應用方面有錯誤，他可以拒絕接受，駁回給陪審員重新審理。

如果法官把陪審團的判決擱置起來，不予複審，則訴訟還沒有完全結束，因爲他有辦法抵制陪審團的判決。主要的方法是，要求法院撤銷原判和成立新的陪審團。實際上，這樣的要求很少得到滿足，而且他以後也再沒有辦法。我就親眼看到過這樣的事情。參看布萊克斯通著作第三卷第二十四章和第二十五章。

◆本章注釋◆

【1】以華盛頓為零度的東經二十度，大致相當於以巴黎為零度的西經九十九度。

【2】「關於美洲土著的語言」，可參閱博厄斯：《美洲語言手冊》（華盛頓，一九一一年）；凱西勒爾：《神話思維中的概念形式》（萊比錫，一九二二年）；凱西勒爾：《象徵形式的哲學》；泰爾：《語言》（柏林，一九二三年）。——法文版編者

【3】每年改選一次的十戶長，從職務上說，他相當於法國的兼為鄉鎮警衛和司法員警的官員。

【4】即今哈佛大學。——譯者

【5】關於選舉資格，參閱奧格和雷著作第一八四頁及以下幾頁。——法文版編者

【6】「中央集權」。托克維爾在這裡提出了後來在他的《舊制度與大革命》中論述的主要題目之一。——法文版編者

【7】參閱《根據稅務資料論法國公法史》第六五四頁（布魯塞爾，一七七九年）。

【8】莫普（Maupeou, René Nicolas Charles Augustin de, 1714-1792），法國的大法官，是一七七六年推翻舊的最高法院和成立新的最高法院的主謀，隨路易十六繼承王位而下臺。——譯者

托克維爾生平和著作年表

年代	生平記事
一八〇五年	• 出生於法國巴黎。
一八二五年	• 到巴黎皇家法學院學習法律，其後獲得法學學士學位。
一八二七年	• 成為凡爾賽初審法院不支薪調解法官。認識終生好友古斯塔夫・德・博蒙檢察官。
一八三〇年	• 晉升為助理法官。
一八三一年	• 與博蒙一起前往美國考察。
一八三二年	• 三月下旬回國。 • 五月辭去助理法官職務。 • 八月訪問英國。 • 九月開始撰寫《論美國的民主》。
一八三三年	• 與博蒙合作的《論美國的刑事制度及其在法國的運用》（*Du système pénitentaire aux États-Unis et de son application en France*）出版，並在美國翻譯出版。
一八三五年	• 《論美國的民主》上卷出版。 • 初步擬就《論美國的民主》下卷架構。
一八三九年	• 出任眾議院議員，一直連任至一八四九年。
一八四〇年	• 《論美國的民主》下卷出版。
一八四一年	• 遊歷阿爾及利亞，撰寫《阿爾及利亞行紀》（*Travail sur l'Algérie*）。 • 入選法蘭西學院院士。

年代	生平記事
一八四八年	• 二月革命後參與制定第二共和國憲法。
一八四九年	• 出任外交部長，後因內閣倒臺，不再擔任外交部長職務。
一八五〇年	• 罹患肺結核。
一八五一年	• 因反對拿破崙三世稱帝而被捕，並被關押兩天。 • 開始撰寫《舊制度與大革命》（*L'Ancien Régime et la Révolution*）。
一八五六年	• 《舊制度與大革命》同時在法國和英國出版。
一八五九年	• 於法國坎城病逝。

譯名對照表

（為方便讀者對照，以下譯名以英文版編列）

夏爾・亞歷西斯・德・托克維爾Charles Alexis de Tocqueville
韋爾訥伊Verneuil
坎城Cannes
凡爾賽Versailles
美國社會American society
身分平等the equality of conditions
民主革命democratic revolution
農奴villein
教士clergy
神父priest
路易十一Louis XI
路易十四Louis XIV
路易十五Louis XV
十字軍東征The Crusades
貴族nobles
基督教國家The Christian nations
魯日河〔紅河〕The Red River
達比Darby
《美國概覽》*View of the United States*
沃登Warden
阿勒格尼山脈Alleghany ridge
洛磯山脈the Rocky Mountains
密西西比河the Mississippi
聖路易河the St. Louis
阿肯色河the Arkansas
里約lieue
圖瓦茲toise
伊利諾河the Illinois
聖皮爾河the St. Peter's
聖弗蘭西斯河the St. Francis
得梅因河the Moingona
密蘇里河the Missouri
馬爾梯－布倫Malte Brun
第安人Indians
通古斯人Tongous
滿洲人Mantchous
蒙古人Mongols

塔塔爾人Tartars
洪堡Humboldt
費舍Fischer
阿戴爾Adair
《美洲印第安人史》*History of the American Indians*
傑弗遜Jefferson
《維吉尼亞紀要》*Notes on the State of Virginia*
勒帕傑・杜・普拉茨Lepage Dupratz
《路易斯安那史》*Histoire de la Louisiane*
夏爾瓦Charlevoix
《新法蘭西的歷史》*Histoire de la Nouvelle France*
赫克韋爾德Hecwelder
《美國哲學學會報告》*Transactions of the American Philosophical Society*
馬歇爾Marshall
《華盛頓生平》*Life of Washington*
威廉・斯蒂思William Stith
《維吉尼亞史》*History of Virginia*
斯密斯Smith
《一六二四年定居以來維吉尼亞史》*History of Virginia, from the First Settlements in the year 1624*
貝芙麗Beverley
《維吉尼亞最初發現與定居史》*History of Virginia, from the Earliest Period*
詹姆斯河岸the river James
喬治・查默斯George Chalmers
哈德遜Hudson
康乃狄克州Connecticut
羅德島州Rhode Island
麻塞諸塞州Massachusetts
佛蒙特州Vermont
新罕布什爾州New Hampshire
緬因州Maine
《新英格蘭回憶錄》*New England's Memorial*
哈欽森Hutchinson

波士頓Boston
紐哈芬New Haven
皮特金Pitkin
紐約New York
馬里蘭州Maryland
南卡羅來納州South Carolina
北卡羅來納州North Carolina
賓夕法尼亞州Pennsylvania
新澤西州New Jersey
費城Philadelphia
斯托里Story
《美國憲法釋義》*Commentary on the Constitution of the United States*
《紐哈芬往事》New Haven Antiquities
瑪格麗特·貝德福德Margaret Bedford
尼古拉斯·傑明斯Nicholas Jemmings
歷史文獻彙編Historical Collection of State Papers
《一六五〇年法典》Code of 1650
《一六三八年約法》Constitution of 1638

馬瑟Mather
《基督教美洲傳教史》Magnalia Christi Americana
布萊克斯通Blackstone
德洛姆Delolme
繼承法the law of descent
小自耕農small proprietor cultivates
主權sovereignty
普選universal suffrage
民主democracy
大地主men of rank
鄉鎮Township
縣County
州State
威廉氏Williams
《鄉鎮官員》*The Town-Officer*
十戶長tithingmen
查理一世Charles I
查理二世Charles II

普羅維登斯Providence
鄉鎮議會municipal council
行政委員selectmen
鄉鎮居民大會Town meeting
估價員assessors
法院Court
大陪審團grand-jurors
司庫treasurer
《賓夕法尼亞法律選編》*Digest of the Laws of Pennsylvania*
財產估價員Assessors
收稅員Collector
治安Constables
濟貧工作視察員Overseer of the Poor
道路管理員Supervisors of Highways
《俄亥俄州一般性法令集》*the Acts of a general nature of the State of Ohio*
鄉鎮文書Township's Clerk
遺孤財產保管員Trustees

護青員Fence Viewers
財產估價員
鄉鎮司庫Township's Treasurer
縣稅County-rates
徵稅Levies
《田納西州法令集》*the Statutes of the State of Tennessee*
司法制度Judiciary
稅收Taxes
《聯邦黨人文集》*The Federalist*
漢密爾頓Hamilton
莫里斯Morris
憲法Constitution
《美國年度大事記》*American Almanac*
班傑明Benjamin
富蘭克林Franklin
新罕布什爾New Hampshire
達特茅斯學院Dartmouth College
肯特Kent

《美國法釋義》*Commentaries*
聯邦黨Federalist Party
共和黨Republican Party
民主黨Democratic Party
行政官magistrates
禁酒協會temperance societies
羅馬Rome
孟德斯鳩Montesquieu
巴爾的摩Baltimore
賤民rabble
新英格蘭New England
旁觀者Spectator
密西根Michigan
佛羅里達Florida
民情manners
綠灣Green Bay
H少校Major H
克拉克Clarke
卡斯Cass

沃爾內Volney
《美國氣候與土壤概述》*Tableau des Etats-Unis*
愛德華・埃弗雷特Edward Everett
瓦帕諾部Wampanaog
美塔科姆Metacom
夏爾瓦Charlevoix
《新法蘭西的歷史》*Histoire de la Nouvelle France*
《布道通訊》*Lettres edifiantes*
《紐約市印第安人事務管理處文件集》*Proceedings of the Indian Board in the City of New York*
坦納Tanner
蘇必利爾湖Lake Superior
文森斯Vincennes
沃巴什Wabash
德克薩斯Texas
阿拉巴馬Alabama
克里克Creek

凱里Carey

亞速爾群島Acores

路易斯安那Louisiana

阿塔卡帕斯Attakapas

《傑弗遜回憶錄摘要》*Memoirs of Jefferson*

康塞伊Conseil

黑人移民協會The Society for the Colonization of the Blacks

《關於移民協會的通信》*Letters on the Colonization Society, and on its probable Results*

路易堡Louisbourg

蒙莫朗西Montmorency

迪凱納Duquesne

聖路易Saint-Louis

萬森Vincennes

新奧爾良Nouvelle-Orléans

經典名著文庫 172

論美國的民主（上）

De la démocratie en Amérique

作　　者——亞歷西斯・德・托克維爾（Alexis de Tocqueville）
譯　　者——董果良
發 行 人——楊榮川
總 經 理——楊士清
總 編 輯——楊秀麗
文庫策劃——楊榮川
本書主編——劉靜芬
責任編輯——林佳瑩、黃麗玟
封面設計——姚孝慈
著者繪像——莊河源
出 版 者——五南圖書出版股份有限公司
地　　址——臺北市大安區 106 和平東路二段 339 號 4 樓
電　　話——02-27055066（代表號）
傳　　眞——02-27066100
劃撥帳號——01068953
戶　　名——五南圖書出版股份有限公司
網　　址——https://www.wunan.com.tw
電子郵件——wunan@wunan.com.tw
法律顧問——林勝安律師事務所　林勝安律師
出版日期——2023 年 1 月初版一刷
定　　價——680 元

國家圖書館出版品預行編目資料

論美國的民主（上）/ 托克維爾 (Alexis de Tocqueville) 著；董果良譯 . -- 初版 -- 臺北市：五南圖書出版股份有限公司，2023.01
冊；公分 . --（經典名著文庫；172）
譯自：De la démocratie en Amérique.
ISBN 978-626-343-491-2(平裝)

1.CST: 民主政治　2.CST: 美國

574.52　　111017339